Reise-Taschenbuch

hamburg

Rayka Kobiella

Senkrechtstarter

4,8 Mio. Backsteine – imposanter kann man sie nicht übereinanderstapeln. Im Innenhof vom Chilehaus im Hamburger Kontorhausviertel stehend, den Kopf im Nacken, nur der Himmel ist zu sehen: Auf diese Weise bekommt man vage eine Idee von dem Ausmaß des Gebäudes, das für viele Hamburger eines der schönsten ist. Aber ein Hauch von Chile will hier nicht aufkommen. Warum also dann der Name: Chilehaus? Henry Sloman erstand das imposante Backsteingebäude 1922. Er handelte mit Salpeter in Chile. Manchmal kann Geschichte so einfach sein.

Überflieger

Ein bisschen Bella-Italia-Feeling!
- Treppenviertel

Hirsche und Ballett-eleven
- Nienstedten

Hamburgs schönster Park
- Jenischpark

Kultur mal anders
- Ottensen

Wo einst Fischer lebten
- Övelgönne

Elbe

- Elbtunnel

Tröööööt!

Altes Land **Blüten im Frühjahr, Kirschen im Sommer, Äpfel im Herbst, Ruhe im Winter**

Nadelöhr des Nordens

Hamburg — Nördlich und südlich der Elbe ist viel zu sehen: viel Kultur, viel Natur und mittendrin die breite Elbe. Urlaub meets Partymeile! Los geht's!

Hanseatisch fein
Eppendorf

Shalom, Hamburg

Neues Wohnen am Gleis

Hipsterparadies
- Sternschanze/Karoviertel
- Rote Flora

Alternativer wird's nicht im Gentrifizierungsviertel

- Quartier Mitte
- Altona

Ich geh segeln, und was machst Du?
- Außenalster

- Grindelviertel

Schick und schön
- Binnenalster

Nachts um halb eins

Reeperbahn

Bling, bling! Viel Geld für viel Sound ...
- Elbphilharmonie

Speicherstadt

Romantisch!

Alles über Auswanderer
- BallinStadt

Hoppla, ist das noch Hamburg?

Wilhelmsburg

- Reihersteigknie

Schornsteine und Heidschnucken

Kreuz und quer

Fundstücke — Sehenswürdigkeiten, grüne Parks, viel Wasser, Strand und Strandbars. Hamburg ist trubelige, partyfreudige Großstadt und immer auch ein wenig Urlaub.

Verrückt nach Wasser

Elbe, Alster, Nebenflüsse, Seitenarme, Kanäle, Fleete: Hamburg hat die meisten Kanäle Europas und alles, was nass ist und blau glitzert, wird hier geliebt. Mitten in der Innenstadt machen Studierende in den Semesterferien ihren Segelschein und rudern Verliebte langsam in die Nebenflüsse. Die Hafenstadt mit Sandstrand und endlosen Wassersportmöglichkeiten – diese ewige Nähe zum Wasser – hat schon so manche Menschen süchtig gemacht.

Einmal am Hafen vorbei

Es regnet oder Sie haben keine Lust auf einen Spaziergang? Dann setzen Sie sich in Altona einfach in die Buslinie 111, die alle 20 Min. losfährt. Innerhalb von 30 Min. passieren Sie den Fischmarkt, die Reeperbahn, den Michel, die Elbphilharmonie und die Speicherstadt. Aussteigen können Sie natürlich jederzeit. Das tut beim Fahrpreis von 3,30 € auch nicht weh.

Kunst und Kuriositäten

Hamburg hat sich mit Leib und Seele der Kultur verschrieben. Ob Kunst und Geschichte, Kurioses oder Alternatives. Nicht nur bei Regen lohnen die über 60 Museen einen Besuch.

In Hamburg gab es auf den Kanälen schon immer Hausboote, die meisten auf dem Eilbekkanal. Vor einigen Jahren begann dann der Boom und 2018 entstand am Victoriakai-Ufer eine ganze Hausboot-Siedlung. Die Nachfrage für Liegeplätze ist groß, an die 20 treffen pro Woche in der Hansestadt ein. Neben Wohnschiffen gibt es auch eine schwimmende Kirche, Museums- und Hotelschiffe.

Party nonstop

Ab auf den Kiez, wer feiern will. Im Rotlichtviertel von St. Pauli werden immer noch die wildesten Partys geschmissen. Ob im Irish Pub mit Liveband, im Elektroschuppen mit fetten Beats oder zu Schlagern frenetisch schunkelnd – am nächsten Morgen tut allen der Schädel gleich stark weh.

Flohmarkt bis Fischmarkt

Antiquitäten, Vintageklamotten, frische Kräuter, dicke Fische – die Marktkultur wird in Hamburg großgeschrieben. Ob es zum lang gezogenen Isemarkt, direkt unterm Viadukt, oder zum coolen Kleinkram shoppen auf der Flohschanze geht, ist dann Geschmackssache.

Strandurlaub
Sie sind in Hamburg hätten aber doch mehr Lust auf Strandurlaub? Kein Problem! Ab nach Övelgönne, Hamburgs beliebtestem Strand mit Blick auf Hafen.

Fußball! Aber welcher Verein – HSV oder St. Pauli? Das ist in Hamburg eine Lebensentscheidung.

Stadt der Bäume

Von oben ist Hamburg vor allem eines: grün. Hamburg ist kein Ort mit einer Kulisse aus grauen Fassaden. 250 000 Straßenbäume, Botanische Gärten, Parks wie Wälder, mit oder ohne Blick aufs Wasser. Das alles sorgt dafür, dass Hamburg zu Recht als grüne Millionenstadt bezeichnet werden kann.

Coole Ideen

Geben Sie kleinen Boutiquen eine Chance. Junge Designer in Szenevierteln wie Sternschanze, Karolinenviertel, Ottensen oder St. Georg haben tolle Ideen, die viel besser sind als der Hamburgbecher vom Weihnachtsmarkt.

Inhalt

- 2 *Senkrechtstarter*
- 4 *Überflieger*
- 6 *Kreuz und quer*

- 12 *Stadtlandschaften*
- 14 *Essen ist mehr als satt werden*
- 20 *Flanieren & stöbern*
- 22 *Diese Museen lieben wir!*
- 24 *Nachtschwärmereien*
- 28 *Wo du schläfst, bist du zu Hause*

Vor Ort

Die City – Neustadt, Altstadt- und St.-Pauli-Nord 34

- 37 Binnenalster
- 37 Neustadt-Nord
- 42 *Lieblingsort Gängeviertel*
- 44 *Tour Komm in die Gänge!*
- 46 Abstecher nach St. Pauli
- 48 *Tour Grünes Herz mitten in der Hamburger City*
- 50 Altstadt-Nord
- 59 Museen
- 60 Adressen
- 67 *Zugabe Stadthöfe und Gestapo*

Palmen am Elbufer? Ja, aber aus Stahl. Der Park Fiction ist dennoch ein beliebter Treff – Seite 101.

HafenCity, Speicherstadt, Alt- und Neustadt-Süd 68

- 71 HafenCity
- 75 Speicherstadt
- 76 Altstadt-Süd
- 77 Neustadt-Süd
- 78 *Tour Neues Leben in alten Speichern*
- 80 Museen
- 80 Adressen
- 86 *Lieblingsort MS Stubnitz*
- 88 *Zugabe Ein Visionär der Fotografie*

Südliches St. Pauli und Altonaer Elbufer 90

- 93 Südliches St. Pauli
- 97 *Tour Hippes St. Pauli*
- 103 Am Altonaer Elbufer
- 104 *Tour Frische Brise, Fischerhäuser, Grün und Strand*
- 107 Museen
- 107 Adressen
- 109 *Lieblingsort Kaffee Stark*
- 115 *Zugabe Tragödie um die Esso-Häuser*

Schanzen- und Karolinenviertel 116

- 119 Schanzenviertel
- 122 *Lieblingsort* Kilimanschanzo im Florapark
- 126 Ehemaliger Schlachthof
- 128 *Tour* Street-Art in der Schanze
- 130 Karolinenviertel
- 132 Adressen
- 139 *Zugabe* Die Schanze und ihr Fest

Rotherbaum, Harvestehude, Eppendorf 140

- 143 Rotherbaum
- 147 Harvestehude
- 147 Hoheluft-Ost
- 148 *Tour* Mit SUP-Board oder Kanu auf Tour
- 150 Eppendorf
- 152 *Tour* Ein Park für alle
- 154 Ausflüge
- 157 Museen, Adressen
- 155 *Lieblingsort* Eppendorfer Moor
- 163 *Zugabe* ›Klein-Jerusalem‹

St. Georg 164

- 167 Zwischen Hbf und Außenalster
- 170 *Tour* Schlendern bei bester Sicht auf die Stadt
- 172 Rund um die Lange Reihe
- 172 Steindamm und Hansaplatz
- 173 *Lieblingsort* a.mora
- 174 Museen
- 175 Adressen
- 178 *Tour* Wasser des Lebens
- 181 *Zugabe* Multikulti am Steindamm

Ottensen und Altona-Altstadt 182

- 185 Ottensen
- 188 *Tour* Alternative Kultur in alten Fabrikgebäuden
- 192 Altona-Altstadt
- 193 *Lieblingsort* Altonaer Balkon
- 194 *Tour* Aus Alt mach Neu
- 197 Museen
- 197 Adressen
- 198 *Tour* Schnell mal zum Jenischpark
- 201 *Zugabe* Auf dem Weg zum Quartier Mitte Altona

Das Elbufer zwischen Altona und Blankenese 202

205 Heine-Park und Donnerspark
206 Övelgönne
208 *Lieblingsort* Strandperle
209 Jenischpark
210 *Tour Ein bisschen Rom muss sein*
212 Nienstedten
212 Blankenese
213 Museen
214 *Tour Äpfel, Kirschen, Bauernhäuser*
217 Adressen
219 *Zugabe Radwegstreit am Elbstrand*

Veddel, Wilhelmsburg und Harburg 220

223 Veddel und Wilhelmsburg
228 *Tour ›Die Wilde 13‹*
231 Harburg
232 Museen, Adressen
234 *Lieblingsort Sammlung Falkenberg*
237 *Zugabe Veddel vergolden*

Das Kleingedruckte

238 Reiseinfos von A bis Z

Das Magazin

252 *Von Zimbabwe auf Hamburgs Bühnen*
256 *Elegant, ohne zu protzen*
258 *Kaufmannsvillen und Backsteinviertel*
262 *Das zählt*
264 *Die Neue in der Stadt*
266 *Das Beste im Norden – Hamburg Ballett*
268 *Von Georgien nach Hamburg*
271 *Wie steht es um die Elbe?*
275 *Nerv und Herz der Metropole*
278 *Von Oper zu Off*
280 *Zurück zur Natur*
283 *Von alten Bäumen und schönen Häusern*
287 *Reise durch Zeit & Raum*
290 *Street-Art in Hamburg*

---

294 Register
299 *Autorin & Impressum*
300 *Offene Fragen*

Stadtlandschaften

Hamburg — ist zuallererst Hafenstadt. Alles zieht hin zum Wasser. Die Hamburger ›Pfeffersäcke‹ sorgten dafür, dass die Viertel standesgemäße Architektur besitzen.

An der Alster

Um die Alster herum findet sich architektonisch das, was der Norddeutsche als »schnieke« bezeichnen würde. Das westliche Alsterufer säumen pompöse Villen und immer breiter werdende Wiesen am Wasser. Von der Alster aus gehen die schicken Viertel ab, wie **Pöseldorf** und dahinter **Harvestehude**. Ein Stückchen weiter hoch und schon ist man im eleganten **Eppendorf**. Aber auch der Campus der **Universität Hamburg** befindet sich westlich der Alster. Dementsprechend studentisch geht es im **Grindelviertel** zu: viele gemütliche Cafés und eine wache Kulturszene. Auf der anderen Seite der Alster liegt **St. Georg**. Die größte Sprechbühne Deutschlands steht hier, dahinter liegen die meisten Moscheen der Stadt. Kontrastprogramm pur: St. Georg ist das Schwulen- und Lesbenviertel Hamburgs.

City

Zwischen **Jungfernstieg** und **Mönckebergstraße** wird vor allem eines getan: geshoppt. Ob Luxus oder Massenware, für jedes Portemonnaie ist hier etwas dabei. Daneben bummelt es sich schön durch die Passagen entlang der kleinen Kanäle. Von der **Altstadt** ist es nur ein Katzensprung zur **Neustadt**. Altbauten wandeln sich zu Backstein, schnell stehen Sie vor dem **Gängeviertel**, in dem sich die junge Kunstszene austobt. Keine 200 m weiter werden Klassikfreunde in der **Laeiszhalle** glücklich. Kleine Cafés und Pubs ziehen sich in Richtung **Hafen,** die Anzahl der Fischrestaurants steigt.

Der alte und der neue Hafen

Kreuzfahrtschiffe wie die Queen Mary halten Einzug und auf der anderen Elbseite heben dicke Kräne schwere Container von den Schiffen. **St. Pauli**, das alte Hafenarbeiterviertel Hamburgs, ist heute vor allem bekannt durch die **Reeperbahn**. Nachts wird hier heftig gefeiert, tagsüber genießen Bohemiens ihren Brunch in den gemütlichen Cafés der Seitenstraßen. Ganz anders der neue Hafen – die **HafenCity**. Jeder Besucher kommt hier mittlerweile vorbei, denn am Eingang der HafenCity steht die **Elbphilharmonie.**

Die Szeneviertel

Kleine Boutiquen in schmalen Straßen und Cafés im Retro- oder Shabby-Chic-Look locken in den Szenevierteln **Sternschanze** und **Karolinenviertel** Kreative und Alternative an. Alles ist etwas anders und experimentierfreudiger. Auf der **Piazza** gegenüber der Roten Flora wird immer irgendetwas getrunken und die neuesten Ideen werden ausdiskutiert. In **Ottensen** hingegen geht es mittlerweile etwas gediegener zu. Junge Familien fühlen sich in den verwinkelten Straßen wohl. Secondhand- und Ökoläden ziehen ihr Publikum an.

An der Elbe

Sandstrände, grüne Parks und Villen in bester Lage säumen die Elbe Richtung Westen. In **Övelgönne** trinkt man noch Bier am urbanen Strand, weiter Richtung **Blankenese** wird es ruhiger. Treppenviertel und der Charme von alten Seemannshäusern direkt am Wasser machen das Elbufer und insbesondere Blankenese so beliebt. In den breiten Grünanlagen von Loki-Schmidt-Garten bis Jenischpark könnte man gefühlt verloren gehen. Nirgendwo ist Hamburg so schön grün wie hier.

Auf der anderen Seite ...

... der Elbe lebt es sich mittlerweile auch ganz hervorragend. Frühere Brennpunktviertel wie **Veddel** und **Wilhelmsburg** haben dank niedriger Mietpreise Künstler nebst Festivals angezogen. Wilhelmsburg hat dank IBA und Internationaler Gartenschau sogar eine ›Neue Mitte‹ und einen großen Park bekommen. Doch noch ist der Stadtteil im Werden. Flüsse durchziehen alte Backsteinareale und moderne Architekturviertel. **Harburg,** das einst ein eigener Ort war, lockt mit moderner Architektur, viel Wasser und Kunst Besucher an. Auch die Stadt hat erkannt, dass mit Engagement und Modernisierung die Viertel südlich der Elbe an Attraktivität gewinnen können.

Noch scheint die Gentrifizierung vor der anderen Seite der Elbe haltzumachen. Multikulti ist auf der Veddel, in Wilhelmsburg und Harburg nicht hip, sondern Normalität.

Essen ist mehr

Fisch auf dem Teller — sehen vor ihrem inneren Auge die, die nach Hamburg kommen. Hamburger Klassiker wie Pannfisch, Labskaus oder Aalsuppe bestätigen diesen Eindruck. Doch die Stadt hat viel mehr zu bieten: *galão* im Portugiesenviertel, Dumplings beim Vietnamesen, Fleischspieße beim Brasilianer. Restaurants von trendigen Szenelokalen bis zu jenen mit Stern stellen alle jeden Abend vor die neue Qual der Wahl – wo soll es hingehen?

Lange frühstücken ist fast ein Muss und gehört in der Hamburger Szene einfach dazu.

Frühstück in allen Variationen

Sich in Hamburg zum Frühstück zu verabreden, kann unterschiedlich gewaltig ausfallen. Beliebt sind die unkomplizierten portugiesischen, getoasteten Croissants mit *galão* – der portugiesischen Espressovariante –, frisch gepresstem O-Saft und kleinen Naschereien. Am Wochenende wird gerne lange in Cafés gefrühstückt – bis 14 oder sogar 18 Uhr sollte es gerade im Schanzenviertel, auf St. Pauli, im Karolinenviertel und in Ottensen kein Problem sein, sich zum Brunch zu treffen. Selbst gemachte Aufstriche und Brote, Käse und Fleisch aus korrekter Tierhaltung, Kaffee aus lokaler Röstung, Smoothies, Müsli und Co., alles mit Liebe zubereitet – wer sich zum Frühstück trifft, bezahlt häufig nicht gerade wenig, bekommt dafür aber Einmaliges.

Jeden Tag was Neues

Mittagspausen können Sie wunderbar abwechslungsreich gestalten: aus der Salatbar etwas zusammengestellt oder das Fischbrötchen auf die Hand, damit an irgendeinen Kanal gesetzt und schon ist es ein schöner Lunch. Noch schöner wird es allerdings, wenn Sie auf die vielen Mittagsangebote überall in der Stadt zurückgreifen. Dabei bleibt es gerne gesund und leicht – und zügig. Gerade asiatische Restaurants – nicht Schnellimbisse – sind da sehr beliebt. Klassischerweise gelten Mittagsangebote von 11.30– ca. 14.30 Uhr und kosten meistens unter 12 €.

als satt werden

Labskaus ist aus der traditionellen Küche Hamburgs nicht mehr wegzudenken. Der Blick in den Augen der Besucher beim Anblick des rosafarbenen Breis ist aber auch zu schön. Warum muss Labskaus auch ausgerechnet diese Farbe haben? Das kann doch gar nicht schmecken?! Oh doch! Augen zu und durch, sollte es im Notfall heißen. Beim Labskaus wird Kartoffelbrei mit Corned Beef, Salz- oder Gewürzgurken und Rote Bete vermischt, obendrauf kommt ein Spiegelei. Dazu gehört meist auch ein Matjes, Hering oder Rollmops. Stellen Sie sich die Zutaten einzeln vor – dann sieht es zwar immer noch seltsam aus, aber vielleicht ahnen Sie dann, dass es geschmacklich so schlimm nicht werden wird.

Am Abend mit mehr Zeit

Die Auswahl an großartigen Restaurants ist in Hamburg gigantisch. Die Einheimischen sind durchaus gerne Stammkunden, aber auch das neueste Restaurant wird begeistert ausprobiert. Schnell wird dann ein Newcomer zum neuen Stammlokal. Lockere Szenelokale bis gehobene Sternerestaurants machen die Auswahl schwer. Bevorzugt wird eine leichte Küche mit dem gewissen Etwas, klar, dass Fisch dabei eine große Rolle spielt. In Hamburg lässt man sich gerne treiben und nimmt sich Zeit für das gemeinsame Essen.

Kevin Fehling ist einer von Hamburgs Sterneköchen (The Table).

Die Küchen der Stadt

Es ist nicht immer ganz günstig in Hamburg essen zu gehen, aber Einfalls- oder Geschmacklosigkeit kann man den Hamburger Köchen nicht vorwerfen. Unter den Küchen der Welt hat die **italienische** eine besonders lange Tradition in der Stadt, die Auswahl ist entsprechend groß und gut. Vietnamesische Pho-Suppen, japanische Ramen-Restaurants, orginelle Dumplings – auch die **asiatische** Küche hat es den Hamburgern angetan. **Fusionsküche** ist ungemein beliebt – gerne wird norddeutsch mit mediterran und asiatisch verwoben. Der Hamburger ist andererseits aber auch Traditionalist, darum gibt es darüber hinaus auch **hanseatische Hausmannskost** wie Aalsuppe (›Alles-Drin-Suppe‹) oder Birnen, Bohnen und Speck – wie überall auf der Welt ist auch hier das ursprüngliche ›Kleine-Leute-Essen‹ zur regionaltypischen Küche avanciert.

Typisch hamburgisch ist die Aalsuppe. Hier sehen Sie sie etwas anders interpretiert: ein mit Rindfleisch gefüllter Kloß statt mehrere kleiner Mehlklößchen und separaten Rindfleischstückchen.

Neuer Trend – die lateinamerikanischen Küchen sind im Kommen

Während die chinesischen Lokale, darunter eine Reihe mit authentischer Küche, durch vietnamesische Lokale oder Restaurants mit asiatisch-europäischer Fusionküche ersetzt wurden, begann in der Hansestadt fast parallel die Blütezeit der lateinamerikanischen Kochkultur. Vom Hafen bis nach Altona haben Imbisse und Restaurants mit südamerikanischer Küche eröffnet und sich in die Herzen vor allem der jungen Hamburger gebrutzelt. Venezolanische Arepa, Maisfladen, als gesunde Alternative zum Döner, dicke mexikanische Burritos, köstliche Tapas und anderes mehr. Die lateinamerikanische Küche in Hamburg ist hip, jung und hält gerne Angebote für Veganer bereit. Die angesagtesten lateinamerikanischen Restaurants finden sich in Ottensen und auf St. Pauli.

Guten Appetit – aber wohin zum Essen?*

Sich abends zum ausgedehnten Essen und Trinken zu treffen, das gehört zur Hamburger Lebensqualität dazu. Kaum ein Geschmack, der in der Stadt nicht getroffen wird.

Schanzen- und Karolinenviertel ♥ N/O 5/6: In diesen ineinander übergehenden In-Vierteln findet sich touristischer Schnickschnack neben coolem Szenelokal. Von daher müssen Sie hier bisschen genauer hinschauen, damit Sie auch etwas bekommen für Ihr Geld.

Ottensen ♥ K/L 6/7: Entspannt-trendige Multikulti-Lokale – und obendrein meistens eindeutig ökologisch-nachhaltig ausgerichtet. Das passt zum Viertel westlich des Bahnhofs Altona.

Eppendorf ♥ O/P 1, Blankenese ♥ Karte 2: Vornehme Stadtteile und entsprechend noble, gehobene Küche für das üppiger bestückte Portemonnaie.

HafenCity ♥ Karte 3, F–J 5/6: So neu wie das Stadtviertel sind auch die Restaurants mit cool-maritimen Innendesign.

St. Pauli ♥ N/O 6/7: Abseits der Reeperbahn treffen sich Hipster und Alternative in den angesagten neuen Bistros, Cafés und Restaurants.

St. Georg ♥ Q/R 6: Auf der **Langen Reihe** schicke, eher kleine Lokale, aus aller Welt. Wer es günstig mag, geht auf den **Steindamm** und kostet syrische oder türkische Gerichte.

* Wo Sie in den verschiedenen Stadtgegenden gut essen können, steht an Ort und Stelle im Buch.

TYPISCH HAMBURG

Ein paar Dinge sollten Sie in Hamburg unbedingt probieren.
Franzbrötchen: Die süße Zimt-Zucker-Schnecke gibt es mittlerweile in ausgefallenen Variationen.
Fischbrötchen: ein Weizenbrötchen mit Fischfrikadelle, Bismarckhering oder Nordseekrabben und Dip – mit Blick auf die Elbe fühlt man sich dann so richtig angekommen.
Warmes Rundstück: Wen ernsthaft mehr als nur der kleine Hunger packt, der greife zum Warmen Rundstück. Die klassische Mahlzeit der Hamburger Hafenarbeiter direkt auf die Hand macht garantiert satt. Eine Scheibe Schweinebraten – mit warmer Bratensoße übergossen und zwischen zwei Weizenbrötchenhälften gelegt: was für eine Schweinerei!
Lütt un Lütt: Lütt steht für ›klein‹ und bedeutet Korn/klarer Schnaps mit einem kleinen Pils. Prost.
Labskaus: s. S. 15.
Aalsuppe: In einer Fleischbrühe werden – getrennt voneinander – Aalstücke in einem, Backobst, Gemüse und Mehlklößchen im anderen Topf gekocht. Dann kommt alles zusammen und wird mit Kräutern aufgepeppt.
Birnen, Bohnen und Speck: Wenn die Birnen reif sind, folgt der Herbst. Dann kommen in Hamburg gekochte Birnen, grüne Bohnen und Speck, am liebsten mit Kartoffeln auf den Tisch.
Hamburger Pannfisch: Früher gekochte, heute oft gebratene Fischstücke und Zwiebeln in einer körnigen Senfsauce, kombiniert mit (Brat-)Kartoffeln.

Ausgewählt

Hochgelobt

Zwölf Sterne-Restaurants bietet die Hansestadt. Drei Michelin-Sterne erhielt Kevin Fehlings The Table, zwei Sterne tragen Jacobs Restaurant, Haerlin und Seven Seas und acht Häuser einen Stern: 100/200 Kitchen, bianc, Lakeside, Landhaus Scherrer, Petit Amour, Piment, Se7en Oceans, Trüffelschwein.

Seite 176
11 100/200 Kitchen: ausgefallene Lage, nette Crew, offene Küche, fantastischer Blick und ein Überraschungsmenü deluxe – das andere Sterne-Restaurant. ♀ S 8

Seite 108
11 Au Quai: Mediterranes auf dem Teller, Genuss direkt an der Elbe. ♀ L 7

Seite 133
6 Bullerei: Schlichtweg leckere Fleischgerichte in einer alten Lagerhalle. ♀ N 5

Seite 159
11 Brechtmanns Bistro: Asiatische Küche trifft auf Norddeutschland. ♀ P 1

Seite 217
9 Jacobs Restaurant: hervorragende Speisen in prachtvoller Umgebung. ♀ E 7

Neue Trends

Seite 235
3 Café Vju: Café im Energiebunker mit Panoramablick. ♀ Karte 5, C 4

Seite 84
7 Hobenköök: Im alten Güterbahnhof kommt nur Saisonales und Regionales auf die Teller. ♀ Q 7

Seite 108
7 Salt & Silver Zentrale: lateinamerikanische Küche im Lateinamerika und Vorderasiatisch-Arabisches im Levante nebenan. ♀ Karte 3, B 4

Seite 134
9 In guter Gesellschaft: Das Zero-Waste-Café ist der Hit für alle umweltbewussten Genießer. ♀ N 6

Seite 158
3 ROK – Rock Our Kitchen: Pizza und Bowls ziehen die Massen an. ♀ P 4

Seite 62
10 Yoon-Ji: Abwechslungsreiches asiatisches Street-Food mit Blick aufs Fleet. 📍 **Karte 3, G 4**

Seite 134
14 XeOm: Hippes vietnamesisches Restaurant im Fabriklook. 📍 **O 5**

Das hat Tradition

Seite 108
6 Trattoria Cuneo: Die erste Trattoria Deutschlands – und wie eh und je ein viel besuchter Hit. 📍 **Karte 3, C 4**

Seite 84
6 Oberhafen-Kantine: Im schiefen Häuschen im Oberhafen speist man Labskaus, aber auch Burger und Co. 📍 **Q 7**

Seite 85
14 Old Commercial Room: legendäre Hamburger Speisen wie Aalsuppe direkt beim Michel. 📍 **Karte 3, E 4**

Seite 85
12 D. José: Fisch wie in Portugal am Hamburger Hafen. 📍 **Karte 3, E 4**

Gesund und vegetarisch

Seite 60
2 Loving Hut: asiatische vegane Gerichte. Lecker! 📍 **Karte 3, E 3**

Seite 107
2 Simbiosa: Im veganen, israelischen Restaurant gibt es neben bester Mezze auch leckere Biogetränke. 📍 **N 6**

Seite 159
9 Tassajara: ayurvedisch-asiatische Küche im allerersten veganen Restaurant der Stadt. 📍 **O/P 2**

Seite 175
1 Café Koppel: gemütliche Sitzecken, dazu vegane und vegetarische Tagesgerichte und Kuchen. 📍 **R 6**

Lust auf Süßes

Seite 132
3 Herr Max: Kuchen, Marzipan, Kaffee. Klingt erst einmal simpel, muss man aber können – so wie der Herr Max. 📍 **N 5**

Seite 61
7 Café Paris: Crème Brulée zum Verlieben im umwerfenden Ambiente dieser Brasserie. 📍 **Karte 3, G 3**

Seite 199
8 Eaton Place Tearoom & Café: klassische Tea Time mitten in Hamburg. 📍 **L 6**

Seite 199
7 Eisliebe: kultige Eisdiele in Ottensen. 📍 **L 6**

Lieblinge

Seite 133
7 SomeDimSum: sagenhaft originelle und schmackhafte asiatische Dumplings. 📍 **N 4**

Seite 199
6 Karls Café & Weine: liebevoll präsentierte äthiopische Leckereien zum Dahinschmelzen. 📍 **L 7**

Seite 107
1 Maharaja: authentische ayurvedisch-indische Küche auf St. Pauli. 📍 **Karte 3, C 3**

Flanieren

An Schaufenstern entlanglaufen — durch Märkte stöbern, das Besondere entdecken …

Schaufenstermeilen

Neuer Wall: 📍 Karte 3, F/G 3
Schon seit jeher die Edelmeile in der City (Neustadt-Nord): Designermode vom Feinsten. S. 40

Mönckeberg- und Spitalerstraße: 📍 Q 6
In der Mönckeberg- und der Fußgängerzone Spitalerstraße reihen sich die großen Ketten. Die große Europa Passage verbindet Mönckebergstraße und Ballindamm. S. 54, 51

Schanzen- und Karolinenviertel: 📍 N/O 5/6
Junge Designer bieten in kleinen Boutiquen ausgefallene Accessoires und originelle Kleidung zu nicht ganz kleinen Preisen. S. 135

Was wäre ein Szeneviertel ohne einen tollen Flohmarkt wie die bunte Flohschanze.

KONSUMTEMPEL K

Mit 240 Läden ist das Shoppingcenter Alstertal Hamburgs größtes Einkaufszentrum. Bei Schietwetter vergeht die Zeit hier wie im Fluge.

Eppendorf: 📍 O/P 1–3
Hochpreisige und -wertige Kleidung. Besonders schön sind Lehmweg und Hegestraße. S. 160

St. Georg: 📍 Q/R 5/6
Boutiquen und Ateliers von lokalen Designern in der Koppel 66 und in der Langen Reihe. S. 172

St. Pauli: 📍 N/O 6/7
Vor allem die Seitenstraßen des Hamburger Vergnügungsviertels überraschen mit coolen kleinen Boutiquen und schönstem Krimskrams. S. 110

Flohmärkte

Flohschanze 📍 O 6
Antikes, Privates, Ramsch und Originelles im Szeneviertel rund um die Alte Rinderschlachthalle. S. 136

FlohZinn 📍 Karte 5, C 4
Kleidung und Fundstücke vom Szenevolk in der ehemaligen Fabrikhalle in Wilhelmsburg, dazu Foodtrucks und Musik. S. 230

Flanieren & stöbern **21**

&

Fundstücke

Seite 111
3 Kunst Kiosk:
tolle Einfälle Hamburger Künstler im kleinen Laden. 📍 N 6

Seite 63
2 Vöran – urban eso:
entspannte Boutique für Yogis. 📍 Karte 3, F 3

Seite 200
4 Altonaer Spirituosen Manufaktur: originelle Spirituosen wie Gin Sul direkt aus Altona. 📍 L 5

Seite 176
1 Koppel 66 – Haus für Kunst & Handwerk: ehemalige Maschinenfabrik mit Ateliers. Zweimal im Jahr großer Künstlermarkt. 📍 R 6

Seite 177
4 Lagerhaus: Shop-in-Shop-Konzept mit allem, was man braucht.
📍 Q 6

Märkte

Bio-Wochenmärkte finden u. a. Do 13–18.30 Uhr auf der Piazza, Schulterblatt 86 (Sternschanze, 📍 N 5), Do 9–13.30, Fr 14–18.30 Uhr auf dem Carl-von-Ossietzky-Platz (St. Georg, 📍 Q/R 6), Mi 11.30–18.30, Sa 9.30–15 Uhr auf dem Spritzenplatz (Ottensen, 📍 L 6) statt.

Seite 103
14 Fischmarkt: legendärer Fisch- und Obstmarkt zu früher Stunde direkt an der Elbe neben der wunderschönen Fischauktionshalle.
📍 Karte 3, B 5

Seite 160
3 Isemarkt: Unter den Bahngleisen werden Obst, Gemüse und mehr unters Volk gebracht.
📍 O 3

Seite 126
6 Rindermarkthalle:
Metzger, Bäcker, Foodcorner, im Sommer Foodtruck-Märkte. 📍 N 6

Von Kopf bis Fuß

Seite 110
2 Hip Cats: originale Vintage-Kleidung aus vielen Jahrzehnten. 📍 N 6

Seite 111
4 Merijula: vegane, faire Kleidung für Frauen, Männer, Kinder – nachhaltiger Lifestyle. 📍 N 6

Seite 176
3 The Art of Hamburg: originell bedruckte oder bemalte Textilien und Accessoires. 📍 R 6

Seite 64
8 Vintage & Rags: allerlei Secondhand-Klamotten und 1950er-Unikate. 📍 Karte 3, J 3

Seite 63
4 Secondella: erschwingliche Secondhand-Luxuskleidung für Männer und Frauen. 📍 Karte 3, F 3

stöbern

Diese Museen ...

Über 60 Museen gibt es in Hamburg — aber welche lohnen wirklich? Hier ein paar Meinungen.

Deichtorhallen

Trends in der zeitgenössischen Kunst und moderne Klassiker – ob Andy Warhol, Ilya Kabakov oder Roy Lichtenstein – werden in einer Halle ausgestellt, die den Exponaten viel Raum lässt. Im Haus der Photographie hat die bedeutende Fotosammlung von F. C. Gundlach ihren Platz gefunden. S. 81, ♥ Karte 3, J4

Hamburger Kunsthalle und Galerie der Gegenwart

Vom Mittelalter bis zur Gegenwart, zwischen Tradition und Avantgarde – alle Epochen und alle Spielarten der Kunst finden sich in der Hamburger Kunsthalle. Kunst ab 1960 wird im Neubau, in der Galerie der Gegenwart, präsentiert. S. 59, ♥ **Karte 3, H/J2**

Museum für Kunst und Gewerbe

Ein Museum, das 4000 Jahre menschliche Kreativität präsentiert. Nicht zuletzt können Sie hier die weltweit größte Jugendstilsammlung studieren – mit Skulpturen, Grafiken, Fayencen, Porzellan. Interessant sind auch die Fotosammlung sowie eine Sammlung historischer Musikinstrumente. S. 174, ♥ **Q6**

Museum am Rothenbaum – Kulturen und Künste der Welt

MARKK – das ehemalige Völkerkundemuseum will weg vom verstaubten Begriff der Völkerkunde. Inzwischen zeigt sich eines der größten ethnografischen Museen in Europa in völlig neuem Gewand. S. 157, ♥ **P4**

INTERNET UND FÜHRUNGEN

www.hamburg.de/museum-hamburg: Übersicht über die Hamburger Museen.
Touren: Der Museumsdienst Hamburg (T 040 428 13 10, www.museumsdienst-hamburg.de) hat spezielle Touren konzipiert, die von 1 Std. bis zu 1 Tag dauern können.

Sammlung Falckenberg

Zu Harald Falckenbergs Sammlung gehören über 2000 Werke zeitgenössischer Kunst, vor allem Arbeiten deutscher und amerikanischer Künstler wie Jonathan Meese, John Bock oder Mike Kelley. Provokant und immer am Puls der Zeit. S. 234, ♥ Karte 5, C 5

Museum der Illusionen

Optische Täuschungen und Dilemma-Games – lassen Sie sich überraschen, irritieren, spielen Sie mit. Das Museum der Illusionen fasziniert Große und Kleine und ist ein schönes Erlebnis-Familienmuseum für jedes Alter. S. 60, ♥ Karte 3, H 3

BallinStadt – Das Auswanderermuseum

Eintauchen in die Auswandererwelt zwischen 1850 und 1934. 5 Mio. Menschen starteten von Hamburg aus in die Neue Welt. Warum verließen so viele ihre Heimat? S. 223, 232, ♥ Karte 5, C 4

Miniatur Wunderland Hamburg

Eine Eisenbahnmodell-Anlage mit rund 15 km Schienennetz und detailgetreuen Nachbildungen nicht nur von Hamburger Stätten. S. 60, ♥ Karte 3, G 5

MUSEUMSBESUCHE PLANEN

Ruhetage: Die meisten Museen haben montags geschlossen.
Freier/ermäßigter Eintritt: Einige Museen gewähren Jugendlichen unter 18 Jahren freien Eintritt, Kinder (variierende Altersgrenzen) erhalten Ermäßigungen. Diese gibt es oft auch für Rentner, Studierende etc. (s. jeweilige Website). **Donnerstagabends** ist der Eintritt häufig reduziert. Mit dem **Hamburg City Pass** ist der Eintritt (nicht nur) in viele Museen frei, mit der **Hamburg Card** (beide: s. Kasten S. 246) gelten oft ermäßigte Eintrittspreise.
The Art Flatrate: Der 3-Tages-Pass der **Kunstmeile Hamburg** (www.kunstmeile-hamburg.de, 25 €) gilt an drei aufeinanderfolgenden Tagen für das **Bucerius Kunst Forum**, die **Deichtorhallen**, die **Hamburger Kunsthalle / Galerie der Gegenwart**, den **Kunstverein in Hamburg** und das **Museum für Kunst und Gewerbe**.

... lieben wir!

Nachtschw

Fast ein Synonym: Hamburger Nachtleben und St. Pauli

Hamburg steht in puncto Nachtleben deutschlandweit hoch im Kurs. Von der **Reeperbahn** hat jeder schon mal gehört und es ist ein Muss, die sündige Meile auch einmal live zu erleben. Auf **St. Pauli** treffen Amüsierwillige und Hamburger aufeinander. Absteigen neben Tanztempeln, Konzertbühnen, Musicalbühnen, Travestieclubs oder einfach auch Bars und Kneipen gibt es en masse für jede Altersgruppe. Genau wie jede Vorstellung von der perfekten durchgemachten Nacht hier wahr werden kann, so gibt es auch für jeden Musikgeschmack das passende Etablissement. Besonders beliebt sind **Akustiksessions** und **Indiebands**. Die **junge Szene** liebt das **Schanzen-** und **Karolinenviertel**. Vor allem die Bars in der Schanze sind derzeit angesagt, um ›vorzuglühen‹. Das ›Cornern‹ – man kauft sich ein Bier im Kiosk und setzt sich an den Straßenrand – ist gerade hier beliebt, aber auch umstritten, da es Bars um die Kundschaft und Anwohner um ihren Schlaf bringt.

Im **Sommer** steht das Elbufer hoch im Kurs. Dann wird von den Magellan-Terrassen in der **HafenCity** bis zur Strandperle in **Övelgönne** gefeiert. Die **Beachclubs** sind dann ebenfalls offen und heiß begehrt.

In der Schwulen- und Lesbenszene ist **St. Georg** immer hip.

* Wohin am Abend? Bei jedem Viertel sind ausgewählte Adressen und Tipps gelistet.

ärmereien

Da ist nachts was los …

Reeperbahn
📍 **Karte 3, C/D 3/4**
Die berühmte Partymeile von St. Pauli kann man als das Zentrum der Hamburger Nachtaktivitäten bezeichnen. S. 93

Paul-Roosen-Straße und Wohlwillstraße
📍 **N 6**
Die Seitenstraßen von St. Pauli haben sich mit vielen hippen Bars in den vergangenen Jahren zur nächtlichen Szenegegend gemausert. Tour S. 97

Schanzenviertel 📍 **N 5**
Draußen wie drinnen tummeln sich junge Feiernde zum Warmtrinken in den Bars am Schulterblatt und den Nebenstraßen der Schanze. S. 119

Bahrenfelder Straße und Friedensallee 📍 **L 7**
Die etwas ruhigeren Bars in Ottensen ziehen ein kulturell interessiertes Publikum an. Hier geht es ruhiger zu als auf St. Pauli oder im Schanzenviertel. S. 186

Cocktail & Co. – was trinken

Seite 113
🔟 **Skyline Bar 20up:** elegant Cocktails schlürfen bei Panoramasicht über Hamburg.
📍 **Karte 3, C 4**

Seite 138
Kleines Phi: Hipsterbar mit ausgefallenen Cocktails. 📍 **O 6**

Seite 137
Astra Stube: urig, kultig, klein. 📍 **N 5**

Musik hören

Seite 112
Molotow: angesagte Indieband oder DJ, beste Sicht aus der oberen Etage. 📍 **Karte 3, B 3**

Die Crossoverband KAFVKA im Molotow

Seite 112
Mojo Club: Soul, Jazz und Funk – live oder vom DJ. 📍 **Karte 3, D 3**

Seite 114
Hafenklang: Punkrock pur im Kultladen an der Elbe. 📍 **M 7**

Seite 138
🔟 **Knust:** Jazz, Soul, Rock – alles. 📍 **O 6**

NACHTS UNTERWEGS IN HAMBURG

In Wochenendnächten und an Feiertagen fahren die S- und U-Bahnen durchgehend. Unter der Woche gibt es ab 0.30 Uhr nur Nachtbusse, die alle 15–60 Min. fahren. Zu erkennen sind diese an den dreistelligen Nummern 600–688.

Hafen- und Kiez-›Romantik‹

Seite 112
8 Zum Silbersack: Hans Albers aus der Jukebox und mitsingendes Publikum jeglichen Alters. 📍 **Karte 3, C 4**

Seite 114
15 MS Hedi: Auf dem Schiff tanzend über die Elbe tuckern.
📍 **Karte 3, C 4**

Seite 112
7 Zum Goldenen Handschuh: Schon vor Fatih Akins Horrorfilm bekannt. 24 h geöffnet und eine echte Absteige.
📍 **Karte 3, C 3**

Seite 112
5 Zur Ritze: unten Boxring, oben Bar. Wie sich's gehört auf dem Kiez. 📍 **Karte 3, B 3/4**

Tanzen

Seite 131
11 Uebel & Gefährlich: Im Bunker zwischen dicken Wänden rockt es sich am besten. 📍 **O 6**

Seite 114
10 Golden Pudel Club: Mekka für alle alternativ Angehauchten und Junggebliebenen.
📍 **Karte 3, B 4**

Seite 137
9 Waagenbau: Hip-Hop, bis der Arzt kommt.
📍 **N 5**

Seite 137
9 Fundbureau: cool. Mit Zügen, die über einem rattern und fast den Takt vorgeben.
📍 **M 5**

Kultur aktuell

Seite 136
9 Kulturhaus 73: Poetry-Slam, Tanz und Theater, Lesungen, Kino, dazu Craft Beer.
📍 **N 5**

Seite 189
4 Fabrik: tolle Konzerte, Lesungen, Theater. Flohmärkte. 📍 **L 6**

Seite 230
14 Honigfabrik: Kulturzentrum am Veringkanal in Wilhelmsburg mit vielfältigem Programm.
📍 **Karte 5, C 4**

Seite 235, 236
9 Fischhalle Harburg: Ausstellungen im Café, Konzerte und Lesungen auf der Bühne.
📍 **Karte 5, C 5**

Kino

Seite 162
6 Abaton-Kino: Wunderschönes Programmkino mit Special Guests zu Premieren. 📍 **P 5**

Seite 138
13 3001 Kino: Art-House- und kleinere Filme sowie Dokumentarfilme im Hinterhof. 📍 **N 5**

Seite 180
6 Savoy-Kino: Englischsprachiges Kino, auch Theaterübertragungen vom Londoner West End. 📍 **R 6**

Seite 189
3 Zeise Kinos: Programmkino in einer alten Schiffsschraubenfabrik.
📍 **L 6**

Theater, Oper, Ballett

Seite 167
1 Deutsches Schauspielhaus: Deutschlands größte Sprechbühne ist imposant. Spannend: das Junge Schauspielhaus im Malersaal.
📍 **Q 6**

Seite 66
6 Thalia Theater: Große, moderne Bühne mit tollem Programm. Ableger in der Gaußstraße. 📍 **Karte 3, H 3**

Im Haus der Hamburgischen Staatsoper werden nicht nur Opern (hier: »Rigoletto«) und Konzerte gegeben. Immer wieder Furore machen auch die Ballettinszenierungen von John Neumeier.

Seite 190
5 Lichthof Theater: Ambitioniertes Off-Theater in Bahrenfeld mit Theater- und Tanzproduktionen, häufig von jungen Gruppen und Regisseuren. 📍 **K5**

Seite 46, 65
6 Hamburgische Staatsoper: Drei Hochkaräter im Verbund – die Staatsoper mit modernen Inszenierungen, das Hamburg Ballett unter John Neumeier und das Philharmonische Staatsorchester (Generalmusikdirektor Kent Nagano).
📍 **Karte 3, F/G 2**

Seite 180
7 Polittbüro: Bissiges Kabarett mit gutem Ruf.

Fast täglich Programm auf der kleinen Bühne.
📍 **R 6**

MUSICALSTADT HAMBURG

Hamburg ist Musicalstadt. Allein Stage Entertainment unterhält hier fünf Bühnen, auf denen zauberhafte Musicals präsentiert werden. So zeigt das **Stage Theater an der Elbe** (📍 **O 8**) »Pretty Woman«, das **Stage Operettenhaus** (📍 **Karte 3, C 4**) »Tina – das Tina Turner Musical«, das **Stage Theater im Hafen** (📍 **O 8**) »Der König der Löwen«, das **Stage Theater Neue Flora** (📍 **M 5**) »Cirque du Soleil – Paramour«. Auf der Website **www.stage-entertainment.de** finden Sie Infos zu den Musicals, die Adressen und Anfahrtsbeschreibungen zu den Spielstätten. Auch Tickets können Sie direkt buchen.

Wo du schläfst,

Und dafür bietet Hamburg viele Optionen — ob private Atmosphäre, mal was ganz Neues probieren oder luxuriös wohnen.

Das Hotelangebot hat in Hamburg Metropolenniveau. Vor allem im hochpreisigen Segment gibt es eine gute Auswahl. Neben den alten Grand Hotels haben sich inzwischen jüngere Designhotels etabliert. Auch bei den Übernachtungsmöglichkeiten für jüngere Leute, hat sich einiges getan.
Preisangaben: Preise für DZ (Doppelzimmer), Einzelzimmer sind in der Regel etwa 15 % günstiger. In Hamburg gibt es eine gestaffelte Kultur- und Tourismusabgabe. Je nach Übernachtungskosten beträgt diese 0,50–4 €/Nacht.

An der Alster 72, St. Georg, T 040 288 80, www.kempinski.com/de/hamburg/hotel-atlantic, U, S Hauptbahnhof, DZ ab 213 €, Frühstück 35 €/Pers.

Hamburg-Feeling pur

Für Himmelsstürmer
Empire Riverside, Karte 3, C4: Zwischen Reeperbahn und Hafen erhebt sich der 20 Etagen hohe Hotelturm. David Chipperfield verband moderne Architektur mit hanseatischem Ambiente. Die raumhoch verglasten Zimmer bieten einen beeindruckenden Blick über den Hafen.
Bernhard-Nocht-Str. 97, St. Pauli, T 040 31 11 90, www.empire-riverside.de, S Reeperbahn, DZ ab 105, Frühstück 23 €/Pers.

Weiße Pracht am Wasser
Hotel Atlantic, Karte 3, J2: Ein Grandhotel der schönsten Art im Herzen der Stadt an der Außenalster. Im 2011 umfassend restaurierten und renovierten Haus treffen hanseatische Tradition und Moderne zusammen (s. auch S. 172).

Für Design- und Kunstfans

Für Designfreaks
Side, Karte 3, F2: Die Renovierung 2018 gab die Eigentümerfamilie Gerlach wieder in die Hände von Stardesigner Matteo Thun (er hatte das Hotel 1999–2001 designt). Nun setzte er nicht nur die Lobby effektvoll in Szene. Sehr cool und edel. Fußläufig zu Staatsoper und City.
Drehbahn 49, Neustadt, T 040 30 99 90, www.side-hamburg.de, U 2 Gänsemarkt, S 11, 21, 31 Dammtor, DZ ab 140 €, Frühstück 29 €/Pers.

Für Bücherwürmer
Wedina, Q6: Das Literaturhotel der Stadt mit umfangreicher Bibliothek, in der viele Schriftsteller ihre Spuren hinterlassen

haben. Die 54 Zimmer sind individuell gestaltet und Dichtern gewidmet. Hinter dem Haupthaus liegt ein idyllischer Garten, in dem sommers nicht nur gefrühstückt wird.
Gurlittstr. 23, St. Georg, T 040 280 89 00, www.wedina.de, U, S Hauptbahnhof, DZ/ÜF ab 116 €

Für Mensch und Kunst
 Das kleine Schwarze, Karte N 4: Mit dem ›kleinen Schwarzen‹ haben sich zwei Kreative ihren Traum erfüllt. Das Hotel in der stillen Wohnstraße ist ein wirkliches Highlight am Hamburger Hotelhimmel. Frühstück im Garten, sieben sehr puristisch gestylte Zimmer sowie ein Wohnwagen. Fotokunst bekannter Fotografen an den Wänden. Regelmäßig Ausstellungen!
Tornquiststr. 25, Eimsbüttel, T 040 23 93 99 11, www.das kleine-schwarze.com, U 2 Emilienstr., Christuskirche, DZ ab 99 €, Frühstück 14 €/Pers.

Stil und Lebensart
 Henri, Karte 3, H 3: Die Rezeption versteckt sich zwischen gemütlichen Sofaecken und Regalen voller Bücher. In der offenen Küche dürfen Sie beim ›Abendbrød‹ (Mo–Do 19–21 Uhr, 5 €) zugreifen. Eine tolle Idee. Die Kontorhausatmosphäre ist so gemütlich, dass man gerne bleibt. 65 Studios und Suiten in drei Kategorien (20–40 m^2) mit Kitchenette, Kühlschrank, Kaffeemaschine und Möbeln und Accessoires im Look der 1950er-Jahre. Das Henri gehört zum Traditionshotel Louis C. Jacob.
Bugenhagenstr. 21, Altstadt, T 040 554 35 70, www.henri-hotel.com, S Hauptbahnhof, U 3 Mönckebergstr., DZ ab 118 €, Quick-Breakfast 5 €/Pers., Frühstück 16 €/Pers.

Mit Industriecharme
 Gastwerk Hotel Hamburg, Karte K 5: 141 helle Zimmer mit Designermöbeln in der Kohlenlagerhalle eines ehemaligen Gaswerks. Backstein und Metall treffen aufeinander und verleihen dem Haus nostalgischen Charme. Entspannung in der Relaxzone im marokkanischen Stil mit Sauna. Kostenloses WLAN, gute italienische und bürgerliche Küche im Mangold.
Beim Alten Gaswerk 3, Altona, T 040 89 06 20, www.gastwerk.com, S 1, 11 Bahrenfeld, dann 15 Min. zu Fuß, S 1, 3, 11, 31 Altona, dann Bus 2 Bornkampsweg, DZ ab 150 €, Frühstück 19,50 €

Ein Stück Paris in Hamburg
 Tortue, Karte 3, F 3: Ein Stück Paris in Hamburg. Das Designhotel präsentiert sich hip und modern, gleichzeitig ist es auch ein Stück Frankreich des 19. Jh. Die liebevoll ausgestatteten Zimmer und Suiten lassen, ebenso wie drei Bars und zwei Restaurants im Hof, die Herzen höher schlagen.
Stadthausbrücke 10, Neustadt, T 040 33 44 14 00, www.tortue.de, U 3, S 1, 3, 11 Stadthausbrücke, DZ ab 150 €, Frühstück 35 €/Pers.

bist du zu Hause

Zimmer mit Aussicht

Britisches Understatement

🏠 **The George Hotel**, 📍 **O 5:** Nur einen Steinwurf von der Alster entfernt trifft im quirligen St. Georg hanseatische Noblesse auf britisches Understatement. Die 125 Zimmer und Suiten sind individuell und intim. Von der Lounge der Dachterrasse hat man einen traumhaften Alsterblick.
Barcastr. 3, St. Georg, T 040 280 03 00, www.thegeorge-hotel.de, U, S Hauptbahnhof, DZ ab 131 €, Frühstück 21,50 €/Pers.

Maritim

🏠 **25hours Hotel HafenCity**, 📍 **Karte 3, H 5:** Das industrielle, aber gemütliche Interieur mit Retromöbeln in Lobby, Restaurant und Bar erinnert an ein Seemannsheim. Die Terrasse gleicht einem Schiffsdeck. 25 Seeleute haben ihre Geschichten in einem Logbuch verewigt, das Sie in den Kojen, so heißen die Zimmer, lesen können. Für alle, die gern Kräne und Bagger gucken.
Überseeallee 5, HafenCity, T 040 257 77 70, www.25hours-hotels.com, U 4 HafenCity, DZ ab 130 €, Frühstück 18 €/Pers.

Elbe vor der Tür

🏠 **Strandhotel Blankenese**, 📍 **Karte 2, B 6:** Jugendstilvilla mit romantischem Flair. Das Turmzimmer wird von Pärchen gern als Liebesnest genutzt. Ideal für eine Auszeit von der Stadt am Strand oder in den Gassen von Blankenese.
Strandweg 13, T 040 86 13 44, www.strandhotel-blankenese.de, S 1, 11 Blankenese, Bus 48 Strandtreppe, DZ ab 120 €, Suite 350 €, Frühstück 15 €/Pers.

Winde wehen, Schiffe gehen

🏠 **Hafen Hamburg**, 📍 **Karte 3, D 4:** Im ehemaligen Seemannsheim oberhalb der Landungsbrücken brauchen Sie unbedingt ein Zimmer mit Blick zum Hafen! Von hier aus sind es nur ein paar Schritte ins Nachtleben von St. Pauli.
Seewartenstr. 9, St. Pauli, T 040 31 11 30, www.hotel-hafen-hamburg.de, U 3, S 1, 3, 11, 31 Landungsbrücken, DZ ab 102 €, Frühstück 20 €/Pers.

Charmant und ungewöhnlich

Wasserabenteuer

🏠 **Feuerschiff**, 📍 **Karte 3, E 5:** Zwei Einzel-, drei Doppel- sowie die frühere Kapitänskajüte warten auf wasserfeste Gäste.
City Sporthafen, Vorsetzen, St. Pauli, T 040 36 25 53, www.das-feuerschiff.de, U 3 Baumwall, DZ/ÜF ab 120 €

Boheme

🏠 **York**, 📍 **R 4:** Über drei Etagen verteilen sich die Zimmer und Appartements des kleinen Hotels in einem Jugendstilhaus. Individuell eingerichtete Zimmer, im Sommer steht der Garten zur Verfügung. Beliebt bei Sängern und Schauspielern.
Hofweg 19, Uhlenhorst, T 040 227 14 20, www.aparthotel-york.de, U 2 Mundsburg, DZ ab 110 €, kein Frühstück

Szenig

🏠 **Fritzhotel**, 📍 **N 5:** Kleines ungewöhnliches Hotel mit nur 17 Zimmern mitten im Schanzenviertel. Bars, Cafés und viele Shops gleich um die Ecke. Minimalistisches Design und individueller Service. Ab drei Nächten reduziert sich der Preis.

DAS PASSENDE BETT SELBST SUCHEN

Direktbuchungen bei den Hotels können günstiger sein als über Portale wie www.booking.com oder www.hrs.de.

Eine Übersicht über die Hamburger Unterkünfte gibt die Website **www.hamburg.de** (oft auch direkt buchbar). Hotels finden Sie dort unter **/hotel,** Hostels unter **/hostel** und Wohnungen unter **/ferienwohnung.**

Weitere Websites für Hostels
www.hostels.com
www.hostelworld.com

Wohnungen auf Zeit
www.hamburg.homecompany.de
www.airbnb.com
www.city-wohnen.de
www.ihremitwohnzentrale.de

Schanzenstr. 101–103, T 040 82 22 28 30, www.fritz-im-pyjama.de, U 3, S 11, 21, 31 Sternschanze, DZ ab 114 €, Frühstück (nur auf dem Zimmer) 7,50 €/Pers.

Ökologisch
Raphael Hotel Wälderhaus, Karte 5, C 5: Nachhaltigkeit ist im Wälderhaus Programm. Seine 82 Zimmer sind mit Fichtenholz verkleidet. Natürliche Materialien treffen im Wälderhaus auf modernste Technik.

Am Inselpark 19, Wilhelmsburg, T 040 302 15 61 00, www.raphaelhotelwaelderhaus.de, S 3, 31 Wilhelmsburg, DZ ab 85 €, Frühstück 14 €/Pers.

Plüsch und Pomp
Hotel Village, R 6: In früheren Zeiten war das Haus ein nobles Bordell. Plüsch und Pomp haben sich in den 20 Zimmern bis heute erhalten. Samttapeten, Baldachine und drehbare Spiegel erwarten die Gäste. Es gibt Doppelzimmer, aber auch Hostel-Einzel-, Drei- und Vierbettzimmer, jeweils mit eigenem Bad.

Steindamm 4, St. Georg, T 040 480 64 90, www.hotel-village.de, U, S Hauptbahnhof, DZ ab 75 €, Frühstück 7,50 €/Pers.

Für Frauen
Hanseatin, Karte 3, E 2: Entspannt als Frau reisen, warum nicht in Hamburgs erstes Frauenhotel mit 13 Zimmern (einige ohne Bad) und einer schön renovierten Gartenterrasse.

Dragonerstall 11, Neustadt, T 040 34 13 45, www.hotel-hanseatin.de, U 2 Gänsemarkt, DZ ab 110 €, Frühstück 7,50 €/Pers.

Wenn es einfach sein darf

Für junge Citytouristen
YoHo, N 4: In einem Gründerzeithaus mit viel Weiß, Glas und Stahl befinden sich puristische Zimmer mit Internetanschluss. Das Restaurant Mazza serviert orientalische Speisen und ist ein guter Ort, um Kontakte zu knüpfen.

Moorkamp 5, Eimsbüttel, T 040 284 19 10, www.yoho-hamburg.de, U 2, 3 Schlump, DZ ab 119 €, bis 27 Jahre ab 69 €, Frühstück 14,50 €/Pers.

Das Leben ist jung
Superbude, R 6: Kräftige Farben an den Wänden, Bierkästen als Hocker, Boxsäcke, Kicker und aus dem Doppelbettzimmer kann man eine Viererbude machen – ideal für junge Leute.

Spaldingstr. 152, St. Georg, T 040 380 87 80, www.superbude.de, U 2, 3, 4, S 1, 2, 11, 21 Berliner Tor, DZ ab 72 €, Frühstück 9,90 €/Pers.

Vor

Ort

Ein Ort zum Träumen mitten in der Stadt: die Binnenalster. Das Ostufer säumt der Ballindamm mit prächtigen Gebäuden.

Die City – Neustadt-, Altstadt- und St.-Pauli-Nord

Rund um die Binnenalster —schlägt Hamburgs Herz. Regierung und Handel, Konsum und Kultur treffen aufeinander.

Seite 37
Jungfernstieg ⭐

›Jungfern‹ laufen hier sicherlich auch noch entlang. Aber vor allem ist der aufgemöbelte Jungfernstieg eine großzügige Promenade mit breiten Sitztreppen und weitem Blick über die Binnenalster.

Seite 40
Rund um die Große Bleichen

Hanse-Viertel, Kaisergalerie, Galleria und Co. – ein Geflecht aus alten und neuen Passagen mit zahlreichen Boutiquen und schönen Rückzugsorten zieht sich durch die Hamburger Innenstadt (Neustadt).

Money makes the world go round: Luxus in der Neustadt

Seite 40
Alsterarkaden

Bin ich in Venedig? Nein, unter den Arkaden am Alsterfleet.

Seite 43
Großneumarkt

Der traditionsreiche Marktplatz mit den Lokalen drumherum ist ein beliebter Treff, nicht nur an Markttagen.

Seite 44
Gängeviertel

In den Häuschen und der Fabrique im Gängeviertel wird diskutiert, experimentiert, Kunst gemacht und ausgestellt. Ein Bummel lohnt sich.

Eintauchen

Die City – Neustadt-, Altstadt- und St.-Pauli-Nord   35

Seite 48
Planten un Blomen

Weites Grün, Pfade, Wasserläufe, Pflanzen aus aller Welt – 47 ha groß erstreckt sich der Park entlang der Wallanlagen.

Seite 50
Rathaus und Börse

Ein mächtiger Bau mit prunkvollem Innenleben ist das Hamburger Rathaus, im Verbund mit der Börse ein Sinnbild des Hanseatentums.

Seite 56
Kontorhausviertel

Das Herzstück des Viertels, das Chilehaus, gilt als Hauptwerk expressionistischer Architektur. Seine scharfe Spitzfront erinnert an einen Schiffsbug. Das Ensemble gegenüber dominiert der Sprinkenhof.

&

Seite 67
Stadthöfe und Gestapo

Früher u. a. Sitz des Polizeipräsidiums, Folterstätte der Gestapo und in Zukunft Tempel des Konsums – die Stadthöfe.

Angefangen hat alles mit ›Blumen für die Nazis‹. Doch längst wachsen in Planten un Blomen Pflanzen aus aller Welt, wie hier die Kaiserkrone.

»… wenn ich mit dem Zug in Hamburg einfahre – vom Hauptbahnhof über die Alster, links der Jungfernstieg, rechts die Außenalster – da geht immer mein Herz auf.« Jan Delay

erleben

Im Herzen der Stadt

Zentrum, City oder Herz der gesamten Stadt heißt mit Fug und Recht die Gegend rund um die Binnenalster, den Jungfernstieg und den Rathausmarkt. Flanieren und Shoppen sind in der Hamburger Neustadt angesagt: im Geflecht aus zahlreichen Passagen, manche prachtvoll verziert, andere hypermodern gestaltet und besonders edel auf dem Neuen Wall. Im Nordwesten schließen sich die Überreste des alten Gängeviertels an, in dem einst die Armen der Stadt lebten. Morsche Fachwerkbauten mit Höfen und Gängen standen dort dicht an dicht. In einem Ensemble, dem ›neuen‹ Gängeviertel, arbeiten heute Künstler. Ein kleines Szeneviertel voller gemütlicher Cafés und kleiner Galerien ist in dieser Gegend entstanden.

Mitten in der City, offiziell zu St. Pauli gehörend, liegt einer der schönsten Parks Hamburgs: Planten un Blomen, was soviel heißt wie Pflanzen und Blumen.

Während auf der Neustadtseite die Altstadtarkaden mediterranes Flair verbreiten, imponiert in der Altstadt-Nord das venezianisch anmutende Rathaus. Schnell sind Sie von dort in der Mönckeberg- und der Spitalerstraße. Nur wer hier den Blick von den Schaufenstern lösen kann und einmal einen Schritt zur Seite macht, wird die Hamburger City auf der Altstadtseite so erleben, wie sie wirklich ist. Vor allem lohnt das backsteinerne Kontorhausviertel mit dem Chilehaus einen Besuch, die nicht ohne Grund zum UNESCO-Welterbe zählen. Auf der Fleetinsel zwischen Alt- und Neustadt schließlich finden Sie auch die eine oder andere Galerie.

> ### ORIENTIERUNG
>
> **Start:** Ein guter Start für die Cityerkundung ist die Binnenalster bzw. der **U-/S-Bahnhof Jungfernstieg:** U 2, 4, S 1, 2, 3, 11, 31. Alternativ können Sie natürlich (dann in abgewandelter Reihenfolge) am **Hauptbahnhof** starten, an dem alle U- und S-Bahn-Linien halten. Der Ausgang Spitalerstraße führt dort zur Fußgängerzone. Wenn Sie direkt zum **Rathaus** möchten: Die U 3 steuert es an.
> **Planten und Blomen:** U 1 Stephansplatz, U 2 Messehallen, S 21, 31 Dammtor-Universität.
> **Gängeviertel:** U 1 Gänsemarkt.
> **Busse:** Diverse Buslinien fahren vom Rathausmarkt ab, darunter die Metrobusse 3 (Schanze) und 5 (Univiertel).

Binnenalster

♀ Karte 3, G/H 2/3

Ein See mittendrin
Ein fast quadratischer See, an drei Seiten von prunkvollen Gebäuden umgeben, das ist die Binnenalster, der kleinere Teil des Alster-Stausees. Im Sommer bildet die riesige Wasserfontäne einen zusätzlichen Hingucker, im Winter die Alstertanne – ein Weihnachtsbaum, der auf einem Ponton mitten auf dem Wasser leuchtet. Die Alster wurde 1235 aufgestaut, um das Wasser des Flüsschens für einen Mühlenbetrieb zu nutzen. Als dann später die Stadtbefestigung gebaut wurde, teilte man den Stausee in Binnen- und Außenalster. An der Binnenalster treffen Hamburg-Altstadt und die (nördliche) Neustadt zusammen, nach Süden hin trennt das Alsterfleet die Stadtteile voneinander.

Neustadt-Nord

Jungfernstieg ⭐
♀ Karte 3, G 2/3

An die breite Promenade kommt man vor allem wegen des breit angelegten Bordsteins mit Sitztreppen und Blick auf die Binnenalster, die entlang Neuem Jungfernstieg (Neustadt) und Ballindamm (Altstadt) von prächtigen Bauten gesäumt wird. Auf der Neustadtseite prägen das Hotel Vier Jahreszeiten ⑱ (s. S. 43) und das Amsinck-Palais ⑲ (s. S. 46) das Bild, auf der Altstadtseite fällt das Ballinhaus ㉝ (s. S. 52) ins Auge.

Während des Einkaufsbummels können Sie am Jungfernstieg ein Eis schlecken oder einen Kaffee trinken

> **BINNENALSTER** **B**
>
> Überblick gefällig? Wer mit der S-Bahn (S 11, 21, 31) eine Station vom Hauptbahnhof zum Bahnhof Dammtor fährt, hat einen umwerfenden Ausblick auf die Binnenalster. Setzen Sie sich in der Bahn unbedingt auf die linke Seite. Das war mein erster Eindruck von Hamburg, als ich als Studentin in die Stadt kam, und reichte für mich schon aus, um bleiben zu wollen.

und die Aussicht genießen. Hier legen auch die Schiffe für die **Alsterfahrten** (s. Kasten S. 40) ab.

Architektonische Highlights
Auf der anderen Straßenseite lässt es sich gut flanieren. Neben dem riesigen Mac Store, steht das **Alsterhaus** ❶, das 1912 als Warenhaus Tietz eröffnete. Es ist Hamburgs bekanntestes Kaufhaus, gehört insgesamt zu den Top 5 der deutschen Warenhäuser und bietet auf 24 000 m² in verschiedenen Geschäften von Premiummarken bis Luxuslabels schlichtweg alles an. Im Restaurant im vierten Stock kommt noch ein fantastischer Ausblick auf die Alster dazu. Das **Neorenaissancehaus** ❷ (Große Bleichen 3) nebenan ließ die Dresdner Bank Ende des 19. Jh. errichten: und zwar mit einem glasüberdachten Arkadenhof als Schalterhalle. Heute ist es Domizil der Commerzbank.

1881 wurde der **Hamburger Hof** ❸ (Jungfernstieg 26–28, www.hhof-passage.de) als imposanter Hotelpalast am Jungfernstieg im Stil der Neorenaissance aus rotem Sandstein erbaut. Im Speisesaal fanden bei Kaiserbesuchen Festbälle statt. Nach einem Brand im Jahr 1917 baute man das Hotel zum Bürohaus um und Ende der 1970er-Jahre – entschnörkelt und entkernt – zur **Ein-**

Binnenalster, Neustadt- und St.-Pauli-Nord

Ansehen

1. Alsterhaus
2. Neorenaissancehaus (Commerzbank)
3. Hamburger Hof
4. Heine-Haus
5. Alte Post
6. Hanse-Viertel
7. Galleria Hamburg / Petit Délice
8. Kaisergalerie
9. Alsterarkaden
10. Mellin Passage
11. Lessing-Denkmal
12. Gänsemarkt Passage
13. Finanzdeputation
14. Valentinskamp 34
15. Gängeviertel
16. Israelitischer Tempel
17. Großneumarkt
18. Hotel Vier Jahreszeiten
19. Amsinck-Palais
20. Colonnaden
21. Esplanade 37
22. Alte Oberpostdirektion
23. ehem. Oberschulbehörde
24. Planten un Blomen
25. Ehrenmal der Gefallenen (76er Kriegerdenkmal)
26. Gegendenkmal
27. Schiller-Denkmal
28. Bahnhof Dammtor
29. Rathaus
30. Rathausmarkt/ Rathauspassage
31. Heinrich-Heine-Denkmal
32. Europa Passage

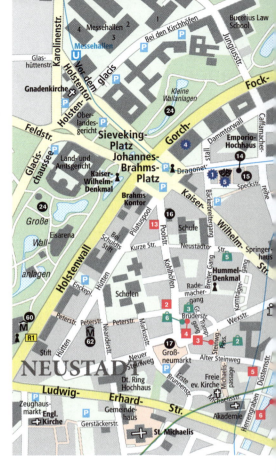

33. Ballinhaus (Hapag-Lloyd)
34. – 57. s. Cityplan S. 52
58. Hamburger Kunsthalle
59. Bucerius Kunst Forum
60. Museum für Hamburgische Geschichte (Hamburg Museum)
61. Museum der Illusionen
62. KomponistenQuartier (Brahms-, Telemann, Carl Philipp Emanuel Bach, Johann Adolf Hasse, Fanny & Felix Mendelssohn, Gustav Mahler Museum)

Essen

1. Atelier F
2. Loving Hut
3. Bootshaus Kombüse
4. Piccolo Paradiso
5. Herr Frischling

6	Rialto
7	Café Paris
8	o-ren-ishii
9	FrittenFreude
10	s. Cityplan S. 52
11	Zeit Café/Torrefaktum
12	Turmcafé St. Jacobi

Einkaufen

| 1 | Property of … |
| 2 | Vöran – urban eso |

3	Atelier Dittmer
4	Secondella
5	Wildhagen
6	Bootshaus Hafen
7	Oschätzchen
8	Vintage & Rags
9	s. Cityplan S. 52

Bewegen

| 1 | Anleger Jungfernstieg |
| 2 | Nivea-Haus |

Ausgehen

1	Yoko Club
2	Tipsy Baker
3	Hamburgische Staatsoper
4	Laeiszhalle
5	Hamburger Engelsaal
6	Thalia Theater
7	Metropolis Kino
8	Passage Kino

kaufspassage. Durch die Jungfernstiegpassage im Hamburger Hof gelangen Sie auf der Poststraße wieder ins Freie.

Vorher aber werfen Sie vielleicht noch einen Blick auf das **Heine-Haus** ❹ nebenan. Durch seine Jugendstilfassade mit viel Glas setzt es sich deutlich vom Hamburger Hof ab. Eine Gedenktafel erinnert an den früheren Besitzer, den Kaufmann Salomon Heine. Der Onkel des berühmten Schriftstellers sagte über Heinrich Heine: »Hätte mein Neffe etwas gelernt, brauchte er nicht zu schreiben Bücher.«

Rund um die Große Bleichen ♀ Karte 3, F/G 3

Passagen(s)hopping
Sie sind nun mitten in Europas »einmaligem Passagen-Netz«, wie die Eigenwerbung der Stadt lautet. An der Poststraße fällt der Turm der **Alten Post** ❺, die heute ebenfalls eine **Ladenpassage** ist, ins Auge. Früher diente der ›Campanile‹ als Zeigertelegraf und ermöglichte eine schnelle Nachrichtenverbindung zur Elbmündung.

Gegenüber der Alten Post dehnt sich das **Hanse-Viertel** ❻ aus, mit über 70 Shops die größte der Hamburger Passagen. Das backsteinerne Ensemble im Stil der Postmoderne wurde 1980 eröffnet.

An der Straße Große Bleichen geht es dann nahtlos weiter. Am Anfang der **Galleria** ❼ (Nr. 21, www.galleria-hamburg.de) liegt mit einer schönen Außenterrasse zum Bleichenfleet hin das kleine Restaurant **Petit Délice** (s. S. 60). Direkt nebenan erwartet dann die luxuriöse **Kaisergalerie** ❽ (Nr. 23–27, www.kaisergalerie.net) mit elf Geschäften auf 3400 m² ihre Kundschaft.

Neuer Wall ♀ Karte 3, F/G 3

Luxus, wohin Sie schauen
Hamburgs 5th Avenue, der **Neue Wall** (www.neuerwall-hamburg.de), zieht sich vom Jungfernstieg hinunter bis zur Stadthausbrücke. In mondänen Gebäuden und modernen Glasbauten reihen sich Juwelierpaläste und Modeläden, geben sich Edelboutiquen von Prada, Gucci, Hermès & Co. ein Stelldichein. Nicht jeder Laden gewährt jeder oder jedem Einlass. Der Neue Wall gehört zu den zehn wichtigsten Luxusstraßen in Europa. Das zeigen auch die Ladenmieten: 350 € m². Immerhin sind die Yogasessions auf der künstlichen Rasenfläche im Sommer kostenlos und um die Ecke in der Poststraße gibt es einen Gegenpol: ein Zalando-Outlet …

ALSTERFAHRTEN

Der Blick vom Wasser ist immer etwas Besonderes, in Hamburg mit seinen vielen Kanälen und Fleeten erst recht. Ab **Anleger Jungfernstieg** können Sie auf Alsterkreuzfahrt gehen, eine Alsterrundfahrt, Kanal- oder Fleetfahrt unternehmen. Schon um das ›weiße‹ Hamburg der prachtvollen Villen und Luxushotels an Binnen- und Außenalster in Augenschein zu nehmen, lohnt sich eine Rundfahrt, s. S. 249).

Alsterarkaden ⭐ ♀ Karte 3, G 3

Venedig an der Alster
Nach dem ›Passagen(s)hopping bieten die weißen, geschwungenen **Alsterarkaden** ❾ die Gelegenheit zu einer Pause. Mit ihren gusseisernen Geländern, Laternen und vielen Cafés mit Blick auf Rathaus und Kleine Alster wirken sie ebenso venezianisch wie das **Rathaus** ㉙ (s. S. 50) auf der Altstadtseite. Vor allem im Som-

Unter den Alsterarkaden mit Blick aufs Rathaus ist immer etwas los. Wer nicht shoppt, genießt zu Kaffee oder Drinks Sonne oder Schatten.

mer wähnt man sich eher in Italien denn im Norden. Gegenüber sonnen sich Touristen wie Hamburger, während Schwäne und Enten ein Bad nehmen.

In den Arkaden können Sie aber auch Traditionsgeschäfte oder in der **Mellin Passage** ❿ die Deckengemälde und Glasmalereien der Jahrhundertwende entdecken. Silvester 1989 brannte es in der Passage, die liebevoll wieder restauriert wurde.

Gänsemarkt und Gängeviertel ♀ Karte 3, F/G 2

Gänsehandel Fehlanzeige
Vom Jungfernstieg sind Sie schnell am **Gänsemarkt**. Trotz des Namens: Gänse wurden hier nie verkauft. Aber da diese Bezeichnung schon seit 1709 üblich ist, geht man davon aus, dass über den heutigen Gänsemarkt Gänse Richtung Dammtor getrieben wurden. Eine um 1650 errichtete Bäckerei besteht bis heute am Gänsemarkt 44 weiter. Das **Lessing-Denkmal** ⓫ auf dem Platz erinnert an den Dichter und Dramatiker der Aufklärung, Gotthold Ephraim Lessing. Er arbeitete 1767–70 als Dramaturg am Deutschen Nationaltheater, das bis 1827 etwa an der Stelle der heutigen **Gänsemarkt Passage** ⓬ (Gänsemarkt 50, www.gaensemarkt-passage.de).

Der mächtige Klinkerbau an der Ecke Valentinskamp ist ein Entwurf von Fritz Schumacher, 1909–33 Hamburgs Oberbaudirektor. Heute sitzt hier die **Finanzdeputation** ⓭ (Gänsemarkt 36) .

Reste eines Labyrinths
Hinter dem Gänsemarkt zwischen Holstenwall und Herrengraben erstreckt sich das alte **Gängeviertel.** Straßennamen wie Bäckerbreitergang, Breiter Gang,

Lieblingsort

Künstlerstyle im ›Hippie-Wunderland‹

Auch wenn die Geschichte es lange nicht gut meinte mit diesem verwunschenen Ort, so ist er in der Innenstadt doch mein uneingeschränkter Lieblingsort. Herumwuselnde Künstler, hier und dort ein draußen herumstehendes Sofa, bunte Girlanden quer über den Hof gespannt, aussortierte Skulpturen, vor sich hin wuchernde Pflanzen. Zwischen schiefen Häusern und großflächigen Graffiti herrscht im **Gängeviertel** 15 eine besonderes Stimmung, ein bisschen wie ein ›Hippie-Wunderland‹ – Künstlerstyle.

Korntragergang oder Rademachergang erinnern daran. Im 19. Jh. lebten in diesem Labyrinth enger Gänge und Höfe Arbeiter und die Armen der Stadt. Hans Harbeck beschrieb das Viertel 1930 in seinem Buch »Was nicht im Baedeker steht« als »düsteres Inferno«, als ein Abbild mittelalterlich-enger Bauweise, die Gassen wie Schluchten wirken lasse. Um 1890 lebten in der Neustadt 90 000 Menschen, teilweise drängten sich bis zu 25 Familien in einem engen Fachwerkhaus. Nach der großen Choleraepidemie von 1892, die besonders die Menschen des Gängeviertels traf, wurde es in den 1930er-Jahren zu großen Teilen abgerissen. Die vom Gänsemarkt abzweigende **ABC-Straße** und die **Neue ABC-Straße** hinter der Finanzdeputation sind heute noble Einkaufsmeilen mit Designershops und Antiquitätenläden. Kaum noch etwas erinnert an das alte Gängeviertel.

Am **Valentinskamp** dagegen sind einige wenige alte Fachwerkhäuser erhalten wie das Haus **Nr. 34** ⓮. Dahinter und drumherum liegt das nicht zuletzt bei Hamburg-BesucherInnen sehr beliebte ›neue‹ **Gängeviertel** ⓯ (s. Lieblingsort S. 42, Tour S. 44), das Künstler in Beschlag genommen, vor Abriss oder Luxussanierung bewahrt und zu neuem Leben erweckt haben.

Johannes-Brahms-Platz und Großneumarkt
◉ Karte 3, E 2/3

Plätze für Musik und Justiz
Hier breitet sich Hamburg richtig aus: am **Johannes-Brahms-Platz** mit der 1908 eingeweihten **Laeiszhalle** ❹ (s. S. 66; früher: Musikhalle Hamburg), dahinter das **Emporio-Hochhaus** (Dammtorwall 15; bis zum Unilever-Neubau in der HafenCity: Unilever-Hochhaus), gegenüber das **Brahms-Kontor** (Johannes-Brahms-Platz 1) mit seinem Art-déco-Interieur und jenseits des Holstenwalls am Sievekingplatz die **Justizgebäude.**

Umgenutzte Ruine
Die wenigen Überreste des **Israelitischen Tempels** ⓰ (Poolstr. 11–14), Fassaden und Teile der Apsis, bilden heute den Rahmen für eine gewerbliche Nutzung. Der Tempel war als Reformsynagoge des Neuen Israelitischen Tempel-Vereins errichtet worden – als ›Zwitter‹ zwischen freistehender und Hinterhofsynagoge. Seit 2003 steht das Areal zumindest unter Denkmalschutz.

Piazza fürs leibliche Wohl
In den letzten Jahren hat sich der **Großneumarkt** ⓱ zu einem beliebten Essens- und Ausgehtreff entwickelt. Bei gutem Wetter gibt es hier viele Möglichkeiten draußen zu sitzen. Vom **Thämers** (Nr. 10, www.thaemers.de) aus bietet sich ein schöner Blick auf Hamburgs Wahrzeichen, den Michel (s. S. 80). Der Platz, ein Zentrum des Gängeviertels, war schon um 1660 von Häusern umgeben. Auffällig ist die bereits 1696 gegründete **Pelikan-Apotheke** (Nr. 37) in einem Gebäude von 1913 mit bunten Holzverzierungen. Der Großneumarkt diente lange als Exerzierplatz, ist aber auch einer der traditionsreichsten Marktplätze Hamburgs. Heute findet hier regelmäßig ein kleiner, feiner **Wochenmarkt** (Mi, Sa 8.30–13.30 Uhr) mit regionalen und Bioprodukten statt.

Westlich der Binnenalster
◉ Karte 3, F/G 2

Am Wasser
Wer noch ein wenig an der Binnenalster promenieren möchte, kann am Neuen Jungfernstieg das **Hotel Vier Jahreszei-**

TOUR
Komm in die Gänge!

Bummel durch das Gängeviertel

Zwischen Laeiszhalle und Gänsemarkt merkt man gleich, dass hier etwas anders ist: Eine Initiative aus verzweifelten Künstlern besetzte im August 2009 kurzerhand das Backstein-Ensemble, bestehend aus zwölf zerfallenen Häusern. Ein Investor hatte in dieser exquisiten Lage einen Teil des Gängeviertels gekauft und wartete einfach den Verfall ab. Auf den Gemäuern wuchsen schon Bäume – ein Schandfleck im Zentrum der Stadt. Ziel der Initiative: Auf den Notstand an Arbeitsräumen für Künstler und die mangelnde Unterstützung des Kultursenats hinzuweisen. Die Aktion der Künstler wurde ein voller Erfolg. Das historische Viertel kam unter Denkmalschutz, konnte so vor Verfall und Abriss geschützt werden und gleichzeitig wurden bezahlbare Ateliers mitten in der City möglich. Heute werkeln im **Gängeviertel** 15 Künstler und Initiativen, stellen aus, bilden sich weiter, öffnen die Türen und feiern Hoffeste.

Vom **Valentinskamp** aus geht es durch einen schmalen Durchgang, die **Schierspassage**, zum **Hinterhof**. Schon hier können Sie sich über Gängeviertel e. V. informieren. Dahinter erstreckt sich rechter Hand die **Butze** mit einer **Teeküche**, um sich selbst zu versorgen, und einem **Umsonstladen**. In der alten **Tischlerei** arbeiten heute Künstler, einige mit Holz. Gerade im Sommer chillen alle draußen, es ist leicht miteinander ins Gespräch zu kommen.

Am Ende der Gasse steht links um die Ecke die fünfstöckige **Fabrique,** das sozio-

Auch im Gängeviertel feiert die Szene.

Infos

ca. 1 Std.

Gängeviertel,
📍 Karte 3, F2: www.das-gaengeviertel.info

Start/Ziel:
U 2 Gänsemarkt

Jupi Bar:
Caffamacherreihe 37–39 / Ecke Speckstr.

Café Nasch:
Caffamacherreihe 49, T 040 35 58 11 85, www.facebook.com/cafenasch, Mo–Fr 9.30–18, Sa 11–18, So 12–18 Uhr, Gerichte 4,50–7 €

kulturelle Zentrum des Gängeviertels. Riesige Graffiti prangen an der Fassade. Wo früher Gürtel und Schnallen gefertigt wurden, haben Tanz-, Theater- und Filmgruppen sonst so rare Proberäume gefunden. Im Erdgeschoss liegt der Veranstaltungsraum **WOW**. Hier finden Konzerte statt und manchmal wird wild gefeiert. Gegenüber zeigt der Kunstraum **MOM** wechselnde Ausstellungen.

Auf der anderen Seite der Gasse reihen sich Ateliers im **Kutscherhaus** und im **Haus zur Speckstraße** hin finden alle paar Wochen Gruppenausstellungen statt. Hier können Studierende und freischaffende Künstler ihre Ausstellungen konzipieren und kuratieren. Im **Jupihaus** befinden sich öffentlich geförderte Wohnungen und Ateliers – und die **Jupi Bar**, eine Eckkneipe, die es schon seit über 100 Jahren gibt. Dort wird nicht nur getrunken, sondern auch zum Tanzcafé geladen. Ein paar Schritte weiter vorbei am gemütlichen und veganen **Café Nasch** sind kreative Graffiti zu sehen. Das Kollektiv **Kupferdiebe** bietet »Hamburgs erste Freiluft Galerie«.

Ein Bummel durch das kleine Gängeviertel öffnet den Blick für ein anderes Hamburg – und vergessen Sie dabei nicht: Im 19. Jh. lebten jeweils bis zu 25 Familien dicht gedrängt in einem der kleinen Häuser in diesem Labyrinth aus Gängen und Höfen.

ten ⓲ näher in Augenschein nehmen. Im Souterrain bietet das japanische Restaurant **Nikkei Nine** guten und preislich unerwartet korrekten Mittagstisch. Das klassizistische **Amsinck-Palais** ⓳ etwas dahinter wurde 1831–34 für den Bankier Gottlieb Jenisch erbaut und ist heute Sitz des 1922 als Zusammenschluss von Wirtschaft und Wissenschaft gegründeten **Übersee-Clubs**.

Älteste Fußgängerzone der Stadt

Der Fußweg an der Ostseite der **Colonnaden** ⓴ ist mit Arkaden überbaut, die Fassaden sind im Neorenaissancestil gehalten. Die Straße hat fast italienisches Flair. Hamburgs älteste Fußgängerzone legten die Brüder Wex 1876/77 als Privatstraße mit luxuriösen Wohnungen an. Sie kreuzt die Große Theaterstraße, auf der Opernstars vom Hotel Vier Jahreszeiten auf kurzem Weg die **Hamburgische Staatsoper** ❸ (s. S. 65) erreichen. Das Opernhaus wurde 1955 im typischen Stil der damaligen Zeit erbaut und ersetzte das an dieser Stelle 1943 ausgebrannte Stadttheater.

Die Colonnaden enden auf der **Esplanade**, die Teil der Ringstraße um die Hamburger City ist. Auf der Nordseite liegt mit dem Haus **Nr. 37** ㉑ das weiße Haus, das Thomas Mann in seinem Roman »Der Zauberberg« als Wohnsitz von Hans Castorps Großvater beschreibt. Es wurde im Stil des nordischen Klassizismus gestaltet, mit Halbsäulen zu beiden Seiten der Eingangstür und einer Beletage, deren Fenster bis zu den Fußböden hinuntergezogen und mit goldfarbenen Eisengittern versehen sind.

Schräg gegenüber fällt das Gebäude an der Ecke zum Gorch-Fock-Wall auf. Die sich über 300 m erstreckende **Alte Oberpostdirektion** ㉒ wurde ab 1883 erbaut und galt damals als größtes Postgebäude der Welt. Auf dem Turm des Mittelbaus balanciert Hermes, in der griechischen Mythologie u. a. der Gott der Kaufleute und der Reisenden, der Diebe und der Kunsthändler … Das Gebäude gilt als Prachtstück der wilhelminischen Architektur. Das renovierte und um ein Glasgeschoss erhöhte Haus ist heute vor allem Gesundheit und Fit- und Wellness gewidmet.

In der Dammtorstraße befindet sich ein Fritz-Schumacher-Bau von 1913, die ehemalige **Oberschulbehörde** ㉓ (Nr. 25). Das angrenzende **Rotklinkerhaus mit dem goldenen Schwan** stammt von 1911 und wurde in Absprache mit Schumacher erbaut.

Abstecher nach St. Pauli ♀O/P5–O6

Blumen für die Nazis

Wenn Sie über den Dammtordamm Richtung Bahnhof Dammtor gehen, hängt es davon ab, welche Straßenseite Sie wählen: die westliche gehört schon zu St. Pauli, die östliche noch zur Neustadt. An der Westseite erstreckt sich der **Alte Botanischen Garten**. Er gehört wie die Kleinen und Großen Wallanlagen weiter südlich zur Grünanlage **Planten un Blomen** ㉔ (Plattdeutsch für Pflanzen und Blumen; s. Tour S. 48) und liegt bereits in St. Pauli. Den Namen trägt die gesamte Anlage heute nach dem Teilstück, das sich westlich von Dammtor-Bahnhof und Congress Centrum Hamburg erstreckt. Dieses 20 ha große Areal, früher teils Friedhofs- und Zoogelände, dann teils Vergnügungspark, erkor das NS-Regime zum Prestigeobjekt, ließ hier die Niedersächsische Gartenschau Planten un Blomen anlegen. Nur deutsche Gewächse durften gepflanzt werden, um zu zeigen, »was das gesamte nationalsozialistische Deutschland auf dem Gebiete der Blumen- und Pflanzenzucht zu leisten imstande ist«, so der damalige Regierende Hamburger Oberbürgermeister Krogmann, ein strammer Nationalsozialist.

Für und wider den Krieg
Direkt an der Dammtorstraße steht am Rand des Alten Botanischen Gartens das **Ehrenmal der Gefallenen** ㉕, auch als **76er-Kriegerdenkmal** (nach dem Infanterieregiment »Hamburg« Nr. 76) bekannt. Das umstrittene Denkmal mit marschierenden Soldaten und der Aufschrift »Deutschland muss leben, und wenn wir sterben müssen« wurde in den 1930er-Jahren von dem Bildhauer Richard Emil Kuöhl errichtet. Es diente der propagandistischen Vorbereitung des Zweiten Weltkriegs. Die britische Militärregierung ordnete 1945 den Abriss an, doch dazu kam es nicht. Seit Ende der 1960er-Jahre lieferte das Denkmal immer wieder Konfliktstoff, bis die Kulturbehörde beschloss, ein **Gegendenkmal** ㉖ daneben zu stellen. Der österreichische Künstler Alfred Hrdlicka schuf es im Gedenken an die Opfer von Krieg und Faschismus. Die Teile »Hamburger Feuersturm« und »Cap Arcona« wurden fertiggestellt, für zwei weitere Teile gingen der Stadt offenbar die Gelder aus.

Umzug eines Dichters
Auf der anderen Straßenseite (Neustadt), gleich neben dem Cinemaxx-Kino, steht im Gustav-Mahler-Park das bronzene **Schiller-Denkmal** ㉗. Von 1866 an hatte es seinen Platz vor der Kunsthalle am Glockengießerwall. Als nach dem Zweiten Weltkrieg aus den dortigen Grünflächen Parkplätze wurden, beschwerte sich Bundespräsident Theodor Heuss, dass Schiller in Hamburg zum Parkplatzwächter verkommen sei. So erhielt die Schiller-Statue 1958 ihren jetzigen Standort.

Bundespräsident Heuss hatte Recht: Friedrich Schiller war als Parkplatzwächter denn doch zu schade.

Großer Bahnhof für Studierende
Hamburgs schönster Bahnhof ist eine Jugendstilhalle aus Glas, Stahl und Stein, der **Bahnhof Dammtor** ㉘. Für die damalige Zeit war die Konstruktion mit ihrem Skelett aus Stahlträgern hochmodern. Die hohen Sprossenfenster verleihen dem Bau Leichtigkeit und Helligkeit. Am 7. Juni 1903 wurde der Bahnhof, heute ein Zwischenhalt an der Strecke zwischen Hauptbahnhof und Altona, ans Gleisnetz angeschlossen. Kaiser Wilhelm II. bekam sein eigenes Fürstenzimmer im Bahnhof und Staatsgäste auf Hamburg-Besuch wurden stets hier empfangen. Ende des 20. Jh. wurde er gründlich renoviert. Heute spucken hier Fernzüge und S-Bahnen täglich Tausende Studenten aus, denn es sind nur ein paar Schritte zur Universität. Zum 100-jährigen Uni-Geburtstag wurde der

TOUR
Grünes Herz mitten in der Hamburger City

Spaziergang durch Planten un Blomen

Infos

1–2 Std.

Start/Ziel:
S 31, 32 Bahnhof Dammtor (Dammtor Universität),
📍 P5/6 / U 3 St. Pauli

Raus aus der Innenstadt nach all der Geschichte, Architektur und dem Shoppingwahn – und einmal tief durchatmen. Genau dafür ist ein Spaziergang in **Planten un Blomen** ㉔ (www.plantenunblomen.hamburg.de, Eintritt frei), dem grünen Herzen mitten in der City, gedacht. Planten un Blomen, plattdeutsch für Pflanzen und Blumen, ist der Lieblingspark der Hamburger. Viel Platz für jeden, breite Wiesen, aber auch verschlungene Pfade. Bequeme Stühle, die man sich an den Wasserkaskaden zurechtrücken kann. Ein Apothekergarten mit vielen nützlichen Kräutern, Wasserspiele nebst Spielplatz. Der 47 ha große Park erstreckt sich zwischen Fernsehturm, Dammtorbahnhof und Millerntorplatz. In einem Bogen verläuft er westlich um die City und folgt der alten Stadtbefestigung, den Wallanlagen.

Den Spaziergang beginnen Sie am besten am **Bahnhof Dammtor** ㉘. Von der Rückseite des Bahnhofs gehen Sie auf das Congresscentrum zu, vor dem ein überdachter Arkadenweg Richtung Messegelände abzweigt. Am **Japanischen Garten**, übrigens dem größten Europas, verlassen Sie den Arkadenweg. An einem kleinen **See** steht ein **Japanisches Teehaus**, in dem im Sommer auch traditionelle Teezeremonien stattfinden. Vom großen **Spielplatz**, der dahinter liegt, hört man hier nichts.

Danach streifen Sie den **Parksee**, hinter dem sich der **Musikpavillon** und der

Naherholung im Grünen: Planten un Blomen macht's möglich.

Apothekergarten befinden. Im Sommer finden im Pavillon regelmäßig kostenlose Konzerte statt. Im Garten mit den Sieben Höfen der Gesundheit können Sie sich über Heilpflanzen und -kräuter informieren. Ein Stückchen weiter liegt nördlich des Parksees der **Rosengarten** mit etwa 300 Rosenarten – alte Rosen, Englische Rosen, Strauch- und Wildrosen und, und, und.

Der Arkadenweg wird nun gekreuzt. Rechts liegen die **Schaugewächshäuser des Botanischen Gartens** (März–Okt. Mo–Fr 9–16.45, Sa/So 10–17.45, Nov.–Febr. Mo–Fr 9–15.45, Sa/ So 10–15.45 Uhr). In ihnen wachsen Pflanzen aus allen Klimazonen der Erde, ob aus der Wüste oder dem Dschungel. Links erstreckt sich der **Japanische Landschaftsgarten** mit Felsen, Wasserläufen, kleinen Teichen und Grün.

Am **Wallgraben** entlang geht es nun in die **Kleinen Wallanlagen**. Ein etwas skuriller Anblick bietet sich Ihnen auf Höhe des **Untersuchungsgefängnisses**, unschwer an seiner hoch aufragenden Mauer zu erkennen. Vor ihr stehen häufig einige Menschen, die mit den Insassen hinter der Mauer kommunizieren – natürlich ohne sich sehen zu können. Kurz hinter der **Wassertreppe** geht es dann unter dem von Gerichtsgebäuden umstandenen Sievekingplatz hindurch in die **Großen Wallanlagen**. Dort können Sie auf der Eis- und Rollschuhbahn im Sommer Rollschuh laufen und sich im Winter auf dem Eis tummeln.

Wenn Sie das **Museum für Hamburgische Geschichte** ❻⓪ links hinter sich lassen, erreichen Sie schließlich den **Millerntorplatz**, wo nur noch das nördliche **Wachhaus** an das einstige Millerntor erinnert.

Falls Sie während Ihres Spaziergangs in Planten un Blomen pausieren möchten: Es gibt diverse **Einkehrmöglichkeiten**, überwiegend Cafés, die zumeist von April bis Mitte Oktober ab 10 Uhr geöffnet sind. Kioske ergänzen das Angebot.

Altstadt-Nord

Rathaus und Börse

♀ Karte 3, G3

Wie sollte es auch anders sein, am **Rathausmarkt** steht das **Rathaus** ㉙, das unweigerlich den Blick auf sich zieht. Auch wenn sich der Hanseat sonst dafür rühmt, Protzigkeit und Dekadenz auf ihre Plätze zu verweisen: Beim Rathausbau 1897 schien dies den Hamburgern urplötzlich entfallen zu sein. Wie ein venezianischer Palazzo thront es auf dem Platz. Der öffnet sich zur kleinen Alster hin und erinnert ein wenig an den Markusplatz in Venedig – durchaus mit Absicht. Um für das 111 x 70 m große Gebäude auf dem Marschboden einen festen Untergrund zu schaffen, mussten 4000 Pfähle in den Boden gerammt werden. Im Oktober 1897 konnte das neue Rathaus, das alte war dem großen Brand von 1842 zum Opfer gefallen, eingeweiht werden. Martin Haller hatte es im Neorenaissancestil entworfen und großzügig – hanseatischem Geschmack entsprechend – durch rückwärtige Flügelbauten mit der **Börse** verbunden.

Über dem Rathauseingang mahnen goldenen Buchstaben auf Latein den Erhalt eines der größten hanseatischen Güter an: »Mögen die Nachkommen die Freiheit, die ihre Väter erwarben, würdig erhalten.«

Der 112 m hohe **Rathausturm** gliedert das Gebäude in zwei Teile. Diese Dualität zeigt sich auch im Haus. Rechts tagt der Hamburger Senat, links die Bürgerschaft. Zum Alten Wall hin, an der Senatsseite, verkörpert Justitia die höchste Tugend der Stadtregierung. Zur Großen Johannisstraße hin stehen zwischen den drei Fenstern des Bürgerschaftssaals zwei Redner, Allegorien von Konservatismus und Fortschritt. Im Hauptgeschoss erkennt man zum Rathausmarkt hin zwischen den Fenstern zwanzig Skulpturen deutscher Kaiser, von Karl dem Großen bis zu Franz II. Die Familienwappen ehemaliger Senatoren zieren die Schlusssteine der Erdgeschossfenster. An der Hoffront wurden Skulpturen von Fürsten und Bischöfen als Pendant zu den weltlichen Regenten angebracht.

Besonders empfehlenswert ist es, an einer Führung teilzunehmen, um das prunkvolle Interieur mit seinen 647 Räumen, Marmortreppen, Skulpturen und einem kolossalen Festsaal zu besichtigen. Daneben beeindrucken etliche Paraderäume, die sich im Hauptgeschoss (1. Stock) befinden.

In der Mitte des Hofes zwischen Rathaus und Börse liegt der **Hygieia-Brunnen** von 1895/96 – als Erinnerung an die verheerende Choleraepidemie des Jahres 1892 bei der 8602 Hamburger ums Leben kamen. Hygieia ist die griechische Göttin der Gesundheit.

Die **Börse** war bei dem großen Brand erst ein Jahr alt gewesen und überlebte ihn, weil 15 Börsianer rechtzeitig mit dem Löschen begonnen hatten. Sie zählt zu den ältesten Handelsplätzen ihrer Art in Nordeuropa. In dem klassizistischen Putzbau sind Waren- und Wertpapierbörse sowie die einzige deutsche Versicherungsbörse untergebracht.

Rathaus: Rathausmarkt 1, Mo–Fr 11–16, Sa 10–17, So 10–16 Uhr, www.hamburg.de/rathaus, Führungen alle 30 Min. (ca. 40 Min.), 5 €, bis 15 Jahre frei

Fair, nachhaltig sozial
Der **Rathausmarkt** ㉚ selbst ist verkehrsfreie Zone. Hier werden viele Märkte veranstaltet. Waldemar Ottos

Es herrscht viel Trubel, aber trotzdem ist er schön, der alljährliche Weihnachtsmarkt vor dem Rathaus. Nicht wenig trägt dazu die prunkvolle Kulisse bei.

(geb. 1929) **Heinrich-Heine-Denkmal** ③① an der Ostseite wurde 1982 aufgestellt. Es erinnert an den großen Dichter und den wenig rühmlichen Umgang mit ihm und seinem früheren Denkmal im Stadtpark. Das hatte das NS-Regime 1933 abreißen und später einschmelzen lassen.

Unter dem Platz erstreckt sich zwischen U- und S-Bahn-Station die **Rathauspassage** (http://rathauspassage.de, Zugang über U Rathaus, Mo–Fr 10–19, Sa 10–17 Uhr). Dort werden als Sozialprojekt der Evangelischen Kirche Läden und ein Bistro betrieben. Die Passage soll stark überarbeitet, der Sozialcharakter dabei erhalten und stärker ausgearbeitet werden. Unter anderem ist geplant, dass man vom Bistro aus seinen Kaffee auf Augenhöhe mit den Schwänen der Kleinen Alster schlürfen kann.

Ballindamm ♀ Karte 3, G/H 3

Unter Glas

Die **Europa Passage** ③② eröffnete 2006 mit fünf Etagen. Hier finden sich ca. 100 Läden im mittleren Preissegment und im zweiten Stock ein kleiner Food Market. Das Shoppingcenter wird von einer glasüberdachten Passage durchzogen, die hinüber zur Kleinen Rosenstraße bzw. zur Mönckebergstraße führt.

Dem Bau der Passage fielen übrigens mehrere historische Kontorhäuser zum Opfer, u. a. das Haus Vaterland an der Ecke zur Bergstraße, das in den 1920er-Jahren als »schönstes Konzertcafé« der Stadt galt. Die Freie Akademie der Künste warf dem Senat damals vor, verantwortungslos mit dem historischen Erbe der Stadt umzugehen.

Altstadt-Nord

Ansehen

❶ - ❷⓼ s. Cityplan S. 38
㉙ Rathaus
㉚ Rathausmarkt/ Rathauspassage
㉛ Heinrich-Heine-Denkmal
㉜ Europa Passage
㉝ Ballinhaus (Hapag-Lloyd)
㉞ Klöpperhaus
㉟ Levantehaus
㊱ Rappolthaus
㊲ Schumacher-Brunnen
㊳ Hulbe-Haus / Thomas-i-Punkt
㊴ Dietrich-Bonhoeffer-Denkmal
㊵ St.-Petri-Kirche
㊶ Bischofsturm
㊷ Domplatz
㊸ Chilehaus/Manufactum
㊹ Sprinkenhof/ Team Breakout
㊺ Speichergiebel Hopfensack 26
㊻ Zürichhaus
㊼ Trostbrücke
㊽ Patriotische Gesellschaft
㊾ Globushof
㊿ Laeiszhof
㈤⓵ Mahnmal St. Nikolai
㈤⓶ Steigenberger Hotel
㈤⓷ Fleethof
㈤⓸ Neidlingerhaus
㈤⓹ Michaelisspeicher/ Galerie Westwerk
㈤⓺ Kontor- und Lagerhaus Admiralitätsstr. 73
㈤⓻ Admiralitätsstr. 71/Priess
㈤⓼ – ㈥⓶ s. Cityplan S. 38

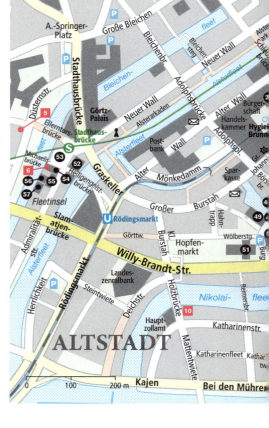

Essen

❶ – ❹ s. Cityplan S. 38
❺ Herr Frischling
❻ Rialto
❼ Café Paris
❽ o-ren-ishii
❾ FrittenFreude

Reedertradition

Den Ballindamm dominiert der 1901 errichtete **Sitz der HAPAG,** das **Ballinhaus** ㉝. Damals war die HAPAG die größte Reederei der Welt, Albert Ballin hatte sie dazu gemacht. Er hatte seine Karriere im Alter von 17 Jahren begonnen, als er die Auswanderungsagentur seines Vaters Samuel Joseph Ballin übernahm. Ballin erfand die Kreuzfahrt, ließ die größten Luxusliner seiner Zeit bauen, eröffnete einen mo-

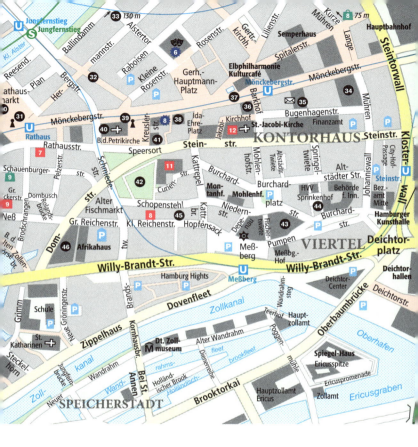

- 10 Yoon-Ji
- 11 Zeit Café/Torrefaktum
- 12 Turmcafé St. Jacobi

Einkaufen
- 1 – 7 s. Cityplan S. 38

- 8 Vintage & Rags; s. auch Cityplan s. S. 38
- 9 Hut Falkenhagen

Bewegen
- 1 – 2 s. Cityplan S. 38

Ausgehen
- 1 – 5 s. Cityplan S. 38
- 6 Thalia Theater
- 7 s. Cityplan S. 38
- 8 Passage Kino

---

natlichen Frachtdienst nach Asien – und frühstückte mit Kaiser Wilhelm II. Als das Deutsche Kaiserreich im November 1918 in Trümmer brach, nahm er eine tödliche Dosis Schlaftabletten. Im Jahr 1947 wurde der ehemalige Alsterdamm in Ballindamm umbenannt, seit 1997 heißt der Firmensitz **Ballinhaus** – und schon seit dem Zusammenschluss von der HAPAG und dem Norddeutschem Lloyd (1970) das Unternehmen Hapag-Lloyd.

Am Hauptbahnhof
♥ Karte 3, H/J 2/3

Kunst im Kubus
Bei Ankunft am Hauptbahnhof fällt er direkt ins Auge: der dreigliedrige Gebäudekomplex der Hamburger Kunsthalle und der zugehörigen Galerie der Gegenwart, unterbrochen von einer großen Plattform mit Stufen. Die **Hamburger Kunsthalle** ❺❽ (s. S. 59) geht auf das Jahr 1869 zurück, als sie auf Bürgerwunsch geschaffen wurde. Dem Backsteinbau fügte Fritz Schumacher 1912–21 den Kuppelbau aus Muschelkalkstein hinzu. 1997 wurde auf der anderen Seite der von Oswald Mathias Ungers konzipierte sandsteinerne Kubus der **Galerie der Gegenwart** eröffnet.

> ### AB IN DIE UNTERWELT U
>
> An der Westseite des Hauptbahnhofs geht es (nur mit Führung) hinab in den Hamburger Untergrund. Dort ragt der 1941–44 erbaute **Tiefbunker Steintorwall** drei Geschosse in die Tiefe. Nach seiner Sanierung und Modernisierung in den 1960er-Jahren bietet er im Katastrophenfall auf 2700 m² Platz für 2702 Menschen. Der **Verein Hamburger Unterwelten** bietet meist zweimal im Monat Führungen an. Hautnah erleben Sie die Enge eines solchen Baus. Denken Sie daran, dass im Bunker sommers wie winters Temperaturen um 12 °C herrschen (www.hamburgerunterwelten.de, Treffpunkt: Niedergang Tiefbunker, am Hauptbahnhof kurz vor der Einmündung Steintordamm, ggf. an der Bushaltestelle Hbf/Spitaler Str., ca. 100 Min., 8/6 €, Mindestalter 12 Jahre).

Mönckeberg- und Spitalerstraße
♥ Karte 3, G–J 3

Schauen und shoppen
Mönckeberg- und Spitalerstraße sind vor allem als Einkaufsstraßen bekannt. Karstadt, C&A, H&M, Zara, Görtz und wie sie alle heißen, ziehen die Scharen an. Wer sich beim Shoppen mal einen Moment gönnt, wird aber auch andere Seiten erkennen, denn viele der Läden sind in ehemalige Kontorhäuser eingezogen.

Die Galeria Karstadt Kaufhof etwa nutzt das **Klöpperhaus** ❸❹ (Nr. 3), das der Architekt Fritz Höger entworfen hat. Vielleicht haben Sie es schon im Film gesehen: Pierce Brosnan fuhr als James Bond in »Der Morgen stirbt nie« (1997) in eines der Schaufenster. Höger, der ›Klinkerfürst von Hamburg‹, plante die meisten Hamburger Handelshäuser (Chilehaus; s. S. 56). Am Klöpperhaus lockern Sprossenfenster die Fassade des Backsteinbaus auf, Bronzeschafe zieren die Front zu den Langen Mühren: Die Firma Klöpper war im Wollhandel tätig.

Gleich nebenan liegt das **Caledonis- oder Hammonia-Haus**, das im Relief Schotten zeigt.

Reich verziert ist das backsteinerne **Levantehaus** ❸❺ (Nr. 7). Es wurde Ende der 1990er-Jahre innen aufwendig umgebaut: In den unteren Etagen entstand eine exklusive Ladenpassage mit Cafés, in den oberen logiert das Park Hyatt Hamburg.

Ein bisschen Kultur muss sein
Gegenüber vom **Rappolthaus** ❸❻, das ebenfalls Fritz Höger erbaute, mündet die **Spitalerstraße** in die Mönckebergstraße. Hier errichtete Fritz Schumacher 1913 den **Schumacher-Brunnen** ❸❼, kombiniert mit einem kleinen, zweigeschossigen, tempelartigen Gebäude als Volkslesehalle. So erhielt die Straße einen zentralen Platz, der auch oft für Kundgebungen genutzt

wird. Heute beherbergt das Haus das **Elbphilharmonie Kulturcafé**.

In der Fußgängerzone **Spitalerstraße** finden sich ebenfalls vor allem Läden großer Ketten. In der quirligen Fußgängerzone können Sie aber gerade im Sommer gut draußen sitzen und diversen Gauklern zuschauen.

Durch seine ungewöhnliche Bauweise fällt in der **Mönckebergstraße** das kleine **Hulbe-Haus** 38 (Nr. 21) von 1911 auf. Sein Stil ist an die niederländische Renaissance angelehnt und erinnert an ein hansestädtisches mittelalterliches Gebäude. Bauherr Georg Hulbe richtete hier ein Kunstgewerbegeschäft ein und wollte gegen den Kontorhausboom jener Zeit ein Zeichen setzen. Ihm lag daran, die dahinterliegende St.-Petri-Kirche nicht zuzubauen. Heute ist in dem Häuschen der Shop der Hamburger Modefirma **Thomas-i-Punkt** untergebracht.

KZ, Kirche, Kunst

Neben dem Hulbe-Haus erinnert am Nordostende des Chores der St.-Petri-Kirche seit 1979 ein **Denkmal** an den evangelischen Theologen **Dietrich Bonhoeffer** 39, der 1945 von den Nazis im KZ Flossenbürg hingerichtet wurde.

Bereits 1195 erstmals erwähnt, ist die **St.-Petri-Kirche** 40 heute die älteste Pfarrkirche in der Hamburger Innenstadt. Noch immer bildet sie das Zentrum des kirchlichen Lebens und aufgrund ihrer zentralen Lage ist sie häufig Ort politischer Demonstrationen. Ihr Vorgängerbau war wie das Rathaus und zahlreiche Bauten der Innenstadt dem Großen Brand von 1842 zum Opfer gefallen. So entstand die heutige Kirche 1844–49 neu, wie zuvor im Stil der Backsteingotik. 2008 wurde eine umfassende Renovierung des Gebäudes abgeschlossen. Am zentralen Westportal befindet sich das älteste Kunstwerk Hamburgs: ein bronzener Türzieher mit Löwenkopf von 1342 (nur der linke Türzieher ist original). Den mittelalterlichen

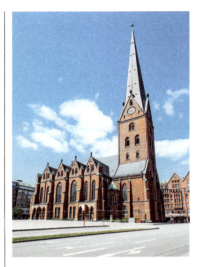

Viel erlebt hat auch der ›Neubau‹ der St.-Petri-Kirche. An den Vorgängerbau erinnert nur noch eine Türklinke.

Hochaltar (um 1383), der Grabower Altar des Meisters Bertram von Minden (1383), finden Sie in der Hamburger Kunsthalle.

Wer mag, kann über 544 Stufen den 132 m hohen **Kirchturm** bis auf 123 m Höhe erklimmen und von oben den Blick über Rathaus und Binnenalster schweifen lassen. In der Vorweihnachtszeit findet um die Kirche herum ein schöner **Markt** statt.
Bei der Petrikirche 2, www.sankt-petri.de, Mo–Fr 10–18.30, Mi bis 19, Sa bis 17, So 9–20 Uhr; Turm: Mo–Sa 11–17, So 11.30–17 (letzter Aufstieg 16.30) Uhr, 3/1 €

Unterirdisch

Wer in der Bäckerei Dat Backhus in den Keller hinabsteigt, erlebt eine Überraschung: Von dort gelangt man in den Schauraum des **Bischofsturms** 41, auch Bischofsburg genannt. Zu sehen sind Fundamente, Teile eines Befestigungswalls, die 1949–57 bei Ausgrabungen

entdeckt wurden. Dazu erfahren Sie einiges über die Entstehung der Stadt Hamburg, u. a. gibt es hier ein Rekonstruktionsmodell der alten Hammaburg.
Speersort 10, www.amh.de/standorte/bischofsturm, Mo–Fr 7–19, Sa 7–18 Uhr

Was vom Dom übrig blieb

Auf einer weiten Rasenfläche erstreckt sich jenseits der Domstraße der **Domplatz** ㊷. Auf ihm sind als Sitzmöbel nachts illuminierte Plexiglaswürfel angeordnet – und zwar so wie einst die Säulen des **Mariendoms,** früher Mittelpunkt des städtischen Lebens. In einem der Würfel befindet sich ein Sichtfenster, durch das Sie den verbliebenen Rest eines Pfeilerfundaments des alten Doms sehen können. Bei den Ausgrabungen fanden die Forscher außerdem Spuren eines Befestigungswalls aus dem 9. oder 10. Jh., der als **Domburg** zum Schutz des erzbischöflichen Mariendoms gedeutet wurde. Ein Wall aus Stahlblech zeichnet seine Konturen nach.

Kontorhausviertel

📍 Karte 3, H 3/4

UNESCO-Welterbe

Das **Chilehaus** ㊸ (Fischertwiete 2a, www.chilehaus.de), Herz des Kontorhausviertels, das im Stil des Backsteinexpressionismus im frühen 20. Jh. entstand und als Hauptwerk des Expressionismus gilt, wurde 2015 zusammen mit der Speicherstadt zum UNESCO-Weltkulturerbe geadelt (offiziell: Speicherstadt und Kontorhausviertel mit Chilehaus). Wieder war es Fritz Höger, der es 1922 mit scharfkantiger Spitzfront in Form eines Schiffbugs entwarf. Der farbige Bockhorner Klinker mit der rauen Oberfläche – 4,8 Mio. Backsteine insgesamt – wurde von ihm zum »Bauedelstein« erklärt und in der Folge wiederholt eingesetzt. Der Name des Gebäudes rührt daher, dass der Bauherr, Henry Brarens Sloman (1848–1931), Salpeter aus Chile importierte. Mitten durch das Chilehaus führt die Fischertwiete und lässt Zeit zum ausführlichen Betrachten dieses einzigartigen Bauwerks. Beliebt ist die heute ins Haus integrierte Cocktailbar **Sausalitos,** zugleich ein Restaurant mit mexikanisch-kalifornischen Gerichten.

Die Häuser schräg gegenüber dem Chilehaus bilden eine bauliche Einheit und sind stilistisch dem Chilehaus angepasst, auch wenn verschiedene Architekten sie konzipierten: Neben dem Sprinkenhof sind dies der **Mohlenhof** (Burchardplatz) und der **Montanhof** (Kattrepel 2), um nur die größten zu nennen. Der **Sprinkenhof** ㊹ ist das größte Gebäude im Kontorhausviertel. Entstanden in drei Bauabschnitten zwischen 1927 und 1943, ist er heute das Zuhause exklusiver Geschäfte, von Büros und Gastronomie. Einen Blick wert ist das netzartige Backsteinmuster an den zum Innenhof weisenden Fassaden.

Das modernste »Großstadtbild Deutschlands, das weltgültig schön, zweckentsprechend und dennoch ganz hamburgisch ist«, schrieb der Dichter Hans Leip, übrigens Verfasser des Liedtextes »Lil(l)i Marleen«, über das Ensemble (»Von Großstadt, hansischem Geist, Grüngürtel, Schule und guten Wohnungen in Hamburg«, Hamburg 1931).

Reiche Aussichten

Vom **Meßberg** fällt der Blick auf die Speicherstadt und das neue Spiegel-Gebäude. In der sich anschließenden Straße **Hopfensack** steht noch – etwas zurückgesetzt – ein **Speichergiebel aus dem 18. Jh.** ㊺ (Nr. 26), einer der letzten dieser Art in Hamburg. Die alte Backsteinarchitektur ist nicht mehr zu erkennen, da das Haus weiß verputzt wurde.

Reich waren die Hamburger Kaufleute, die hier einst lebten und ihre Waren lagerten – wie der Name der Straße bezeugt: In der **Kleinen Reichenstraße** finden sich noch einige Bürgerhäuser aus dem 19. Jh.

Der Architekt setzte mit der schiffsbugförmigen Spitzfront der Seefahrt ein Denkmal, der Bauherr mit dem Namen Chilehaus dem Fernhandel.

An der Kreuzung der **Großen Reichenstraße** mit der stark befahrenen Domstraße treffen Alt und Neu aufeinander: Das **Zürichhaus** ㊻ (Domstr. 17–21) erbauten die Architekten Gerkan & Marg 1989–92.

Rund um die Trostbrücke
📍 Karte 3, G 4

Kirchliche und weltliche Herren
Um die **Trostbrücke** ㊼ herum, die 1266 erstmals erwähnt und 1881 neu erbaut wurde, befand sich über 500 Jahre das Zentrum der Stadt. Auf der Brücke stehen symbolisch die beiden Gründerväter Hamburgs: Ansgar, der erste Erzbischof der Stadt (834–865), und ihm gegenüber Adolf III. von Schauenburg, der erste weltliche Herrscher (1164–1203). Die Trostbrücke überspannt das **Nikolaifleet** zwischen der bischöflichen Altstadt und der gräflichen Neustadt. Dort befand sich einst Hamburgs Alter Hafen – mit Kai, Kran und städtischer Waage.

Zum Wohle aller
An der Stelle des Alten Rathauses erhebt sich heute der neugotische Backsteinbau (1844–47) der **Patriotischen Gesellschaft** ㊽ (Trostbrücke 4–6). Sie gründete sich schon 1765 »zur Beförderung der Künste und der nützlichen Gewerbe« im Geist der Aufklärung. Ihr Wahrzeichen ist ein offener Bienenkorb: Viele tragen Honig hinein, zum Wohle aller. Auf Initiative der Gesellschaft entstanden 1778 die erste Sparkasse, 1792 die erste Badeanstalt und 1899 die erste öffentliche Bücherhalle. Die Gesellschaft initiierte auch den Kunstverein, aus dem die Hamburger Kunsthalle hervorging. Nach wie vor sind

Im Außenbereich des Mahnmals St. Nikolai regen verschiedene Skulpturen zum Nachdenken an, so auch der »Erdenengel« der 2013 verstorbenen Edith Breckwoldt.

viele Hamburger Firmen Mitglieder der Gesellschaft. Den Keller mit gotischem Gewölbe, früher ein Restaurant, kann man heute für Events mieten.

Gegenüber am anderen Ufer des Fleets steht der **Globushof** ㊾ (Trostbrücke 2), ein 1907 errichtetes Kontorhaus im neubarocken Stil. Schiffsmodelle und Neptun auf den Giebeln demonstrieren die Handelsmacht der Hamburger Kaufleute. Heute residiert in dem Gebäude eine Versicherung.

›Heimat‹ von Pamir und Passat

Den **Laeiszhof** ㊿ (Trostbrücke 1) erbaute 1897/98 Ferdinand Laeisz, der Besitzer der bedeutendsten Segelschiffreederei des 19. Jh. Ihre schnellen Segler waren im Lateinamerika- und Ostasienhandel unterwegs. Die Namen der Schiffe von Laeisz begannen alle mit P: Die bekanntesten waren die Viermastbarken Pamir und Passat. Der Laeiszhof ist ein Backsteinbau, der die Bauweise der Speicher wieder aufnimmt, die zuvor hier am Fleet standen. Nach der Familie Laeisz benannte man übrigens 2005 die Musikhalle (s. S. 66).

Gegen Gewalt und Krieg

Schon von der Trostbrücke aus fällt der Blick auf die Ruine der St.-Nikolai-Kirche. Im Zweiten Weltkrieg stark beschädigt und später weitgehend abgerissen, ragt ihr gut 147 m hoher Turm nun als Teil des **Mahnmals St. Nikolai** 51 (Hopfenmarkt), »gewidmet den Opfern von Krieg und Gewaltherrschaft zwischen 1933 und 1945«, in den Himmel. Die Turmspitze hatte den britischen Militärmaschinen bei Nachtflügen als Orientierungsmarke gedient und wurde daher nicht zerschossen.

Lange geschah nichts mit der Kirchenruine, die Kirchengemeinde St. Michael zog 1950 nach Harvestehude. Doch dann ergriff ein privater Förderkreis die Initiative und realisierte das Mahnmal. Per Panoramalift können Sie auf den Turm hinauffahren und eine der besten Aussichten auf die Innenstadt samt Rathaus und Alster, den Hafen, die Speicherstadt und die Elbphilharmonie genießen. Fotos zeigen, wie die Stadt noch 1943 aussah.

In der Ruine beleuchten aufwendige und moderne Ausstellungen die Geschichte der Kirche, die Jahre 1933–45 in Hamburg und die Operation Gomorrha.

Willy-Brandt-Str. 60, www.mahnmal-st-nikolai.de, tgl. Mai–Sept. 10–18, Okt.–April 10–17 Uhr, 5/3 €

Die Fleetinsel ♀ Karte 3, F 3/4

Bindeglied

Vom Rödingsmarkt führt die Heiligengeistbrücke hinüber auf die **Fleetinsel** zwischen Alster- und Herrengrabenfleet und damit von der Alt- in die Neustadt. Seit Ende der 1980er-Jahre bildet die Insel auch die städtebauliche Verbindung zwischen City und Hafen und zeichnet sich durch etliche attraktive Neubauten aus: Aus rotem Klinker ließen Gerkan & Marg das **Steigenberger Hotel** ❷, das die Brücke bzw. Straße überspannt, errichten. Der **Fleethof** ❸ zwischen Herrengrabenfleet und Admiralitätstraße bietet 13 000 m² Bürofläche.

Fleetarchitektur trifft Kunst

In der 1767–74 angelegten **Admiralitätstraße** finden sich die letzten Beispiele der Hamburger Fleetarchitektur: Das **Neidlingerhaus** ❹ (Nr. 77) an der Ecke zur Michaelisbrücke ist ein Neorenaissancebau vom Ende des 19. Jh., ein typisches Mietshaus jener Zeit.

Der **Michaelisspeicher** ❺ (Nr. 74) von 1787 ist ein originaler Fleetspeicher. Hier lohnt es sich auch einen Blick in die Galerie **Westwerk** (www.westwerk.org) zu werfen. Hier wird nicht nur zeitgenössische Kunst präsentiert, sondern Westwerk ist auch Club und Bühne.

Das **Kontor- und Lagerhaus** ❻ (Nr. 73) wurde für eine Papierhandlung gebaut, wie die Plastiken am Eingang noch verraten. Auf der rückwärtigen Seite zum Herrengrabenfleet befindet sich der **zweitälteste Speicher Hamburgs**, ein Bau aus dem Jahr 1787.

Im historischen Gebäudekomplex **Admiralitätstraße 71** ❼ kommen mehrere **Galerien für zeitgenössische Kunst** (Infos: www.holgerpriess.com/Fleetinsel/index.htm), eine Kunstbuchhandlung, das Fleetstreet-Theater (www.fleetstreet-hamburg.de), Architekturbüros und Künstlerateliers zusammen. Zum Saisonstart im März eröffnen meistens alle Galerien gleichzeitig – der beste Moment, um vor Ort zu sein.

Museen

Kunst vom 17. Jh. bis heute

❽ **Hamburger Kunsthalle und Galerie der Gegenwart:** Die **Kunsthalle** (s. auch S. 54) besitzt Gemäldesammlungen und Plastiken des 17.–20. Jh. Kunstwerke ab 1960 sind in der **Galerie der Gegenwart** zu sehen, u. a. von Andy Warhol, Josef Beuys, Bruce Naumann, David Hockney, R. B. Kitaj, Jannis Kounellis und, und, und. Ein weiteres Highlight in der Galerie bilden die Künstlerräume, etwa von Jenny Holzer, Richard Serra und Ilya Kabakov.

Glockengießerwall, www.hamburger-kunsthalle.de, U/S Hauptbahnhof, Bus 112 Hamburger Kunsthalle, Di/Mi, Fr–So 10–18, Do 10–21 (vor Fei nur bis 18) Uhr, 14/8 €, mit The Art Flatrate und unter 18 Jahren Eintritt frei

Forum für alle Künste

❾ **Bucerius Kunst Forum:** Das von der ZEIT-Stiftung Ebelin und Gerd Bucerius getragene Forum zeigt pro Jahr vier unterschiedliche, spannend konzipierte Ausstellungen, deren Spektrum von der Antike bis heute reicht. Veranstaltungen von Kammerkonzerten über Lesungen bis zu Vorträgen und Gesprächen greifen das jeweilige Ausstellungsthema auf.

Alter Wall 12, www.buceriuskunstforum.de, U 3 Rathaus, U/S Jungfernstieg, Fr–Mi 11–19, So bis 21 Uhr, 9/6 €, Mo 6 €

Stadtgeschichte

❿ **Museum für Hamburgische Geschichte – Hamburg Museum:** Modelle zur Stadtentwicklung, Exponate über die Entwicklung von Hafen und Handel in den verschiedenen Epochen und zur Stadtgeschichte und immer wieder interessante Sonderausstellungen.

Holstenwall 24, www.hamburgmuseum.de, U 3 St. Pauli, S 1, 3, 11 Stadthausbrücke, Mo, Mi–Fr 10–17, Sa/So 10–18 Uhr, 9,50/6 €, mit The Art Flatrate und unter 18 Jahren Eintritt frei

Mitmach-Museum
㉛ Museum der Illusionen: Optische Täuschungen und Dilemma-Games – auf verspielte Art und Weise lassen sich hier irritierende und faszinierende Dinge erleben. 50 Exponate tricksen unser Gehirn und die Wahrnehmung aus – vom verkehrten Raum über den Kopf auf dem Servierteller bis zu Hologrammen. Ein schönes – ungefährliches – Erlebnis-Familienmuseum für jedes Alter.
Lilienstr. 14–16, www.hamburg.museum derillusionen.de, U 3 Mönckebergstr., U/S Hauptbahnhof, tgl. 10–20 Uhr, 12/8 €, Familienticket (2 Erw., 2 Kinder) 30 €, unter 5 Jahren Eintritt frei

Musik, Musik
㉜ KomponistenQuartier: Ein lohnendes Ziel für Fans der klassischen Musik ist die Peterstraße, das idyllische KomponistenQuartier. In den historisch liebevoll rekonstruierten Häusern der Peterstraße werden in verschiedenen Ausstellungsräumen bedeutsame Komponisten des 18. Jh. vorgestellt. So gibt es das **Brahms-Museum**, das **Telemann-Museum, Carl Philipp Emanuel Bach Museum, Johann Adolf Hasse Museum** und die **Museen für Fanny und Felix Mendelssohn** sowie **Gustav Mahler.** Allen gemein ist die Verbindung zu Hamburg.
Peterstr. 29–39, www.komponistenquartier. de, U 3 St. Pauli, S 1, 3, 11 Stadthausbrücke, Di–So 10–17 Uhr, 9/7 € für alle Museen, unter 10 Jahren Eintritt frei

Essen

Mit Blick
❼ Petit Délice: In der Galleria Hamburg ist vom Küchenchef bis zu den Stühlen alles in Schwarz-Weiß. Mit Blick auf das Bleichenfleet können Sie hier leichte Küche genießen – im Sommer auch draußen.
Große Bleichen 21, Neustadt, T 040 34 34 70, www.petit-delice-hamburg.de, U/S Jungfernstieg, Mo–Sa 12–19 Uhr, Hauptgerichte ab 27,50 €, Mittagsmenü 19,50 €

Ab ins Separée
❶ Atelier F: Am Fleet liegt das Atelier F mit hohen Decken, stylishem Personal und kreativ designten plüschigen Separées. Das Atelier F sieht aber nicht nur gut aus, sondern serviert auch beste Quiches (ab 8,20 €), Steaks (ab 18,80 €) und Burger (ab 8,30 €), Salate und, und, und. Hier trifft Manhattan auf Paris und das mitten in Hamburg. Sa/So können Sie hier auch frühstücken.
Große Bleichen 31, Neustadt, T 040 35 01 52 15, www.atelierf.eu, U/S Jungfernstieg, Mo–Fr 12–23, Sa/So 9–23 Uhr

Alles vegan
❷ Loving Hut: Einfach und lecker sind die veganen asiatischen (überwiegend vietnamesischen) Gerichte: Frühlingsrollen gefüllt Tofuhack und Shrimps aus Kartoffeln.
Markusstr. 2, Neustadt, T 040 57 22 10 29, www.lovinghut.de, U 3 St. Pauli, S 1, 3, 11 Stadthausbrücke, Mo–Fr 11.30–15, 17.30–21 Uhr, Sa 17.30–22 Uhr, Hauptgerichte 8,90–13,50 €, Mo–Fr 11.30–15 Uhr Mittagstisch 7,90 €

Matrosen unter sich?
❸ Bootshaus Kombüse: Supergemütliches Café und Restaurant mit leckeren (nicht nur) Fischgerichten. Dezent maritim eingerichtet, lässt es sich in der Kombüse gemütlich speisen. So wie jeder Matrose anders ist, so ist hier auch jeder Tisch, jede Sitzecke anders. Zur Kombüse gehört, ebenfalls in der Neustadt, das Bootshaus Hafen (s. Einkaufen S. 63).
Steinwegpassage 5, Neustadt, www.boots haus-kombuese.de, U 3 St. Pauli, S 1, 3, 11 Stadthausbrücke,, Mo–Fr 11.30–16 (Küche 12–15) Uhr, bis ca. 10 €

Alles bio
❹ Piccolo Paradiso: Hamburgs erstes ökologisches Weinrestaurant serviert

Ehrensache für Die Zeit, dass ihr Verlagshaus nach Helmut Schmidt benannt ist und dass Sie im Zeit Café in Ruhe lesen können. Die klare, schlichte Raumgestaltung tut das Ihre dazu.

Bioweine vom Feinsten. 50 offene Weine stehen zur Auswahl, dazu werden Tapas, Antipasti (um 12 €) und Mezze-Platten (um 22 €) gereicht, überwiegend vegetarisch.

Brüderstr. 27, Ecke Großneumarkt, Neustadt, T 040 35 71 53 58, www.piccolo-paradiso.de, S 1, 3, 11 Stadthausbrücke, Di–Sa ab 17, Küche bis 22.30 Uhr, Hauptgerichte um 15 €

Etwas Frisches zwischendurch

5 Herr Frischling: Was Schnelles auf der Tagestour zu essen, bedeutet häufig auch ungesunde Nahrung zu sich nehmen. Zum Glück gibt's Herrn Frischling, mit frischen Salaten, Wraps, Panini, Ofenkartoffeln etc., auch vegan oder vegetarisch, und alles unter 10 €.

Alter Steinweg 1, Neustadt, www.herrfrischling.de, U 3 St. Pauli, S 1, 3, 11 Stadthausbrücke, Mo–Fr 9–16, Sa 9–15 Uhr

Fisch und Fleisch am Fleet

6 Rialto: Die Lage ist hervorragend: ein paar Stufen nach unten und Sie sitzen auf Augenhöhe mit dem Fleet. Der Fisch ist frisch und lecker, aber besonders gefragt ist das tellergroße Wiener Schnitzel mit Kartoffel-Gurkensalat (mittags 14 €, abends 23 €). Abends werden auch Drei- und Vier-Gänge-Menüs (39/45 €) angeboten. Beliebter Künstlertreff.

Michaelisbrücke 3, Fleetinsel, Neustadt, T 040 36 43 42, www.rialto-hamburg.de, U 3 St. Pauli, S 1, 3, 11 Stadthausbrücke, tgl. 12–1 (Küche bis maximal 22) Uhr

Herrlich französisch

7 Café Paris: Die schönste Brasserie Hamburgs befindet sich im original gekachelten Laden einer 1882 gegründeten Schlachterei in der Nähe des Rathausmarkts. Unter den freskengeschmückten

Stuckdecken muss man sich einfach wohlfühlen. In weißen Hemden, mit Fliege und Schürze sorgt das Personal – ob morgens, mittags oder abends – für Pariser Flair.
Rathausstr. 4, Altstadt, T 040 32 52 77 77, www.cafeparis.net, U 3 Rathaus, Mo–Fr 9–23.30, Sa/So ab 9.30–23.30 Uhr, Frühstück 8,60–17 €, Hauptgerichte 16,50–29,50 €

Vietnamesisch, nicht japanisch
8 o-ren iishi: Das erste vietnamesische Lokal Hamburgs macht schon im Namen klar, dass hier moderne Einflüsse im dezenten Fabriklook auf frisch zubereitete Gerichte aus Vietnam stoßen. O-ren iishi: so heißt der Kopf der japanischen Mafia im Film »Kill Bill« von Quentin Tarantino, den die Betreiber so cool fanden, dass er direkt namensgebend wurde. Keine Kartenzahlung.
Kleine Reichenstr. 18, Altstadt, T 0151 40 03 00 03, www.o-ren-ishii.com, U 1 Meßberg, U 3 Rathaus, Mo–Fr 11–18 Uhr, Mittagstisch um 10 €

Pommes, aber anders
9 FrittenFreude: Dies ist keine normale Pommesbude, nein, hier werden ›Skinon‹-Pommes mit verschiedenen Beilagen serviert. Das kann Fritten mit Pulled BBQ (mit gezupftem Schweinefleisch; 8,50 €) bedeuten oder die vegane Variante mit Kichererbsen und Hummus (6,80 €). Natürlich gibt es auch den Klassiker mit XL Currywurst (6,80 €). Aber eben alles nicht so fettig und ein wenig spezieller als beim Imbiss am Straßenrand.
Große Bäckerstr. 8, Altstadt, T 040 30 73 53 26, www.frittenfreu.de, U 3 Rathaus, Mo–Mi 11.30–14.30, Do/Fr 11.30–14.30, 17.30–20.30 Uhr

Asiens Streetfood
10 Yoon-Ji: Streetfood aus Korea, Japan und China auf hohem Niveau mit Blick auf das Nikolaifleet. Toller Blick, schnelle Küche, abwechslungsreiches Essen – von gefüllten gedämpften Hefeteigtaschen bis zu den in Korea beliebten Gerichten Bibimbap (13,50 €) und Bulgogi (17,90 €) –, was will man mehr?
Holzbrücke 7, T 040 41 30 76 38, www.yoonji.de, U 1 Meßberg, U 3 Rödingsmarkt, Mo–Fr 11.30–16, Do/Fr 18–22, Sa 17–22 Uhr

Entspanntes Café
11 Zeit Café/Torrefaktum: Das Hamburger Blatt Die Zeit hat sich sein eigenes Café ins Haus und die biozertifizierte Hamburger Torrefaktum Kaffeerösterei ins Boot geholt. Schlichte, kreative Atmosphäre, helles Holz, gemütliches Sofa, bester Kaffee – hier wird allen der ein oder andere verregnete Nachmittag in Hamburg versüßt (Abb. S. 61).
Speersort 1, Altstadt, T 040 39 89 37 70, www.torrefaktum.de/filialenevents, U 1 Meßberg, U 3 Rathaus, Mo–Fr 8–18, Sa 12–18 Uhr

Himmlisches Café
12 Turmcafé St. Jacobi: Sehr klein, aber sehr lohnend, nicht nur wegen der selbst gebackenen Kuchen. Wunderschön ist auch der Blick von oben auf die Hamburger Innenstadt.
Jakobikirchhof 22, Altstadt, U 3 Mönckebergstr., Mai–Okt. 1. Sa/Monat 12–18 Uhr

Einkaufen

Auf der Neustadtseite am Neuen Wall reiht sich hier ein Luxuslabel ans andere. In den Passagen geht es bunt gemischt zu. In den Seitenstraßen stoßen Sie auf originelle kleine Boutiquen. In der Mönckeberg- und der Spitalerstraße (Altstadt) befinden sich die Läden der großen Ketten.

Amsterdam meets Hamburg
1 Property of…: Taschen sollen hier verkauft werden. Aber erst einmal haut

einen das Design um: hängende Stühle, weiße Kacheln und ein eigener Tresen nebst Barista und Gin Tonic. Die Tasche kann beim Kauf mit dem eigenen Namen versehen werden.
Poststr. 39, Neustadt, www.thepropertyof. com, U/S Jungfernstieg, U 2 Gänsemarkt, Mo–Sa 11–19 Uhr

Es geht vöran
2 Vöran – urban eso: Eine Boutique, die Shopper schon beim Eintreten entspannt. Hier dreht sich alles um Yoga und ums Wohlfühlen. Yogamatten sind genauso zu erstehen wie Körperöle und Casual Wear. Alles bio, alles eso, alles schön.
Steinwegpassage 4, Neustadt, www.voeran. love, S 1, 3, 11 Stadthausbrücke, Di–Fr 11–19, Sa 11–18 Uhr

Sisterhood
3 Atelier Dittmer: Zwei Schwestern, die eine Künstlerin, die andere Designerin, betreiben die kleine Galerie/Boutique. Hier bekommen Sie Mode, Taschen, Kunst und Kunstdrucke. In wechselnden Ausstellungen zeigen die Schwestern auch andere Künstler oder Künstlerinnen, sie organisieren Lesungen und Musikabende.
Brüderstr. 18, Neustadt, www.atelier-dittmer. de, S 1, 3, 11 Stadthausbrücke, Di–Do 11–16, Fr 11–19, Sa 11–16 Uhr

Luxus secondhand
4 Secondella: Auf 450 m² Luxuskleidung für kleines und großes Geld.
Hohe Bleichen 5, Neustadt, www.secondella. de, U 2 Gänsemarkt, Mo–Fr 10–19, Sa 10–18 Uhr

Kurios
5 Wildhagen: Das Geschäft wirkt wie ein Kuriositätenkabinett. Hier gibt es Produkte im Stil der Naturalienkabinette bzw. Wunderkammern, die im 18. Jh. sehr beliebt waren. Tierpräparate, Kunstobjekte und Accessoires. Auch einfach zum Gucken interessant.
Neustädter Str. 43, Neustadt, www.wildha gen-hamburg.de, U 2 Gänsemarkt, Di–Fr 10.30–18.30 Uhr

Ahoi
6 Bootshaus Hafen: Designkontor mit wunderschönen matrosenhaften Ahoi-Marie-Produkten von Porzellan über ›Moin‹-Mützen bis Seesack.
Thielbek 3, Neustadt, www.ahoi-marie.com, S 1, 3, 11 Stadthausbrücke, Do–Fr 11–19, Sa 11–17 Uhr

Yummy!
7 Oschätzchen: Hobbyköche und Genießer werden im Gourmetshop in den Hohen Bleichen ihr Paradies finden. Kusmi Tea, edle Trinkschokolade oder doch lieber das Olivenöl mit Blutorange? Geschenke

Trotz vieler Kettenläden lohnt sich ein Gang über die Mönckebergstraße, denn viele Geschäfte sind in alten Kontorhäusern untergebracht.

für andere oder für sich selbst. Es gibt auch eine Filiale im Alsterhaus ❶.
Hohe Bleichen 26, Neustadt, www.oschaetzchen.com, U 2 Gänsemarkt, Mo–Fr 10–19, Sa 10–18 Uhr; im Alsterhaus Mo–Sa 10–20 Uhr

Frisch, bio, regional
⓱ **Wochenmarkt Großneumarkt:** s. S. 43.

Inselgalerie
㊼ **Priess:** Der Mitgründer des Galerienhauses auf der Fleetinsel zeigt Kunst, zeitgenössisch und individuell.
Admiralitätstr. 71, Fleetinsel, Neustadt, www.holgerpriess.com, S 1, 2, 3 Stadthausbrücke, Do/Fr 13–18 Uhr, Sa 12–15 Uhr und n. V. (T 040 89 06 47 21)

Hoher Standard
㊸ **Manufactum:** Dependance des Versandhauses für die guten Dinge des Lebens. Da will man gar nicht wieder weg!
Chilehaus, Fischertwiete 2/Burchardplatz, Altstadt, www.manufactum.de, U 1 Meßberg, Mo–Sa 10–19 Uhr

Fundgrube für Vintagefans
⑧ **Vintage & Rags:** *Rags* bedeutet soviel wie Lumpen – aber das will bei den Fundstücken der vergangenen Jahrzehnte so gar nicht passen. Vor allem die Unikate aus den 1950er-Jahren bekommt man so in Deutschland selten.
Kurze Mühren 6, Altstadt, www.vintage-rags.de, U, S Hauptbahnhof, Mo–Fr 11–20, Sa 10–20 Uhr

Chapeau!
⑨ **Hut Falkenhagen:** Es ist *der* Hutladen in Hamburg. Seit 1916 im Familienbesitz finden Sie hier alles, vom Strohhut bis zur Pudelmütze, vom Elbsegler bis zum Zylinder. Auch Udo Lindenberg kauft seine Hüte hier!
Schauenburger Str. 47, Altstadt, www.hut-falkenhagen.de, U 3 Rathaus, Mo–Fr 10–19, Sa 10–18 Uhr

Bewegen

Alsterfahrten
❶ **Anleger Jungfernstieg:** s. Kasten S. 40 und S. 249.

Wellness
❷ **Nivea-Haus:** Klar, dass Nivea (respektive die Beiersdorf AG) an ihrem Stamm- und Hauptsitz eines ihrer bekanntesten Produkte vermarktet. Auf 800 m², die sich über mehrere Etagen verteilen, können Sie sich am Jungfernstieg/Ecke Colonnaden im ehemaligen Prien-Haus von Kopf bis Fuß mit Massage, Kosmetik oder Maniküre verwöhnen lassen – und das mit Blick auf die Binnenalster.
Jungfernstieg 51, Neustadt, www.nivea.de (unter ›Nivea Welt‹), U/S Jungfernstieg, U 2 Gänsemarkt, Mo–Sa 10–20 Uhr

Nervenkitzel
㊹ **Team Breakout:** Ob im Vatikan, im Wald oder im Labor – bei den Escape Games müssen innerhalb von 60 Min. Hinweise gefunden und Rätsel gelöst werden, bevor man in letzter Sekunde herauskommen kann. Für Gruppen von 3 bis 6 Personen ideal.
Springeltwiete 1, Altstadt, http://hamburg.teambreakout.de, U 1 Meßberg, ab 24 €/Pers.

Ausgehen

Tagsüber boomt die City. Spätestens gegen 21 Uhr aber werden in den Shoppingstraßen Mö, Spitalerstraße und Neuer Wall nebst Passagen die Bürgersteige hochgeklappt. Also nicht wundern, wenn Sie um 21 Uhr zu Ihrer letzten Bestellung aufgefordert werden.

Aus Kultbar wird Kultclub
✳ **Yoko:** 17 Jahre lang hieß der Yoko Club Yoko Mono und war eine Kultbar

im Karolinenviertel. Dann beschloss John Lennons Witwe Yoko Ono auf Namensmissbrauch zu klagen. Leider erfolgreich. Obendrein musste der Wirt kurz darauf sein Lokal wegen Differenzen mit dem Vermieter schließen. Doch zum Glück fand er für sein nun einfach Yoko heißendes Etablissement ein neues Zuhause – mit Bar oben und Club (meistens Elektro) unten.
Valentinskamp 47, Neustadt, www.dieyoko.de, U 2 Gänsemarkt, Sa–Do 17–3.30, Fr/Sa 17–6.30, So 17–3 Uhr

Herrengedeck in cool
Tipsy Baker: Zu jedem Bier gibt es den passenden Schnaps. Im historischen Gebäude der Esplanade wird auf hohem Niveau das altmodische Herrengedeck wieder zum Trend gemacht. Dazu gibt es auch das passende Brot nebst Gurke und Salz. Gemütlich und stylish – perfekt für einen lockeren Abend mit Szenefeeling. Eines der wenigen Lokale, die hier bis spät in die Nacht geöffnet sind.
Esplanade 29/30, www.facebook.com/tipsy bakerbar, U 1 Stephansplatz, Mo/Di 17–1, Mi/Do 17–2, Fr/Sa 17–3 Uhr

Große Oper
Hamburgische Staatsoper: Schon 1678 wurde in Hamburg mit dem Opern-Theatrum das erste öffentliche Opernhaus in Deutschland gegründet. Das heutige Haus vereint unter einem Dach die Staatsoper, das Philharmonische Staatsorchester sowie das ebenfalls renommierte Hamburg Ballett unter John Neumeier, der im Februar 2019 80 Jahre alt wurde. Die Staatsoper zählt zu den führenden Opernhäusern weltweit; s. auch S. 46.

Am 15. Oktober 1955 wurde der Neubau der Hamburgischen Staatsoper, ein Entwurf des Bauhäuslers Gerhard Weber, mit der Mozart-Oper »Die Zauberflöte« eröffnet.

Große Theaterstr. 25, Neustadt, www.staatsoper-hamburg.de, U 1 Stephansplatz, U 2 Gänsemarkt

Für Klassikfans
Laeiszhalle: Die nach aufwendiger Restaurierung im neuen Glanz erstrahlende Laeiszhalle verdankt ihre Existenz dem Musik liebenden Reeder Carl Heinrich Laeisz (1828–1901). Laeisz hatte in seinem Testament ein Legat von 1,2 Mio. Reichsmark für den Bau eines Konzertsaals festgeschrieben. Lange galt die Halle als einer der besten Konzertsäle der Welt. Auch mit der ›Elphi‹ bleibt sie *der* Anziehungspunkt in der Stadt für gute Akustik liebende Klassikfans; s. auch S. 265.
Johannes-Brahms-Platz, www.elbphilharmonie.de/de/laeiszhalle, U 2 Messehallen, Gänsemarkt

Leichte Muse mit Musik
Hamburger Engelsaal: Im Theatersaal des historischen Hauses vom Ende des 18. Jh. werden Operetten, Musikshows und Musicals auf die Bühne gebracht.
Valentinskamp 40–42, Neustadt, www.engelsaal.de, U 2 Gänsemarkt

Theater, Theater!
Thalia Theater und Nachtasyl: Seit der Spielzeit 2009/10 leitet Joachim Lux, zuvor Chefdramaturg am Wiener Burgtheater, das traditionsreiche Haus. Der Schwerpunkt liegt auf zeitgenössischen Stücken, doch Lux initiierte auch die jährlichen Lessingtage mit nationalen und internationalen Gastspielen. Ins imposante, 1911 anstelle der alten Markthallen errichtete Gebäude integriert ist das Nachtasyl – Bar, Club und kleine Bühne für Lesungen und Konzerte. Im **Nachtasyl** ist abends immer etwas los, feiert ein bunt gemischtes Publikum aus Hipstern, Theaterfans, Künstlern, Schauspielern und Sängern.
Alstertor 1 (Gerhart-Hauptmann-Platz), Altstadt, www.thalia-theater.de, U 3 Mönckebergstr., U/S Jungfernstieg; **Nachtasyl:** http://nachtasyl.de, tgl. ab 19 Uhr

Neue Perspektiven sehen
Metropolis Kino: Anspruchsvolle Themenreihen, Dokumentarfilme und Experimentelles im Kino direkt neben der Oper.
Kleine Theaterstr. 10, Neustadt, www.metropoliskino.de, U 2 Gänsemarkt, U 1 Stephansplatz

Besondere Filme erleben
Passage Kino: Im Programmkino Passage werden in drei Kinosälen vor allem Independent-Filme gezeigt. Klein, aber fein und bei Einheimischen sehr beliebt.
Mönckebergstr. 17, Altstadt, www.das-passage.de, U 3 Mönckebergstraße

Im Thalia Theater feierte in der Spielzeit 2019/20 »Die Katze und der General« von Nino Haratischwili Premiere. Regie: Jette Steckel

Zugabe
Stadthöfe und Gestapo

Vom Kerker zum Konsum

Ein richtiger Prunkbau steht in bester Lage an der Ecke Neuer Wall/Stadthausbrücke. Ein erster Teilbereich ist nach mehreren Jahren des Fassadenrettens und intensiver Bautätigkeit eröffnet. Letztendlich werden sich hier auf 100 000 m² Büros, Mietwohnungen, Boutiquen und Restaurants versammeln. Dazu gehört auch das schmucke Designhotel Tortue mit einer schicken Innenhofbar.

Die acht Gebäude der Stadthöfe, so heißt das Areal heute, sind durch Höfe und Passagen miteinander verbunden und immer begehbar. In Planung sind u. a. ein Literaturcafé – und eine Gedenkstätte. Denn an diesem Ort verhörte und folterte die Gestapo in den Jahren 1933–43 vom Naziregime Verfolgte. In dem Gebäudekomplex befand sich damals u. a. das Polizeipräsidium.

Ein Aufschrei ging durch Hamburg, als es hieß, dass ausgerechnet hier ein Konsumtempel gebaut werden soll. Die Quantum AG stimmte zu, dass die Geschichte der Stadthöfe dabei nicht verlorengehen solle. So wird man in Zukunft in den Stadthöfen durch den sogenannten Seufzergang die Buchhandlung erreichen.

Ein harmloser Name, der nicht erahnen lässt, welche Gräuel hier während der NS-Zeit geschahen: die Stadthöfe.

Auf diesem Gang schritten die unglücklichen Gefangenen von den Arrestzellen im Keller zu den Verhörräumen der Gestapo. Außerdem soll eine Ausstellung in Zusammenarbeit mit der KZ-Gedenkstätte Neuengamme erarbeitet werden.

Fragt sich, ob das reicht – gerade mal 70 m² fürs Gedenken. Auf der Website www.stadthoefe.de/das-quartier findet sich kein Hinweis auf die NS-Vergangenheit des Areals, geschweige denn auf der Seite der Quantum AG, die den Komplex lediglich als das ehemalige Quartier der Stadtentwicklungsbehörde bezeichnet ... Da war und ist man z. B. in Köln (EL-DE-Haus) oder Berlin (Topographie des Terrors etc.) erheblich sensibler und konsequenter. ∎

> Fragt sich, ob das reicht – gerade mal 70 m² fürs Gedenken

HafenCity, Speicherstadt, Alt- und Neustadt-Süd

Hauptsache am Wasser — Weltmeerfeeling, schmale Gassen in der Speicherstadt und kreatives Leben am Oberhafen.

Seite 71
Elbphilharmonie
Alle streben zur ›Elphi‹, dem neuen Konzerthaus von Weltruf. Die Plaza mit Aussichtsplattform bietet einen tollen Blick über Hafen und Stadt.

Seite 75
Oberhafenquartier
Ein ›Spielplatz‹ der Kreativen – cool wie in New York.

Seite 76, 78
Speicherstadt ⭐
In den Backsteinbauten des UNESCO-Welterbes sind heute Museen und Medienfirmen zu Hause.

Backstein auf Backstein, auch in der Speicherstadt.

Seite 76
An der Hafenpromenade
Die Stadt hat viel Geld investiert, damit Sie vom Baumwall auf einer breiten Hafenpromenade flanieren können. Auf der einen Seite schimmert das Blau der Elbe, auf der anderen ragen geschichtsträchtige Gebäude in die Luft.

Seite 77
Portugiesenviertel
Mediterranes Flair herrscht in den engen Gassen des hafennahen Portugiesenviertels rund um die Rambachstraße. Hier steht frischer Fisch auf der Speisekarte der iberischen Lokale.

Eintauchen

HafenCity, Speicherstadt, Alt- und Neustadt-Süd

Seite 80
Der Michel

Das Hamburger Wahrzeichen, die St.-Michaelis-Kirche, war das Erste, was die Seefahrer sahen, wenn sie sich Hamburg näherten.

Seite 81
Deichtorhallen

Kunstfreunden geht das Herz auf. Vor 100 Jahren erbaut, beherbergen die markanten Hallen heute das Haus der Photographie und die Halle für aktuelle Kunst.

Seite 86
MS Stubnitz

Performances, Konzerte, Ausstellungen und künstlerische Experimente – auf dem ehemaligen Kühlschiff der DDR-Fischereiflotte hat die junge Kunst Hamburgs eine tolle Bühne im Baakenhafen gefunden. Coole Kunst statt kalter Fisch.

Seite 88
Ein Visionär der Fotografie

Er prägte als Fotograf das Modebild einer ganzen Generation von Frauen. F. C. Gundlach beschritt neue Wege in der Fotografie, sammelt(e) Fotokunst und gründete das Haus der Photographie in den Deichtorhallen.

Ob's ihn je, so wie überliefert, gegeben hat? Zumindest steht sein Denkmal an der Osakaallee: Klaus Störtebeker.

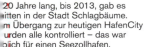

20 Jahre lang, bis 2013, gab es mitten in der Stadt Schlagbäume. Am Übergang zur heutigen HafenCity wurden alle kontrolliert – das war üblich für einen Seezollhafen.

erleben

Hamburg maritim

Wasser spielt in Hamburg die Hauptrolle: Elbe, Alster, Kanäle und Fleete locken auch bei Schietwetter. Auf den Kanälen wird gerudert, auf der Alster gesegelt und an der Elbe gechillt.

Einen imposanten Auftakt am Wasser bildet die Elbphilharmonie, von wo aus Sie schnell in der malerischen, von Kanälen durchzogenen Speicherstadt sind. Hinter ihr erstreckt sich der hypermoderne und weitläufige Stadtteil HafenCity, mit dem sich Hamburg zu neuen Ufern aufmachte. Mittlerweile haben die Hamburger das Viertel angenommen. Dafür kann man hier einfach zu gut direkt an der Elbe sitzen und einen Cocktail schlürfen.

Gegensätze ziehen sich an: Von der weitläufigen HafenCity ist es nur ein Katzensprung zur malerischen, von Kanälen durchzogenen Speicherstadt.

Hinter dem langweiligen Namen Neustadt-Süd verstecken sich nicht nur schöne Gassen, Seemannsgarn und das erste Portugiesenviertel Hamburgs, sondern auch der Hanseaten liebste Kirche: der Michel.

Speicherstadt, HafenCity und Neustadt-Süd – trotz aller Unterschiede verbindet sie eines: die Nähe zur Pulsader der Stadt – der Elbe. Touristen zuhauf, aber auch versteckte Ecken, öffentliche Liegestühle mit Blick aufs Wasser, breite Terrassen und Treppen …

> **ORIENTIERUNG**
>
> **www.hafencity.com:** Infos zur Entstehungsgeschichte der HafenCity sowie Daten, Zahlen und Fakten zu Europas größtem innerstädtischem Stadtentwicklungsprojekt an der Elbe. Besonders empfehlenswert: die Webcam mit Blick auf die entstehende HafenCity.
> **Hafen City App:** »Hafen City Hamburg Guide« mit Spaziergängen und Hintergründen.
> **Infocenter HafenCity:** s. S. 82.
> **www.hamburgcruisedays.de:** Infos zu den Cruise Days im Sommer.
> **Ausgangspunkte: Elbphilharmonie** und **Speicherstadt** steuern Sie am besten von der U 3 Baumwall aus an, die **HafenCity** ab U 3 Baumwall, U 4 Überseequartier oder den östlichen Bereich rund um den Oberhafen ab U 4 HafenCity Universität oder Elbbrücken. Für die **Altstadt-** und **Neustadt-Süd** mit der **St.-Michaelis-Kirche** (Michel) und **Neustadt-Süd** bietet sich die U 3 Rödingsmarkt an.

HafenCity

Elbphilharmonie ♀ Karte 3, F5

Zugegeben, sie steht in der Neustadt-Süd, doch sie ist zugleich der Auftakt zur HafenCity. Von der Wasserseite her riesig und auch von der Landseite beeindruckend, bauscht sich die 2017 eröffnete **Elbphilharmonie** ❶ direkt an der Elbe zu luftiger Höhe auf. Auf dem alten Kaispeicher thront ein reflektierender Bau mit herrlicher Aussichtsplattform. Bekannt ist die Elbphilharmonie für große Konzerte im Großen Saal, für dessen Akustik Yasuhisa Toyota verantwortlich zeichnet (s. auch S. 265). Im Kleinen Saal wird überwiegend Kammermusik gespielt, auch Jazzkonzerte finden dort statt. Frühzeitiger Ticketkauf ist ratsam.

Um die **Plaza der Elbphilharmonie**, das Bindeglied zwischen altem Hafenspeicher und monumentalem Neubau, zu besuchen, können Sie vor Ort am Automaten ein kostenloses Ticket ziehen. An Wochenenden und Feiertagen kann es allerdings voll werden und die Warteschlangen lang. Darum empfiehlt es sich, vorab online ein Ticket zu erstehen – gut investiertes kleines Geld, um ohne Wartezeit hinein und vor allem hinauf auf die Aussichtsplattform in 37 m Höhe zu gelangen. Hier wartet (neben Souvenirshop und Deli) vor allem ein traumhaftes Panorama auf Sie. Wer auch ohne Konzertbesuch das Innere der Elbphilharmonie sehen möchte: Es werden Führungen durchs Haus angeboten.

Platz der Deutschen Einheit 4, www.elbphilharmonie.de; Plaza: www.elbphilharmonie.de/de/plaza, **Plaza/Aussichtsplattform:** tgl. 9–24 Uhr, kostenlos bzw. mit Online-Vorabbuchung 2 €, im Konzertticket ist der Plaza-Besuch ab 2 Std. vor Veranstaltungsbeginn

An was erinnert die geschwungene Glasfront der ›Elphi‹: An Segel? An Eisberge? An Wellen – oder …?

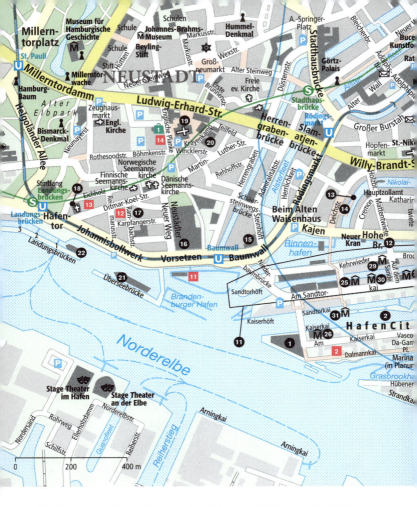

HafenCity, Speicherstadt, Alt- und Neustadt-Süd

Ansehen
1. Elbphilharmonie
2. Sandtorhafen
3. Magellan-Terrassen
4. U Überseequartier
5. U HafenCity Universität
6. Cruise Center HafenCity
7. Lohsepark
8. HafenCity View Point
9. Baakenpark
10. Oberhafenquartier
11. Speicherstadt
12. Brooksbrücke
13. Deichstraße
14. Ponton im Nikolaifleet
15. Slomanhaus
16. Verlagsgebäude von Gruner + Jahr
17. Portugiesenviertel
18. Gustav-Adolf-Kirche
19. Michel (St. Michaelis)
20. Krameramtswohnungen
21. Cap San Diego
22. Rickmer Rickmers

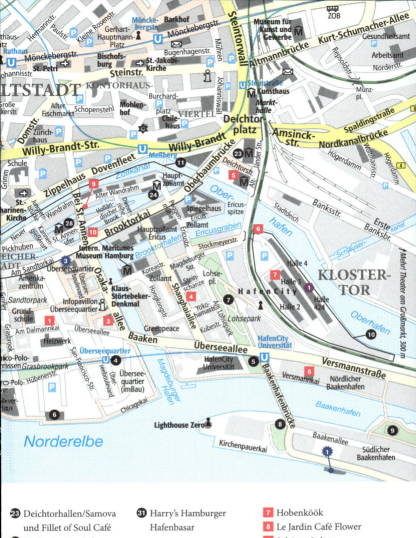

- 23 Deichtorhallen/Samova und Fillet of Soul Café
- 24 Dialog im Dunkeln
- 25 Speicherstadtmuseum
- 26 Discovery Dock
- 27 HafenCity InfoCenter
- 28 Kaffeemuseum Burg
- 29 Hamburg Dungeon, Miniatur Wunderland
- 30 Spicy's
- 31 Harry's Hamburger Hafenbasar

Essen

- 1 Nissis Kunstkabine
- 2 Miss Sofie
- 3 NENI
- 4 The Table
- 5 Fillet of Soul
- 6 Oberhafen-Kantine
- 7 Hobenköök
- 8 Le Jardin Café Flower
- 9 Schönes Leben
- 10 Fleetschlösschen
- 11 Das Feuerschiff
- 12 D. José
- 13 Milch
- 14 Old Commercial Room

Fortsetzung auf Seite 74

HafenCity, Speicherstadt, Alt- und Neustadt-Süd

Einkaufen
1 Antiquariat R. Pabel

Bewegen
1 Die Halle – Parkour Creation Center Oberhafen

Ausgehen
1 MS Stubnitz
2 Chilli Club
3 Astor Film Lounge

---

enthalten; **Führungen:** Start Besucherzentrum Kaiserkai 62, Termine s. Website, ca. 75 Min., 15 €

Sandtorhafen ♀ Karte 3, F/G 5

Tradition trifft Moderne
Im **Sandtorhafen** 2 (www.sandtorhafen.de), seit 2008 auch der Traditionsschiffhafen der Stadt, entstanden die ersten Wohnhäuser der HafenCity. Sie tragen dem Standort angemessene Namen wie Ocean's End, Harbour Cube oder H_2O.

UNTERIRDISCH SCHÖN U

Normalerweise sind Haltestellen nicht mehr als der praktische, weil nahegelegene, Ein- und Ausstiegspunkt. Aber die **Haltestellen der U 4 Überseequartier** 4 und **HafenCity Universität** 5 und hinterlassen einen bleibenden Eindruck. Komplett in blaue, spiegelnde Kacheln getaucht, präsentiert sich der Stopp Überseequartier. Im bunten Halt HafenCity Universität gibt es an den Wochenenden und an Feiertagen zwischen 10 und 18 Uhr stündlich eine Lichtshow: Wohlabgestimmt auf die Klänge klassischer Musik erstrahlen die zwölf von der Decke hängenden, 6 t schweren Leuchtcontainer.

Die **Magellan-Terrassen** 3, die sich mit ihren weißen Stufen wie ein Amphitheater zum Wasser absenken, sind ein beliebter Platz. Ganze 2 km Stufen ziehen sich als versetzte Treppen und Rampen aus weiß geschliffenem Beton auf drei Ebenen zum Hafenbecken hinunter. Da müsste auch Platz für Sie sein. Sollte dem wider Erwarten nicht so sein: Im **Chilli Club** 2, einem Restaurant mit Barbetrieb, das sich im Gebäude des Bankhauses Wölbern befindet, bietet sich von der Außenterrasse ebenfalls ein schöner Blick.

Strandkaiquartier
♀ Karte 3, G/H 6

Königinnentreff
Am Ende der San Francisco-Straße liegt das **Cruise Center HafenCity** 6, einer der drei Kreuzfahrtterminals. Hier legen regelmäßig die Königinnen der Weltmeere an: Einige wie die Queen Mary 2 oder die Europa kommen mehrmals pro Saison.

Die Architektur des Terminals greift Symbole der Schifffahrt auf – einen Seecontainer und weiße Segel – einfach und doch passend. Hier finden im Sommer regelmäßig die **Cruise Days** statt. Dann wird Hamburg zur Hauptstadt der Kreuzfahrtschiffe, die von Lichtshow und Feuerwerk begleitet einlaufen.
Großer Grasbrook 19/Chicagokai, www.cruisegate-hamburg.de, U 4 Überseequartier, geöffnet während der An- und Ablegezeiten (s. Website)

Am Baakenhafen 📍 Q/R8

Grüne Seele
Der **Lohsepark** ❼ befindet sich dort, wo einst der Hannoversche Bahnhof stand. Mit einer Fläche von 4 ha und lang gezogenen Wiesen ist er zur grünen Seele des Quartiers geworden. In Erinnerung an die Vergangenheit des Ortes – von diesem Bahnhof fanden 1940–45 Deportationen in die Konzentrationslager statt – wurde im Mai 2017 eine Gedenkstätte eröffnet.

Schöne Aussichten
Am Rand des kleinen Parks Baakenhöft prangt knallorange der **HafenCity View Point** ❽, eine 13 m hohe Aussichtsplattform. Von hier bietet sich ein Rundumblick über die HafenCity hinüber bis zu den Elbbrücken. Schautafeln erklären, was wo zu sehen ist.

2018 wurde weiter östlich der neue **Baakenpark** ❾ eröffnet – mit kleinem Sportplatz, Liegewiese, aus Treibholz gebautem Spielplatz für die Kleinsten und dem 15 m hohen Himmelsberg als Aussichtspunkt. Der Park ist Ausgangspunkt für das geplante Baakenquartier, wo Wohnen und Arbeiten, Leben und Genießen zusammengebracht werden sollen.

Bus 111 Baakenhöft; **View Point:** Park Baakenhöft, Grandeswerderstr., frei zugänglich; **Baakenpark:** Baakenallee, frei zugänglich

---

Oberhafenquartier 📍 Q/R7/8

Cool wie New York
An der Oberhafenbrücke steht die **Oberhafen-Kantine** ❻ schief im Wind. Ab hier geht es los, das 67 000 m² große **Oberhafenquartier** ❿. Früher ein Güterbahnhof sind die Hallen und das gesamte Areal heute ›Spielplatz‹ der Kreativen.

Viel zu entdecken, zu entleihen oder auch zu kaufen gibt es in der Hanseatischen Materialverwaltung.

Die **Hanseatische Materialverwaltung** (www.hanseatische-materialverwaltung.de, Mo–Fr 12–18 Uhr) ist hier zu Hause. Der gemeinnützige Fundus verwahrt TV- und Theaterrequisiten und verleiht oder verkauft diese, insbesondere an Kulturprojekte. Im Hamburger **Kammerkunstverein** in der **Halle 424** (www.halle424.de) erklingt mittwochs ab 18 Uhr zur blauen Stunde klassische Musik. Und auch sonst: Hier finden regelmäßig Klassik- und Jazzkonzerte statt.

Viele Designer und Kreative haben ihre Werkstätten im Quartier gefunden. Gerade im Sommer finden öfters kleine Feste im Freien oder **Flohmärkte** statt. Schön ist auch **Hobenköök** ❼, eine Markthalle mit angeschlossenem Restaurant.

Stockmeyerstr. 41–43, www.der-oberhafen.de

Speicherstadt
⭐ 📍 Karte 3, F-J 4/5

Neues Leben in alten Speichern
Zwischen Baumwall/Elbphilharmonie und Oberbaumbrücke/Oberhafenquartier erstreckt sich eine der Top-Attraktionen Hamburgs, die denkmalgeschützte und zum UNESCO-Welterbe zählende **Speicherstadt** ⓫ (s. Tour S. 78). Den schönsten Gesamteindruck gewinnen Sie vom Boot aus, bei einer Hafenrundfahrt (s. S. 239), insbesondere abends, wenn Hafen und Speicher erleuchtet sind. Doch auch ein Spaziergang durch Alten Wandrahm und Zollstraße, Neuen Wandrahm und Brook bis zum Kehrwieder lohnt (s. Tour S. 78).

Altstadt-Süd

Einheit und Harmonie
Achten Sie bei der Überquerung der **Brooksbrücke** ⓬ auf die beiden Figuren am nördlichen Brückenkopf: **Europa** und **Hammonia.** Die beiden Frauengestalten, die symbolisch für das Deutsche Reich und Hamburg stehen, reichen sich über die Brücke hinweg die Hände. Um die Verbindung des Freihafens Hamburg mit dem deutschen Zollgebiet zu feiern, ließ Kaiser Wilhelm II. 1888 Gedenktafeln einfügen.

Am Nikolaifleet 📍 Karte 3, F/G 4

Hafenschutz
Deichstraße und Cremon säumen das **Nikolaifleet,** den einstigen Binnenhafen Hamburgs. Um 1200 wurde dieser Teil erschlossen. Dafür war ein Deich nötig, auf dessen Krone die schöne **Deichstraße** ⓭ verläuft. Die noch erhaltenen Häuser und Speicher aus dem 17. und 18. Jh. – eine typische Kombination von Wohn- und Geschäftshäusern – standen außen- oder binnendeichs. Damit die Binnendeichhäuser Wasserzugang hatten, gab es **Fleetgänge,** heute z. B. noch zwischen den Häusern 39 und 41 sowie 21 und 23 zu sehen. Wenn Sie dort hindurchgehen, stehen Sie auf einem **Ponton im Fleet** ⓮, von dem sich ein schöner Blick auf die rückwärtige Seite der Deichstraße und den Cremon bietet. Am **Cremon** ist neben modernen Bürohäusern nur noch eine kleine Gruppe von vier Speichern aus dem 19. Jh. zu sehen. Sie verloren ihre Bedeutung mit dem Bau der Speicherstadt.

In der **Deichstraße Nr. 38** begann übrigens der große Brand von 1842, der drei Tage wütete und einen großen Teil der Altstadt Hamburgs zerstörte. Der Brand zog Richtung Nordosten, sodass der südliche Teil der Deichbebauung erhalten blieb.

Neustadt-Süd

An der Hafenpromenade
📍 Karte 3, D–F 5

Am **Baumwall** liegt das 1908/09 errichtete **Slomanhaus** ⓯ (Nr. 3), Sitz der Reederei Sloman. Der britische Unternehmer William Sloman traf 1791 in Hamburg ein, um hier eine neue Existenz zu gründen. Sein Sohn baute eine Reederei mit den ersten Liniendiensten nach New York auf. 1900 besaßen die Slomans 29 Schiffe und gaben den Backsteinrohbau in Auftrag.

Bis 1857 hatte hier das **Baumhaus** gestanden, eine Zollstation zur Kontrolle der Zufahrt zum Binnenhafen. Wenn es dunkel wurde, schoben die Zöllner ei-

Keine Zeit für eine Bootsfahrt? Dann begutachten Sie die Ziegelarchitektur der Speicherstadt doch einfach von einer der Brücken aus.

nen Baum vor die Hafeneinfahrt. Diesem Schwimmbaum, den es seit 1531 gab, verdankt der Baumwall seinen Namen.

Übrigens, falls Sie ab und an »Notruf Hafenkante« schauen: Dort bildet das Slomanhaus die Außenkulisse für das Elbkrankenhaus EKH.

Dampfer an Land
Das **Verlagsgebäude von Gruner + Jahr** ⓰ (Baumwall 11) aus den 1980er-Jahren scheint wie ein Luxusdampfer im Dock zu liegen. Der architektonisch interessante Bau wurde inzwischen an die Stadt Hamburg verkauft, der Verlag wird 2021 in einen Neubau am Lohsepark umziehen.

Gegenüber dem Pressehaus befindet sich Hamburgs **Sporthafen,** in dem das 1952 erbaute rote **Feuerschiff** LV 13 ⓫ (s. S. 85) angedockt hat.

Schwimmende Museen
Im 19. Jh. starteten von der **Überseebrücke** die Schiffe, die Auswanderer in die ›Neue Welt‹ brachten. Heute dient sie als Zugang zum Museumsschiff **Cap San Diego** ㉑ (s. S. 80). Etwas weiter an den Landungsbrücken liegt die **Rickmer Rickmers** ㉒ (s. S. 80). vor Anker, einer der letzten Großsegler aus dem Jahr 1896.

Rund um die Rambachstraße
📍 Karte 2, E 4/5

Portugal in Hamburg
Die hafennahen Gassen zwischen Gruner + Jahr und den Landungsbrücken sind als **Portugiesenviertel** ⓱ bekannt. In den 1960er-Jahren war die Gegend Treffpunkt portugiesischer Einwohner. Heute sitzen hier Touristen und Hamburger gleichermaßen, die den frischen Fisch zu schätzen wissen. Ein portugiesisches oder auch spanisches Restaurant

TOUR
Neues Leben in alten Speichern

Zu Fuß durch die Speicherstadt und zu ihren Museen

Die denkmalgeschützte **Speicherstadt** sieht nicht nur gut aus, sondern ist auch der größte zusammenhängende Lagerhauskomplex der Welt. Hunderte Firmen, die von Hafen und Handel lebten, hatten hier bis in die 1980er-Jahre hinein ihren Sitz, viele sogar heute noch. Doch es hat ein Wandel stattgefunden. In zahlreiche der Gebäude im Stil neugotischer Backsteinarchitektur sind Museen und Medienunternehmen eingezogen.

Ab 1888 mussten die Hamburger Reichszölle zahlen, weil sie in das deutsche Zollgebiet eingegliedert wurden. Um die Waren bis zum Wiederverkauf zollfrei zwischenlagern zu können, quartierte man fast 20 000 Einwohner um, riss das Hafenarbeiterviertel am Kehrwieder und Sandtorkai komplett ab und errichtete die Speicherstadt. Lange Zeit war das Gelände südlich des Zollkanals abgeschottet, ein von Kanälen umflossener amphibischer Backsteinriegel, nur durch kleine Brücken mit der Stadt verbunden. In den mehrgeschossigen Lagerhauszeilen mit Erkern, Türmchen, Zinnen und schmucken Giebeln und unmittelbarem Wasserzugang, wurden Kaffee und Tee, Obst und Gewürze, Kautschuk und Tabak, Orientteppiche und andere Waren zwischengelagert. Von Booten und Schiffen wurden sie mit Winden hinauf- und durch die typischen Ladeluken hineinbefördert.

Unsere Tour startet am sogenannten **Speicherstadtrathaus** an der Ecke Bei St. Annen, das 1902–04 im

Dank des Lichtkonzepts von Regisseur und Autor Michael Batz verwandelt sich der historische Speicherstadtkomplex auf 1,5 km Länge in ein faszinierendes nächtliches Panorama. Batz hat aber nicht nur Licht in die Speicherstadt gebracht, sondern auch das Open-Air-Spektakel »Der Hamburger Jedermann«, das nach 24 Jahren leider 2018 eingestellt werden musste.

Infos

2 Std. bis 1 Tag

Start/Ziel:
♥ Karte 3, H 5, Speicherstadtrathaus, Bei St. Annen 1, U 3 Baumwall /
♥ Karte 3, G 5, HafenCity InfoCenter im Kesselhaus **27**, s. S. 82

Museen:
meist Di–So 10–17/18 Uhr, Näheres zu den Museen: s. S. 80

Deutsches Zollmuseum:
Alter Wandrahm 16, www.zoll.de, U 1 Meßberg, Di–So 10–17 Uhr, 2 €, unter 17 Jahren Eintritt frei

Essen:
Wasserschloss, Dienerreihe 4, www.wasserschloss.de, tgl. 9–22 Uhr, Frühstück, Mo–Fr Mittagstisch 10–14,50 €, Hauptgerichte 16–24 €;
Schönes Leben **9**
(s. S. 84)

Frührenaissancestil errichtet wurde. Das auffällige Gebäude aus rotem Ziegel und Sandstein, mit grünem Kupferdach, Arkaden und einem Uhrtürmchen ist Sitz der **Hamburger Hafen und Logistik AG.**

Dann führt der Holländische Brook, in dem übrigens Lessing in den drei Jahren seines Hamburg-Aufenthalts lebte, zum **Wasserschlösschen** an der äußersten Spitze der Insel. Dort wohnten einst die Windenwächter, die für die Wartung der hydraulischen Speicherwinden zuständig waren. Heute befindet sich hier das Restaurant **Wasserschloss.** Den schönsten Blick auf das verwunschene Gebäude hat man während der abendlichen Illumination von der Poggenmühlenbrücke.

Auf dem Weg durch die Speicherstadt können Sie etliche interessante Museen besuchen, darunter das **Deutsche Zollmuseum** im ehemaligen Zollamt Kornhausbrücke am Zollkanal. Das Haus vermittelt spannende Einblicke in die Geschichte des Zolls und des Schmuggelwesens. Hier am Kanal weist die repräsentative Schauseite der Speicherstadt Richtung Innenstadt.

Hamburg war und ist einer der weltweit bedeutendsten Handelsplätze für Kaffee, auch wenn die Kaffeebörse am Sandtorkai im Zweiten Weltkrieg zerstört wurde. Viele Kaffeehändler hatten ihre Kontore in der Speicherstadt. So ist es nur sinnig, dass in der Speicherstadt das **Kaffeemuseum Burg** **28** zu finden ist – in einem Speicher, in dem ab dem Jahr 1896 Kaffee gelagert wurde.

Im **Speicherblock Kehrwieder 2** befinden sich gleich zwei besonders beliebte Museen: Hamburger Geschichte mit Gruselfaktor lässt sich im **Hamburg Dungeon** **29** erleben. Im selben Block untergebracht ist das **Miniatur Wunderland** **29** mit seiner riesigen Modelleisenbahn. Wer in die Welt der Gewürze eintauchen möchte, sollte einen Abstecher ins **Spicy's** **30** machen.

Zum Abschluss bietet das **Speicherstadtmuseum** **25** einen Überblick über die Geschichte des Lagerhauskomplexes, darüber, was und wie hier gehandelt und gearbeitet wurde. Im **HafenCity InfoCenter im Kesselhaus** **27** hingegen blicken Sie in die Zukunft der Speicherstadt und können sich über die HafenCity informieren.

reiht sich an das andere. Die Auswahl ist groß.

Fürs Seelenheil der Seeleute
In der Ditmar-Koel-Straße fallen einige Seemannskirchen auf, darunter die neugotische **Gustav-Adolf-Kirche** ⓲, die älteste erhaltene Hamburger Seemannskirche.

Der Michel

Hamburgs Wahrzeichen
Kurz **Michel** ⓳ wird der schönste Kirchenbarockbau des Nordens genannt. Die **St.-Michaelis-Kirche** ist Hamburgs Wahrzeichen, denn die Besatzungen der ankommenden Schiffe sahen bei Einfahrt in den Hafen als Erstes den 132 m hohen **Turm** mit der größten **Turmuhr** Deutschlands. Von der Aussichtsplattform (Fahrstuhl) genießt man eine hervorragende Aussicht auf die Stadt und den Hafen. Täglich um 10 und 21 Uhr, sonntags nur um 12 Uhr, bläst dort der Türmer einen Choral auf der Trompete. Das scheint die Bienen nicht zu stören: Seit 2017 leben neben den Glocken mehrere Bienenvölker. Im MichelShop gibt es nun dementsprechend auch MichelHonig.

Die Geschichte von St. Michaelis geht zurück bis zum Beginn des 17. Jh., doch erst 1751 wurde der Grundstein für den heutigen Bau gelegt. Nach einem Brand 1906 wurde er originalgetreu wiederaufgebaut. Neben dem spätbarocken Äußeren ist vor allem der **Innenraum** im Stil des norddeutschen Barocks mit den geschwungenen Emporen sehenswert: Weiß, Grau und Gold sind die bestimmenden Farben. In der **Krypta** befinden sich die letzten Ruhestätten von Carl Philipp Emanuel Bach (1714–88), der 1767 Kirchenmusikdirektor in Hamburg wurde, und Hinrich Borkenstein (1705–77). Der Kaufmann und Komödienschreiber war der Vater von Susette Gontard, die Hölderlin in seinen Gedichten Diotima nannte.

Die **Orgelkonzerte** in der Kirche mit 2500 Sitzplätzen verdienen besondere Aufmerksamkeit. Jeden Mittag um 12 Uhr findet eine kurze **Orgelandacht** statt.

Englische Planke 1, www.st-michaelis.de, tgl. April, Okt. 9–19, Mai–Sept. 9–20, Nov.–März 10–18 Uhr, Turm 5/4/6–15 Jahre 3,50 €, Krypta mit Film »Hamburg History« 4/3/2,50 €, Kombiticket 7/6/4 €

Witwenhäuser
Im Schatten des großen Kirchenbaus duckt sich mit den **Krameramtswohnungen** ⓴ für Witwen der Kleinhändler ein Stück altes Hamburg. Die letzte erhaltene Hofbebauung aus dem 17. Jh. ist heute eine touristische Attraktion mit Restaurant, **Museum** (Kramer-Witwen-Wohnung) und kleinen Shops.

Krayenkamp 10, **Museum:** www.shmh.de/de/kramer-witwen-wohnung, April–Okt. Mo, Mi–Fr 10–17, Sa/So 10–18 Uhr, Nov.–März Sa/So 10–17 Uhr, 2,50/1,70 €, unter 18 Jahren Eintritt frei

Museen

Maritime Nostalgie
An Bord gehen können Sie bei den **Museumsschiffen Cap San Diego** ㉑ (Überseebrücke, www.capsandiego.de, U 3 Baumwall, tgl. 10–18 Uhr, 7/4 €, unter 14 Jahren 2,50 €) und **Rickmer Rickmers** ㉒ (Landungsbrücken, www.rickmer-rickmers.de, U 3, S 1, 3, 11 Landungsbrücken, tgl. 10–18 Uhr, 5 €, 4–12 Jahre 2,50 €). Die **Cap San Diego**, der 1961 gebaute »weiße Schwan der Südsee«, befuhr im Dienst der Reederei Hamburg-Süd die Weltmeere, insbesondere gen Südamerika. Nun steht das Schiff für die vergangene Zeit der Frachter, die längst von Containerschiffen abgelöst wurden. An manchen Tagen legt die Cap San Diego zu ›Museumsfahrten‹ ab (s. Website, ab 129 €). Der 1896 in Bremerhaven gebaute

1911–13 entstanden die Deichtorhallen als Markthallen. Ihre Stahl-Glas-Konstruktion ist ein seltenes Beispiel für die Industriearchitektur am Übergang vom Jugendstil zur Bauweise des 20. Jh.

Dreimaster **Rickmer Rickmers**, einer der letzten Großsegler, fuhr in seiner aktiven Zeit unter deutscher, englischer und portugiesischer Flagge. Ausstellungen erzählen die Geschichte des Dreimasters, präsentieren maritime Themen – und einen Blick in die Mannschafts- und Offiziersquartiere können Sie ebenfalls werfen.

Kunsttrends ✪

㉓ Deichtorhallen: Schon das Gebäude ist sehenswert – eine weit gespannte Stahlkonstruktion mit Backsteinfassade. Bevor in den Deichtorhallen die Kunst Einzug hielt, wurde an selber Stelle von 1912 bis 1962 mit Gemüse und Obst gehandelt, danach noch 20 Jahre lang mit Blumen. Die insgesamt 29 000 m² umfassende Marktfläche, verfügte über einen Gleisanschluss und Kaianlagen. 1989 ließ die Körber-Stiftung die Hallen aufwendig restaurieren. Als wäre das nicht schon genug, werden in der **Halle für aktuelle Kunst** Trends in der zeitgenössischen Kunst und moderne Klassiker gezeigt – ob Andy Warhol, Ilya Kabakov oder Roy Lichtenstein. In der südlichen Halle, dem **Haus der Photographie**, hat die bedeutende **Fotosammlung von F. C. Gundlach** ihren ständigen Ort gefunden. Zudem werden hochkarätige Fotoausstellungen geboten.

Deichtorstr. 1–2, Altstadt-Süd, www.deichtorhallen.de, U 1 Steinstr., Di–So 11–18, 1. Do/Monat bis 21 Uhr, 15/14 €, unter 18 Jahren Eintritt frei; je Halle 12/7 € Di ab 16 Uhr 6 €, Kombiticket 15/14 €, unter 18 Jahren Eintritt frei

Andere Sinne einsetzen

㉔ Dialog im Dunkeln: Ein besonderes Museum am Ostende der Speicherstadt, in dem Blinde die Besucher durch pechschwarze Räume führen. Viele Sinne werden beansprucht: Hören, Riechen, Fühlen und Schmecken. Die Räume vermitteln eindrucksvoll, wie schwierig es ist, sich ohne Augenlicht zurechtzufinden. Man nimmt die

Welt aus einer neuen Perspektive wahr. Besonders für Kinder ein Erlebnis! Entsprechend gibt es auch den **Dialog im Stillen,** bei dem gehörlose Guides durch die stille Ausstellung begleiten, und den **Dialog mit der Zeit,** bei dem SeniorInnen durch eine Ausstellung über das Altern begleiten. Der Besuch der Ausstellungen ist nur im Rahmen einer Führung möglich. Sie müssen 30 Min. vor Beginn der Führung vor Ort sein, späterer Einlass wird nicht gewährt.
Alter Wandrahm 4, Speicherstadt, www.dialog-im-dunkeln.de, U 1 Meßberg, Di–Fr 10–19 Uhr, Sa 10–19.15, So 10–18 Uhr, **Zeiten der Führungen und Buchung:** s. Website, Dialog im Dunkeln (90 Min.) 21,50/17,50/unter 14 Jahren 16 €, Dialog im Stillen (60 Min.), Dialog mit der Zeit (90 Min.) 17,50/13,50/11,50 €

Sinnlich
㉕ **Speicherstadtmuseum:** Im authentischen Lagerhaus sind Waren und Arbeitsgeräte ausgestellt, die in der Speicherstadt benutzt wurden und werden, z. B. Kaffeesäcke, Teekisten und Kautschukballen. Fotos und weitere Exponate dokumentieren die Geschichte des Areals. Neben Wechselausstellungen veranstaltet das Museum auch Führungen durch die Speicherstadt.
Am Sandtorkai 36, Speicherstadt, www.speicherstadtmuseum.de, U 1 Meßberg, Mo–Fr 10–17 Uhr, März–Dez. auch Sa/So 10–18 Uhr, 4 €; **Speicherstadtführungen** (ca. 90 Min.): So 11, März–Okt. auch Sa 15 Uhr, Treffpunkt Museum, 10/8,50 € (Anmeldung nicht erforderlich); **Entdeckertour für Kinder** (ca. 90 Min.): Treffpunkt Museum, Hamburger Schulferien So 10.30, teils auch Mi 13 Uhr, 8/5 €, (Anmeldung: T 040 32 11 91)

Multimediale Abenteuer
㉖ **Discovery Dock:** Einmal in die Rolle eines Kranführers schlüpfen oder aus der Zeit des Freihafens zum Zollfahnder werden? Das geht seit Mai 2019 mit VR-Brillen (VR = virtuelle Realität) im Discovery Dock. Nicht nur Technikfans haben ihre Freude an der 50-minütigen interaktiven, multimedialen Führung. Den Hafen können Sie hier aus ungewohnten Blickwinkeln verspielt kennenlernen. Vorab Termin online oder telefonisch buchen!
Am Kaiserkai 60, www.discovery-dock.de, U 3 Baumwall, Mo–Sa 10–19, So 10–16 Uhr, 17,50/14,50 €, mit Hafenrundfahrt 30 €

Informativ
㉗ **HafenCity InfoCenter im Kesselhaus:** Im historischen Backsteinbau befanden sich einst die Dampfmaschinen der Speicherstadt. Heute wird hier über die Zukunft von HafenCity und Speicherstadt informiert, u. a. anhand eines imposanten Modells der neuen HafenCity. Darüber hinaus bieten mehrere Wissensstationen Informationen, auch Führungen durch die HafenCity beginnen im InfoCenter.
Am Sandtorkai 30, Speicherstadt, www.hafencity.com, U 3 Baumwall, Di–So 10–18 Uhr, Eintritt frei

Ja, hier duftet es so, wie es auf dem Foto aussieht. Im Kaffeemuseum erfahren Sie (fast) alles über die braune Bohne.

Auf Weltreise mit Kaffee

㉘ Kaffeemuseum Burg: Vom aromatischen Kaffeegeruch angelockt, können Sie sich im Kaffeemuseum Burg auf eine Weltreise begeben und erfahren, welchen Weg die braune Bohne nimmt, bevor sie in der Tasse landet. Wer sein Wissen vertiefen möchte: Das Museum bietet auch Rösterseminare an – Kaffee von der Pflanze bis zur Bohne, Unterschiede beim Rohkaffee, Auf- und Verarbeitung von Kaffee, Röstverfahrenpraxis (Anmeldung erforderlich).
St. Annenufer 2, Speicherstadt, www.kaffee museum-burg.de, U 1 Meßberg, Di–So 10–18 Uhr, Führungen Di–Fr 10, 12, 14, 16, Sa/So stdl. 10–17 Uhr, Eintritt, Führung, Röstvorgang, Röstprobe, 50 Min. 10/8 €

Gespenstisch

㉙ Hamburg Dungeon: Gruselschau über die letzten 900 Jahre in Hamburg.
Kehrwieder 2, Speicherstadt, www.thedun geons.com/hamburg, U 3 Baumwall, tgl. Jan.–Juli, Sept.–Dez. 10–17, Juli/Aug. bis 19 Uhr, 25,50 € (online ab 17,85 €), 1. Führung an Wochenenden auf Englisch, ab 8 Jahre, bis 10 Jahre nicht empfohlen, bis 14 Jahre nur in Begleitung eines Erwachsenen

Nicht nur für Eisenbahnliebhaber

㉙ Miniatur Wunderland Hamburg: Die weltgrößte Eisenbahnmodell-Anlage mit gut 15 km Schienennetz zieht viele Fans an. Vor allem aber sind hier Großstadtszenen, der Bahnhof, der Flughafen und vieles mehr detailgetreu nachgestellt. Auch für nicht Eisenbahnfans sehenswert.
Kehrwieder 2, Speicherstadt, www.miniatur-wunderland.de, U 3 Baumwall, Mo, Mi/Do 9.30–18, Di 9.30–21, Fr 9.30–19, Sa 8–22, So 8.30–20 Uhr, z. T. länger, 13 €, unter 16 Jahren 6,50 €, kleiner als 1 m Eintritt frei

Riechen, anfassen, schmecken

㉚ Spicy's: In einem Speicherkomplex ist Spicy's Gewürzmuseum untergebracht, eine Ode an die Gewürze und Aromen aus aller Welt und an den Gewürzhandel. Am Sandtorkai 34, Speicherstadt, www.spicys.de, U 3 Baumwall, tgl. 10–17 Uhr, 5 €, 4–14 Jahre 2 €

Die Welt auf 200 m^2

㉛ Harry's Hamburger Hafenbasar: Kriegermasken, ausgestopfte Sägefische, Ashanti-Fruchtbarkeitspuppen oder Schrumpfköpfe – Harry's Hafenbasar in St. Pauli war jahrzehntelang die Adresse für Kuriositäten aller Art. Nach mehreren Umzügen ist das Museum im Schwimmkran Greif in der Speicherstadt untergekommen und wird nun, nach dem Tod des letzten Besitzers, als Stiftung weiter betrieben.
Schwimmkran Greif, Ponton Nr. 2, Am Sandtorkai, Sandtorhafen, www.hafenbasar.de, U 3 Baumwall, Sa/So, Fei 10–15 Uhr, 5 €, 6–12 Jahre 3 €

Essen

Kunst kulinarisch

1 Nissis Kunstkantine: Nissi Roloff verbindet Kunst mit Kulinarischem. In ihrem Galerie-Restaurant wechseln alle sechs Wochen die Ausstellungen. Auf den kleinen Tischen liegen Bildbände über Kunst und hippe Hotels. Das Interieur mischt Pop-Art und Wohnzimmer. Die Küche bietet einen ausgezeichneten Mittagstisch (ca. 8–10 €), aber auch Leckeres à la carte.
Am Dalmannkai 6, HafenCity, T 0160 92 31 25 15, www.nissis-kunstkantine.de, U 4 Überseequartier, Mo–Fr 11–16 Uhr

Sofies Welt

2 Miss Sofie: Ans Wasser gehört auch ein Eisladen. Bei Miss Sofie werden in erster Reihe gut gelaunt Sahne- und Softeis in ausgefallenen Geschmacksrichtungen, Hotdogs und Cocktails gereicht. Schöne Außenterrasse u. a. mit Liegestühlen.
Am Kaiserkai 59a, HafenCity, T 0176 21 53 42 67, www.facebook.com/misssofie.eu, U 3 Baumwall, So–Do 12–19, Fr/Sa bis 21 Uhr, bei gutem Wetter auch länger

Für die Seele
3 NENI: Wer in das Alte Hafenamt eintritt, spürt und sieht direkt die Mischung aus Israel, Marokko und Syrien. Gemütlich-moderne orientalische Einrichtung, Levante-Küche und beste Stimmung. Das Lokal ist eine Filiale des Wiener NENI der aus Tel Aviv gebürtigen Haya Molcho.
25hours Hotel, Osakaallee 12, HafenCity, T 040 555 57 54 42, www.nenihamburg. de, U 4 Überseequartier, tgl. 12–23 (Lunch 12–14.30, Snackkarte 14.30–17.30, Dinner 17.30–23) Uhr, Mezze 6–13 €, Hauptgerichte 12,50–29,50 €, Mittagstisch Mo–Fr, 9,50 €

High end
4 The Table: Am geschwungenen Tisch können 20 Gäste Platz nehmen und den Meistern der Kochkunst in der offenen Küche zusehen. Kevin Fehling hält seit 2013 drei Michelin-Sterne und eröffnete 2015 sein eigenes Lokal in der HafenCity. Frühzeitig reservieren.
Shanghaiallee 15, HafenCity, T 040 22 86 74 22, www.thetable-hamburg.de, Di–Sa zwei Startzeiten: 19, 20 Uhr, U 4 HafenCity Universität, Sieben-Gänge-Menü 180 €

Mittags und kosmopolitisch
5 Fillet of Soul: Engagierte, kosmopolitische Küche im Haus der Photographie (Deichtorhallen). In der offenen Küche kochen Patrick Gebhard und Florian Pabst auch mit Tee (s. auch S. 87). Ab und an gibt es Themen-Kochkurse. Im zugehörigen **Café** in der Nordhalle (Halle für aktuelle Kunst) gibt es Kaffeespezialitäten, Biotee von Samova, kleine Gerichte und Kuchen.
Deichtorstr. 2, Altstadt-Süd, T 040 70 70 58 00, www.fillet-of-soul.de, U 1 Meßberg, Di–So 11–18, Sa/So 12–16, Mittagstisch Di–Fr 12–14.30 Uhr (ca. 10–13,50 €)

Kultig
6 Oberhafen-Kantine: 1925 wurde dieses kleine zweigeschossige Ziegelgebäude errichtet. Obwohl umfassend restauriert, ist hier alles ein bisschen schief. Ob Rundstück warm mit Gewürzgurke (10,50 €) oder Burger (ab 15,50 €), jedes Gericht ist günstig und gut. Wie es sich für eine Hafenkantine gehört, gibt es auch Labskaus (16 €).
Stockmeyerstr. 39, HafenCity, T 040 32 80 99 84, www.oberhafenkantine-hamburg.de, U 1 Meßberg, Di–Sa 12–22, So bis 17.30 Uhr

Essen in der Markthalle
7 Hobenköök: In einer 600 m² großen Halle im alten Güterbahnhof hat sich das norddeutsche Restaurant niedergelassen. Neben der sagenhaft coolen Location, gibt es bis 15 Uhr norddeutsches Frühstück auf den Tisch und danach heiße Leckereien. Alles wird aus saisonalen und regionalen Produkten zubereitet, die in der Markthalle auch gekauft werden können.
Stockmeyerstr. 43, Oberhafen, HafenCity, T 040 22 86 55 38, www.hobenkoeoek. de, U 1 Meßberg, U 4 HafenCity Universität; **Restaurant:** Mo–Sa 10–23 (Küche bis 21.30) Uhr; **Markthalle:** Mo–Sa 10–20 Uhr

Immer im Grünen sitzen
8 Le Jardin Café Flower: Unweit vom Baakenpark trinkt man hauseigene Limonaden und isst vietnamesisch zwischen Blumen, die auch zu erstehen sind. Da ist das Wetter draußen glatt egal.
Versmannstr. 16, HafenCity, T 040 36 93 05 29, www.facebook.com/lejardinhafencity, U 4 HafenCity Universität, tgl. 10–20 Uhr

Perfektes Ambiente
9 Schönes Leben: Großzügiger Raum mitten in der Speicherstadt. Hohe Decken, alte Balken und riesige Lampen. Loungeecke mit Sofas. Auf der Karte steht alles Mögliche von Currywurst (7,50 €) bis Hamburger Pannfisch (22,90 €). Mo–Fr Mittagstisch (12,50 €), So Brunch (34,50 €).
Alter Wandrahm 15, Speicherstadt, T 040 180 48 26 80, www.schoenes-leben-hamburg.de, U 1 Meßberg, Mo–Sa 9–23 (Mittagstisch Mo–Fr 11.30–14.30), So 10–21 (Brunch bis 14) Uhr

Urig

[10] **Fleetschlösschen:** Mitten in der Speicherstadt steht das ehemalige Zollhäuschen, heute ein winziges Einraum-Restaurant. Am schönsten ist es im Sommer, wenn man auf der Terrasse sitzen kann.
Brooktorkai 17, Speicherstadt, T 040 30 39 32 10, www.fleetschloesschen.de, U 4 Überseequartier, Mo–Sa 11.30–22 (Küche bis 21) Uhr, Hauptgerichte 12,90–17,50 €

An Bord

[11] **Das Feuerschiff:** Auf dem Feuerschiff LV13 finden heute Veganer, Vegetarier, Fisch- und Fleischesser etwas für den Gaumen. Bei gutem Wetter können Sie auf dem Hubschrauberdeck essen. Übernachten ist auch möglich (DZ ab 120 €).
Sporthafen, Vorsetzen, Neustadt-Süd, T 040 36.25.53, www.das-feuerschiff.de, U 3 Baumwall, Mo–Sa 9–1, So bis 23 (Frühstück bis 12, Küche 12–22) Uhr, Hauptgerichte 16,50–36,50 €, Tageskarte tgl. 12–17 Uhr, Gerichte ca. 10–15 €

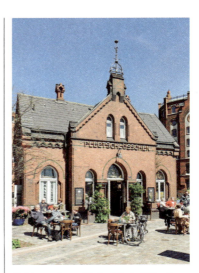

Zahlen müssen Sie im Fleetschlösschen immer noch, aber nicht mehr die Zollgebühren.

Fisch an Fisch

[12] **D. José:** Eines von vielen portugiesischen Lokalen in der Ditmar-Koel-Straße. Bei José gibt's guten Fisch zu moderaten Preisen (ab 13,90 €). Auch die vegetarischen Gerichte sind lecker (ab 10,90 €).
Ditmar-Koel-Str. 11, Neustadt-Süd, T 040 52 01 57 24, www.d-jose.de, U 3 Baumwall, Landungsbrücken, S 1, 3, 11 Landungsbrücken, Mo–Fr 11.30–24, Sa/So bis 1 Uhr, Mittagstisch Mo–Fr 11.30–16 Uhr

The 1950s are back

[13] **Milch:** »Milch Feinkost« steht draußen in goldenen Lettern, innen werden Sie dezent in die 1950er-Jahre geleitet. Das Café hat seine eigene Kaffeerösterei und tolle Spezialitäten wie den Dirty Italian – ein dickflüssige Trinkschokolade auf Espresso.
Ditmar-Koel-Str. 22, Neustadt-Süd, T 040 20 94 90 35, U 3 Baumwall, Landungsbrücken, S 1, 3, 11 Landungsbrücken, Mo–Fr 8.30–18, Sa/So 10–18 Uhr

Hamburgisch

[14] **Old Commercial Room:** Noch nie Labskaus oder Hamburger Aalsuppe gegessen? Dann bietet sich gegenüber vom Michel eine prima Gelegenheit dazu. Labskaus können Sie hier als Hauptgericht (16,90 €) oder auch als Vorspeise (5,90 €) probieren. Wie schon der Name vermuten lässt, ist die Atmosphäre englisch-maritim, die Küche dagegen original hamburgisch.
Englische Planke 10, Neustadt-Süd, T 040 36 63 19, www.oldcommercialroom.de, U 3 Rödingsmarkt, tgl. 12–24 (Küche bis 23) Uhr, Hauptgerichte 16,90–49,90 €

Einkaufen

Schlemmen und stöbern

Im **Oberhafenquartier** [10] finden gerade im Sommer Food- und Flohmärkte statt. Besonders beliebt sind die Tage, an de-

Lieblingsort

Coole Bühne für junge Kunst

Performances, Konzerte, Ausstellungen und künstlerische Experimente – auf der **MS Stubnitz**, einem ehemaligen Kühlschiff der DDR-Hochsee-Fischfangflotte im Baakenhafen, hat die junge Kunst Hamburgs schon 1992 eine selten coole Bühne gefunden. Über eine schmale Rampe geht es hinauf und dann ins Kulturschiff hinein. Dazu der leichte Geruch von Maschinenöl und ein sanftes Schwanken des Schiffes auf der Elbe. Welche Spielstätte kann so etwas schon bieten? (Kirchenpauerkai, HafenCity, www.ms.stubnitz.com)

nen die Hanseatische Materialverwaltung geöffnet hat. Hier kann in alten Theaterkulissen und -requisiten gestöbert werden.

Für Teegenießer
❷❸ Samova im Fillet of Soul Café: Tees (überwiegend aus biologischem Anbau) von Samova werden hier verkauft. Schon allein die Namen der Teesorten – von Heidis Delight über Space Cookie zu Maybe Baby – sind ein Genuss. Dazu finden Sie kleine Gläser, schöne Kannen und Geschenksets. Das Café führt auch große und kleine Samova-Veranstaltungen durch – vom Tea-Tasting bis zur Tee-Cocktailbar.
Haus für aktuelle Kunst (Deichtorhallen), Deichtorstr. 1, Altstadt, www.samova.net, www.fillet-of-soul.de, U 1 Meßberg, Di–So 11–18 Uhr

Historisch
Antiquariat Reinhold Pabel: 1948 gründete Reinhold Pabel in Chicago das Antiquariat und zog 1974 damit in die Krameramtswohnungen ❷⓿. Gegenüber dem Michel ist der zweite Laden. Gute Auswahl seltener Bücher.
Krayenkamp 10 und Englische Planke 6, Neustadt-Süd, www.antiquariat-pabel.de, U 3 Rödingsmarkt, Mo–Fr 10–18, Sa 10–13 Uhr

Bewegen

Eine Halle für Alle
❶ Die Halle – Parkour Creation Center Oberhafen: Parkour für Kinder und Erwachsene in Workshops und Kursen, 2 Std.-Einsteiger-Workshop 28 €.
Halle 4F, Stockmeyerstr. 43, HafenCity, www.diehalle.hamburg U 1 Meßberg, U 4 HafenCity Universität

Yogis auf dem Dach
PopupYoga: Yogamatte unter den Arm geklemmt und los geht's. Ob Parks, Dächer oder Cafés – man kann überall Yoga machen – und immer häufiger auch in der HafenCity mit Blick auf die ›Elphi‹.
www.popupyoga.de, Termine und Orte s. Website, 1 Std. 15 €

> **DRINK AUF DEM MICHEL**
>
> Auf dem Turmboden (Aussichtsplattform) in 106 m Höhe öffnet abends eine Bar: Sundowner mit umwerfendem Blick und in späterer Stunde bei Kerzenlicht (www.nachtmichel.de, geöffnet je nach Veranstaltung und Jahreszeit, inkl. 1 Getränk 10,50 €, bis 15 Jahre 8,50 €).

Ausgehen

Coole Bühne für junge Kunst
MS Stubnitz: s. Lieblingsort S. 86.

Bar-Restaurant mit Aussicht
Chilli Club: In der Asian Brasserie können Sie moderne asiatische Küche (Sushi 14 €, Hauptgerichte 17–30 €) probieren, in der Bar und Lounge einen Drink schlürfen, von der Terrasse aus dazu den Blick über die Magellan-Terrassen und den Sandtorhafen schweifen lassen.
Am Sandtorkai 54, Speicherstadt, www.chilliclub-hamburg.de, U 4 Überseequartier, tgl. ab 12, Küche Mo–Fr 12–15, 17–23, Sa/So 12–23 Uhr

Klassik und mehr
❶ Elbphilharmonie: S. 71.

Premiumkino in der HafenCity
Astor Film Lounge: Ein Kino, um die Füße hochzulegen und dann einen aktuellen Film oder Kultklassiker zu schauen.
Am Sandtorkai 46a, Speicherstadt, www.hamburg.astor-filmlounge.de, Hotline: T 01805 77 79 66, U 1 Meßberg, U 4 Überseequartier, Tickets ab 12 € inkl. Drink, bis 14 Jahre ab 8 €

Zugabe
Ein Visionär der Fotografie – F. C. Gundlach

Er weckte Sehnsüchte, prägte Frauengenerationen und revolutionierte die Modefotografie.

F. C. Gundlach gilt als Grandseigneur der Modefotografie. Seine Fotografien sind international zu zeitlosen Ikonen geworden. Sie sind wegweisend und hängen weltweit in Museen. »Ich bin immer dem magischen Augenblick auf der Spur«, sagte Gundlach im hohen Alter – und das war er schon als Zehnjähriger, als sein Onkel ihm eine Agfa-Box schenkte. Geboren im Hessischen, Notabitur, als junger Soldat in den Krieg gezogen. Kriegsgefangenschaft in Frankreich, dann ausgebildet auf einer privaten Fotoschule in Kassel, zog er bald nach Paris und wurde Assistent von Harry Meerson. »Paris war eine andere Welt!«, schwärmt er noch heute. Paris war für Gundlach der Auftakt. Sein ›Clic‹ verewigte den Pariser Chic. Zeitlebens war die Stadt für ihn Ort der Inspiration und Ausgangspunkt zahlreicher Modestrecken. Hier lernte er die Kunst- und Kulturszene kennen. Er traf auf Größen wie Jean Marais, Yves Montand, Jean Cocteau – und steigt zum Starfotografen auf.

Der 1926 im hessischen Heinebach geborene Franz Christian Gundlach hat das Licht wieder angemacht im Deutschland der 1950er-Jahre, mit seinen Reportagen hat er die Sehnsucht des Reisens geweckt und ließ die Deutschen wieder träumen von einer fröhlichen Zukunft.

»Wir Fotografen produzierten Märchenträume.« Sie erschienen in der Zeitschrift Film und Frau, einem Zeitgeistblatt der Nachkriegszeit und eine der eigenwilligsten Zeitschriften-Neugründungen im Westdeutschland der 1950er-Jahre, geführt von den persönlichen Visionen des Herausgeberpaares Curt und Helga Waldenburger. F. C. Gundlachs Fotografien atmeten kühlen Glamour.

Fotografie bedeutet für ihn Freiheit. Seit seinem fulminanten Pariser Anfang fuhr er in alle Welt, um Mode zu fotografieren: an den Pyramiden von Gizeh, über den Dächern von Manhattan, in Hongkong, Tokyo, Bangkok, Rio de Janeiro und immer wieder in Paris. Mode und Mobilität hängen eng zusammen. Innerhalb kürzester Zeit avancierte er zum Star der westdeutschen Modefotografie. Er entdeckte die Pose und arrangierte seine Bilder wie ein Maler.

Mit seinen Modeinszenierungen in der Brigitte (1963–86) hat er eine ganze Generation von Frauen geprägt. Dabei wird immer wieder seine Fähigkeit deutlich, ein Thema in einer Bildfolge

»Wir Fotografen produzieren Märchenträume.«

zu erzählen. Durch seine Reportagen und *home stories* bringt er das narrative Element in die Modefotografie, bettet die Bilder in eine Geschichte. Auch die Mode im Dialog mit der Architektur ist ein Leitmotiv der frühen Modefotografie Gundlachs.

1966 sieht er noch heute als Moment der Weichenstellung: »Mode, Leben, Lifestyle – da kam alles zusammen: die Pille, die Beatles, die Musik. Das war das Jahr der Veränderung. Es gab Studentenunruhen, die Emanzipation deutete sich an.« So ließ er aufwendige Kulissen à la Roy Lichtenstein, David Hockney und Fritz Meckseper anfertigen und verwendete sie für seine Pop-Art-Fashion-Aufnahmen. Gundlach galt als innovativ, auch was seine Bereitschaft betraf, foto- und kameratechnisch neue Wege zu gehen.

Trends, die auch den Sammler F. C. Gundlach auszeichnen.

Seit den Siebzigerjahren des 20. Jh. sammelt er, zuerst auch Malerei, inzwischen hat er sich ganz auf das Menschenbild in der Fotografie konzentriert: »Ein Gesicht ist die spannendste Landschaft.« Darüber hinaus schuf der Visionär der Fotografie bessere Bedingungen für Fotografen. Er gründete die Firma PPS (Professional Photo Service) und die PPS Galerie F. C. Gundlach, eine der ersten Fotogalerien in Deutschland. Er setzte sich dafür ein, Fotografie als Kunstform zu etablieren. Mehr als 100 Ausstellungen wurden hier präsentiert. Er wurde selbst zum Sammler und zum Gründungsdirektor des Hauses der Photographie in den Hamburger Deichtorhallen, dem er 9000 Fotografien seiner Sammlung zur Verfügung stellte. Im Jahr 1999 initiierte er die Triennale der Photografie in Hamburg. ■

von Eva Gerberding

Sein ›Clic‹ war nie nur ein Klick. Er arrangierte seine Bilder zu Gemälden, bettete sie in eine Geschichte ein: F. C. Gundlach.

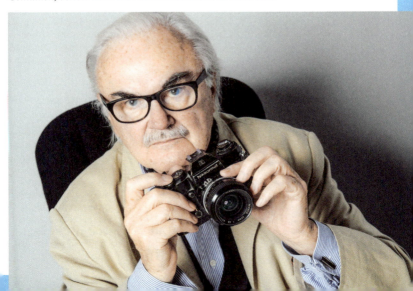

Südliches St. Pauli und Altonaer Elbufer

Den Hafen im Blick, den Drink im Anschlag — zwischen Elbe und Schanze liegen Party und Relaxen nah beieinander.

Seite 93
Reeperbahn ⭐

Wenn die Neonlichter die Nacht zum Tag machen, wird das alte Hafenarbeiterviertel zum Hotspot der Feierlustigen.

Was nur war mit John Lennon an der St.-Joseph-Kirche los?

Seite 100
Große Freiheit

Blendende Lichter, tanzendes Volk, Shows, alle außer Rand und Band – das ist die Große Freiheit. Hier begann die Karriere der Beatles und auch heute noch treten hier angesagte Bands auf.

Seite 96
Spielbudenplatz

»No business like show business« – Open-Air-Events von Konzerten bis zu Märkten und legendäre Showtheater.

Seite 101
Landungsbrücken

Vorprogrammiert: zukünftige Sentimentalität angesichts von Wasser und dicken Pötten, Kränen und Containern. Schon an den Landungsbrücken kommt Industrieromantik auf – und vielleicht die Sehnsucht nach der Ferne und der Weite des Meeres.

Seite 97
Hippes St. Pauli

Wie die Locals durch die Paul-Roosen- und andere Seitenstraßen bummeln.

Eintauchen

Südliches St. Pauli und Altonaer Elbufer

Seite 103
Fischmarkt

Zu früher Stunde geht es hier laut zu. Aale-Dieter gehört dabei zu den Urgesteinen. Wer nur mal gucken wollte, verlässt den Markt dann doch mit einer Kiste Obst und vier Aalen auf den Armen – und geht zum Frühschoppen noch in die Fischauktionshalle.

Seite 104
Frische Brise, Fischerhäuser, Grün und Strand

In Altona die Fähre nehmen, in Finkenwerder umsteigen und ab Teufelsbrück in die Pedale treten. Auf dieser Tour können Sie einen anderen Blick auf Hamburg genießen. In Övelgönne warten Fischerhäuschen, ein schöner Strand und ein Museumshafen. Durchs angesagte Ottensen geht es dann nach St. Pauli. Dort können Sie Ihr Rad dann an der Reeperbahn wieder abgeben.

Seite 115
Tragödie um die Esso-Häuser

Lange marode, dann abgerissen, aber immer noch nicht wieder aufgebaut. Was ist los hinter den Absperrzäunen rund um die ehemaligen Esso-Häuser?

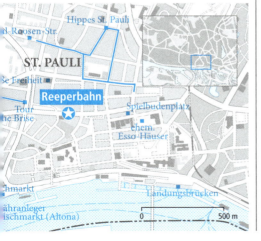

Und jetzt 'ne Fischfrikadelle! Die gibt's allemal auf dem Fischmarkt, aber nicht nur da.

Hier nicht pinkeln! Wir pinkeln zuck.« Mit Humor und klaren Worten wehren sich St. Paulianer. Denn berucht, muss ja nicht gleich stinkend sein.

erleben

Kultviertel an der Elbe

St. Pauli ist mehr als Sex, Party und Fußball. Viele Hamburger gehen eher nicht auf die Reeperbahn selbst, aber sehr wohl zum Brunchen in eines der coolen Cafés in einer der Seitenstraßen. St. Pauli hat sich verändert. Das verruchte Hafenarbeiterviertel ist hip geworden. Wo sich einst die Huren an die Matrosen schmiegten, zieht man jetzt sportlich-elegant in die Nacht, damit man auch in alle Bars kommt. Studenten, Künstler, Manager – alle zusammen formen ein buntes Viertel mit tollen Restaurants, Cafés in Retro- und Shabby-Chic-Look, Bars mit Panoramafenstern in schwindelnder Höhe. Aber dazwischen gibt es eben auch noch dieses Plüschige mit einer alle willkommen heißenden Szene. St. Pauli hat schon immer Minderheiten aufgenommen. Wer sich gehen ließ, wird schon seinen Grund haben. Ein wenig wie in Las Vegas: »What happened in St. Pauli, stays in St. Pauli.« Heutzutage spiegelt sich das darin wider, dass ›anders sein‹ sympathischer ist als spießige Angepasstheit. Und so bleibt auch die Stimmung besonders gelassen.

Es lebt sich wie in einer Parallelwelt: britische Männergruppen, die das erste Mal raue Mengen an Alkohol zu sich nehmen, peinliche Junggesellenabschiede, Fast-Food-Ketten gegen den Rausch, Abzocklokale, Drogen und schneller Sex. Gleichzeitig aber auch Kulturhotspot mit Theatern, Cabarets, Boutiquen und der neuesten Indieband auf der Bühne. Und wenn es Tag wird und man die komatösen Opfer der letzten Nacht auf der Reeperbahn nicht mehr sehen will, verschlägt es einen an die Elbe, an den Hafen oder an den Elbstrand. Die Ader, die Hamburg durchzieht und einen daran erinnert, dass auf St. Pauli schon immer Menschen am Wasser standen und sich vorstellten, wie es wäre, einfach auf eines der dröhnenden Schiffe aufzuspringen und fortzuschippern.

ORIENTIERUNG

Start: Die **Reeperbahn** erkunden Sie am besten von der gleichnamigen S-Bahn-Station (S 1, 2, 3) aus oder ab U 3 St. Pauli. Für **Hafen und Fischmarkt** sind S und U Landungsbrücken (S 1, 2, 3, 11, U 3) der beste Start.
Taschendiebe: Taschendiebe! Aufgepasst – besonders auf der Reeperbahn und der Großen Freiheit befinden Sie sich quasi im Hoheitsgebiet der Taschendiebe.

Südliches St. Pauli

Reeperbahn ♀ Karte 3, B–D4

Verrucht, überladen, Geschichten umwoben, versoffen, freizügig, glitzernd, euphorisch. Auf die gerade mal 930 m langen Straße kommen jährlich 30 Mio. Touristen. Musical, Theater, Burlesque- und Travestieshows, Open-Air-Events, Konzerte, Kneipen und Clubs locken ein gemischtes Publikum an. Tagsüber eher trist, formen Neonlichter und LED-Wände nachts eine andere Welt. Manchen männlichen Besucher treibt es dann in einen der zahlreichen Sexshops, andere verhandeln direkt mit der Hure den Preis, der nächste eilt ins Operettenhaus. Die Koberer bringen Männergruppen dazu ins Striplokal einzukehren. Eintritt frei – Bier & Korn als Pflichtgedeck kosten allerdings ordentlich mehr als gewohnt. Billige Drinks zu Schlagern treffen auf teure Cocktails zu Ambientemusik. Auf der Reeperbahn kann eben jeder seine Ecke finden.

Vom Kloster zur Partymeile

Als die Reeperbahn noch Hamburger Berg hieß, stand hier für knapp 50 Jahre ein Zisterzienserinnen-Kloster (1246–95), in dem Nonnen vor den Toren der Stadt lebten. Dann kamen die aus Hamburg Abgeschobenen, die Unerwünschten, die zwielichtigen Gestalten, die Nonnen zogen weg. 1833 erhielt der Vorort den Namen des Klosters: St. Pauli. Dank des nahen Hafens fand manch einer seine Arbeit auf St. Pauli, so wie die Reepschläger. Diesen verdankt die Partymeile ihren Namen. Auf der breiten Allee wurden die

Direkt an der Reeperbahn liegt mit dem Spielbudenplatz einer der Hotspots des nächtlichen Treibens auf St. Pauli.

Südliches St. Pauli

Ansehen
1. Spielbudenplatz
2. Stage Operettenhaus
3. Klubhaus/Panik City/ Schmidtchen
4. Davidwache
5. Herbertstraße
6. Beatles-Platz
7. St.-Joseph-Kirche
8. Hein-Köllisch-Platz
9. Park Fiction
10. Aussichtsplattform Stintfang
11. Alter Elbtunnel
12. Aussichtsterrasse Steinwerder
13. Hafenstraße
14. Fischmarkt
15. Fischauktionshalle
16. s. Cityplan S. 103
17. Panoptikum

Essen
1. Maharaja
2. Simbiosa
3. Ume no hana
4. Kaffee Stark
5. The Bird
6. Trattoria Cuneo
7. Salt & Silver Zentrale (Levante Restaurant, Lateinamerika Restaurant)
8. Café Geyer
9. Neue Heimat
10. – 12. s. Cityplan S. 103

Einkaufen
1. Boutique Bizarre
2. Hip Cats
3. Kunst Kiosk
4. Merijula
5. Twelve Monkeys

Bewegen
1. Start der Hot Rods Tour
2. Start der Original Kiez Tour mit dem Blonden Hans

Ausgehen
1. Docks
2. Molotow
3. Grünspan
4. Mojo Club
5. Zur Ritze
6. 3-Zimmer-Wohnung
7. Zum Goldenen Handschuh
8. Zum Silbersack
9. The Chug Club
10. Skyline Bar 20up
11. Nochtspeicher
12. StrandPauli
13. MS Hedi
14. Golden Pudel Club
15. – 16. s. Cityplan S. 103
17. Pulverfass
18. Schmidt Theater
19. Schmidts Tivoli
20. St.-Pauli-Theater
21. B-Movie

Reepen – Hanfseile – zu 300 m langen Schiffstauen gespannt und verdreht. Es tummelten sich Schiffsjungen und Hamburger, die neben der Arbeit im quasi gesetzlosen Niemandsland ihr Vergnügen suchten. Mehr und mehr Schausteller kamen, boten Abwechslung zwischen Prostitution und Alkohol in groben Mengen. Der Spielbudenplatz wurde gebaut und als 1860/61 die Torsperre von Hamburg aufgelöst wurde, florierte die Amüsiermeile so richtig. Seitdem steht die Reeperbahn oder der Kiez, wie man gerne sagt, für Offenheit. An der Ecke Nobistor und Reeperbahn steht linker Hand immerhin auf der alten Grenzsäule »Nobis bene, nemini male«, » Für uns das Gute, für niemanden das Schlechte.« So sei es.

Spielbudenplatz ♀ Karte 3, C 4

No business like show business
Am **Spielbudenplatz** ❶ reihen sich Kultur und Unterhaltung aneinander: das **Stage Operettenhaus** ❷ (Nr. 1) in dem fast 15 Jahre lang das Musical »Cats« lief, ist nach wie vor ein Anziehungspunkt für Musicalliebhaber. Das Operettenhaus, ursprünglich 1841 unter dem Namen Circus Gymnasticus eröffnet, 1877 nach einem Brand neu aufgebaut und für die Uraufführung der deutschen »Cats«-Produktion 1986 umgebaut, gehört seit 2011 der Stage Entertainment. Heute läuft hier »Tina« (s. Kasten S. 27). Daneben findet sich das **Panoptikum** ❶ – und das schon seit 1841 mit seinen Wachsfiguren, die Besucher fasziniert.

Theaterchef Corny Littmann möbelte seine Theaterfront komplett auf: Das **Klubhaus St. Pauli** ❸ (Nr. 21/22, www.klubhaus-stpauli.de) beherbergt neben Littmanns **Schmidtchen** Veranstaltungsräume, Spielräume (Lasertag, Escape Game) und eine Hommage an Udo Lindenberg: **Panik City**. Wenn Sie Lust haben, können Sie sich hier auf einer geführten, interaktiven ›Wanderung‹ 90 Minuten lang wie Udo fühlen. Das Klubhaus mit seiner LED-Fassade, die unterschiedlich illuminiert werden kann, ist ein nächtlicher Hingucker. Nahezu nahtlos schließen sich das **Schmidt Theater** ❶ und **Schmidts Tivoli** ❶ an.

Auf der fahrbaren **Bühne** des modernisierten Spielbudenplatzes finden Open-Air-Events statt, davor **Weihnachts-, Nacht- und weitere Märkte**. Daneben ragt das **St. Pauli Theater** ❷ seit mehr als 175 Jahren in die Höhe.

Die aus Fernseh- und Kinofilmen bekannte Polizeistation **Davidwache** ❹ steht direkt ein Haus weiter. Das althamburgerische Backsteingebäude von 1840 ist ein echter Hingucker.

Panik City: 4. Stock, Klubhaus, Spielbudenplatz 21/22, www.panikcity.de, Mo–Do 10–20, Fr/Sa 10–21, So 10–18 Uhr, Startzeiten s. Website, ab 18,50 €

SCHWEIN GEHABT

Als die **Beatles** nach einer durchzechten Nacht ein Schwein auf dem Fischmarkt erstanden und damit quer über die Reeperbahn liefen, durften sie die **Davidwache** ❹ von innen kennenlernen. Ein irritierter Polizist gabelte die damals unbekannte Band auf und ließ sie erst wieder auf freien Fuß, als ihr Manager sie abholte.

David- und Herbertstraße
♀ Karte 3, C 4

Nackte Tatsachen
Die **Davidstraße** zweigt an dieser Stelle von der Reeperbahn ab. Eine Hure

TOUR
Hippes St. Pauli

Bummeln und entspannt genießen

Auf der Reeperbahn kann in großem Stil gefeiert werden – schunkelnd, sturzbesoffen, Salsa tanzen mit wechselnden Partnern oder abrocken zur Indieband. Wer Lust auf mehr Entspannung, mehr Kreativität, Freigeister und alternatives Lebensgefühl hat, der geht in Nebenstraßen wie die **Paul-Roosen-Straße.**

Und hier müssen Sie auch nicht warten, bis es dunkel wird. Schon nachmittags lohnt sich ein Spaziergang im ›echten‹ St. Pauli. In der **Affenfaust Galerie** (Paul-Roosen-Str. 43, www.affenfaustgalerie.de, Sa 14–18 Uhr während Ausstellungen) in einem ehemaligen Discountergeschäft werden hippe zeitgenössische Künstler, gerne aus dem Bereich Urban Art, präsentiert. Eine der coolsten unter den jungen Galerien Hamburgs. Auch bei geschlossenen Türen können Sie in den großen Schaufenstern einige Werke bestaunen.

Von da aus geht es in den belebten Teil der Paul-Roosen-Straße mit vielen bunt angemalten Häusern. Schauen Sie im **Kunst-Kiosk** 3 (Nr. 5, s. S. 111)

Affenfaust, Kraweel, Zur lustigen Mama – die Namen der Etablissements sind so schräg wie das Viertel selber.

Infos

ca. 30–40 Min. ohne Einkehr und Shopping

Start:
Paul-Roosen-Str., ♥ N 6, S 1, 2, 3, 11 Reeperbahn. Von dort erreichen Sie schnell via Holstenstraße und Kleine Freiheit die Paul-Roosen-Straße. Alternativ können Sie auch von der S-Bahn-Station über die Große Freiheit oder die Talstraße zur Paul-Roosen-Straße gehen und dann den Rundgang beginnen.

vorbei. Der Name ist Programm: Auf kleiner Ladenfläche häufen sich originelle Mitbringsel wie Elbsand in einer kleinen Glaskugel als Anhänger und jede Menge anderer kreativer Krimskrams. Ein paar Schritte weiter stehen Sie vor einem vom Graffitikünstler **Ray de La Cruz** besprayten **Eckhaus** (Paul-Roosen-/Talstr.). Wer Lust hat, es sich ein wenig gemütlich zu machen, ist im 1970er-Jahre angehauchten **Kraweel** (Nr. 6, T 040 30 72 58 89, www.kraweel.com, tgl. 9–22 Uhr) gegenüber genau richtig. Ob Frühstück, Kuchen oder Kleinigkeiten, hier speist es sich zwischen Locals drinnen wie draußen richtig gut.

Ein kleiner Abstecher in die nahegelegene Wohlwillstraße lohnt sich schon wegen des gemütlichen **Kaffee Stark** 4 (s. Lieblingsort S. 109). Daneben befinden sich kleine Boutiquen und originelle Geschäfte. An der nächsten Straßenecke hat Ray de La Cruz übrigens noch ein weiteres **Eckhaus** bemalt (Wohlwillstr. 29, Ecke Brigittenstr.).

Über den Paulinenplatz schlendern Sie in die **Hein-Hoyer-Straße**. Dort stoßen Sie auf überdimensionale Figuren an der Hauswand, die Freaks – **Graffiti** von **Street-Artist Rebelzer**. Coole Sprüche wie »Fisch ist mir Wurst« sowie seine Charaktere, z. B. als Jutesackmotiv, können Sie im **Rebelzer Flaggschiffladen** (Nr. 47, www.rebelzer.com, Mi–Sa ab ca. 12–18 Uhr, nicht immer) erstehen. Überhaupt: Graffiti! Seeleute und andere bunte Vögel lachen von Wänden und Hauseingängen herab, in der Hein-Hoyer-, der Paul-Roosen- und der Wohlwillstraße die meisten und beeindruckendsten!

In der Hein-Hoyer-Straße finden Sie auch den Vintageklamottenladen **Hip Cats** 2 (Nr. 56, s. S. 110) und gleich nebenan das vegan-israelische Lokal **Simbiosa** 2 (Nr. 60, s. S. 107). Multikultiküche gibt es auch in der **Detlev-Bremer-Straße**. Dort wackeln die Stühle gefährlich im beliebten ayurvedisch-indischen Restaurant **Maharaja** 1 (Nr. 41, s. S. 107). Wer es lieber mexikanisch mag, geht zur **Mexiko Str. Taqueria** (Nr. 43, www.mexikostrasse.de, Di–Do 17.30–2, Fr/Sa bis 23, So 16.30–21 Uhr) und beißt in leckere Tacos. Bei Gerichten ab gut 3 € kann jeder etwas probieren.

Sie möchten ein Eis vom Schwimmweltmeister? Dann sind Sie bei Luicella's Ice Cream richtig. Der Gründer Moritz Deibler holte sich 2014 den Titel über 100 m Lagen.

Für eine Abkühlung zwischendurch bietet sich das kleine Eiscafé **Luicella's Ice Cream** (Nr. 46, www.luicellas.de, So–Do 12–20, Fr/Sa bis 23, So 16.30–21 Uhr) auf der anderen Straßenseite an. Es ist bekannt für die Verwendung reiner Zutaten – frische Milch und Sahne, ohne Einsatz irgendwelcher Aromastoffe – und auch ungewöhnliche Sorten wie Franzbrötchen oder Avocado mit weißer Schokolade.

Und wer kulinarisch lieber in den eigenen Gefilden wildern will, der strebe die **Paul-Roosen-Straße** wieder zurück, bis zu einer völlig von Grünzeug überwucherten Hauswand. Gelächter und Geplapper dringen auf den Bürgersteig vorm **Weinlokal Krug** (Nr. 35, www.krughamburg.de, T 0151 14 07 59 34, tgl. ab 18 Uhr). Besonders süß: ein kleiner Tisch, der am Heck eines vor der Tür stehenden alten Citroëns – einer ›Ente‹ – befestigt ist. Drinnen sitzt man auf alten S-Bahn-Bänken, genießt ein gutes Glas Wein und Szegediner Gulasch (17,50 €). Gleich gegenüber versprüht die Bar **Roosen** (Nr. 28, tgl. ab 18 Uhr) Wohnzimmeratmosphäre. Dicke Vorhänge und alte Sofas, auf denen Sie entspannt Gin Tonic schlürfen können. Eine Alternative für Weinfans ist einer der Fensterplätze im **Herr Schmöll** (Nr. 19, www.facebook.com/HerrSchmoell, Di–Do 18–1, Sa/So bis 3 Uhr).

So können Sie kulturell und kulinarisch durch ein St. Pauli streifen, das ganz anders ist als die Reeperbahn.

neben der anderen – Männer, die nicht angesprochen werden möchten, bleiben auf der anderen Straßenseite und drehen ihre Hosentaschen nach außen. Zeichen dafür, dass sie nicht interessiert sind. Keinesfalls aus Spaß mal kurz Interesse zeigen. Das kann ernsthaft in die Hose gehen.

Die **Herbertstraße** ❺ lässt sich unschwer daran erkennen, dass der Eingang zur Straße von Sichtblenden versperrt ist. Seit dem 19. Jh. bieten ca. 250 Frauen ihre Dienste ohne Zuhälter im Nacken von Fenstern aus an. Auch wenn es vor Ort heißt, dass Frauen und Minderjährige die Herbertstraße nicht betreten sollen, bleibt die Herbertstraße trotzdem ein öffentlicher Weg, den jeder nutzen kann. Trauen tut sich das aber irgendwie kein weibliches Wesen. Wäre auch nicht ratsam, zum einen besteht das Risiko von Freiern angesprochen zu werden und die Damen, die hier ihrem Gewerbe nachgehen, sehen es sowieso nicht gern. Nebenbei bemerkt: Die Nationalsozialisten wollten die Prostitution verbieten, was ihnen auf St. Pauli aber nicht gelang. Damit niemand sehen konnte, dass sie dennoch praktiziert wurde, stellten die Nazis kurzerhand diese Sichtblenden auf.

B

AUF DEN SPUREN DER BEATLES

Touren mit Stefanie Hempel sind immer etwas Besonderes. Es gibt wohl keinen größeren Beatles-Fan in Hamburg – der dann auch noch alle Hits singen kann. Selten, dass nicht irgendwann alle mit einfallen und ihre Lieblingssongs mitsingen. Die Geschichte der Beatles auf St. Pauli wird bei ihren Touren wieder lebendig. Ein Konzert Stefanie Hempels beschließt die Tour (www.hempels-musictour.de, Start: U 3 Feldstr., Karolinenviertel, ab 28 €).

Große Freiheit

N6/7

Karrierestart

Allein der Name macht Lust sich die kurze Straße genauer anzuschauen. Nirgendwo sonst überspannen solche Massen an Neonreklamen die Straße, wummert die Musik so laut und lässt man sich so gehen.

Legendäre Geschichten ranken sich um die Beatles und ihr Leben auf dem Kiez. Denn ja, die **Beatles** waren hier. Hier begann ihre Karriere, auf der Großen Freiheit, erst im Indra (Nr. 64), dann im Kaiserkeller (Nr. 36) und ab 1962 im Star Club (Nr. 39), den es schon lange nicht mehr gibt. Manifestiert wurde ihre Hamburg-Zeit mit dem **Beatles-Platz** ❻ gleich am Anfang der Großen Freiheit. Das Pflaster ist hier in Form einer überdimensionalen ›Schallplatte‹ gelegt. An deren Rand stehen fünf – denn damals waren sie noch zu fünft – Silhouetten, die im Dunkeln leuchten. Wer mehr über die Beatles auf St. Pauli erfahren will, kann sich einer der Beatles-Touren (s. Kasten links) anschließen.

Freiheiten

Irish Pub, Dollhouse, Olivia Jones Bar, Grünspan ❸, mittendrin eine Kirche – die St.-Joseph-Kirche – auf die einst John Lennon im Vollsuff aus dem Fenster von nebenan pinkelte.

Ab den 1940er-Jahren eröffneten die Nachtclubs und die heutige Partystraße entwickelte sich. Davor ging es seit 1611/12 im Bezirk Freiheit, der zu Altona gehörte, zunächst um Gewerbe- und Religionsfreiheit. Das belegt die katholische **St.-Joseph-Kirche** ❼ (Große Freiheit 43) gegenüber dem Kaiserkeller. Nach der Reformation waren im lutherischen Hamburg katholische Gottesdienste nicht erlaubt, anders in Altona, das zunächst zum Herzogtum Holstein gehörte und ab 1640 unter dänischer Oberhoheit stand. Die heutige St.-Joseph-Kirche wurde als Nachfolgerin einer 1713 abgebrannten Kapelle in den Jahren 1718 bis 1723 errichtet. Das Außenportal lässt noch die frühere Schönheit der barocken Kirche erahnen, die im Zweiten Weltkrieg stark beschädigt wurde.

Zwischen Reeperbahn und Park Fiction
♀ Karte 3, B 3/4

Weg vom Touristenstrom
In die **Silbersackstraße** geht man eigentlich nur, um sich Richtung Hafen zu bewegen – oder um in der urigen Fischerkneipe **Zum Silbersack** 8 (s. S. 112) einzukehren.

Auf dem **Hein-Köllisch-Platz** 8 versammeln sich schon weit weniger Touristen als auf der Reeperbahn. Besonders tagsüber ist es schön, dann können Sie hier gemütlich im Café sitzen. Ein kleiner Abstecher führt in die Trommelstraße zum amerikanisch-rockigen Burgerladen **The Bird** 5.

Um die Ecke liegt der **Park Fiction** 9 (bereits in Altona; Bild S. 8). Im von den Hafenstraßen-Bewohnern geschaffenen Park sitzt es sich hervorragend mit Blick auf die Elbe, einem kühlen Astra in der Hand und die Ellenbogen auf den Wellen schlagenden Inseln aus Rasen gestützt. Na gut, die Palmen sind nur aus Stahl, aber das tut dem Charme der Anlage keinen Abbruch. Im Sommer treffen sich Skater, Basketballer, Anwohner und Liebhaber des Hafens bei Sonnenuntergang zum Panoramablick auf Containerschiffe, Kräne und Wasser.

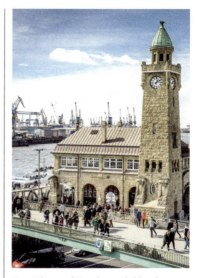

Der Uhr- und Pegelturm bildet den Auftakt zu den Landungsbrücken.

Landungsbrücken
♀ Karte 3, C/D 5

Von der Kohle zum Katamaran
Erst wurde hier Kohle abgeladen, dann gingen von hier die Passagierdampfer der Überseelinien auf große Fahrt. Doch auch diese Zeit ist vorbei. Heute legen an den Landungsbrücken noch Boote für Hafenrundfahrten ab – und der Katamaran nach Helgoland. Nicht zu übersehen ist das alte Abfertigungsgebäude mit seinen grünen Kuppeln, dort befindet sich u. a. eine Touristeninformation.

Von Stinten und Wein
Oberhalb der Landungsbrücken liegt am Ende der Hamburger Wallanlagen der **Stintfang**. Der Name geht darauf zurück, dass hier vor Jahrhunderten an der

Einmündung des Wallgrabens in die Elbe massenhafte Stinte gefangen wurden. Von der **Aussichtsplattform** ❿ überblicken Sie die Landungsbrücken und den Kuppelbau des alten Elbtunnels. Die schöne Lage schätzen seit 1953 auch die Gäste der Jugendherberge, die am Platz der im Krieg zerstörten Deutschen Seewarte errichtet wurde. Am Geesthang wurde übrigens 24 Jahre lang Hamburger Wein angebaut. Die Rebstöcke, 100 Stück, mussten 2019 aber – zumindest vorerst – einer Baustelle weichen. Hinter dem Stintfang blickt im **Alten Elbpark** seit 1906 eine **Bismarck-Statue** grimmig über den Hafen.

Erst Tunnelblick, dann Panorama

Rechts neben den Landungsbrücken befindet sich, ebenfalls von einer grünen Kuppel überwölbt, der Eingang zum 426,50 m langen **Alten Elbtunnel** ⓫. Der 1911 eröffnete Tunnel wurde 1975 vom Elbtunnel auf der A 7 abgelöst, da er dem zunehmenden Verkehr nicht mehr gerecht wurde. Seitdem ist der schmucke Tunnel im Schummerlicht vor allem in der Hand von Spaziergängern und Radfahrern, die von der anderen Seite der Norderelbe einen Blick auf die Stadt werfen wollen. Der Tunnel liegt 23 m tief und ist dementsprechend angenehm kühl. Die 400 000 weißen Kacheln mit Seesternen und anderen Verzierungen versetzen einen in eine andere Zeit. Ob je wieder Pkws (außer Einsatzfahrzeugen von Polizei etc.) durch den 2003 unter Denkmalschutz gestellten Tunnel fahren dürfen, ist ungewiss. So transportieren die Personen- und Lastenaufzüge nun Fußgänger und Radfahrer.

Auf der anderen Seite, auf der Elbinsel Steinwerder, sind es nur wenige Schritte zu einem der besten Panoramablicke auf die Hamburger Skyline: von der **Aussichtsterrasse Steinwerder** ⓬.

Alter Elbtunnel: Bei den St. Pauli-Landungsbrücken, U 3, S 1, 2, 3, 11 Landungsbrücken, Bus 156 Alter Elbtunnel, für Fußgänger und Radfahrer durchgehend geöffnet, Lastenaufzüge nicht durchgehend in Betrieb

Bye, bye wilde Zeit

Die **Hafenstraße** ⓭ sorgte in den 1980er-Jahren für riesigen Wirbel, als elf besetzten Häuser der Abriss drohte. Die noch aus der Gründerzeit stammenden Gebäude in der Hafenstraße und der Bernhard-Nocht-Straße waren dem Verfall nahe. Die Aktivisten begannen kurzerhand die Häuser zu renovieren. Als es 1987 zwischen Stadt und Besetzern zum

Altonaer Elbufer

Ansehen

- ❶ – ❸ s. Cityplan S. 95
- ❹ Fischmarkt
- ❺ Fischauktionshalle
- ❻ Dockland
- ❼ s. Cityplan S. 95

Essen

- 1 – 8 s. Cityplan S. 95
- 9 Neue Heimat
- 10 Fischereihafen Restaurant
- 11 Au Quai
- 12 Café Schmidt Elbe

Einkaufen, Bewegen

s. Cityplan S. 95

Ausgehen

- ❶ – ❹ s. Cityplan S. 95
- ❺ Fitzgerald
- ❻ Hafenklang
- ❼ – ㉑ s. Cityplan S. 95

Höhepunkt im Streit um die Hafenstraße kam, errichteten Letztere Barrikaden um die Häuser und spannten NATO-Draht auf den Dächern. Daraufhin lenkte die Politik ein und es kam zu einer friedlichen Lösung. Heute gilt die Ecke mit den bunt bemalten Häusern als hip, das Viertel wurde gentrifiziert.

Am Altonaer Elbufer ♀ K–N 7

Immer an der Elbe lang

Von der Fischauktionshalle aus können Sie parallel zur Elbchaussee entlang der Elbe spazieren oder radeln. Dabei haben Sie einige Häuser aus der Gründerzeit, gute Restaurants, eine tolle Aussichtsplattform und stets das Wasser im Blickfeld.

Fisch, Fisch, Fisch!

Sonntags, früh morgens – man fragt sich, wo die Marktschreier ihre Energie hernehmen. Noch vom letzten Getränk torkelnde Partygäste nebst Touristen lassen sich auf dem **Fischmarkt** ❹ (Große Elbstr., April–Okt. 5–9.30, Nov.–März 7–9.30 Uhr) von ihnen sozusagen wieder zur Besinnung schreien. Bis 9.30 Uhr morgens dürfen hier Schnittblumen, Obst, Gemüse, Kunst und – natürlich – Fisch feilgeboten werden. Der jährlich 70 000 Besucher anziehende Markt lockt auch mit seiner Lage direkt an der Elbe.

Wer noch keine Lust auf Entspannung hat, geht danach zum Frühschoppen mit Livemusik in die **Fischauktionshalle** ❺ (Große Elbstr. 9, www.fischauktionshalle.com). Das 1895 errichtete Original der dreischiffigen ›Kathedrale‹ mit Glas-Stahl-Konstruktionen wurde im Zweiten Weltkrieg zerstört. Erst in den 1980er-Jahren wurde die Halle nach historischen Fotos wiederaufgebaut und ist heute ein beliebter Veranstaltungsort.

Wer unter der Woche Lust auf Fisch verspürt: Einfach auf der Großen Elbstraße weitergehen. Hier und an der Van-der-Smissen-Straße reihen sich die **Fischgroßhändler.** Verkauft wird auch an private Kunden. Falls Sie bei den Tonnen an Fisch und den Lagerhallen den Überblick verlieren, gehen Sie doch ins **Fischereihafen Restaurant** 10.

TOUR
Frische Brise, Fischerhäuser, Grün und Strand

Per Fähre nach Teufelsbrück und per Rad via Övelgönne nach St. Pauli

Eine der schönsten Möglichkeiten Hamburg zu erfahren, ist vom Wasser aus. Direkt hinter der **Fischauktionshalle** liegt der **Fähranleger Altona (Fischmarkt)**. Dort gehen Sie an Bord der **Fähre 62** nach Finkenwerder, die zunächst noch dreimal am diesseitigen Elbufer anlegt. Die Skyline von Hamburg, vom Michel bis zur Elbphilharmonie, ergibt das perfekte Panorama. Möwen schweben durchs Bild, große Frachter ziehen vorbei und eine frische Brise weht Ihnen um die Nase. Am anderen Elbufer, im früheren Fischerdörfchen **Finkenwerder** heißt es umsteigen in die **Fähre 64**, die Sie wieder zurück über den Fluss zum **Anleger Teufelsbrück** im Stadtteil **Klein Flottbek** bringt. Von nun ab sind Sie gefordert: Direkt am Anleger ist eine StadtRAD-Station, an der Sie sich ein Fahrrad ausleihen können. Immer parallel zur Elbe wird nun in die Pedale getreten.

Beim Anleger von Teufelsbrück grübelt eine Teufelskulptur darüber, wie es die Menschen geschafft haben, ihm ein Schnippchen zu schlagen.

Rechts sehen Sie die Elbe und, wenn Sie links ein wenig nach oben schauen, das ›alteingesessene Geld‹. Klein Flottbeck und das angrenzende Othmarschen zählen zu den wohlhabenden Stadtteilen und hier wohnen ober-

Infos

ca. 2–3 Std. (Fähre und Radtour), aber auch als Tagesausflug geeignet

Start:
Fähranleger Fischmarkt (Altona), 📍 M 7

Fähren:
www.hadag.de/hafenfaehren.html, **Linie 62** Fischmarkt–Finkenwerder alle 30 Min., **Linie 64** Finkenwerder–Teufelsbrück alle 15–30 Min., 3,30 € oder HVV-Tageskarte

StadtRAD:
s. S. 248

halb der Elbe die begüterten Hamburger, etwa die alten Reederfamilien, und genießen die Aussicht auf die Elbe. Grün, Strand, Steine und die Elbe begleiten Sie bis nach **Övelgönne** zum Findling **Alter Schwede** (ca. 2,5 km). Der 217 t schwere Stein wurde 1999 bei Baggerarbeiten in der Elbe gefunden und ist der älteste Großfindling Deutschlands. Er stammt aus Schweden, von wo aus er vor 400 000 Jahren während der Eiszeit nach Hamburg gelangte. Kurze Zeit schimmerte er golden, Sprayer hatte ihn über Nacht besprüht. Manchen gefiel das, eine Petition sollte erreichen, dass er golden bliebe. Doch dann waren erneut nächtliche ›Künstler‹ aktiv, kritzelten und malten auf ihm herum. Die Folge: Die Stadt ließ ihn reinigen, auf dass er im alten Grau ›erstrahle‹.

Kurz hinter dem Findling endet der Uferweg und es geht links hinauf. Auf dem schmalen, mit Platten gepflasterten Weg **Övelgönne** heißt es: absteigen und schieben. Hier reihen sich urige, historische, wunderbar erhaltene alte **Fischerhäuschen**. Wie schön muss es sein, in so einem kleinen, hübschen Häuschen mit fantastischem Blick auf die Elbe zu leben. Pragmatiker unter uns könnten uns diesen Eindruck allerdings direkt mit der simplen Frage zerstören: Und wie bekommen die ihre Einkäufe nach Hause? Tja. Schön ist es trotzdem.

An der Ecke Schulberg können Sie sich überlegen, schnell einen Abstecher an den **Strand** zur **Strandperle** (s. Lieblingsort S. 208) zu machen. Ansonsten schieben Sie Ihr Rad weiter, immer noch vorbei an entzückenden Häuschen. Am Ende des Weges geht es rechts hangabwärts, wieder näher an die Elbe. Hinter dem Betonbau, der Lüftung für den Neuen Elbtunnel, steht die nicht schöne, aber praktische **Pyramide Övelgönne**, errichtet aus Betontreppen. Dort lässt sich mit gutem Blick aufs Wasser pausieren. Links sehen Sie den **Museumshafen Oevelgönne** (s. S. 206) mit einigen Traditionsschiffen und den **Fähranleger Neumühlen/Övelgönne**. Falls Sie erst einmal am Strand bleiben möchten: Ihr Rad können Sie bei der StadtRAD-Station am Fähranleger abgeben.

Weiter geht es am Museumshafen vorbei, an dessen Ende ein hoher Turm ins Auge fällt. Früher war er ein Kühlhaus, heute ist er eine der teuersten Senio-

Vergangenheit trifft Gegenwart: Alte Schiffe im Museumshafen Oevelgönne und moderne Hafenkräne auf der anderen Seite der Elbe

renresidenzen Hamburgs: das **Augustinum**. In seiner Glaskuppel befindet sich das Restaurant **Elbwarte** (Mi, Sa, So 15–18 Uhr auch öffentlich zugänglich, Kaffee und Kuchen) mit atemberaubender Aussicht.

Kurz darauf radeln Sie links in eine Grünanlage hinein. Langsam schlängelt sich der Weg nach oben. Am Ende fahren Sie weiter mit der Elbe zur Rechten. Bänke laden zu einem kurzem Stopp ein: Die ›Perlenkette‹, die renovierte und die neue Bebauung an der Elbe zwischen Neumühlen und dem Fischmarkt, versteckt sich hinter Bäumen, der Blick fällt auf die Elbe, Hafenkräne bei der Arbeit und dicke Pötte.

Folgen Sie dem Weg weiter, gelangen Sie auf die **Elbtreppe**, über die sie links zur Elbchaussee gelangen. Auf der anderen Seite liegt der Familienpark **Fischers Park**. Durch den hindurch radelnd erreichen Sie die reizvolle **Arnoldstraße** mit einer fantastischen Mischung aus Gründerzeithäusern und alten Bäumen. Dann biegen Sie schräg links in die Rothestraße ein und an der nächsten Kreuzung rechts in die Eulenstraße. Dort liegt rechter Hand das **Kulturzentrum MOTTE**. Die nächste Straße links, die Mottenburger Straße, führt zur Ottenseer Hauptstraße. Entweder kehren Sie in einem der vielen netten Cafés und Restaurants ein (StadtRAD-Station Ecke Große Rainstraße) oder fahren rechts hinunter, am Bahnhof Altona vorbei, durch die Neue Große Bergstraße, Große Bergstraße und die Louise-Schröder-Straße direkt zurück nach **St. Pauli**, wo es mehrere Möglichkeiten gibt, das Rad wieder abzugeben, z. B. an der Königstraße nahe des S-Bahnhofs Reeperbahn.

Ein Schiff an Land

Neben dem Hamburg Cruise Center Altona erhebt sich das **Dockland** ⓰ (Van-der-Smissen-Straße 9) mit einer der schönsten Aussichtsplattformen der Stadt. Das sechsgeschossige Bürogebäude ist ein Entwurf des Architekten Hadi Teherani: ein Parallelogramm, das an ein Schiff in der Elbe erinnert. Ob Tag oder Nacht, jederzeit können Sie die 136 Stufen erklimmen. Die Mühe lohnt sich: Der Blick fällt übers Wasser auf die Werften, die Skyline von Hamburg und die Elbphilharmonie. Und das völlig kostenfrei.

Luxus statt Wohnschiffe

Bei Sonnenschein lohnt es sich, zu Fuß oder per Rad Hamburgs herrlichste **Uferpromenade** zwischen **Fischmarkt** und **Museumshafen Oevelgönne** (s. S. 206) zu erkunden. Wo früher die Asylanten-Wohnschiffe lagen, stehen Glas-Stahl-Bauten in einer von der Stadt als »Perlenkette am Elbrand« propagierten Reihe am Wasser – teure Wohnungen und Büros mit Elbblick. Das frühere Fischerdorf Neumühlen ist nur noch an einigen alten Häusern hinterm Deich zu erkennen.
Bei Redaktionsschluss: Kaimauerreparatur, Weg direkt an der Elbe geschlossen; **Museumshafen:** www.museumshafen-oevelgoenne.de, keine festen Zeiten

Museen

Wachsfiguren

⓱ **Panoptikum:** Seit über 130 Jahren begegnen Sie in diesem Wachsfigurenkabinett Prominenten: Ob Heinrich VIII., Königin Elisabeth II., Romy Schneider, Otto Waalkes, Udo Lindenberg, und, und, und – alle sind sie hier (über 120 Figuren).
Spielbudenplatz 3, www.panoptikum.de, U 3 St. Pauli, Mo–Fr 11–21, Sa 11–24, So 10–21 Uhr, 6,50/4,50 €

Essen

Ayurvedisch-indisch

1 Maharaja: Seit 1997 betreibt Kathrin Guthmann auf St. Pauli ihre Oase der indischen Küchenkultur. Ehemann und Chefkoch Satish Mourya ist Garant für authentische ayurvedische Küche. Zugeständnis an europäische Gaumen: Sie können den Schärfegrad Ihres Gerichts wählen.
Detlev-Bremer-Str. 41, T 040 403 17 49 28, www.maharaja-hamburg.de, U 3 St. Pauli, Mo–Fr 12–24, Sa/So 14–24 Uhr, Hauptgerichte 12–17 €

It's all about sharing

2 Simbiosa: Veganes israelisches Restaurant, stylisch und unkompliziert. Hier gibt es Mezze (3 Sorten 8 €) und andere Gerichte (um 12 €) zum Teilen. Dazu trinken die Gäste gerne Craft-Biere und Biowein.
Hein-Hoyer-Str. 60, www.simbiosa.hamburg, T 040 57 28 03 24, U 3 St. Pauli, Mi–Fr 18–24 (Küche bis 22), Sa/So 17–24 (Küche bis 22) Uhr

Japan meets Vietnam

3 Ume no hana: Vietnamesisch-japanische Küche, liebevoll und bunt eingerichtet mit einer Hommage an die Straßenlokalkultur Vietnams und Mangas & Co. aus Japan zeigt sich die ›Plaumenblüte‹. Auf der Karte stehen u. a. Gyoza, Sommer- und Frühlingsrollen (um 5 €) sowie sowohl Pho (ab 9,40 €) als auch Ramen (ab 13,90 €)!
Thadenstr. 15, T 040 43 09 29 79, www.umenohana-hamburg.de, U 3 Feldstr., tgl. 12–22 Uhr

Wohnzimmer zum Wohlfühlen

4 Kaffee Stark: s. Lieblingsort S. 109.

Als Burger einfach Burger waren

5 The Bird: In einer Seitenstraße der Reeperbahn kommt vor dem Burger erst einmal die Haushaltsrolle auf den Tisch – da weiß man schon, was einen erwartet.

Im großen Burgerladen gibt es Burger von guter Qualität und nur einen Hauch von Hipstertum. Wer keine Lust auf Chichi hat, dafür aber auf Entspannung, Bier und Burger in einer New-York-Style-Bar, der trifft sich hier. Auch für größere Gruppen geeignet. Verschiedene Steaks, Salate, Sandwiches gibt es auch.
Trommelstr. 4, T 040 75 66 23 33, www.thebirdinhamburg.com, S 1, 2, 3, 11 Reeperbahn, Mo–Do 17–23, Fr 17–24, Sa 14–24, So 14–23 Uhr, Burger 10,50–14,40 €, Steaks ab 9 €/100 g

Eng gleich gemütlich

6 Trattoria Cuneo: Gott sei Dank blieb der aus Genua stammende Straßenmusikant Francesco Antonio Cuneo mit seiner Frau Maria nicht in München, sondern eröffnete 1905 in St. Pauli mit dem Cuneo die allererste Trattoria Italiana Deutschlands. Es sind nicht nur die Wände mit Bildern des befreundeten Malers Bruno Bruni oder das Mobiliar, das sich seit den Gründerjahren wenig verändert hat, die diesen Ort so einmalig machen, sondern die Menschen, die sich hier einfinden.
Davidstr. 11, T 040 31 25 80, www.cuneo1905.de, U 3 St. Pauli, S 1, 2, 3, 11 Reeperbahn, Küche Mo–Sa 17.45–0.30 Uhr, Hauptgerichte ab 15 €

Levante oder Lateinamerika

7 Salt & Silver Zentrale: Zwei Restaurants Tür an Tür. Gemütlich, stylish und leger geht es in beiden zu. Sie müssen sich nur entscheiden, wohin Sie sich entführen lassen möchten, in die nahöstlichen Länder der Levante (ergänzt um nordafrikanische Einflüsse) oder dahin, womit für die Betreiber vieles begann: nach Lateinamerika. Reisen, surfen, kochen – das ist das Lebensmotto der zwei Freunde.
www.saltandsilver.net, S 1, 2, 3, 11 Reeperbahn, Landungsbrücken, U 3 Landungsbrücken; **Levante Restaurant:** Hafenstr. 140, Mi–Mo 18–2, Küche bis 22 Uhr, Gerichte 7,50–19,50 €; **Lateinamerika Restaurant:** Hafenstr. 136–138, Di–Sa 18–1, Küche bis 22 Uhr, Hauptgerichte 16,50–29,50 €

Ruhe im Trubel

8 Café Geyer: Etwas abseits vom Kiezrummel liegt dieses Eckcafé, eine gute Adresse, um entspannt zu frühstücken, Kaffee und Kuchen zu genießen, den kleinen Hunger zu stillen oder gepflegt den Feierabend zu verbringen. Regelmäßig legen DJs auf. Im Sommer herrscht im und am Café Geyer reges Treiben, denn dann wird es zu einer großen Freiluftkneipe.
Hein-Köllisch-Platz 4, S 1, 2, 3, 11 Reeperbahn, T 040 49 20 40 51, Mo–Sa 9.30–23, So 9.30–22 Uhr

Schick und schön

9 Neue Heimat: Petra hat es von Franken nach Hamburg verschlagen. Im locker-rustikalen Restaurant gibt es unkomplizierte Gerichte wie Flammkuchen (ab 9,50 €), Tatar (17 €), kalte Platten etc. Leckere, gute Weine.
Fischmarkt 5, T 040 31 76 82 22, www.neue-heimat.hamburg, S 1, 2, 3, 11 Reeperbahn, Königstr., Di–Sa 17–23 Uhr

Zwischen Fischen

10 Fischereihafen Restaurant: Wenn Sie trotz oder wegen des Riesenangebots an Fisch und Meeresfrüchten bei den Händlern Appetit bekommen haben, können Sie hier edles Meeresgetier genießen oder an der Oyster Bar Austern und das passende Getränk schlürfen.
Große Elbstr. 143, Altona, T 040 38 18 16, www.fischereihafenrestaurant.de, warme Küche Mo–Do, So 11.30–22, Fr/Sa bis 22.30 Uhr, Hauptgerichte 16,50–65 €, Austern ab 3,50 €/Stück, Mittagstisch tgl. außer Fei 11.30–15 Uhr, 12,50–17,50 €

Modern und edel am Fluss

11 Au Quai: Am Elbufer speist man auf der Panoramaterrasse oder drinnen vor allem Fisch und Meeresfrüchte, z. B. kross gebratenen Pulpo (32 €) oder kanadi-

Lieblingsort

Wohnzimmer zum Wohlfühlen

Es ist ein wenig wie ins eigene Wohnzimmer kommen, nur dass man zu Hause meistens nicht diesen coolen Shabby-Chic-Look hat wie das **Kaffee Stark** 4 . Auch trifft sich eher hier als zu Hause die gesamte Nachbarschaft, und das ist eine, die bekannt ist für alternative Ideen, Diskussionsfreude, Subkultur – und dabei ziemlich hip. Im Kaffee Stark läuft immer die Lieblingsmusik des Barkeepers. Und das ist gut so: Denn ist der/die BarkeepIn gut gelaunt, springt der Funke direkt über. Egal, wie voll es wird, die Stimmung ist immer entspannt. Die Bilder an der Wand wechseln regelmäßig, der leckere Kuchen und die guten Drinks bleiben. Das Frühstück ist eines der besten in der Stadt. Vegan und vegetarisch – mit wunderbaren selbst gemachten Aufstrichen. Ein Ort zum Chillen mitten auf St. Pauli (Wohlwillstr. 18, www.kaffeestark.de, T 040 67 38 20 60, tgl. 10–mindestens 24 Uhr, Frühstück tgl. 10–13, Sa/So bis 15 Uhr).

Was wäre die Reeperbahn ohne Erotik? In der Boutique Bizarre findet sich die ganze Bandbreite an Dessous und mehr.

schen Hummer (ab 34 €), jeweils ohne Beilagen. Auch Sushi bekommen Sie hier.
Große Elbstr. 145, T 040 38 03 77 30, www.au-quai.de, S 1, 2, 3, 11 Königstr., Mo–Fr ab 12, Sa ab 17.30, Küche 12–15, 18–22 Uhr

Und wenn es zu viel Fisch war …
12 Café Schmidt Elbe: Hier gibt es leckeren Kuchen, entweder in der schlichten kleinen Halle oder vor der Tür. Den Bäckern können Sie in der gläsernen Backstube fast über die Schulter schauen.
Große Elbstr. 212, T 040 41 30 67 10 13, www.schmidt-und-schmidtchen.de, S 1, 2, 3, 11 Königstr., tgl. 8–18 Uhr

Einkaufen

Märkte
Auf dem **Spielbudenplatz** ❶ (www.spielbudenplatz.eu/erleben, S 1, 2, 3, 11 Reeperbahn) finden verschiedene Märkte statt, immer mittwochs 16–22, April–Okt. bis 23 Uhr der St. Pauli Nachtmarkt. Er ist Wochen- und Streetfood-Markt in einem.

Das Gegenteil von schmuddelig
1 Boutique Bizarre: Das »größte erotische Kaufhaus Europas« hat nichts zu tun mit anderen Sexshops im Kiez. Wer wirklich etwas sucht, wird hier top beraten. Um sich vor zu vielen Touristen zu schützen, wird am Wochenende ein Eintritt von 1 € genommen, der bei einem Einkauf verrechnet wird.
Reeperbahn 35, www.boutique-bizarre.de, U 3 St. Pauli, S 1, 2, 3, 11 Reeperbahn, tgl. 10–2 Uhr, ab 18 Jahren

Secondhand ist Kult
2 Hip Cats: Vintage Fashion Design & Accessoires – originale Vintagekleidung ist hier Programm. Zielsichere Beratung hilft Ihnen, das besondere Teil für Ihren Kleiderschrank zu finden.
Hein-Hoyer-Str. 56, auf Facebook, U 3 St. Pauli, S 1, 2, 3, 11 Reeperbahn, Mo–Sa 15–20 Uhr

Künstlerische Kleinigkeiten

3 Kunst Kiosk: Es bleibt ein Rätsel, wie so viele, so schöne Dinge in so einen kleinen Laden passen. Kuriose Einfälle von Künstlern. Ein Highlight sind Mios: mundgeblasene Glastropfen mit einem Tropfen Wasser und etwas Sand, vielleicht sogar von Ihrem Wunschort, als Kettenanhänger. Mios mit Elbsand sind natürlich dabei.
Paul-Roosen-Str. 5, www.kunstkiosk-hamburg.de, S 1, 2, 3, 11 Reeperbahn, Mo–Sa 11–19 Uhr

Und dann ab ans Meer!

4 Merijula: Organic, vegan & fair, schon bevor es so richtig hip wurde. Sarah und Julian machen lässige Shirts, Hoodies und mehr. Ihre kleine Boutique verströmt Surferflair – nicht nur wegen der Surfboards, die man ausleihen oder kaufen kann.
Wohlwillstr. 24, www.merijula.com, U 3 St. Pauli, S 1, 2, 3, 11 Reeperbahn, Mo–Fr 14–19, Sa 12–18 Uhr

Nicht nur für Veganer

5 Twelve Monkeys: Im Twelve Monkeys gibt es alles in Ökoqualität und am liebsten für Veganer. Wer sein eigenes Gefäß mitbringt, kann hier verpackungsfrei einkaufen.
Hopfenstr. 15b, www.twelvemonkeys.de, U 3 St. Pauli, S 1, 2, 3, 11 Reeperbahn, Mo–Sa 10–20 Uhr

Bewegen

Geschwindigkeitsrausch?

1 Hot Rods Tour durch St. Pauli: 2 Std. lang geht es in den kleinen Hot Rods vorbei an den Hauptsehenswürdigkeiten. Das macht vor allem in der Gruppe Spaß! Die erste Tour startet um 10 Uhr, die letzte um 18 (Juni–Sept. 20) Uhr. Führerschein Klasse 3/B (Pkw) ist erforderlich, es herrscht Helmpflicht (im Preis enthalten) und es gilt die 0,0-Promille-Grenze.
Buchung online: www.hotrod-citytour-hamburg.com, **Startpunkt:** Parkplatz StrandPauli, Hafenstr. 89, U 3, S 1, 2, 3, 11 Landungsbrücken, 2 Std. 99 €/Pers. inkl. Einweisung, Sturmhaube, Helm, Vollkasko

Mit dem Ex-Zuhälter unterwegs

2 Original Kiez Tour: Der Blonde Hans hat sich in Sachen Zuhälterei in den Ruhestand versetzt. Und nun führt er Grüppchen von Touristen durch seinen Kiez. Bestens gelaunt und mit eigenem Charme. Wenn das nicht mal einen besonderen Einblick verspricht?
Buchung online: www.originalkieztour.de; **Startpunkt:** Bierstube, Große Freiheit 23, S 1, 2, 3, 11 Reeperbahn, 2 Std./25 €/Pers. (plus evtl. einfaches Pflichtgetränk in Bar), Do–Sa 21 Uhr

Die Drag Queens sind los

Wie könnte man die plüschig-vulgäre Reeperbahn besser entdecken als mit einer bezaubernden Drag Queen? Umwerfend indiskret und einfach zum Verknallen sind die Kieztouren mit Ladies wie **Olivia Jones, Lilo Wanders** oder anderen aus der Olivia-Jones-Familie (www.olivia-jones.de).

Ausgehen

Trashig, laut und touristisch geht es zumeist direkt auf der Reeperbahn und der Großen Freiheit zu. In den Seitenstraßen finden sich zahlreiche kleinere Bars, vor allem in Richtung Sternschanze. Der Hamburger Berg ist das Eldorado der Studenten, die Paul-Roosen-Straße das der Einheimischen. Richtung Hafen wird auch noch in der kleinsten Kneipe aufgelegt.

Sommer in St. Pauli

Als ob St. Pauli nicht schon genug zu bieten hätte: Auf der Reeperbahn und im Millerntor-Stadion gibt's im Sommer noch zusätzliche Feste, Festivals und Events.
Reeperbahnfestival: fantastische Bands im Stundentakt auf allen großen und klei-

nen Bühnen St. Paulis (www.reeperbahn festival.com/de, Sept.).
Schlagermove: bunt geschmückte Wagen mit Scharen von Menschen im Schlagerwahn, die betrunken über St. Pauli herfallen. Wer Lust hast mitzumachen: www.schlagermove.de (mehrere Termine).
St. Pauli Kreativnacht: Livebands auf dem Bürgersteig, Kunst im Hinterhof, in Cafés und Kneipen. Für eine Nacht geht alles um Kreativität (www.stpaulikreativ.de, 1. Sept-Fr).
Liveübertragung des Eurovision Song Contest: Auf dem Spielbudenplatz ❶ geben sich Fans des ESC ein Stelldichein und fiebern live mit (www.spielbudenplatz.eu/erleben).
Filmnächte am Millerntor: Wo sonst der FC St. Pauli spielt, werden im Juni und Juli bei Einbruch der Dunkelheit aktuelle Filme und Klassiker unter freiem Himmel und bei bester Stimmung gezeigt (Millerntor-Stadion, www.3001-kino.de, Juni/Juli ab ca. 22.30 Uhr).
Millerntor Gallery: internationales Kunst-, Musik- und Kulturfestival, initiiert von Viva con Agua de Sankt Pauli und dem FC Sankt Pauli (www.millerntorgallery.org, Anf. Juli)

Indie, Rock und Pop
Für Konzerte angesagter Bands sollten Sie das Programm von **Docks** 🌟 (Spielbudenplatz 19, www.docks-prinzenbar.de), **Molotow** ❷ (Nobistor 14, www.molotowclub.com) und **Grünspan** ❸ (Große Freiheit 58, www.gruenspan.de) checken (alle: S 1, 2, 3, 11 Reeperbahn).

Cool Jazz
🌟 **Mojo Club:** Falls Sie eine Inspiration in Sachen Eingangstür brauchen, schauen Sie sich mal den Mojo Club an. Imposant, wie sich die Bodenplatten am Abend anheben und die Treppe zur 9 m tiefer gelegenen Legende freigeben. DJs und Konzerte, vornehmlich Jazz, Soul und Funk, bestimmen den Sound im mit Holz und Beton durchgestylten Club. Oberirdisch zeigt sich das Jazz Café (So–Mi 1. Std. vor Cluböffnung, Do–Sa ab 15 Uhr) edel mit Häppchen.
Reeperbahn 1, www.mojo.de, U 3 St. Pauli

Kultkneipe und Boxring
❺ **Zur Ritze:** Kultkneipe im Erdgeschoss, legendärer Boxring im Keller. Den Männern hinterm Tresen sieht man die Boxleidenschaft an – so manche Nase bekam schon einen Haken zu spüren. Leider oft sehr voll, da die Ritze auch Zwischenstopp auf Kieztouren ist.
Reeperbahn 140, www.zurritze.com, S 1, 2, 3, 11 Reeperbahn, Mo–Do 17–4, Fr–So 14–16 Uhr

Auf die Couch oder ins Bett?
❻ **3-Zimmer-Wohnung:** Der Name ist Programm. Gefeiert wird in einer ehemaligen Privatwohnung mit Küchenzeile, Schlafzimmer und Kicker. Schön fürs Warm-up oder um einer Lesung zuzuhören.
Talstr. 22, auf Facebook, S 1, 2, 3, 11 Reeperbahn, Do–Sa 20–4 Uhr

Eine Kneipe, die nie schläft
❼ **Zum Goldenen Handschuh:** Irgendwann landen fast alle mal im Goldenen Handschuh, neben Schnapsleichen, die laut schnarchend mit den Köpfen auf dem Tisch liegen. Hier wählte Fritz Honka seine Opfer. Mit Heinz Strunks Buch und der Verfilmung von Regisseur Fatih Akin wurde die Kneipe deutschlandweit bekannt. Aber keine Angst: Wahrscheinlich sind im Handschuh alle viel zu betrunken, um einen Mord zu planen.
Hamburger Berg 2, www.goldener-handschuh.de, S 1, 2, 3, 11 Reeperbahn, immer geöffnet (seit 1953)

Jukeboxklänge
❽ **Zum Silbersack:** Fischermotive an den Fenstern und Astra auf dem Tisch. Aus der Jukebox schmettert Hans Al-

bers seine Liebe zu Hamburg, es wird geschunkelt und Discofox getanzt. Kultig ohne Ende!
Silbersackstr. 9, www.facebook.com/pg/zum silbersack1949, S 1, 2, 3, 11 Reeperbahn, Mo–Do 17–3, Fr/Sa 15–5, So 17–1 Uhr

Betreutes Trinken mit Stil
✪ **The Chug Club:** 1920er-Jahre-Feeling kommt in der Tequilabar auf. Stilvoll werden hier scheinbar endlos Tequilas serviert. Raucherbar (nur Zigaretten).
Taubenstr. 13, www.facebook.com/The ChugClub, U 3 St. Pauli, Landungsbrücken, S 1, 2, 3, 11 Landungsbrücken, Reeperbahn, So–Do 18–2, Fr/Sa bis 4 Uhr

The Sky is the limit
✪ **Skyline Bar 20up:** Hamburgs Bar mit der besten Aussicht! Durch 7 m hohe Panoramafenster fällt der Blick auf den funkelnden Hamburger Hafen. Die Bar im 20. Stock ist sehr beliebt, darum zeitig kommen, um einen Fensterplatz zu ergattern. Jetzt fehlt nur noch Sushi? Das gibt es hier auch. Dresscode: sportlich-elegant.
Empire Riverside Hotel, Bernhard-Nocht-Str. 97, T 040 31 11 97 04 70, www.empire-riverside.de, U 3 St. Pauli, S 1, 3, 11 Reeperbahn, So–Do 18–2, Fr/Sa bis 3, Küche bis 21 Uhr, Cocktails ab 12 €, Sashimi/Sushi ab 31 €

Kulturperle auf St. Pauli
✪ **Nochtspeicher:** Poetry Slams wie Slamburg finden jeden letzten Dienstagabend im Monat statt. Ansonsten gibt es im historischen Speicher Performances, Kunst, Konzerte und Vorträge.
Bernhard-Nocht-Str. 69a, www.nochtspeicher.de, U 3, S 1, 2, 3, 11 Landungsbrücken, S 1, 2, 3, 11 Reeperbahn

Füße im Sand
✪ **StrandPauli:** Hamburgs ältester Beachclub direkt am Hafen zwischen Fischmarkt und Landungsbrücken. Im Liegestuhl mit Cocktail in der Hand den Sonnenuntergang über der Elbe bestaunen.
Hafenstr. 89, www.strandpauli.de, U 3, S 1, 2, 3, 11 Landungsbrücken, Mitte April–Okt. Mo–Fr ab 11, Sa/So ab 10 Uhr

Summer on the Beach: Das geht problemlos mitten in Hamburg im Beachclub StrandPauli.

Schunkeln wie von selbst

MS Hedi: Im Sommer wird die MS Hedi, eine Barkasse auf der Elbe, zum schwimmenden Club. Ab dem späteren Nachmittag legt sie an der Landungsbrücke 10 an, um Gäste (ab 18 Jahre) aufzunehmen und von Bord zu lassen. Bei Hamburger Schietwetter wird sie überdacht und beheizt.

Landungsbrücke 10 (Innenkante), www.frauhedi.de, U 3, S 1, 2, 3, 11 Landungsbrücken, unterschiedliche Abfahrtszeiten (Zustieg stündlich) je nach Programm, 6–12 €

Ikone der Subkultur

Golden Pudel Club: Den Golden Pudel nur als Club zu deklarieren wäre zu wenig. Der Pudel ist seit den 1990er-Jahren ein Ort der Kommunikation, des alternativen Lebens, der Begegnung, des Experimentierens, der Kunst und der wildesten Partys. Zu Füßen der Hafenstraße, gegenüber der Elbe, nah am Fischmarkt.

Fischmarkt 27, www.pudel.com, S 1, 2, 3, 11 Reeperbahn, Königstr., Mi–Mo 20–6 Uhr

»Tender is the night«

Fitzgerald: Anspruchsvolle und dabei lockere Bar mit Club und Kino im Keller. Herrliche Aussicht auf den gegenüberliegenden Fischmarkt und die Elbe. Cooles Interieur.

Große Elbstr. 14, www.fitz-gerald.de, S 1, 2, 3, 11 Königstr., Reeperbahn, **Bar:** Mi–Sa ab 20, **Club:** Fr/Sa ab 24 Uhr

So geht Pogo!

Hafenklang: Der alteingesessene Club mit Punkerstammtisch, Rock- und Elektropartys in zwei Konzerträumen und einer Bar ist nichts für die feinen Herrschaften – und das mit voller Leidenschaft! Einer der etabliertesten – und für viele auch einer der besten – Liveclubs Hamburgs.

Große Elbstr. 84, www.hafenklang.com, S 1, 2, 3, 11 Königstr., Konzerte ab 21, Party ab 23 Uhr

Die andere Show

Pulverfass: Monatlich wechselnde Travestieshows von Paradiesvögeln in Schmuck und Federn und mit spitzer Zunge. Tanz und wilde Roben inklusive!

Reeperbahn 147, Reservierung tgl. ab 14 Uhr, T 040 24 97 91, www.pulverfasscabaret.de, S 1, 2, 3, 11 Reeperbahn, So/Mo, Mi/Do 1. Show 20, 2. Show 23, Fr/Sa 1. Show 20.30, 2. Show 23.30, 3. Show 2.30 Uhr, ab 20 €, Erstbestellung Getränke mind. 20 €; Dinner & Show: Drei-Gänge-Menü/Show 48 €; **Teatro Lounge:** www.teatrolounge.de, warme Küche 17–3 Uhr, Hauptgerichte ca. 15–30 €

Unterhaltsam

Das **Schmidtchen**, das **Schmidt Theater** und **Schmidts Tivoli** zeigen Musicals und Mitternachtsshows sowie Musiktheater. Im Gebäude des Schmidts Tivoli wird im angesagten Nachtclub **Angie's** (Sa ab 22 Uhr, 10 €) auch gefeiert.

Spielbudenplatz 24/25, 27/28, www.schmidts.de, U 3 St. Pauli, S 1, 2, 3, 11 Reeperbahn

Bekannt und beliebt

St. Pauli Theater: Das denkmalgeschützte Haus ist eines der ältesten Theater Deutschlands. Große Erfolge feierte es mit Klassikern wie »Arsen und Spitzenhäubchen« oder Yasmina Rezas »Bella Figura«. Legendär auch die Liederabende von Franz Wittenbrink, etwa die »Nacht-Tankstelle«. Damit gemeint ist die mittlerweile abgerissene Esso-Tanke. Nur hier kann man sie noch sehen – leider nicht im Original. Einen festen Platz haben Comedy und Kabarett, z. B. von Kurt Krömer oder Hagen Rether.

Spielbudenplatz 29, www.st-pauli-theater.de, U 3 St. Pauli, S 1, 2, 3, 11 Reeperbahn

Abgedreht

B-Movie: Ein winziges Kiez-Kino im Hinterhof. Überraschende, experimentelle und/oder selbst gedrehte Filme.

Brigittenstr. 5, T 040 43 59 40, www.b-movie.de, S 1, 2, 3, 11 Reeperbahn, 3,50 € oder Eintritt frei

Zugabe
Tragödie um die Esso-Häuser

Der lahmgelegte Wiederaufbau mitten auf der Reeperbahn

Billige Wohnungen, schrottige Kultlokale in 1960er-Jahre-Plattenbauten – das waren die Esso-Häuser. Dazu die namensgebende Tankstelle, die seit jeher alle mit Sprit der anderen Art versorgte. Zugegeben: Schön sah sie nicht aus, diese Ecke zwischen Kastanienallee, Taubenstraße und Spielbudenplatz. Aber sie war das, was man authentisch nennt. Und nun sind die Esso-Häuser nach ihrem Abriss zu einer Legende geworden, die zur Geschichte über den alten Kiez gehört.

Hässlich oder nicht – die Esso-Häuser samt Nachttanke waren Kult.

Mit der aufkeimenden Gentrifizierung des Viertels war nach dem Verkauf an die Bayerische Hausbau die Angst groß, dass hier Penthäuser & Co. gebaut, die alten Mieter und Clubs kurzerhand weg gentrifiziert würden. Doch zurück zum Anfang.

Die gesamten Bauten galten seit der letzten Jahrhundertwende als schlecht instandgehalten. Bald wurden die Tiefgarage und die Balkone der Wohnungen wegen Einsturzgefahr gesperrt. Am 15.12.2013 sollen die Wände der Esso-Häuser so stark geschwankt haben, dass alles sofort geräumt wurde. Clubs, Tankstelle, Läden, Kneipen und eben auch die 100 Wohnungen. Die St. Paulianer machten sich nach der Räumung direkt stark für die ehemaligen Bewohner. Nach einer Protestwelle sondergleichen entstand die Plan-Bude. Hier konnten alle ihre Ideen, Wünsche und Visionen einbringen. Nach einigen Jahren, vielen Diskussionen und dem tatsächlichen Abriss und Baubeginn auf der Fläche, gilt die Plan-Bude nun als Erfolgskonzept in der Städteplanung. Bayerische Hausbau, Stadt und Anwohner konnten ihre Vorstellungen zusammenbringen und dem Kind einen Namen geben: Paloma wird das neue Areal heißen. Den ehemaligen Bewohnern der Esso-Häuser wurde ein Rückkehrrecht zugestanden. 60 % Sozialwohnungen sollen entstehen, ein Hotel eröffnen, das Molotow und andere Lokale wieder an ihren Ursprungsort zurückkehren. Der vordere Teil soll öffentlich zugänglich sein, mit Kletterwand, Skatepark und Dachterrasse.

Seit 2014 ist die Planung allerdings ins Stocken geraten und so dürfen Anwohner wie Touristen weiterhin auf lange Absperrzäune schauen. Aber die Hoffnung stirbt zuletzt – vielleicht kommt ja noch das ersehnte Happy End … ■

Die Hoffnung stirbt zuletzt …

Schanzen- und Karolinenviertel

Wo die Hipster chillen — Im Szenestadtteil mischen sich Alternative und Modebewusste, coole Läden, Cafés und Bars.

Seite 119
Schanzen- viertel ⭐

Im Schanzenviertel pulsiert das Leben zwischen politisch-aktiv-alternativ und allmählich gentrifiziert. Stoff für Dispute inklusive.

Vormittags den Tag portugiesisch beginnen …

Seite 119, 136
Kulturhaus 73

Tagsüber ein Café, abends bzw. nachts Pub und Bar, sonntags ist dann »Tatort«-Gucken angesagt, im Jolly Jumper im Kulturhaus am Schulterblatt.

Seite 119
Schulterblatt

Hier wird einem anderen Lebensstil gefrönt. Einem, der es zulässt, um 11 Uhr aus dem Bett zu fallen, einen *galão* zu schlürfen und nachts bis in die Puppen bei einem frisch gezapften Craft Beer wichtige Themen zu diskutieren. Dazwischen: Boutiquen, Cafés, Bars, Restaurants, Alternativzentren.

Seite 127, 136
Alte Rinder- schlachthalle und Flohschanze

Samstags verwandelt sich das Gelände rund um die Alte Rinderschlachthalle in die Flohschanze. Antikes, Trödel, Mode und, und, und. Aber auch an Tagen ohne Flohmarkt lohnt das Areal einen Besuch.

Eintauchen

Schanzen- und Karolinenviertel

Seite 128
Street-Art in der Schanze
Ein rauchender Pilz, eine sich verheddernde Audiokassette in Übergröße? An Wänden oder auf Schildern – überall Paste-ups, Styrofoamcuts, Graffiti. Eine kleine Tour ab Central Park führt Sie zu den richtigen Stellen.

Seite 130
Rund um die Marktstraße
Eine Schlafmaske in FC-St.-Pauli-Farben, ein ausgefallenes Edelsakko, ein Skianzug aus den 1970er-Jahren … Bei den Boutiquen im Karoviertel kommt man aus dem Staunen nicht mehr heraus.

Seite 131
Feldstraßen-Bunker
Hier wird gefeiert, Musik genossen – und voraussichtlich saniert.

Seite 139
Die Schanze und ihr Fest
Illegal? Ja. Politisch? Ja. Familiär? Auch. Das Schanzenfest ist längst eine Mischung aus Volksfest und Flohmarkt, ohne vorangekündigten Termin. Krawalle? Können vorkommen, doch die Auseinandersetzungen sind meist nicht mehr so dramatisch wie in den Medien oft dargestellt.

Unentbehrliches Utensil für das Schaffen von Street-Art.

»Wir haben Spaß, ihr habt Bereitschaft«, stand mal in großen Buchstaben an der Roten Flora. Der Kampf zwischen Polizei und Autonomen ist legendär.

erleben

Hamburg – alternativ und hip

Die Zeiten, in denen sich nur Alternative, die es ernst meinen, in die Schanze (kurz für Sternschanze) oder ins Karoviertel (Karolinenviertel) trauten, sind lange vorbei. Lehrerfamilien und Designer haben Einzug gehalten. In nur wenigen anderen Vierteln Hamburgs ist eine Tasse Kaffee so teuer wie hier. Trotz der berechtigten Kritik der Alteingesessenen an der turbohaften Gentrifizierung ihrer Quartiere, die die Mieten explodieren ließen, bleibt die Tatsache, dass in die Schanze nur geht, wer tolerant oder zumindest neugierig ist. Zwischen einer Mischung aus Alt- und Neubauten drängelt sich alles, was Lust auf Mode und Design, aber auch auf Multikulti und bewusstes Leben hat.

Auf der inoffiziellen Hauptstraße Schulterblatt treffen Vergangenheit und Gegenwart der Schanze aufeinander: Standfest erhebt sich die Rote Flora, das Zentrum der Autonomen, gegenüber der Piazza, einer Aneinanderreihung von Pubs und Restaurants. Bunt, chaotisch, jung, experimentierfreudig, lebenslustig: Im Viertel vibriert ständig die Luft.

Als die Gentrifizierung der Schanze begann, floh man noch ins angrenzende Karoviertel. Doch diese Zeiten sind vorbei. Auch im Karolinenviertel reiht sich eine Boutique an die nächste, aber wie in der Schanze gilt auch hier: Lust auf Genuss und neue Ideen.

Beide Viertel waren Arbeiterviertel, bis Studenten in den 1970er- und 1980er-Jahren die damals günstigen Mietpreise für sich entdeckten. Nah an der Universität, noch in der Stadtmitte und dabei schön günstig wohnen – perfekt. Schnell entwickelte sich eine Eigendynamik und Schanze wie Karoviertel wurden zu alternativen Vierteln. Doch wie gesagt, die Zeiten ändern sich. Also schnell hin, solange es trotz begonnener Gentrifizierung noch so schön anders ist.

ORIENTIERUNG

Sternschanze: Bester Ausgangspunkt sind die Haltestelle Sternschanze der S 21, 31, die Bushaltestellen Schulterblatt (Bus 15) und Neuer Pferdemarkt (Bus 3).
Karolinenviertel: U-Feldstraße oder U-Messehallen sowie die Bushaltestelle Feldstraße (Bus 3, 6).
Pkw? Versuchen Sie erst gar nicht mit dem Auto in die Viertel zu kommen, Parkplätze sind äußerst rar und häufig kostenpflichtig.
Taschendiebe: Auch hier gilt besonders am Wochenende trotz Partylaune – Obacht.

Schanzenviertel ⭐

Schulterblatt 📍N5

Das Schulterblatt ist ab der Eifflerstraße sozusagen die Hauptstraße der Schanze. Hier beginnt die **Piazza** , die eher nicht so italienisch daher kommt wie sie klingt, sondern eher ein verbreiterter Bürgersteig ist. Dieser führt entlang einiger portugiesischer Cafés, Pubs und kleinerer Läden. Bei gutem Wetter tummelt sich auf dem auch gern mal *galão*- (portugiesischer ›Espresso‹ mit Milch) oder Werbestrich genannten Platz ein buntes Völkchen. Bunt, denn hier treffen autonome und alternative Szene auf hippe Modebewusste. Letztere sind es, die heute vor allem den ›Catwalk‹ der Schanze im Griff haben: Super locker gestylt sehen sie aus, haben sich aber dann doch über Stunden zurechtgemacht.

Am Schulterblatt reihen sich Geschäfte und Boutiquen kleinerer und größerer Marken, dazwischen lässt es sich super schlemmen, ob mexikanische Burritos oder vietnamesische Pho. Das eine oder andere Geschäft hält sich schon sehr lange, so wie **Bruno's Käseladen** (Schulterblatt 60, www.brunos-kaeseladen.de, Mo–Fr 9.30–19, Sa 9–17 Uhr), der im Sommer die besten Flammkuchen serviert. Auch das **Olympische Feuer** 2 (O-Feuer) mit rustikaler griechischer Küche und günstig-leckerem Mittagstisch gehört dazu.

Gegenüber der Piazza prangt die **Rote Flora** 2 (s. S. 123) und neben ihr steht das **Kulturhaus 73** 1 (s. S. 136).

Selbst wenn es schon etwas kühler ist, gilt am Schulterblatt: Hauptsache die Sonne scheint und schon sind die Außentische der Lokale besetzt.

Zwischen H und A

Wer seinen Blick von all den Geschäften, Köstlichkeiten und angehenden Models abwenden kann, wird auf dem Boden immer wieder auf Platten stoßen, die ein »H« und ein »A« zeigen. Das Schulterblatt war bis 1867 lediglich eine Landstraße und bildete die Grenze zwischen Hamburg und Altona, das damals noch dänisch war. Die Straße verband ein Dorf namens Eimsbüttel mit St. Pauli. 1686 eröffnete an ihr das Gasthaus Bey. Der Wirt hängte das Schulterblatt eines Wales vor die Türe, denn der Walfang war damals eine wichtige Einnahmequelle für die Hamburger. Damit stand der Straßenname fest. Der Wirt hätte vermutlich niemals gedacht, dass sein Schild mal im Museum für Hamburgische

Schanzen- und Karolinenviertel

Ansehen
1. Piazza
2. Rote Flora
3. Florapark/Kilimanschanzo
4. Eckhaus Schanzenstraße/Schulterblatt
5. Schanzenstraße
6. Susannenstraße
7. Beckstraße
8. Sternschanzenpark
9. Schanzen-Höfe
10. Alte Rinderschlachthalle/Flohschanze
11. Feldstraßen-Bunker

Essen
1. Transmontana
2. Taverna Olympisches Feuer
3. Jim Burritos / Herr Max
4. Mamalicious/Lütt'n Grill
5. Südhang
6. Bullerei
7. SomeDimSum
8. Feldstern
9. In guter Gesellschaft
10. Erika's Eck
11. Kofookoo
12. SlimJims
13. Happenpappen
14. XeOm

Einkaufen
1. Underpressure
2. Baqu
3. Addiwan
4. Ratsherrn Craft Beer Store
5. Hanseplatte
6. Rindermarkthalle
7. Marktstraße

Ausgehen
1. Kulturhaus 73
2. Kleiner Donner
3. Central Park
4. Astra Stube
5. Waagenbau
6. Fundbureau
7. Amanda 66
8. Zoë 2
9. Grüner Jäger
10. Knust
11. Kleines Phi
12. Karo Beach
13. 3001 Kino
14. Hamburger DOM

Geschichte landet, ›seine‹ Straße einmal der Szenetreff schlechthin werden würde, geschweige, dass sich hier verschiedene soziale Schichten darum streiten würden, wie die Zukunft ihres Viertels aussehen soll. Multikuli, gut gelaunt und bunt – so sieht es momentan aus.

Mit viel Mühe und Kraft kämpfen vor allem die alten Schanzen- und Karobewohner darum, den alternativen Spirit ihrer Viertel zu erhalten. Mal mit Erfolg, mal ohne. Der Wunsch, verschiedenen sozialen Schichten weiter das Leben im Viertel zu ermöglichen und sich trotz einer sozialen Aufwertung von Schanze und Karoviertel nicht in eine Luxus-Party-Shopping-Zone zu verwandeln, ist groß.

Lieblingsort

Kilimanschanzo im Florapark

Auf dem begrünten Hügel mit angrenzendem Spielplatz entspannen sich die Locals unentdeckt mit Eis oder Bier. Der sommerliche Trubel bleibt eine Ecke weiter. Mittendrin in der Schanze und doch versteckt genug liegt direkt hinter der Roten Flora der **Florapark** ❸ mit seinem bunt besprayten **Bunker mit Kletterwand, Kilimanschanzo** genannt. Immer ist hier etwas zu sehen: Sprayer, die aufwendige neue Styles an die Wand bringen, Kletterer, die am alten Bunker gen oben streben, auf den Sitzgelegenheiten an der Kletterwand Platz nehmen. Der kleine Park entstand erst Ende der 1990er-Jahre auf Initiative der Besetzer der Roten Flora. Sie setzten ihn gegen Pläne für neue Wohnungen durch (zwischen Schulterblatt und Lippmannstr.).

Hart umkämpft

Mitten in der Schanze, springt sie einem direkt ins Auge – die **Rote Flora** ❷, die mehr ist als nur das viel fotografierte Symbol eines alternativen Viertels. Parolen und Demoankündigungen stehen an der Wand des frisch sanierten Gebäudes. Unter dem Vordach des schon lange geschlossenem Haupteingangs lagern Obdachlose, am Eingang zum Florapark hängen nach wie vor einige Dealer ab.

Am Vordach der Roten Flora hängt ein großes (inoffizielles) Straßenschild: **Achidi-John-Platz**. Es erinnert an den durch Brechmitteleinsatz verursachten Tod des Nigerianers Michael Paul Nwabuisi, der sich als angeblich kamerunischer Staatsangehöriger Achidi John um Asyl bemüht hatte und wegen des Verdachts auf Drogenhandel wiederholt festgenommen worden war.

Eindrucksvoll hat sich das über 160 Jahre alte ehemalige Theater über die Zeit hinweg behauptet. 1859 zog hier das Tivoli-Theater ein. 1888 wurde das Gebäude zum Concerthaus Flora. Nach dem Krieg war es Lager, wieder Theater, dann Kino, Warenhaus und sollte schließlich wieder (Musical-)Theater werden. Ein Aufschrei ging durch die Schanze, fürchteten die Anwohner doch eine zu hohe Belastung für ihr Viertel: große Zuschauermengen, neue, teure Lokale, allgemein übertriebene Preise und weiter steigende Mieten. Die Stadt Hamburg wollte Ausschreitungen wie an der Hafenstraße unbedingt vermeiden. Zu guter Letzt trat der Musicalproduzent vom Projekt Flora zurück und baute die Neue Flora, hatte aber bereits einen Großteil des Theaters abreißen lassen.

Anwohner, vor allem politische und künstlerische Initiativen, setzten sich für den Erhalt des Restgebäudes ein, was nicht ohne Hausbesetzung vonstatten ging. Nach vielen Räumungsversuchen ist es mittlerweile die Auflage der Stadt, dass die Rote Flora kulturell genutzt werden muss. Und so finden sich im Haus der Autonomen verschiedenste Initiativen, Bands haben Übungsräume und legendäre Konzerte werden gespielt.

›Theater‹ gab und gibt es an und um die Rote Flora immer wieder, zuletzt im großen Stil zum G20-Gipfel. Von hier sollen die Gewaltexzesse ausgegangen sein, was ein Sprecher der Roten Flora dementierte. Diskussionen kamen auf – soll das Zuhause der Autonomen ein für alle Mal dichtgemacht werden? Aber die Rote Flora wäre nicht, was sie ist, hätte sie nicht schon so einige Anfeindungen überlebt. Denn heiß umkämpft war die Rote Flora schon mehrmals.

Liberal oder unabhängig

Am **Eckhaus Schanzenstraße/Schulterblatt** ❹ einmal den Blick heben. An dem viergeschossigen Haus aus der Gründerzeit stechen über je einem Fenster der zweiten Etage die Wappen von Altona (Schulterblatt) und Hamburg (Schanzenstr.) an der Hauswand hervor. Das Altonaer Wappen zeigt eine Burg mit geöffnetem Tor im Gegensatz zum Hamburger Wappen, das die Burg mit geschlossenem Tor zeigt. Letzteres verweist auf die Unabhängigkeit der Hansestadt. Das offene Tor im Altonaer Wappens soll das liberale Verhalten wi-

---

HILFE, DIE VERMUMMTEN KOMMEN

Die Schanze hat schon viele Negativ-Schlagzeilen produziert. Letztendlich sind Krawalle aber nicht der Normalzustand. Wenn neben Ihnen plötzlich 20 Vermummte vorbeirennen sollten und die Polizei hinterher, treten Sie einen Schritt beiseite und laufen Sie NICHT mit. Schon sind Sie raus aus dem Schneider.

Schanzenstraße ◉N5

Die zweite Hauptstraße
Die **Schanzenstraße** ❺ führt in einem Bogen vom Schulterblatt zum S-Bahnhof Sternschanze und zur Altonaer Straße. Sie ist Heimat kleiner Boutiquen wie dem farbenfrohen **NOÏ** (Nr. 81, Mo–Sa 11–20 Uhr) oder dem **All my friends – Kreativkaufhaus** (Nr. 46, Mo–Sa 11–19 Uhr). Der Streetwear-Shop **Backyard** (Nr. 22, Mo–Fr 11–19, Sa bis 18 Uhr) ist ein echter Anziehungspunkt für Sammler von Unikaten. Oft bilden sich hier vor noch geschlossenen Türen Schlangen. **Underpressure** 🛈 (s. S. 135) lässt die Herzen von Graffitiliebhabern, Streetwear-Trägern und Fans ungewöhnlicher Kleinigkeiten höher schlagen.

Und es wäre nicht die Schanze, wenn sich nicht auch hier coole Cafés finden würden, wie z. B. das **Kaffeekontor** (Nr. 14, Mo–Do 8–19.30, Fr bis 20, Sa 9–20, So 10–19.30 Uhr). Ob auf Bierbänken auf dem Bürgersteig oder im Inneren – der hausgemachte Kuchen und der leckere Kaffee schmecken immer. Wer großen Hunger hat, geht zu **Otto's Burger** (Nr. 58. Mo–Do 11.30–22.30, Fr/Sa bis 23, So bis 22 Uhr) mit Fleisch aus der Lüneburger Heide oder in die Tapasbar **Tapas y Más** (Nr. 72, Mo–Fr 15–23, Sa/So 13–22 Uhr).

Im Bereich der S-Bahn-Station Sternschanze reiht sich dann ein **Falafel-Laden** an den nächsten. Auch hier können Sie also etwas gegen Hunger tun. Das **Kimo** (Nr. 111, tgl. ab 11 Uhr) etwa bietet im Souterrain leckerste Saucen und allerlei arabische Antipasti. Kurz vor der S-Bahn-Brücke ziert der Schriftzug **Absinth** (Nr. 99, Di–Sa ab 20 Uhr) in Jugendstildesign die gleichnamige Bar. Im dunklen Inneren wird Ambient Music gespielt, während Sie über 400 Absynthsorten probieren können. Prost!

Die Nebenstraßen der Schanze ◉N5

Was geblieben ist
Zwischen zwei alteingesessenen, aber überlaufenden Pub-Restaurants zweigt die quirlige **Susannenstraße** ❻ von der Schanzenstraße ab. Nach wenigen Schritten fällt der Blick auf den im Souterrain liegenden Laden **Scarpovino** (Susannenstr. 29, www.scarpovino.de), Mo–Fr 10–19, Sa 10–18 Uhr), der Wein und Schuhe verkauft. Kein Wunder, dass das Restaurant **Südhang** ❺ (www.suedhang-hamburg.de) im ersten Stock, auch eine Vinothek ist. Ansonsten reihen sich in der Straße vor allem türkische Restaurants, Designerläden, Cafés und Kioske aneinander. Von Seiten vieler Gastronomen wurde der Wunsch laut, hier eine Fußgängerzone zu initiieren, um im Sommer noch mehr Bänke nach draußen stellen zu können. Eine schöne Idee für den Tourismus, ein Alptraum für die Anwohner. ›Geglückt‹ ist es bisher nicht.

An der Bar **Goldfischglas** kreuzt die Susannen- die Bartelsstraße. Dort gelangen Sie durch den Hofeingang am Pyjama Park Hotel & Hostel (Nr. 12) in den **Schanzenhof** (Montblanc-Hof). Das Areal einer ehemaligen Montblanc-Fabrik erstreckt sich zwischen Bartelsstraße (Nr. 12) und Schanzenstraße (Nr. 75/77; Volkshochschule). Das Hostel/Hotel hatte hier einen schweren Einstieg. Hatte der Eigentümer des Komplexes doch die Verträge der Vormieter auslaufen lassen. Ein Biorestaurant, mehrere Initiativen und im Hinterhof lebende Familien hatten den Schanzenhof verlassen müssen. Bleiben durften das kleine **3001 Kino** 13 sowie die Volkshochschule.

Schanzenperlen
Jenseits des Schulterblatts heißt die Susannen- dann **Juliusstraße**. Hier verstecken sich im ersten Teilstück noch ein paar Perlen, wie das kleine **Le Fonque** (Juliusstr. 33, www.facebook.com/Juliusstrasse33, tgl. ab 21 Uhr) mit seinen abgeschrammelten Samtsofas und dem funky DJ am Tresen oder das **Café unter den Linden** (Juliusstr. 16, www.cafe-unter-den-linden.net, tgl. 9.30–1 Uhr), ein Anziehungspunkt für guten Kuchen liebende Künstler.

Schanzler unter sich
In der **Amandastraße** wird im **Nachbarschatz-Haus** (Amandastr. 58, www.nachbarschatz.de, Mo–Fr 9–18 Uhr) Nachbarschaft gelebt. In dem Mehrgenerationenhaus wird Kinderbetreuung ebenso angeboten wie ein preisgünstiger Mittagstisch (12.30–14.30 Uhr), werden Beratungen durchgeführt und Kurse abgehalten. Abends ist die Bar **Amanda 66** 7 ein gern besuchter Treff.

Reihenhäuser zum Verlieben
Falls Sie von der Schanzenstraße oder dem Schulterblatt aus direkt Richtung Alte Rinderschlachthalle und Karolinenviertel möchten, gehen Sie doch durch die nur 200 m lange **Beckstraße** 7 – zu Fuß, mit dem Auto dürfen Sie hier nicht durch. Die schmucke, kopfsteingepflasterte Straße säumen Ende des 19. Jh. erbaute Reihenhäuser, die heute zum großen Teil unter Denkmalschutz stehen. Ihre Außenlampen erinnern an Gaslaternen. Wenn Rei-

Rund um den Ex-Wasserturm öffnet sich mitten in der Sternschanze ein weites Grün: der Sternschanzenpark. Relaxen, Filme gucken, Zirkus besuchen, Fußball spielen, der Park ist ein beliebter Treff im Viertel.

henhäuser immer so aussehen würden, zögen wir alle in eines.

Sternschanzenpark ♀N/O5

Sonnenanbeter statt Belagerer
Zwischen Schröderstiftstraße und Kleinem Schäferkamp bringt eine riesige Wiese mit einem großen Wasserturm Luft in das eng bebaute Viertel. Der **Sternschanzenpark** ❽ (oder kurz: Schanzenpark) wird gerade im Sommer stark frequentiert. Dann räkeln sich hier Sonnenliebhaber auf ihren Decken und können dabei den jungen Kickern auf dem Fußballplatz zuschauen. Vielleicht erheben sie (Sie) sich auch selbst einmal und spielen eine Runde Boule. Doch der Park lockt mit noch anderen Vergnügungen: Im **Zirkuszelt im Schanzenpark** (www.zirkuszelt-im-schanzenpark.de; ca. Mitte Mai–Ende Juni) steht allerlei Kleinkunst auf dem Programm. Ebenso beliebt ist das **Open-Air-Schanzenkino** (www.schanzenkino.de) mit vorangehendem Picknick, das bis in den Spätsommer aktuelle Filme auf Großleinwand zeigt.

Nicht zu übersehen ist der **Schanzenturm**: 1907–10 als Wasserturm errichtet, 1961 stillgelegt, ab 1970 ungenutzt. Viele Verwendungsmöglichkeiten wurden angedacht, letztendlich pachtete Mövenpick den Turm und baute ihn 2005–07 trotz starker Anwohnerproteste in ein Hotel um. Inzwischen steht der aufwendig sanierte Turm unter Denkmalschutz.

Der Name des Parks rührt übrigens daher, dass hier 1682 vor den Toren Hamburgs eine sternförmige Verteidigungsanlage, eine Sternschanze, angelegt wurde. Sie hielt 1686 der Belagerung durch die Dänen stand und wurde erst Anfang des 19. Jh. weitgehend abgetragen.

Ehemaliger Schlachthof

Zwischen Schanze und Karo
Es ist das Bindeglied zwischen Schanzen- und Karolinenviertel: das frühere Schlachthofgelände mit seinen Gebäuden und Hallen.

Schanzen-Höfe ♀N/O5

Zwei große Backsteinhallen mit Innenhöfen, das sind die **Schanzen-Höfe** ❾ (nicht zu verwechseln mit dem Schanzen- oder Montblanc-Hof). Die ehemaligen Viehmarkthallen von 1896 wurden kernsaniert und zu neuem Leben erweckt. Hier hat sich ein Musikkindergarten ebenso angesiedelt wie ein Rahmenbauer, wird Kaffee geröstet und Bier gebraut. Last but not least brutzelt Tim Mälzer in seiner **Bullerei** ❻ – passt ja irgendwie zur früheren Bestimmung.

Sternstraße ♀N/O5/6

Parallel zur Schanzenstraße verläuft die **Sternstraße** von den Schanzen-Höfen am alten Schlachthofgelände vorbei auf die Rindermarkthalle zu. Im südlichen Abschnitt kurz vor dem Neuen Kamp lohnen die kurzen Sackgassen, **Terrassen** genannt, einen Blick. Sie sind voller Grün und sehen so richtig wohlig wohnlich aus.

Lebendige Markthalle
Seit 2012 finden sich in der **Rindermarkthalle** ❻ neben Supermärkten und Bäckereien auch andere kleine Food- und Non-Food-Läden. Im ersten Stock sind neben

Relaxte Atmo, gehobene Küche – passenderweise legen Tim Mälzer und Patrick Rüther in ihrer Bullerei in der ehemaligen Viehmarkthalle auf den Schanzen-Höfen den Schwerpunkt auf: Fleisch.

einer Moschee auch soziale Initiativen und Künstler zu Hause. Im Sommer wird aus dem Platz vor dem Eingang der **Karo Beach** 12 (s. S. 138). Die **Food Markets** (s. Kasten s. S. 133) auf dem Vorplatz erfreuen sich ebenfalls größter Beliebtheit. Übrigens: Falls Sie noch stressfrei ein Matrosenhemd erstehen möchten, gehen Sie hier zu Fischerhemden-Uwe.
Neuer Kamp 31, www.rindermarkthalle-stpauli. de, Mo–Sa 10–20, Supermärkte Mo–Sa 8–21 Uhr

Alte Rinderschlachthalle
♀ O 6

Der sympathische Schlachthof
Einen Besuch lohnt das Schlachthofensemble mit der **Alten Rinderschlachthalle** ❿ (Neuer Kamp 30) und dem Gebäude **Sternstraße 2.** Jeden Samstag wird es rund um die Halle richtig wuselig: Dann ist **Flohschanze** und es werden Antiquitäten und Secondhandwaren angepriesen.

Doch auch ohne Flohmarkt ist der Schlachthof ein Treffpunkt für alle und alles. In das Gebäude sind Büros, Läden und der Musicclub **Knust** ❿ eingezogen. Außerdem sind **Die Schlumper** (www. schlumper.de) hier zu Hause. Die schon seit 1980 bestehende Ateliergemeinschaft aus geistig und/oder körperlich behinderten Künstlern öffnet immer samstags von 11 bis 17 Uhr ihre Türen. Dann können Sie die Künstler und Künstlerinnen treffen, ihre Werke bestaunen und auch kaufen. Wenn dann allmählich die Abenddämmerung beginnt und das Knust aufmacht, werden legendäre Konzerte gefeiert oder es wird begeistert Fußball geguckt. Nicht zu vergessen die riesige Treppe vorm Außeneingang des

TOUR
Street-Art in der Schanze

Bummel durch eine ›Freiluftgalerie‹ der anderen Art

Infos

ca. 30–90 Min. je nach Abstechern

Start:
Central Park 📍 N5, Max-Brauer-Allee. Am nächsten liegen die Bushaltestellen Schulterblatt (Bus 15) und Sternbrücke (Bus 3, 15).

Fantasievolle Figuren und Formen, gesprayt oder geklebt, hintersinnige Sprüche mit Schablonen an die Wand gebracht – in der Schanze gibt es einige Wände, die kurzerhand von der lokalen Künstlerszene für ihre Street-Art ausgewählt wurden. Es lohnt sich an diesen Stellen immer mal wieder vorbeizugehen, da sich die Wände stetig weiterentwickeln, immer wieder Neues dazukommt und Altes verschwindet.

Am und im **Central Park** 3 an der Max-Brauer-Allee finden sich über den gesamten Zaun hinweg Smileys, geschaffen vom Graffiti-Urgestein **OZ**. Überall in Hamburg stößt man immer noch auf seine charakteristischen Smileys und Spiralen. Der 65-Jährige wurde mehrfach wegen seiner ›Schmierereien‹ verurteilt. Er starb schließlich in Aktion 2014: Beim Sprühen hielt er sich auf Bahngleisen auf und wurde von einer S-Bahn erfasst.

Eine ›**Hall of Fame**‹ können Sie in der **Rosenhofstraße** (Ecke Schulterblatt) begutachten. Karl Toon, Bum Bum, Alias, Los Piratoz, Push u. a. haben ihre Kunst wie in einer offenen Galerie an die Wand gebracht. Aufwendige Paste-ups werden erst auf Papier gemalt, ausgeschnitten und dann an die Wand gekleistert. Schon vor der Street-Art-Wand war die Straße bekannt. Wegen literarischen Hochverrats im Gefängnis sitzend, schrieb Willi Bredel 1931 seinen Roman »Rosenhofstraße. Roman einer Hamburger Arbeiterstraße«. Inhalt ist der Kampf

OZ ist tot, es lebe OZ – in Hamburg ist Walter Josef Fischer, so sein bürgerlicher Name, u. a. mit seinen Smiley-Graffiti wie hier am ›Central Park‹ omnipräsent.

einer kommunistischen Zelle aus der Rosenhofstraße, die sich gegen die Nazis wehrte.

An den Wänden der **Rosenhofstraße 11 und 13** sehen Sie ein Gemeinschaftswerk diverser Künstler. Direkt aus der Rosenhofstraße kommend, stehen Sie am Hofeingang der **Susannenstraße 10** den nächsten Graffiti-Ansammlungen gegenüber. Die Chancen stehen gut, dass ein Styrofoamcut von PUSH nach wie vor dort hängt. Oder anders ausgedrückt: Schriftzüge aus dem Styropor-ähnlichem Styrodor in 3-D. Ob MC-Audiokassette in Übergröße oder der Name PUSH selbst, der 3-D-Effekt fällt auf.

An Türen und Straßenschildern sticht immer wieder ein Aufkleber ins Auge: »Lieb sein«, steht da einfach. Auch das ist Street-Art. In der gesamten Susannenstraße sowie in der **Bartelsstraße** heißt es Augen offen halten – hier verewigen sich gerne so manche Künstler.

Wer noch mehr Graffiti oder einfach mal eine andere Stadttour erleben will, kann sich einer der Touren von **Alternative Hamburg** anschließen (www.alternativehamburg.com).

An der Bartelsstraße können Sie bei der Hausnummer 21 oder 29 in den Hinterhof gelangen. Dort spazieren Sie über einen Spielplatz und kommen auf dem Schulterblatt zwischen **Bruno's Käseladen** (Schulterblatt 60; s. S. 119) und dem Croqueladen **La Famille** (Schulterblatt 62; im Winter mit leckerem Glühwein für 1 €) wieder heraus. In diesem **Hofeingang** sind insbesondere Paste-up-Künstler ständig aktiv und die Werke immer wieder überraschend.

> **SELFIE, MAL ANDERS** **S**
>
> Wenn Sie schon mal hier sind: Vor dem Neubau auf dem Schlachthofareal steht zum Neuen Kamp hin einer von vielen kultigen **Fotoautomaten**, wo sich für 2 € lustige Erinnerungsfotos in Schwarz-Weiß machen lassen

Knust auf dem Lattenplatz – einer der entspanntesten Orte für das Bier nach getaner Viertelerkundung. Der Blick fällt auf das Zuhause der Mannschaft, der man sich hier am stärksten verbunden fühlt: das Millerntor-Stadion des FC St. Pauli.

Nebenan, in der Sternstraße 2, lädt die Kneipen- und Restaurantinstitution **Feldstern** 8 zum gemütlichen Beisammensitzen ein. Im selben Gebäudekomplex befindet sich das **Centro Sociale** (www.centrosociale.de), ein von Anwohnern gegründeter autonomer Ort, an dem alles stattfinden kann, was gewünscht wird. Das Centro Sociale versteht sich als nötiger Gegenpol zur konsumorientierten Entwicklung des Viertels. Darum sind Veranstaltungen auch kostenfrei und es gibt keinen Verzehrzwang. In den vielen kleinen Räumen im Backsteinbau finden Lesungen, Büchertauschmärkte, Konzerte, Diskussionsrunden, Geburtstagsfeiern und vieles andere statt.

Karolinenviertel

Rund um die Marktstraße
📍 O6

Wer Lust auf Ausgefallenes und Handgemachtes hat, der ist hier genau richtig. Junge Designer haben sich in den letzten Jahren vor allem in der **Marktstraße** 7 angesiedelt und kommen mit originellen Ideen daher. Dazwischen finden sich immer noch die alteingesessenen Läden für Secondhandkleidung oder Haremshosen sowie eine ordentliche Anzahl an gemütlichen Cafés zum Entspannen. Es lohnt sich, einen längeren Bummel auf der an und für sich kurzen Einkaufsstraße zu unternehmen.

Die **Tibet Corner Sonam Tawo Lama** im Souterrain der Hausnummer 109 mit Hippiemode und Räucherstäbchen ist noch aus einer anderen Zeit des Karoviertels und hat doch überlebt, genau wie das **Hot Dogs** (Nr. 38) mit seiner Original-Vintagemode. **Herr von Eden** (Nr. 33) hat mittlerweile Kultstatus: Ob Udo Lindenberg oder Jan Delay, viele tragen die Sakkos von Bent Angelo Jensen. Coole Sprüche und Prints finden sich beim **Elternhaus** (Nr. 29), gedruckt auf alles, was man tragen kann – von Strampler bis Parka. Im Skateshop **Lobby** (Nr. 27) werden nicht nur Boards feilgeboten, sondern auch die entsprechenden Klamotten.

Vinylsammler werden bei **Groove City** (Nr. 114) glücklich, vor dessen Türen im Sommer auf dem Bürgersteig gerne auch junge Bands ihr Talent beweisen.

> **BAMBULE** **B**
>
> Im Karoviertel am Ende der **Marktstraße** 7 starten die **Messehallen**. Für die Erweiterung auf der Seite des Fernsehturms wurde 2002 der Bauwagenplatz Bambule nach zehn Jahren aufgelöst, was für riesigen Widerstand sorgte. Aber es nützte nichts, die Messehallen samt Parkhäusern wuchsen ins Karolinenviertel hinein.

Eule und Katze (aka Lollo Rossa, Nr. 119, Mo–Mi 9–18, Do bis 19, Sa 9–13 Uhr), Hamburgs schönster Bioladen, hat nicht nur eine tolle Auswahl an Bioprodukten, sondern bietet auch einen Rückzugsort im Trubel, für Menschen, die ihren Job lieben.

Einmal um die Ecke in der **Glashüttenstraße** können Sie bei **Mere X Bott** in einer coolen Auswahl an Secondhand- und handgefertigter Designermode stöbern und auch ein Abstecher 350 m in die **Karolinenstraße** nach links hinein wird belohnt: Das **Koch Kontor** (Glashüttenstr. 27, Mo/Di, Do/Fr 10–18, Sa 11–17 Uhr) lässt die Herzen aller Foodies höher schlagen. Das Klientel kann hier durch 3000 Kochbücher stöbern und dazu noch ab 12 Uhr den leckeren Mittagstisch aus der offenen Küche probieren.

… und dann pausieren

Wer sich von all den Eindrücken erholen möchte, kann sich in eines der **Cafés der Marktstraße** zurückziehen. Im **Panter** (Nr. 3, Mo, So 9–19, Di–Sa 9–22 Uhr) sitzt man auch mal auf altem Turnhallenequipment, im schnuckeligen **Gretchen's Villa** (Nr. 142, tgl. 10–18 Uhr) am liebsten auf den beiden Stühlen am Fenster. Mit Glück ergattern Sie drinnen oder draußen einen Platz im kleinen Südtiroler **Harbor Cake** (Nr. 36, Mo–Sa 11–18, So 13–18 Uhr) – auf Antiquitäten, die auch zu erstehen sind.

Feldstraßen-Bunker ♦ 06

Ein Bunker fürs Feiern

Eingerahmt vom DOM, direkt neben dem Millerntor-Stadion, ragt der **Feldstraßen-Bunker** ⓫ auf. Was von außen zunächst nicht sehr einladend aussieht, hat sich zu einer Anlaufstelle für Kultur- und Musikfans gemausert.

Der Name täuscht. Im Hot Dogs (Marktstr. 38) gibt es nichts zu essen, dafür aber schräge Klamotten etc.

Also nicht gezögert, sondern hineinmarschiert ins alte Gemäuer, durch die Glastür hindurch, umgeben von dicken Wänden die vier Stockwerke via Fahrstuhl ab nach oben ins **Uebel & Gefährlich** (www.uebelundgefaehrlich.com). Konzerte, Partys, Lesungen oder Poetry Slams buhlen erfolgreich um Zuschauer. Ein Stockwerk drüber im **Terrace Hill** legen Discjockeys auf und werden Experimente gewagt – aber vor allem ist der Ausblick von der Bunkerterrasse beeindruckend (5. Stock, www.terrace hill.de, Terrasse bei Redaktionsschluss wegen Betonsanierung geschlossen). Wer sich nach fokussierter Klassik sehnt, wird ein paar Stockwerke tiefer im **Resonanzraum** (www.resonanz raum.club) des Ensemble Resonanz glücklich. Die Innenausstattung, die eigentlich der Akustik gilt, schafft einen der coolsten Räume Hamburgs. Tagsüber können Sie in den **Läden** im Bunker Musikinstrumente, Bilderrahmen und Bücher shoppen.

Der Hochbunker an der Feldstraße wurde 1942 von 1000 Zwangsarbeitern binnen eines guten Dreivierteljahres erbaut. Inzwischen befindet er sich im Besitz (Erbpacht) einer Immobilien GmbH. Ob, inwieweit und wann Aufstockungs- und Begrünungspläne tatsächlich umgesetzt werden, ist noch offen. Betonsanierungsmaßnahmen wurden inzwischen in Angriff genommen.

Essen

Herzstück der Piazza

1 **Transmontana:** Klassiker unter den portugiesischen Cafés mit guten Preisen und vielen Bänken vor der Tür. Hier trifft man sich auf einen schnellen *galão* und ein getoastetes Croissant mit Ziegenkäse und Rucola. Einer der wenigen Läden, die schon morgens ab 7 Uhr die Türe öffnen.

Schulterblatt 86, T 040 439 74 55, www.pastelariatransmontana.de, U 3, S 2, 11, 21, 31 Sternschanze, Mo–Fr 7–22, Sa/So 8–22 Uhr

Kult-Grieche vom Schulterblatt

2 **Taverna Olympisches Feuer:** Von den Alteingesessenen innig geliebter Grieche, kurz O-Feuer genannt. Das Interieur hat zwar den Charme eines Schützenvereinsheims, aber die Bedienung sorgt dafür, dass man so etwas plötzlich super findet. Klasse Kontrastprogramm zum durchgestylten Umfeld. Der Mittagstisch ist günstig, groß und lecker. In der angeschlossenen Raucherbar läuft Fußball.

Schulterblatt 36, T 040 43 55 97, www.olympisches-feuer.de, U 3, S 2, 11, 21, 31 Sternschanze, So–Do 11–1, Fr/Sa 11–2 Uhr, Hauptgerichte 7,50–19 €

Burritos go Punk

3 **Jim Burritos:** Shabby-chic eingerichteter Laden mit Fototapete voller Wrestlermasken. Mexikanisches Streetfood, auch mit veganen Burritos, super Saucen und obendrein noch coole Jungs hinterm Tresen.

Schulterblatt 12, T 040 74 12 69, www.jimburritoscantina.foodpearl.com, U 3 Feldstr., So–Do 12–22, Fr/Sa bis 23 Uhr, ab 4,50 €, das Gros der Gerichte 8–12 €

Liebevolle Tea Time

3 **Herr Max:** Der unglaublich leckere Kuchen wird in der offenen Bäckerei hinterm Tresen gebacken – zuschauen erlaubt. Das weiß gekachelte Interieur stammt noch vom Milchgeschäft aus dem Jahr 1905.

Schulterblatt 12, T 040 69 21 99 51, www.herrmax.de, U 3 Feldstr., tgl. 9–21 Uhr

Lust auf gute Laune und etwas Süßes? Superlecker sind die Kuchen und Küchlein, die Herr Max fabriziert.

Hip, kanadisch und meist vegan

4 Mamalicious: Frühstücksinstitution mit voll-vegetarischem Menü, veganen Speisen und selbst gemachten Cupcakes. Ein Muss sind die legendären Pancakes (ab 6,90 €). Wer hier brunchen will, sollte zeitig erscheinen.
Max-Brauer-Allee 277, T 040 37 02 69 44, www.facebook.com/mamalicioushamburg, U 3, S 2, 11, 21, 31 Sternschanze, Mo/Di 9–18, Mi–Fr 9–19, Sa/So 10–19 Uhr

Kult, kultiger, Harry

4 Lütt'n Grill: Glückliche Hühner schmecken einfach besser! Die halben gegrillten Hähnchen (4,40 €) in Harrys Imbiss sind heiß begehrt und die Currywurst (ab 3,50 €) mit geheimer Sauce macht süchtig.
Max-Brauer-Allee 277, T 040 439 60 17, www.luettn-grill.de, U 3, S 2, 11, 21, 31 Sternschanze, Mo–Fr 12–23 Uhr, Sa/So 13–22 Uhr

Vino und Steak

5 Südhang: Wer direkt über einem Weinladen sein Restaurant hat, sticht natürlich mit Top-Weinen hervor. Entweder sitzt man gemütlich in der Vinothek und knabbert Kleinigkeiten oder nimmt im locker gehobenen Restaurantbereich Platz zu Pasta, Salat oder argentinischem Steak. Vom ersten Stock aus lässt sich dabei das Treiben in der Susannenstraße beobachten. Raucher setzten sich mit dem Weinglas in der Hand auf den Balkon.
Susannenstr. 29, T 040 43 09 90 99, www.suedhang-hamburg.de, U 3, S 2, 11, 21, 31 Sternschanze, Mo–Sa ab 18 Uhr, Hauptgerichte 9,80–32 €

Fleischgerichte vom Starkoch

6 Bullerei: Am Eingang zu den Schanzenhöfen tischen Patrick Rüther und Tim Mälzer in der ehemaligen Lagerhalle vor allem bestes Fleisch von Entrecôte (300 g/34 €) bis Bentheimer Schweinekarree (ca. 350 g/34 €) auf. Kein Chichi, lecker und auf den Punkt gebracht, kosten tut es allerdings ein wenig mehr. Wer günstiger speisen möchte, kommt zum Mittagstisch ins Deli.
Lagerstr. 34b, T 040 33 44 21 10, www.bullerei.com, U 3, S 2, 11, 21, 31 Sternschanze, **Deli** ab 11 (Mittagstisch 12–15), **Restaurant** Mo–Sa ab 18, So ab 17 Uhr

Bunte Dumplings

7 SomeDimSum: Das Interieur ist simpel und lässt kaum erahnen, dass hier gleich Knaller-Dumplings serviert werden. Neben den kreativ gefüllten Teigtaschen (von vegan bis fleischhaltig, frittiert oder gedämpft) finden sich auf der hölzernen Speisekarte auch so harmlos klingende Speisen wie Pickled Cucumber (3,90 €), bestehend aus Gurke, Ingwer und Sesamöl. Hammer! Kein Wunder, dass die Bedienung hier immer so gut gelaunt sind.
Weidenallee 60, T 040 41 12 51 11, www.somedimsum.de, U 2 Christuskirche, Di–Fr 12–15, 17.30–22, Sa/So 14–22 Uhr, 3 Dumplings 4,90 €, 6 für 7,90 €, 9 für 10,90 €

Beliebt bei Locals

8 Feldstern: In einem lang gezogenen Backsteinbau neben der Alten

---

AUGEN AUF IN SACHEN FOOD MARKETS!

Vor allem im Sommer finden an den Wochenenden diverse Food Markets statt wie die **Marktzeit St. Pauli mit Streetfood Market** auf dem Vorplatz der Rindermarkthalle (Neuer Kamp 31, www.marktzeit.com/maerkte, www.rindermarkthalle-stpauli.de, Mai–Ende Aug., Sa 10–18 Uhr) oder die **Craft Beer Days** in den Schanzen-Höfen 9 (www.craftbeerdays.de/schanzenhoefe).

Rinderschlachthalle gibt es Gerichte von vegan bis fleischig in reellen Portionen und zu fairen Preisen (Mittagstisch 7,50–8,50 €). Kein Wunder, dass das Kneipenrestaurant (mit Außenplätzen) so beliebt ist.

Sternstr. 2, www.feldstern.net, www.facebook.com/feldstern.hamburg, U 3 Feldstr., Mo–Fr ab 12, Sa ab 9, So ab 16 Uhr

Zero-Waste-Café

9 In guter Gesellschaft: Das zurzeit coolste Café im Schanzenviertel. Auf stylischen Retromöbeln wird sich z. B. mit Stoff- statt papiernen Wegwerfservietten der Mund abgetupft. Das Ziel: keinen Müll produzieren und trotzdem gut essen. Klappt!

Sternstr. 25, T 040 30 73 97 63, www.in-guter-gesellschaft.com, U 3 Feldstr., Di–So 9.30–21 Uhr

Essen fast rund um die Uhr

10 Erika's Eck: Diese Adresse sollten Sie sich merken! Frisch von der Party oder am Ende der Nachtschicht trifft sich ein gut gelauntes Klientel zu Uhrzeiten wie 2.30 Uhr auf ein Jägerschnitzel mit Bratkartoffeln zu 12,90 € oder belegte Brötchen ab 1,20 € (ab 24 Uhr) in der altmodischen Einrichtung.

Sternstr. 98, T 040 43 35 45, www.erikas-eck.de, U 3, S 2, 11, 21, 31 Sternschanze, Mo–Fr 17–14, Sa/So bis 9 Uhr, durchgehend warme Küche

Sushi per iPad

11 Kofookoo: Der Neue in der Rindermarkthalle wurde begeistert von den Trendsettern aufgenommen. Hier werden in einer coolen Mischung aus Industrie- und Asialook Sushi und Grillspeisen via iPad geordert. À la carte, aber nach dem All-you-can-eat-Prinzip mit klaren Regeln: Preis gilt für 2 Std., maximal fünf (mittags acht) Speisen/Person/Bestellrunde und vor der nächsten Bestellung immer erst aufessen.

Neue Rindermarkthalle, Neuer Kamp 31, U 3 Feldstr., T 040 36 03 68 18, www.kofookoo.de, Mo–Do 17–23.30, Fr 16.30–0.30, Sa 12–0.30, So 12–23 Uhr, Mo–Do 25,90 €, Fr/Sa 26,90 €, So mittags ab 17,90 €, Extra-Kinderpreise

Pizza vegan oder mit Sucuk?

12 SlimJims: In der außergewöhnlich eingerichteten kleinen Pizzeria mischt sich Design mit tätowierten Jungs und Mädels in der offenen Pizzaküche. Leckere Pizzen, die Sie sich selbst je nach Wunsch mit veganem, vegetarischem oder fleischhaltigem Belag zusammenstellen.

Bei der Schilleroper 1–3, T 0176 70 63 68 21, www.facebook.com/Slim.Jims.Pizza, U 3 Feldstr., Mo–Fr 12–22, Sa/So 13–22 Uhr, Monatspizzen 10 €

Alles ohne Tier

13 Happenpappen: Im lichtdurchfluteten Inneren von Happenpappen werden vegane Träume wahr. Ob Burger-Bowl oder Indiana-Jones-Burger – hier bekommen Sie alles vegan. Montags bis freitags gibt es einen wechselnden Mittagstisch, bis samstags ab 18 Uhr den Burgerabend und am Wochenende #breakfastalldaylong. Zwischen 16 und 18 Uhr bleibt die Küche kalt, aber dann ist ja auch #timeforcakes.

Feldstr. 36, www.happenpappen.de, U 3 Feldstr., Di–Fr 12–22, Sa 10–22, So 10–17 Uhr

Angesagter geht's kaum

14 XeOm: Beim neuen Trend-Vietnamesen reihen sich Plastikhocker aneinander, hängen die Kabel von den Betondecken. Stylisch eingerichtet im Fabriklook mit Fotowand soll es an klassische vietnamesische Lokale erinnern. Die Gerichte wie knusprig frittierte Nudeln mit Fleisch oder Tofu je nach Wunsch und dazu Tiger Beer machen jede Warteminute auf den nächsten freien Tisch wett. Keine Reservierung möglich und nur Barzahlung.

Für Bierverrückte ist der Craft Beer Store in den Schanzen-Höfen ein Paradies. Bier aus eigener Produktion und aus aller Welt – und ab und an ein Craft Beer Market …

Karolinenstr. 25, T 040 18 13 82 63, www.xeom.foodpearl.com, U 2 Messehallen, Di–Do 12–22, Fr 12–22.30, Sa 14–22.30, So 14–22 Uhr

Einkaufen

Hamburger Streetwear

1 Underpressure: Seit 1991 lieben Skater und/oder Hamburger die schlichte Cleptomanicx-Streetwear mit der Möwe drauf. Denn Möwe=Hamburg=Freiheit. Hier gibt es sie und noch mehr. Wer mehr über Cleptomanicx wissen oder online shoppen möchte: www.cleptomanicx.com.
Schanzenstr. 10, www.underpressure.de, U 3 Feldstr., U 3, S 2, 11, 21, 31 Sternschanze, Mo–Fr 11.30–20, Sa 11–20 Uhr

Die etwas andere Kleinigkeit

2 Baqu: Eine Weltkarte zum Freirubbeln der schon besuchten Länder oder überraschende Hamburg-Mitbringsel? Wer mal was anderes sucht oder seine Küche mit Bambusgeschirr bestücken möchte, ist hier richtig.
Susannenstr. 39–41, S 2, 11, 21, 31 Sternschanze, Mo–Sa 10–20 Uhr

Ethnoladen der ersten Stunde

3 Addiwan: Handys aus, wer hier reingeht! Wer das beherzigt, dem glitzert beim Eintritt Schmuck aus verschiedensten Ländern entgegen. Von Mode über Tücher bis zu Buddhafiguren findet sich im kleinen Laden ein Sammelsurium an schönen Dingen.
Susannenstr. 15, www.addiwanshop.de, U 3, S 2, 11, 21, 31 Sternschanze, Mo–Sa 11–19 Uhr

Verrückt nach Bier

4 Ratsherrn Craft Beer Store: Die jungen Brauer der Ratsherrn-Brauerei in den Schanzen-Höfen sind verrückt nach handwerklich gebrauten Bieren. Im Laden stehen über 500 Biersorten zur Auswahl, darunter die hauseigenen und viele weitere Craft-Biere aus Deutschland und der Welt. Auch Brauereiführungen und Bierverkostungen werden angeboten. Last but not least macht das Braugasthaus Altes Mädchen mit Biergarten das Angebot komplett.

Schanzen-Höfe, Lagerstr., www.ratsherrn.de, U 3, S 2, 11, 21, 31 Sternschanze;
Store: Nr. 30a, Mo–Fr 12–20, Sa 10–20 Uhr; **Altes Mädchen:** Nr. 28b, Mo–Sa ab 12, So ab 10 Uhr

Flohmarkt
🔟 **Flohschanze:** Ob es regnet oder die Sonne scheint, ist dem Norddeutschen ja bekanntlich egal. Darum verwandelt sich wetterunabhängig samstags zwischen 8 und 16 Uhr das Gelände rund um die Alte Rinderschlachthalle in die Flohschanze. Die schönsten Antiquitäten, den ausgefallensten Trödel und günstigste Mode können Sie hier erstehen. Schnäppchen sind noch möglich. Dazu brutzelt vorm Knust die Wurst auf dem Grill und im Pförtnerhäuschen köchelt der Kaffee. Ein Flohmarkt, der Spaß macht. Herrlich!

Rund um die Alte Rinderschlachthalle, Neuer Kamp 30, U 3 Feldstr., Sa 8–16 Uhr

Hamburger Musik
5️⃣ **Hanseplatte:** Im Neubau neben der Alten Rinderschlachthalle auf der anderen Seite des sogenannten Lattenplatzes wird Musik von Hamburgern oder über Hamburg angeboten. Außerdem lassen sich hier allerlei schöne Mitbringsel finden.

Neuer Kamp 32, www.hanseplatte.de, U 3 Feldstr., Mo–Fr 11–19, Sa 10–18 Uhr

Lebendige Markthalle
6️⃣ **Rindermarkthalle:** s. S. 126.

Mal was anderes shoppen …
7️⃣ **Marktstraße:** s. S. 130.

Ausgehen

Bunte Mischung
1️⃣ **Kulturhaus 73:** Das einfallsreiche Kulturzentrum ist Café, Pub, Bar, Art-House-Kino, Konzertraum, Theater und noch vieles mehr. Quirlig, anders, unbedingt reinschauen.

Schulterblatt 73, www.dreiundsiebzig.de, U 3 Feldstr., U 3, S 2, 11, 21, 31 Sternschanze, **Café:** So–Do 9–18, Fr/Sa bis 19 Uhr, **Jolly Jumper:** Do–Sa ab 22 Uhr und zum Fußball- und »Tatort«-Gucken, **Bar:** Do–Sa ab 20 Uhr

Hip-Hop-Beats im Wohnzimmer
2️⃣ **Kleiner Donner:** Früher Hip-Hop-Club an anderem Ort, heute ein wenig erwachsener – im Kleinen Donner gibt es gute Drinks zu neuem und altem Hip-Hop.

Zu viel auf der Flohschanze geshoppt? Vielleicht findet sich ja ein Koffer, in dem Sie alles verstauen können.

Max-Brauer-Allee 279, www.kleiner-donner.de, U 3, S 2, 11, 21, 31 Sternschanze, Do–Sa 18–2 Uhr

Draußen abhängen
Central Park: Im Beachclub zwischen Straße und Bahngleisen werden die Füße in den Sand gesteckt, sich im Liegestuhl lang gemacht, der Musik gelauscht und die Drinks genossen. Ob Student oder ganze Familien – hier wird dem Stress entsagt. Jetzt noch Würstchen mit Kartoffelsalat? Kein Problem.
Max-Brauer-Allee 230, www.centralpark-hamburg.de, U 3, S 2, 11, 21, 31 Sternschanze, in der Saison Mo–Do 13–23, Fr bis 24, Sa 11–24, So 11–23 Uhr

Solange sie noch da ist
An der **Sternbrücke** haben sich Kultclubs wie **Astra Stube, Fundbureau** oder **Waagenbau** eingerichtet. Schon seit Jahren hängt die Drohung im Raum, dass alles abgerissen wird, um dort die viel befahrene Stresemannstraße zu erweitern. Aber solange das noch nicht der Fall ist, sollten Sie hier feiern, als gäbe es kein Morgen.

Die **Astra Stube** (Max-Brauer-Allee 200, www.astra-stube.com) ist ein kleines, ehrliches Lokal mit wechselnden Livebands und Panoramafenster. Endgültigen Kultstatus erlangte sie mit Fatih Akins Film »Soulkitchen«.

Früher wurden hier tatsächlich Waagen gebaut, heute spielt der **Waagenbau** (Max-Brauer-Allee 204, www.waagenbau.com) am liebsten Hip-Hop bis in die Morgenstunden.

In originell eingerichteten Kasematten direkt unterhalb der Bahngleise finden Sie das **Fundbureau** (Stresemannstr. 114, www.fundbureau.de). Das Programm reicht von Nachtflohmärkten über Theater und Konzerte – oder es legen coole DJs auf. Das Rumpeln der über das Partyvolk fahrenden Bahn erzeugt Gänsehaut.
Bus 3, 15 Sternbrücke, S 11, 21, 31 Holstenstr.

KOSTENLOSES KONZERT
Wer im Sommer am frühen Mittwochabend an der Alten Rinderschlachthalle vorbeikommt, wird belohnt: Das **Knust** lädt seit 2011 mitten in der Woche zum kostenlosen Konzert im Rahmen der **Knust Acoustics** (Juni–Aug., Mi 18–20 Uhr, www.knusthamburg.de) ein. Je drei Bands spielen open air auf dem Lattenplatz gegen Hutspende. In dem Zusammenhang sei auch empfohlen, auf der Website des Knust die überaus unterhaltsam zusammengefasste Geschichte des Kultladens zu lesen.

Schanzler unter sich
Amanda 66: Am lang gezogenen Fenster werden an kleinen Tischen fantastische Gin Tonics genossen. Kaum zu glauben, aber zwei Straßen vom Schulterblatt entfernt sitzen Sie hier plötzlich nicht mehr zwischen Touristen. In der Saison sind hier auch Fußballübertragungen zu sehen.
Amandastr. 66, www.amanda66.de, U 3, S 2, 11, 21, 31 Sternschanze Mo–Sa ab 19.30 Uhr

Sofabar
Zoë 2: Wer nach dem Zoe II fragt, wird weitestgehend verwirrte Blicke ernten. »Sofabar??« – Ah, ja! Die ›Sofabar‹ trägt ihren Spitznamen zu Recht. Eine mal mehr, mal weniger abgeschrabbelte Couch steht neben der anderen, dazwischen altmodische, hohe Stehlampe und mehrschichtige Tapeten unter stuckverzierten, hohen Decken. Wer hier abends einen der heißbegehrten Plätze ergattern möchte, sollte definitiv nicht zu spät kommen.
Neuer Pferdemarkt 17, www.zoebar.de, U 3 Feldstr., Mo–Do 15–1, Fr bis 3, Sa 12–3, So 12–1 Uhr

Dance, dance, dance
Grüner Jäger: Indiebands, Underground-DJs und humorvolles Abfeiern der schlechtesten Musik aller Zeiten. Im Grünen Jäger ist immer gute Stimmung, die Tanzfläche voll und das Publikum bunt gemischt. Wer keine Lust hat, sich zu bewegen, macht es sich einfach auf einem der Sofas gemütlich und schaut dem munteren Treiben zu.
Neuer Pferdemarkt 36, www.gruener-jaeger-stpauli.de, U 3 Feldstr., Programm/Zeiten s. Website, Eintritt ab 5 €

Legendäre Konzerte
Knust: Rock'n Roll, Jazz, Soul und andere Livemusik. Hier werden tolle Konzerte gefeiert, drinnen und im Sommer auch draußen auf dem Platz (s. Kasten S. 137).
Alte Rinderschlachthalle, Neuer Kamp 30, www.knusthamburg.de, U 3 Feldstr.

Übersicht mit Spaßfaktor gewinnen ist auch eine Option auf dem DOM.

Hipsterbar
Kleines Phi: Vor den Türen des Feldstraßen-Bunkers hört die Party noch lange nicht auf. In der Feldstraße verschanzt sich beispielsweise die Szenebar Kleines Phi. Neben richtig guten Cocktails, bekommen Sie hier auch einen Eindruck davon, wie eine klassische ›Hipsterbar‹ auszusehen hat.
Feldstr. 42, www.facebook.com/kleinesphi, U 3 Feldstr., Di/Mi 19–2, Do 18–1, Fr/Sa 19–3 Uhr

Ein Bunker fürs Feiern
11 Uebel & Gefährlich: Feldstraßen-Bunker, s. S. 131.

Beachclub mittendrin
Karo Beach: Im Sommer wird vor der Rindermarkthalle Sand aufgeschüttet und eine Bar aufgestellt. Zurückgelehnt im Liegestuhl lässt sich dann wunderbar der Sommer genießen und relaxen. Kein Party-Hotspot.
Neuer Kamp 31, www.karo-beach.de, U 3 Feldstr., Mo–Sa 10–22, So 12–21 Uhr

Klein, aber fein
3001 Kino: Im Schanzenhof werden Erstaufführungen besonderer Filme, Dokumentationen und cineastische Leckerbissen gezeigt. Entsprechend hat das Kino inzwischen ein großes Stammpublikum.
Schanzenhof, Schanzenstraße 75, www.3001-kino.de

Für Jahrmarktfans
Hamburger DOM: Auf dem Heiligengeistfeld stehen im Frühling, Sommer und Winter jeweils für einen Monat Karussells, Würstchenbuden, Biergärten und Süßigkeitenläden dicht an dicht – es ist Hamburger DOM. Mittwochs ist Familientag, freitags gibt es ein Feuerwerk.
Eingänge: gegenüber den Haltestellen St. Pauli und Feldstraße der U 3, www.hamburg.de/dom

Zugabe
Die Schanze und ihr Fest

Politisch-aktiv-alternativ

Selbst gebackener Kuchen, Tapeziertische voll mit Kindermode, dazwischen politische Flyer und lauter Krimskrams. Würstchen mit und ohne Fleisch, Crêpes, Samosas, Konzertbühnen, Bier und Afri Cola. Gemütlich schieben sich die Massen durch die Straßen der Schanze. Dass das Schanzenfest eigentlich illegal ist, scheint niemanden zu interessieren. Illegal, da nicht angemeldet, außerdem politisch, da hinter jedem Schanzenfest ein linkes Motto prangt, und familiär, da hier die Anwohner und ihre Familien verkaufen und kaufen. Wenn es abends nicht zu Krawallen kommt, verläuft sich das Fest in die Nebenstraßen zu den DJs und Caipis.

Das seit den 1990er-Jahren stattfindende Schanzenfest steht ohne Veranstalter da, ist eine Mischung aus Volksfest und Flohmarkt geworden und wird meistens nicht angekündigt. Der spontane Termin macht es vielleicht auch möglich, dass es beim Schanzenfest im Gegensatz zu anderen Hamburger Volksfesten nicht wie aus Kübeln schüttet. Scheint die Sonne, geht es los. Wer sich im Sommer an einem Wochenendtag in der Schanze wiederfindet, kann

Die Gemeinschaft feiern, sich austauschen, ein Statement für die alternative Kultur setzen: Das ist das Schanzenfest.

> **Illegal, da nicht angemeldet, außerdem politisch, da ...**

also urplötzlich auf dem Schanzenfest stehen. Viel (negative) Furore hat das Fest gemacht, als es am Ende des Tages immer wieder zu Randale kam. Dies scheint sich aber beruhigt zu haben.

Nach dem G20-Gipfel 2017 in Hamburg und den Ausschreitungen vor allem auf dem Schulterblatt war die große Frage: Kann man jetzt noch Schanzenfeste veranstalten? Rasten dann nicht alle aus? Das Schanzenfest danach zeigte: Ja, man kann so etwas noch machen. Die Stimmung war entspannt, das Fest stand unter dem Motto »G20-Gefangene freilassen« und Krawalle gab es keine. Die Anwohner waren erleichtert und so bleibt zu hoffen, dass uns noch viele friedliche Schanzenfeste bevorstehen. ∎

Rotherbaum, Harvestehude, Eppendorf

Schick und schön, jung und hip — Alster und Parks, Universität, Gründerzeitvillen und dörflicher Charme.

Seite 143
Universität und Grindelviertel

Coole Mischung aus studentischem Leben, netten Lokalen und Geschichte: Im früheren Zentrum des jüdischen Lebens in Hamburg blüht diese Kultur langsam wieder auf.

Hamburg aktiv und vom Wasser aus: SUP

Seite 147
Harvestehude

Klein, aber fein. Sehr fein sogar. Eine der besten Adresse der Stadt sozusagen. Vor allem um den Innocentiapark herum sind die Jugendstil- und Gründerzeithäuser ungewöhnlich gut erhalten.

Seite 143
Rotherbaum

Das ›Weiße Haus‹ (US-Generalkonsulat) von Hamburg sowie neue und alte Luxusbauten anschauen, im Alsterpark picknicken und auf die Außenalster schauen – oder vielleicht doch auf dem großen Stausee schippern.

Seite 148
Mit SUP-Board oder Kanu auf Tour

Besonders schön zeigt sich Hamburg vom Wasser aus. Paddeln Sie doch vom Isebek- durch den Goldbekkanal zum Stadtparksee und dann im Bogen über den Osterbekkanal und die Außenalster zurück.

Eintauchen

Rotherbaum, Harvestehude, Eppendorf

Seite 151
Eppendorf
Prachtvolle Häuser, schöne Boutiquen, das ist die Eppendorfer Landstraße, wo im Mai findet das Eppendorfer Landstraßenfest stattfindet. Nicht zu verachten ist auch das Holthusenbad, ein Jugendstilgebäude zum Schwimmen und Saunierne.

Seite 152
Stadtpark
Ein Park für alle, das ist der Hamburger Stadtpark. Hier können Sie spazieren, sich sonnen, Bötchen fahren, Sterne gucken und mitten im Grünen oder am Wasser bei einem Getränk die Seele baumeln lassen.

Seite 157
MARKK
Modern und mitreißend präsentiert sich das ethnografische Museum am Rothenbaum – Kulturen und Künste der Welt.

Seite 163
›Klein-Jerusalem‹
Geblieben ist nicht viel, doch es gibt sie wieder im Grindelviertel, die jüdische Schule, einen jüdischen Salon, die Hamburger Kammerspiele. Letztere dank Ida Ehre.

Auch Kulturverständnis geht durch den Magen: Shakshuka ist ein traditionelles jüdisches Gericht.

o die schniekenen Herrschaften sich
kfein machen – da ist man am
therbaum.

erleben

Westlich der Außenalster

Klar, an der Alster ist es immer schön. Liegewiesen, opulente Villen. Was für eine wahnsinnige Aussicht haben wohl die dort Wohnenden? Mindestens sehen sie das, was wir auch sehen: glückliche Menschen auf dem Wasser. Segler, Stand-up-Paddler, Kanuten, Schwäne und Alsterdampfer ziehen vorbei. Mit den hochherrschaftlichen Häusern aus der Gründerzeit sieht Hamburg unverschämt reich aus. Die Universität ist um die Ecke. Gerade mal einen Katzensprung müssen die Studierenden der Hochschule für Musik und Theater machen, um zur Außenalster zu kommen. Darum bleibt Rotherbaum wohl so schön gemischt. Junge, Alte, Vermögende, Studenten.

Der Stadtteil Rotherbaum ist vielseitig: Im Grindelhof an der Universität geht es vor allem studentisch zu, reihen sich schöne, kleine Cafés aneinander, gibt es ausgefallene Kulturangebote. Dazu trägt auch bei, dass im früheren jüdischen Viertel der Stadt jüdisches Leben zaghaft wieder entsteht. Das zeigt sich mit einem Ort wie dem Café Leonar.

Ganz anders wirken die Grindelhochhäuser, im vielerorts so vornehmen Harvestehude: Das, was wie ein Schandfleck aussieht, steht unter Denkmalschutz und galt einst als Manhattan Deutschlands. Hinter den Hochhäusern aber beeindrucken rund um den Innocentiapark wunderschöne Gebäude aus der Gründerzeit.

Außer in direkter Universitätsnähe kostet in den Vierteln nahe der Alster ein Kaffee deutlich mehr als gewohnt. Das ist auch in Eppendorf nicht anders. Berauschende Architektur und feine Modeboutiquen, schöne Parks, mal versteckt wie der Kellinghusenpark, mal nicht zu übersehen wie der Hayns Park an der Alster, locken Besucher in den Stadtteil.

> ## ORIENTIERUNG
>
> **Start:** Vom S-Bahnhof Dammtor Universität (S 11, 21, 31, Metrobus 5) erschließen sich **Uni-** und **Grindelviertel.** Schnell an der Alster sind Sie von hier aus auch. Am S-Bahnhof können Sie in Busse in alle Richtungen umsteigen. Der Metrobus 5 z. B. passiert die U-Bahn-Station **Hoheluftbrücke** (U 3), von dort sind Sie schnell in Hoheluft-Ost. **Eppendorf** erreichen Sie mit der U 3 Eppendorfer Baum und der U 1, 3 Kellinghusenstraße. Den Eppendorfer Marktplatz steuern mehrere Buslinien an.

Rotherbaum

Universität und Grindelviertel 📍 P4/5

Seit 2019 heißt der Dammtor-Bahnhof nun Bahnhof Hamburg Dammtor Universität – ein Geschenk der Bahn zum 100-jährigen Bestehen der Universität. Schräg gegenüber steht dann auch schon das imposante **Hauptgebäude der Universität** ❶. Links davon beginnt der Campus. Rundherum, aber vor allem in der **Grindelallee** und am **Grindelhof** tobt die junge Szene. Günstige Cafés und Restaurants, Szenebars, Kulturangebote, billige Copyshops, Poetry Slams, Aktionen – ein Univiertel, wie es leibt und lebt.

Das beste Programmkino in der Stadt, das **Abaton** ❻, steht direkt am Eingang zum Campus. Mit einer fantastischen Auswahl an Arthouse und Dokumentarfilmen und obendrauf noch vielen Publikumsgesprächen, ist das Kino heiß begehrt.

Jüdisches Leben

Unweit des Abatons fällt auf dem **Joseph-Carlebach-Platz** ❷ eine aus Granitsteinen in den Boden eingelassene Kontur auf: Es ist die Dachform der **Bornplatzsynagoge** (Bornplatz hieß der Platz bis 1989), früher die größte Synagoge Norddeutschlands, im Originalmaßstab. Die vielen kleinen goldenen **Stolpersteine** im Boden verweisen im Quartier darauf, dass bis zu ihrer Deportation im Deutschen Reich gerade hier im **Grindelviertel** viele Hamburger Juden lebten.

Das Fahrrad ist in Hamburg in, nicht nur bei den Studenten, die damit auch über den Campus kurven.

Rotherbaum, Harvestehude, Eppendorf

Ansehen
1. Hauptgebäude der Universität
2. Joseph-Carlebach-Platz
3. Joseph-Carlebach-Schule (fr. Talmud Tora Schule)
4. Generalkonsulat der USA
5. The Fontenay / Fontenay Bar
6. Slomanburg
7. Hochschule für Musik und Theater (HfMT)
8. Alsterpark
9. Innocentiapark
10. Grindelhochhäuser/ Maharani
11. ehem. Fahrzeugwerkstätten Falkenried
12. Falkenried-Terrassen
13. Haynstraße 1–3
14. Eppendorfer Landstraße
15. Kellinghusenpark
16. Eppendorfer Marktplatz
17. Hayns Park
18. St. Johannis
19. Damenstift Kloster St. Johannis
20. Geburtshaus Wolfgang Borchert
21. Marie-Beschütz-Schule (fr. Erikaschule, Wolfgang-Borchert-Schule)
22. Luftschutzbunker
23. Stadtpark Hamburg
24. Eppendorfer Moor
25. Tierpark Hagenbeck
26. Friedhof Ohlsdorf
27. Museum am Rothenbaum – Kulturen und Künste der Welt
28. Gedenkstätte Ernst Thälmann

Essen
1. Golden Temple Teehaus
2. Café Leonar
3. ROK – Rock Our Kitchen
4. Salon wechsel Dich
5. Mandelmehl & Zuckerei
6. Marsbar
7. Little Amsterdam
8. Zipang
9. Tassajara
10. Poletto Winebar
11. Brechtmanns Bistro
12. Brücke
13. Restaurant Stüffel

Einkaufen
1. Pappnase & Co.
2. Plattenrille
3. Isemarkt
4. Kaufrausch
5. Kaffeerösterei Burg

Bewegen
1. Bobby Reich
2. Supper Club
3. Holthusenbad
4. Kaifu-Bad

Ausgehen
1. Pony Bar
2. The Gone Away Bar
3. Botanic District
4. The Boilerman Bar
5. Hamburger Kammerspiele
6. Abaton-Kino/Abaton Bistro
7. Holi Hamburg

In den letzten 15 Jahren begann das jüdische Leben im Viertel wieder aufzublühen. Mittlerweile hat sich das **Café Leonar** 2 mit einem jüdischen Salon etabliert, in vielen Supermärkten finden sich koschere Produkte und in der früheren Talmud Tora Schule, der heutigen **Joseph-Carlebach-Schule** 3 (Grindelhof 30), der Schule der jüdischen Gemeinde Hamburg, sitzen wieder Schüler vor der Tafel. Joseph Carlebach, Oberrabbiner und Direktor der Talmud Tora Schule, wurde 1942 nach Riga deportiert.

Alsterufer   ♀ P/Q5

Im schicken Rotherbaum lebt es sich gut zwischen Prachtvillen und Alster. Direkt am Alsterufer versperrt das **Generalkon-**

Schöne, wenn auch teure, Aussichten, nicht nur für Cocktailfans. Der Blick auf die Spirituosen beeindruckt in der Fontenay Bar, noch mehr aber das Panorama von der Dachterrasse.

sulat der USA ❹ (Am Alsterufer 27/28) die Straße. Der erste Teil der riesigen weißen Villa wurde im klassizistischem Stil erbaut und später mehrfach erweitert. Das Konsulat erwarb die Villa 1950 und passte den Eingang architektonisch an das Weiße Haus an. Seit 2017 versucht das Generalkonsulat in die HafenCity umziehen, was bedeuten würde, dass die Straßensperrung bald aufgehoben werden könnte.

Neuer Luxus …,

Das neue Luxushotel **The Fontenay** ❺ (Fontenay 10, www.thefontenay.com) hat 2018 seine Pforten geöffnet. Hier blickt man nicht auf einen eckigen großen Bau, sondern auf viele geschwungene Linien und Kurven. Das Herzstück des Fünf-Sterne-Hotels ist das riesige Dachgeschoss mit Bar, Restaurants, Infinitypool und Panoramablick über die Alster und die Stadt. Die Suite für 9000 € ist wohl nicht jedermanns Sache, aber die Cocktails der **Fontenay Bar** starten bei 15 € – inklusive Aussicht (www.thefontenay.com/restaurants-bar/fontenay-bar).

… alter Luxus und …

Entlang der Alster stoßen Sie auf opulente Gebäude. Viele Hanseaten nutzten bis Mitte des 19. Jh. die Alsternähe für ihre Sommerhäuser. Erst mit der **Slomanburg** ❻ am Harvestehuder Weg 5 zogen die ersten Dauerbewohner in eine Residenz am Alsterufer ein. Die Slomanburg wurde 1848 errichtet. Dank des neogotischen Baustils mit Türmen und Zinnen erinnert die Villa tatsächlich an die Behausung von Prinzen und Prinzessinnen.

Ein paar Villen weiter, im Budge-Palais hat sich die **Hochschule für Musik und Theater (HfMT)** ❼ (Harvesteheuder Weg 12/Milchstr., Pöseldorf) niedergelassen. Eindeutig beste Lage. Hier zeigen die Studierenden höherer Semester in aufwendigen Theater- und Opernaufführungen ihr Können. Häufig durchaus sehenswert. Damit bewahrt die HfMT eine Tradition der 1920er-Jahre: Treffpunkt des kulturellen Lebens in Hamburg zu sein. Der jüdische Bankier und Mäzen Henry Budge hatte die Villa errichten lassen.

… heutige Entspannung
Gegenüber öffnet sich der **Alsterpark** ❽ mit Liegewiese, kostenlosen Liegestühlen, Skulpturen und – mit etwas Glück – vorbeiziehenden Schwänen auf der Alster. Ein beliebter Ort zur Entspannung ist auch der integrierte Ententeich mit Trauerweiden.

Harvestehude
📍 O–Q 3/4

So sieht wohlhabend aus
Gerade mal über 2 km² erstreckt sich das edle Harvestehude und hat es dabei in sich. Die exklusivste Adresse der Stadt, die Sophienterrassen, befinden sich hier ebenso wie das NDR-Gebäude und das Medienhaus. Die Tennisanlage Am Rothenbaum zieht Fans dieses Sports an. Häuser aus der Gründerzeit mit 3 m hohen Türen und typisch floralen Ornamenten häufen sich in der Nachbarschaft.

Um den quadratischen an einen Londoner Park erinnernden **Innocentiapark** ❾ herum lebt die heile Stadtwelt in einer Aneinanderreihung von umwerfend schönen Häusern. Riesige Salons und intakte Stuckdecken über Eichendielen – nicht schlecht! Sehr gepflegt das Ganze und sichtbar nicht für den Durchschnittsbürger erschwinglich. Um so schöner, dass die Besucher des kleinen Parks bunt gemischt sind. 1884 wurde der Innocentiapark die erste Grünanlage von Hamburg und zieht nach wie vor Spaziergänger an.

Kontrastprogramm
Von diesem schicken Flecken sind die zwölf **Grindelhochhäuser** ❿ nicht weit. Der Kontrast könnte nicht größer sein. Die erste Hochhaussiedlung Deutschlands, 1951 zwischen Grindelberg, Oberstraße und Brahmsallee errichtet, ist das Gegenteil zur Innocentiastraße. Die Hochhäuser stehen trotzdem unter Denkmalschutz. Zunächst für die britischen Besatzer gebaut, waren danach die Wohnungen im 14. Stock heiß begehrt, gar von einem Manhattan in Hamburg wurde gesprochen. Heute sind hier viele Sozialwohnungen und das Bezirksamt untergebracht. Im Erdgeschoss der Hallerstraße 1 liegt das empfehlenswerte indische Restaurant **Maharani** (www.maharani-hamburg.de, Mo–Fr 12–15, 18–24, Sa/So 14–24 Uhr, Hauptgerichte 12–17,50 €).

Hoheluft-Ost

Falkenried
📍 O 3

Der ein oder andere Hanseat trauert immer noch der Zeit hinterher, als in Hamburg noch die Tram fuhr. Zwischen 1890 und 1999 wurden Straßenbahnwagen für Hamburg und den Rest der Welt in den **Fahrzeugwerkstätten Falkenried** ⓫ (Straßenbahnring/Ecke Falkenried) gebaut. Bis 2007 dauerte dann der Umbau des Geländes: Neue Wohn- und Bürogebäude entstanden, in die man alte Bausubstanz integrierte. Werkstatthallen wurden umgebaut und moderne, lichtdurchflutete Stadthäuser entworfen. Mittendrin die **Marsbar** 6 (s. S. 159).

TOUR
Mit SUP-Board oder Kanu auf Tour

Vom Isebekkanal durch den Goldbekkanal zum Stadtparksee und zurück

Am **Supper Club** 2 am Isekai in Eppendorf geht es los. Wer sich nicht auf das Stand-up-Board traut, kann sich natürlich auch ein Kanu leihen. Der Isebekkanal ist für Anfänger super, um erstmal reinzukommen ins richtige Paddeln. Einmal das Gleichgewicht finden und einen koordinierten Paddelschlag hinbekommen und dann ab auf die Alster, zu Teichen und Kanälen.

Links herum vom Supper-Club-Anleger aus paddeln Sie hinter der Heilwigbrücke links in die **Alster** hinein. Vorsicht: Hier fahren auch Alsterdampfer – und alles, was größer ist, hat Vorfahrt. Rechter Hand säumen herrschaftliche Villen den teuren **Leinpfad**. Wir paddeln rechts in den **Werftkanal** hinein und können nun die

Stand-up-Paddling: Das ist wie Laufen auf dem Wasser!

Infos

SUP- oder Kanutour, ca. 3 Std. für die komplette Strecke

Start/Ziel:
Supper Club ❷,
📍 P 2, s. S. 161

Cafe Canale:
Poelchaukamp 7,
www.cafecanale.de,
tgl. 10–19 Uhr

Café Sommerterrassen:
Südring 44, www.sommerterrassen-hamburg.de, April–Sept. wetterabhängig tgl. 10–23 (Küche bis 22) Uhr

---

Gärten der schönen Häuser bestaunen. Der Kanal ist mit seinen 10 m Breite deutlich schmaler als der Alsterlauf. Entspannt können Sie sich zwischen den Weiden, Rotbuchen und Eschen hindurchtreiben lassen.

Dann biegen Sie links ab, um in den **Rondeelteich** zu gelangen. Der 140 m breite Rondeelteich ist ein Idyll, umschlossen von grünen Gärten mit uralten Bäumen und weißen Jugendstilvillen, die so nur vom Teich aus einsehbar sind. Den Teich verlassen Sie über den südlich gelegenen **Rondeelkanal**. Bäume verbinden sich schützend über dem Kanal und geben einem das Gefühl durch einen Wald zu paddeln. Links geht es weiter in den **Goldbekkanal**. Wer am **Mühlenkampkanal** die Tour abkürzen möchte, kann dort abbiegen und am Kanufenster vom **Cafe Canale** Kaffee und Kuchen bestellen. Doch auch später haben Sie noch Gelegenheit sich zu stärken.

Danach geht es zum **Stadtparksee**. Dort können Sie am Anleger der **Liebesinsel** (Erfrischungen) einen Halt einlegen. Der Blick fällt auf Wiesen und das Planetarium. Den See verlassen Sie wie Sie gekommen sind und paddeln dann nach links. Falls Sie eine Stärkung benötigen: Direkt am Goldbekkanal können Sie in der Saison am **Café Sommerterrassen** anlegen und pausieren.

Anschließend geht es durch den **Barmbeker Stichkanal**, um dann dem **Osterbekkanal** nach rechts zu folgen. Der kleine Fluss wurde Ende des 19. Jh. kanalisiert und von Industriebauten eingerahmt. Aus der ehemaligen Produktionsfirma für Hafen- und Industriekräne ist 1980 das **Kampnagel** geworden. Theater, Performances, Sommerfestival – das Fabriktheater hat sich vor allem als Gastspielstätte für hervorragende Tanzaufführungen etabliert. Der Osterbekkanal verbreitert sich beim **Langen Zug,** der in die Außenalster führt.

Nun können Sie noch ein wenig die **Außenalster** erkunden oder Sie fahren rechts unter der **Krugkoppelbrücke** hindurch zurück in den **Alsterlauf** und dann links am **Heilwigpark** wieder in den **Isebekkanal** zum **Supper Club** ❷. Dort können Sie sich dann in aller Ruhe und wohlverdient auf der coolen Außenterrasse räkeln und leckere Bowls, Burger oder Salate bestellen – dazu noch ein Prosecco auf Eis? Belohnung muss sein.

Schöner wohnen an der Klosteralleebrücke: Sie verbindet Harvestehude auf der Ostseite mit Hoheluft-Ost auf der Westseite des Isebekkanals. Der 3 km lange Kanal mündet in die Alster.

Wohnungen für Arbeiter

An der Straße Falkenried stößt man auf die **Falkenried-Terrassen** ⓬. Terrassen, im Sinn des englischen Begriffs *terrace*, bezieht sich auf den offenen Raum zwischen den vorderen Bereichen der Häuser. An der Straße Falkenried stehen die Kopfbauten, hinter denen sich kleine Reihenhäuser entlang der Terrassen zur Löwenstraße hin reihen. Von 1890 bis 1903 baute die Stadt die kleinen Wohnungen für die Arbeiter der damaligen Straßenbahnfabrik, die den Krieg unbeschadet überstanden. Trotzdem sollten sie in den 1970er-Jahren abgerissen werden, um Platz für lukrative Neubauten zu schaffen. Nach Protesten wurden die Falkenried-Terrassen unter Denkmalschutz gestellt und werden heute von den meisten Mietern selbst verwaltet.

Eppendorf ♀O/P1/2

Vorbei sind die wilden Partys

Was heute aussieht, als wäre es schon immer eine Wohnstätte der Elite gewesen, hat auch ganz andere Zeiten erlebt. Einst soll das Viertel gewesen sein wie die Sternschanze heute. Altbauten, bewohnt von jungen Studenten, belebt von linkem Gedankengut und wilden Partys. Das war Eppendorf in den 1960er-/70er-Jahren. Die Studenten von damals sind anscheinend geblieben, nur dass sie zu Professoren und Doktoren geworden sind. Sie leben in einem architektonisch wunderschönen und von Kanälen durchzogenem Viertel.

Was von den wilden Zeiten blieb

Das Szenelokal Onkel Pö, ab 1970 im Lehmweg, galt als Underground-Bar. Udo Lindenberg und Otto Waalkes hingen hier ab, hatten neben Jazzgrößen ihre ersten Auftritte. Das Onkel Pö ist Vergangenheit, geblieben aber ist die **Haynstraße 1–3** ❸. Dort wohnt seit den Siebzigerjahren eine (Ex-)Studentengruppe zu einem Drittel des heute üblichen Mietpreises. Ein Jurastudent hatte das damals im Mietvertrag durchgeboxt. Politische Botschaften an der Fassade verdeutlichen, dass Spekulanten längst großes Interesse haben, die Mietergemeinschaft loszuwerden und ganz andere Mieten zu verlangen. Bisher erfolglos. Von der wilden Studentenzeit ist im Viertel ansonsten nicht mehr viel zu sehen. Und ein paar Kilometer weiter fragt sich die gentrifizierte Sternschanze, ob so die eigene Zukunft aussehen wird.

Dorf, Kurort, Krankenhaus

Eppendorf wurde erstmals 1140 erwähnt und ist damit das älteste Dorf Hamburgs. Ein dörfliches Relikt, ein Fachwerkhaus, steht noch in der Ludolfstraße 19. Erst im 19 Jh. kamen die ersten gutbetuchten Hanseaten, um hier Landsitze zu errichten. Das **Kurbad Beim Andreasbrunnen** entwickelte sich mit seinem heilendem Wasser zu einem beliebten Ziel. In direkter Nachbarschaft, der Kurbetrieb war längst eingestellt, wurde 1899 das **Neue Allgemeine Krankenhaus** errichtet. Eigentlich war sein Bau am Hafen geplant, aber die Lage am damaligen Stadtrand war kostengünstiger. Aus dem Hospital ging das **Universitätsklinikum Eppendorf** hervor.

Eppendorfer Landstraße
📍 P2

Schönes Eppendorf

Ein Bummel über die **Eppendorfer Landstraße** ⓮ mit Blick auf die Architektur gibt einen guten Eindruck von Eppendorf. Prachtvolle zumeist weiße Häuser mit vielen Ornamenten, im Erdgeschoss schöne Boutiquen, ziehen sich die Straße entlang. Im Mai findet das **Eppendorfer Landstraßenfest** (www.hamburg.de/eppendorfer-landstrassenfest) statt, das älteste und größte Straßenfest Hamburgs. Flohmarkt, Livemusik etc. auf 2 km.

Immer wieder Grün

Hinter der Häuserzeile Nr. 58–62 verbirgt sich der **Kellinghusenpark** ⓯, früher Teil des Landsitzes von Bürgermeister Heinrich Kellinghusen (1796–1876). Zwischen den Häusern auf der einen und der oberirdischen U-Bahn-Trasse auf der anderen Seite überrascht der Park mit alten Bäumen, einem Teich und einer Reetdachkate. Jenseits der Goernestraße liegt das Holthusenbad ❸ (s. S. 161).

Wer bisher noch kein Gedicht von Wolfgang Borchert (s. S. 154) gelesen hat, kann dies am **Eppendorfer Marktplatz** ⓰ nachholen: Sein Poem »Sag Nein!« ist dort auf einer Bronzetafel verewigt.

Der **Hayns Park** ⓱ nördlich des Marktplatzes ist ein idyllischer Anwohnerpark. Er entstand ebenfalls aus dem privaten Garten eines Landsitzes. Aus dieser Zeit ist noch der klassizistische **Rundtempel** (1. Hälfte 19. Jh.) erhalten. Zusammen mit der Affenfaust Galerie (s. Tour S. 97) gestalten halbjährlich Künstler diesen Monopteros. Die Stadt hofft, dass er so – aus Respekt vor den Künstlern – nicht mehr verschandelt und beschädigt wird. Im Park liegt auch der **Eppendorfer Mühlenteich,** der bekannt ist als Winterquartier für die Alsterschwäne.

St. Johannis
📍 P2

Kirchliches und Klösterliches

Erstmalig wurde die beliebte Hochzeitskirche **St. Johannis** ⓲ (Ludolfstr. 66,

TOUR
Ein Park für alle

Spaziergang durch den Hamburger Stadtpark in Winterhude

Der **Stadtpark** ㉓ mag einen nüchternen Namen tragen, ist aber der Hamburger Park mit den meisten Freizeitmöglichkeiten: Ruhe in versteckten Ecken, Outdoor-Fitness oder auf dem Stadtparksee unterwegs mit dem Kanu, Trubel auf den Wiesen, Verzauberung im Planetarium. 150 ha misst die grüne Lunge Hamburgs. Wo heute an einem sonnigen Wochenende 200 000 Besucher unterwegs sind, jagte einst der Großgrundbesitzer Adolph Sierich auf seinem eigenen Gelände. 1902 kaufte es die Stadt und ließ es zu einem Volkspark umgestalten. Hier gibt es nun Biergärten, Liegewiesen, Spielplätze und eine **Freilichtbühne**, wo grandiose **Open-Air-Konzerte** stattfinden. Die Rolling Stones waren auch schon hier.

Tolle Konzerte in der Freilichtbühne (www.stadtparkopenair.de, S 1, 11 Alte Wöhr/Stadtpark), finden in den Monaten Mai–Okt. statt

Von der U Borgweg erreichen Sie schnell den südlichen **Haupteingang** des Stadtparks. Halten Sie sich rechts. Vorbei an einem alten **Steingarten**, einer Sportanlage und Skulpturen wie dem **Liegenden Hund** von 1863. Vor ihnen öffnet sich die große **Festwiese**. Halten Sie sich weiterhin rechts, gelangen Sie zum **Stadtparksee** mit der

Infos

ca. 90 Min. ohne Einkehr oder andere Aktivitäten

Info:
www.hamburger stadtpark.de, tgl. 24 Std. frei zugänglich

Start:
Stadtpark, Haupteingang (Süd),
📍 R 2, U 3 Borgweg (Stadtpark)

Planetarium:
www.planetarium-hamburg.de, je nach Veranstaltung ab 11/7 €

Einkehren:
Im Park gibt es **Cafés, Biergärten** etc. (meist saisonabhängig geöffnet). Zudem sind zwei **Grillzonen** ausgewiesen. **Café am Planschbecken,** www.cafe-planschbecken.de, ganzjährig tgl. ab 11 Uhr; **Trinkhalle im Stadtpark,** www.trinkhalle-im-stadtpark.de, Fr 12–18, Sa/So 10–18 Uhr

Kanuverleih:
www.stadtparksee.de, saison- und wetterabhängig Mo–Fr ab 11, Sa/So ab 10 Uhr

---

Liebesinsel. Über eine geschwungene Backsteinbrücke gelangen Sie auf die verwunschen wirkende kleine Insel. Beim Kanuverleih lohnt es sich ein Ruderboot oder ein SUP-Board auszuleihen und die romantischen Kanäle zu erkunden. Auf der anderen Seite des Sees liegt das **Naturbad** mit Wasserrutsche und Sprungbrettern. Hinter dem Stadtparksee werden Freunde von Modellschiffen glücklich. Ab Mitte April wird das **Modellbootbecken** mit Wasser gefüllt und kleine wie auch große Kinder lassen ihre Schiffchen fahren.

Wer sich nach ein wenig mehr Wildnis sehnt, geht Richtung Norden. Auf dem Weg sollten Sie einmal nach links schauen: Jenseits der Festwiese sehen Sie das **Planetarium.** Vorbei an Skulpturen und dem **Pinguinbrunnen** erreichen Sie den urwüchsigen **Ententeich,** zwei durch eine kleine Brücke verbundene Weiher.

Lassen Sie das Feuchtbiotop hinter sich und gehen leicht rechts, dann erreichen Sie das maximal 40 cm tiefe **Planschbecken.** Der Name ist Programm: Kinder lieben es! Umgeben ist es von einem schönen **Spielplatz** mit Seilbahn, einem **Beachvolleyballplatz** und einem **Café.**

Auf dem Weg zum Planetarium können Sie sich beim **ehemaligen Luft- und Sonnenbad** in Ruhe sonnen: Kleine Abschnitte sind mit Holzpalisaden und Buchenhecken abgetrennt. Unterhalb des Sonnenbadareals halten Sie sich an der Skulptur **Badende Frau** rechts, queren die Otto-Wels-Straße und gehen geradewegs auf das Planetarium zu. Drehen Sie sich ruhig einmal um: Sie gewinnen einen tollen Eindruck von der Weite des Stadtparks.

Der 70 m hohe alte **Wasserturm** von 1912 ist schon seit 1930 Heimat des **Planetariums.** Von der **Aussichtsplattform** (zzt. wegen Sanierungsarbeiten geschlossen) können Sie weit über den Park hinaus blicken. Ansonsten: Lassen Sie sich drinnen in einen Liegesessel sinken und von den Sternenshows verzaubern.

Als Abschluss können Sie an Wochenenden in der **Trinkhalle** von 1916 einkehren. Sie schenkt nicht nur (Heil-)Wasser aus, sondern ist auch ein angenehmes Café. Hinter dem runden Mittelbau mit Flügelbauten öffnet sich ein schönes Parkpanorama.

www.johannis-eppendorf.de, Mo–Fr 10.30–12.30, 15.30–17.30, So 15–17 Uhr) 1267 urkundlich erwähnt. Vermutlich liegt ihr Ursprung noch weiter zurück. Die Kirche brannte ab, wurde ausgeraubt und steht doch immer noch da. Malerisch gelegen an der Alster, mit dem **Predigerhaus** (Pastorat) von 1731 gleich nebenan.

Ins Auge sticht das **Damenstift Kloster St. Johannis** ⓭ (Heilwigstr. 162) von 1536. Das ehemalige Dominikanerkloster wurde 1536 in Nachfolge eines aufgelösten Zisterzienserinnenklosters zu einem evangelischen Stift für unverheiratete Hamburger Patrizier- und Bürgertöchter. Heute ist es eine (nicht-klösterliche) Wohnanlage für ledige Damen über 60.

Tarpenbekstraße ♀P1/2

Literatur und Politik

In der Tarpenbekstraße 82 steht das **Geburtshaus** ⓴ des Hamburger Schriftstellers **Wolfgang Borchert** (1921–47; »Draußen vor der Tür«). Der junge Borchert ging damals in die **Erikaschule** ㉑ (Erikastr. 41), an der sein Vater unterrichtete. Die später in **Wolfgang-Borchert-Schule** umbenannte Grundschule wurde 2012 geschlossen. Heute ist sie eine Ganztags-Grundschule, deren Name an eine frühere Lehrerin, **Marie Beschütz,** erinnert. Diese wurde aufgrund ihrer jüdischen Großeltern unter dem Naziregime aus dem Schuldienst entlassen. Den Namen Wolfgang Borchert hält seit August 2019 die neu erbaute Grundschule in der Schwenckestraße 91–93 wieder hoch.

Der unterirdische **Luftschutzbunker** ㉒, ein Röhrenbunker, mit Zugang auf dem Ernst-Thälmann-Platz kann mit einer Führung vom Stadtteilarchiv Eppendorf e. V. besichtigt werden (T 040 480 47 87, www.stadtteilarchiv-eppendorf.de). Seit 1995 trägt der Bunker auch den Namen **Subbühne – ein anderes Denkmal für Wolfgang Borchert.**

Die **Gedenkstätte Ernst Thälmann** ㉘ erinnert an den gebürtigen Hamburger Reichstagsabgeordneten und KPD-Vorsitzenden, der 1929–33 in der Tarpenbekstraße 66 lebte. Die Nazis inhaftierten ihn als politischen Gegner für elfeinhalb Jahre, am 18. August 1944 wurde er im KZ Buchenwald erschossen.

ERSTE SCHULE FÜR GEHÖRLOSE **G**

Im 18. Jh. war Samuel Heinicke (1727–90) Kantor an der Kirche St. Johannis, aber nicht nur das. Er war auch Schulmeister in der Dorfschule in unmittelbarer Nähe und wurde dafür bekannt, dem gehörlosen Sohn des Müllers das Sprechen beigebracht zu haben. In der Folge war er ab 1777 ausschließlich als Taubstummenlehrer tätig. 1778 gründete er dann in Leipzig die erste Gehörlosenschule Deutschlands, die noch heute als Sächsische Landesschule für Hörgeschädigte, Förderzentrum Samuel Heinicke fortbesteht.

Ausflüge

Tierpark Hagenbeck ♀L/M1

Im ersten, 1907 eröffneten, gitterlosen Zoo der Welt, dem heutigen **Tierpark Hagenbeck** ㉕, können mehr als 1850 Tiere und rund 360 Arten bewundert werden: Löwen in einer Schlucht, Affen auf einem Felsen, Steinböcke und Gämsen im Hochgebirgspanorama, Flamingos auf der Wiese. Die damals revolutionäre Idee von der artgerechten Präsentation

Lieblingsort

Biotop der Ruhe

Das 26 ha große **Eppendorfer Moor** ㉔ (♀ **Karte 5, C 3**) im Stadtteil Groß Borstel ist eine überraschende, ruhige Oase nahe lärmender Straßen. Das größte innerstädtische Moor Europas zeigt sich als eine verwunschene, grüne Moorlandschaft mit 320 verschiedenen Pflanzen- und Hunderten von Schmetterlingsarten (knapp 80 stehen auf der Roten Liste). Vor 100 Jahren wurde hier noch Torf abgebaut und nach dem Krieg sollte es kurzerhand mit Bauschutt zugeschüttet werden, was zum Glück verhindert werden konnte. Viel Brennholz wurde geschlagen, bevor man das Moor 1982 unter Naturschutz stellte. Die Ruhe und Weite erweckt den Eindruck, fern der Stadt zu sein. Das Moor quillt über von Wald- und Vogelgeräuschen. Der Fluglärm vom nahen Hamburger Flughafen erinnert dann aber doch daran, in einer urbanen Umgebung zu sein. Keine Cafés, Imbisse, Spielplätze, null Entertainment. Nur ein paar Jogger und Hundefreunde, die unterwegs sind. Eine Kleingartenkolonie im Westen, ein lang gezogener Teich im Südosten. Auf einem Spaziergang durch die Moorlandschaft können Sie runterkommen und den Kopf frei bekommen.

exotischer Tiere griffen viele zoologische Gärten später auf. 2007 kam das **Tropenaquarium** hinzu, 2012 das **Eismeer,** in dem Sie in die Welten von Arktis und Antarktis eintauchen können.

1848 begann alles mit sechs Seehunden in Holzbottichen auf dem Spielbudenplatz in St. Pauli, die der Fischhändler Gottfried Claus Carl Hagenbeck ausstellte. Es folgte 1863 ein Tierhandelsgeschäft. Sein Sohn Carl übernahm das Geschäft 1866 und bereiste die Welt, um Tiere zu erwerben. Anfang der 1870er-Jahre eröffnete er am Neuen Pferdemarkt Hagenbeck's Thierpark. Er studierte Sprungweiten und -höhen der Tiere, denn ihm schwebte ein Tierpark ohne Gitter vor. Nur Gräben und andere möglichst unauffällige Begrenzungen sollten die Tiere vom Publikum trennen. Die Tiere sollten in einer möglichst naturnahen Umgebung leben. Schließlich eröffnete er 1907 den 19 ha großen, neuartigen Tierpark.

Arterhaltungsprogramme, Bildung und Forschung stehen noch heute im Vordergrund. Trotzdem sollte man dabei nicht vergessen, dass ein Zoo ein Geschäftsbetrieb ist und selbst große Gehege keinen natürlichen Lebensraum ersetzen. Wie in jedem anderen Zoo, so zeigen auch bei Hagenbeck exotische Tiere wie Eisbären Verhaltensstörungen – so ist das nun mal bei Tieren in Gefangenschaft. Sicherlich ist es schön, wenn sich die Kleinen freuen, mal einen echten Löwen zu sehen. Die Frage ist allerdings: Muss das sein oder könnte man nicht in einen Wildpark gehen, Rehe füttern und erklären, dass Löwen, Zebras und Elefanten nicht in Hamburg leben?

Haupteingang: Loxstedter Grenzstr., Stellingen, www.hagenbeck.de, U 2 Hagenbecks Tierpark; **Tierpark/Eismeer:** Jan.–März, Ende Okt.–Feb. 9–16.30, März–Juni, Sept.–Ende Okt. 9–18, Juli/Aug. 9–19; **Tropen-Aquarium:** tgl. 9–18, Jul/Aug. 9–19 Uhr (Heiligabend, Silvester alles 9–13 Uhr), Kassenschluss 1 Std. vor Parkschließung; 20 €, 4–16 Jahre 15 €

Friedhof Ohlsdorf

♀ Karte 5, D3

Promigräber im Riesenpark

Der **Friedhof Ohlsdorf** ❷❻ ist mit rund 389 ha der größte Parkfriedhof Europas und Hamburgs größte Grünanlage. Alter Baumbestand – 450 Laub- und Nadelbaumarten –, Teiche und Seen und unzählige alte Grabmale: Der Friedhof ist grüne Oase, Totengedenkstätte und Freilichtmuseum der Grabmalkultur zugleich.

Die Cordesallee, benannt nach dem Planer des Friedhofs, Wilhelm Cordes, durchzieht den Park, von ihr aus gehen weitere Fahrstraßen ab und erschließen in großen Bögen das Areal. Dazu gibt es verwunschene Fußwege mit Kapellenbauten, die bei der Orientierung helfen. Die Ränder des Gebiets wurden zu einem Waldgürtel aufgeforstet.

Auf dem Friedhof ruhen bekannte Hamburger Persönlichkeiten – Senatoren, Bürgermeister, Kaufleute. Aber auch der Maler Philipp Otto Runge, die Prinzipalin der Kammerspiele Ida Ehre, Gustaf Gründgens oder Albert Ballin, Wolfgang Borchert und Alfred Kerr, Hans Albers und Inge Meysel sind hier beigesetzt.

Wer den Friedhof intensiv erkunden möchte: Einen **Friedhofsplan** können Sie auf der Website herunterladen. Sie erhalten ihn u. a. aber auch im Beratungszentrum (Haupteingang, Mo–Do 9–16, Fr 9–15 Uhr). Gezielt Promigräber, Themengräber, Sehenwürdigkeiten etc. suchen und finden Sie alternativ mit der **APP Friedhof Ohlsberg.** Durch den Park fahren **Busse,** den Linienplan können Sie von der Website herunterladen. Auch Pkw dürfen im Park fahren (Tempo 30, Parken nur an den Kapellen, bei Begegnung mit Trauerzug Motor abstellen und warten).

Haupteinfahrt: Fuhlsbüttler Straße 756, S 1, 11, U 1 Ohlsdorf; April–Okt. 9–21, Nov.–März 9–18 Uhr, **Fußgängertore:** ab 6 Uhr geöffnet

Wer keine Scheu vor Friedhöfen hat, kann in Ohlsdorf unzählige schöne Grabmale, auf freien Wiesenflächen oder unter dem Schutz von Bäumen und Sträuchern, entdecken.

Museen

Fremde Welten
㉗ Museum am Rothenbaum – Kulturen und Künste der Welt (MARKK): Das ehemalige Hamburger Völkerkundemuseum will weg vom verstaubten Begriff der Völkerkunde. Und so präsentiert sich eines der größten ethnografischen Museen Europas zugänglich, modern und mitreißend an altbekanntem Ort. Im MARKK können Sie auf Weltreise gehen – nach Afrika, Asien, Ozeanien, in die Amerikas oder in Europa bleiben. Immer wieder gibt es auch Sonderausstellungen.
Rothenbaumchaussee 64, www.markk-hamburg.de, U 1 Hallerstr., Di/Mi, Fr–So 10–18, Do bis 21 Uhr, 8,50/4,50 €, unter 18 Jahren Eintritt frei

㉘ Gedenkstätte Ernst Thälmann: Im Ernst-Thälmann-Haus kann man in einer Ausstellung mehr über den Widerstand der Arbeiterbewegung erfahren.
Tarpenbekstr. 66/Ernst-Thälmann-Platz, www.thaelmann-gedenkstaette.de, Mo, Mi 14–18, Do/Fr 10–13, Sa 10–14 Uhr und n. V.

Essen

Nicht nur für Yogis
❶ Golden Temple Teehaus: Indische Currys, ayurvedische Speisen, Bowls und selbst entworfene Heißgetränke wie die leckere Kurkuma-Latte mit Vanille werden im Univiertel auf dem Sofa, der indischen Liegewiese oder im Garten genossen.
Grindelallee 26, www.gt-teehaus.de, S 2, 11, 21, 31 Dammtor Universität, Di–Fr 10–20, Sa/So 10 (Brunch ab 11)–18 Uhr, Curry

Im Grindelviertel ziehen das Abaton-Kino und das Abaton Bistro ihre Gäste magisch an. Und wenn es das Wetter zulässt, sitzen viele doch erst einmal draußen, statt auf den ledernen Bänken im Bistro.

des Tages 5,90/7,90 €, andere Gerichte ab 8,90 €

Kaffee und jüdische Kultur
2 **Café Leonar:** Bücherregale und Zeitungen, dazu schmackhafte Speisen aus Nahost und leckerer Kuchen – im Café Leonar mit angeschlossenem jüdischem Salon sind Kultur, Gemütlichkeit und Weltoffenheit unter einem Dach vereint. Es wird aber nicht koscher gekocht. Grindelhof 59, T 040 41 35 30 11, www.facebook.com/cafeleonar, Metrobus 4, 5 Grindelhof, Mo–Sa 9–22.30, So 9–18 Uhr

After Cinema
✱ **Abaton Bistro:** Häufig genug sind die lederbezogenen Bänke und Bistrostühle – etwa nach Filmpremieren – bis auf den letzten Platz besetzt. Doch die Raumaufteilung, die lange Fensterfront, das aufmerksame Personal: Alles zusammen ergibt ein Gefühl von Gastfreundlichkeit und nicht von einem Massenbetrieb. Neben Abaton-Klassikern wie Maccaroni mit Fenchel, Austernpilzen und Kräutern gibt es eine täglich wechselnde Karte mit Vorspeisen und Hauptgerichten. Recht kommunikative, freundliche Atmosphäre. Grindelhof 14a, T 040 45 77 71, www.abaton-bistro.de, Metrobus 4, 5 Grindelhof, Mo–Fr 9.30–1, Sa ab 12, So 12–24 Uhr, Hauptgerichte ab 10 €

Pizza meets Bowl
3 **ROK – Rock Our Kitchen:** In der stylischen Pizzeria kommen neben ofenfrischen, gesunden und originellen Pizzaideen auch Salate und kreative Bowls auf den Tisch. Super! Grindelhof 87, T 0151 65 78 98 77, www.rockourkitchen.com, Metrobus 4, 5 Grindelhof,

Di–Do 12–14.30, 18–22, Fr 12–14.30, 17–23, Sa 13–23, So 17–21 Uhr, Gerichte 11–17 €

Shoppen geht durch den Magen
4 Salon wechsel Dich: Jungdesigner haben das Wechsel-Café ausgestattet. Alles, was Sie hier sehen, kann gekauft werden – und wird es auch. Doch gern wird erst einmal pausiert, bei Frühstück (ab 5,90 €), Flammkuchen, Panini (ab 6,50 €) … Eine dicke Waffel mit cremigem Ziegenkäse und Birnenchutney später – und auch Sie nehmen den Teller mit, von dem Sie eben noch gegessen haben.
Grindelhof 62, www.salonwechseldich.de, Metrobus 4, 5 Grindelhof, tgl. 10–18 Uhr

Très français
5 Mandelmehl & Zuckerei: Éclairs, Macarons, Croissants … In der kleinen Backstube wird genussvoll geschlemmt. Neben Süßem gibt es ein klasse Frühstück.
Rappstr. 16, T 040 41 35 53 43, www.mandelmehlundzuckerei.de, Metrobus 4, 5 Grindelhof, Di–Fr 8–18.30, Sa/So 9–18.30 Uhr

Sehr angesagt
6 Marsbar: Mitten im schicken Falkenriedquartier steht der Backsteinkiosk, der ein Restaurant ist. Ob für Frühstück, Salat, Pasta oder nur einen Cocktail – besonders schön sind im Frühjahr und Sommer die Außenplätze, der Sonne zugewandt!
Straßenbahnring 2, T 040 46 00 99 50, www.marsbar-hamburg.de, U 3 Hoheluftbrücke, Mo–Sa 9–24, So 10–18 Uhr, warme Gerichte ca. 14–27 €, Mo–Sa mittags günstiger

An der ›Gracht‹
7 Little Amsterdam: Ein Hauch von holländischem Charme am Isebekkanal. Eigentlich nur ein Kiosk mit schöner Außenterrasse, dazu Liegestühle auf grüner Wiese. Hausgemachte Kuchen, Kaffee, Wein, Drinks. Leckere Kleinigkeiten von Wrap bis Salat – vieles vegan.
Klosterallee 69, www.facebook.com/Little AmsterdamHH, U 3 Hoheluftbrücke, Eppendorfer Baum, Mo–Sa 12–22, So 11–21 Uhr

Japan Fusion
8 Zipang: Wer denkt, japanisch bedeutet auch immer Sushi, der irrt. Ausgezeichnet vom Guide Michelin serviert Küchenchef Toshiharu Minami Fünf- oder Sieben-Gänge-Menüs 47/65,50 €.
Eppendorfer Weg 171, T 040 43 28 00 32, www.zipang.de, Metrobus 20, 25 Kottwitzstr., Di–Sa 12–14.30 (günstigerer Mittagstisch), 18.30–22 Uhr, Reservierung empfohlen

Vegetarisch und vegan seit 1976
9 Tassajara: Im gemütlichen Ambiente kommen hier ayurvedisch-asiatische Speisen auf den Tisch, natürlich vegetarisch und vegan. Mit Sonnenterrasse.
Eppendorfer Landstr. 4, T 040 48 38 01, www.tassajara.de, U 3 Eppendorfer Baum, Schnellbus 34, Haynstr., Bezirksamt Hamburg-Nord, Mo–Sa 11.30–23 Uhr, warme Gerichte 12,50–16,90 €

Sehen und gesehen werden
10 Poletto Winebar: Die große quirlige Weinbar scheint immer voll zu sein. Liegt vermutlich am guten Wein, ausgesucht von den Inhabern und Sommeliers Remigio Poletto und Luigi Francia. Dazu gibt es italienische Speisen (Pasta ab 12,90 €, Hauptgerichte ab 23,90 €, Mittagstisch ca. 10–14 €).
Eppendorfer Weg 287, T 040 38 64 47 00, www.poletto-winebar.de, Mo–Sa 12–24 (Küche bis 23), So 12–23 (Küche bis 22.30) Uhr

Puristisch
11 Brechtmanns Bistro: Von Scharbeutz zog es die Brechtmanns nach Eppendorf, wo sie in den fünf kleinen Räumen asiatisch inspirierte Leckerbissen servieren. Sympathisch, unkompliziert und trotzdem merkbar etwas Besonderes.
Erikastr. 43, T 040 41 30 58 88, www.brechtmann-bistro.de, Metrobus 22 Eppendorfer

Marktplatz, tgl. 12–22 Uhr, Hauptgerichte 10–27 €

Kultiger Kult
12 Brücke: Seit 30 Jahren nicht aus Eppendorf wegzudenken. Besonders beliebt bei Werbeleuten und Journalisten. Kleine Karte, aber immer gut!!
Innocentiastr. 82, Harvestehude, T 040 422 55 25, U 3 Hoheluftbrücke, Mo–Sa 12–15, 19–23, So 18–23 Uh, Gerichte 9–18 €

Sonnig und kreativ
13 Restaurant Stüffel: Im Stüffel kommt nur das Beste aus der Region auf den Tisch. In der offenen Küche wird kreativ norddeutsch gekocht. Das Ambiente ist cool, die große Sonnenterrasse noch cooler!
Isekai 1, Eppendorf, T 040 60 90 20 50, www.restaurantstueffel.de, U 3 Eppendorfer Baum, U 1, 3 Kellinghusenstr., Di–Sa 12–14.30, 18–22.30, So 11–15 (Brunch), 18–22.30 Uhr, Hauptgerichte 25–30 €, Drei-Gänge-Menü 37 €, Mittagsgerichte 12–15 €

Einkaufen

Lust zu shoppen?
Nahe der Universität geht es eher günstiger zu als in Harvestehude und Eppendorf. Dafür gibt es im Letzteren viele feine Boutiquen. Der **Lehmweg** und die **Hegestraße** in **Eppendorf** empfehlen sich für den entspannten Einkäufer. Nah am Kanal gelegen, mit kleinen Boutiquen und Cafés hinter pittoresken Fassaden wird die Ecke auch als kleines Notting Hill Hamburgs gehandelt. Am **Eppendorfer Weg** laden dazu noch Designshops zum Stöbern ein.

Immer für eine Überraschung gut
1 Pappnase & Co.: Und plötzlich ist der Sommer da! Lust zu jonglieren, Einrad zu fahren oder sich mit dem Diabolo zu versuchen? Gibt es alles beim legendären Eckshop Pappnase. Artistik-, Theater- und Spielzeug und im hinteren Bereich Comics für die eher herbstlichen Tage.
Grindelallee 92, www.pappnase.de, S 2, 11, 21, 31 Dammtor Universität, Mo–Mi 10–18.30, Do/Fr 10–19, Sa 10–16 Uhr

Für Vinylfans
2 Plattenrille: Hunderttausende von Vinylplatten warten darauf gefunden zu werden. Nach 40 Jahren wurde der Schallplattenladen an die nächste Generation übergeben, die voller Begeisterung gefühlt schon zehnmal alles gehört hat und begeistert berät.
Grindelhof 29, www.plattenrille.de, Metrobus 4, 5 Grindelhof, Mo–Sa 11–19 Uhr

Hamburgs schönster Markt
3 Isemarkt: Zwischen den U-Bahn-Stationen Hoheluftbrücke und Eppendorfer Baum verläuft die Isestraße. Hier findet unter den Bahngleisen einer der größten Freiluftmärkte Deutschlands statt. Regionale Produkte zum Probieren, Blumen, Gewürze und mehr werden hier angepriesen.
Isestr., www.isemarkt.de, Harvestehude, U 3 Hoheluftbrücke, Eppendorfer Baum, Di, Fr 8.30–14 Uhr

Hamburgs kleinstes Kaufhaus
4 Kaufrausch: Im Concept-Store ist für jede etwas dabei: Hüte, Schmuck, das neue Kleid, Taschen. Danach können Sie in Harry's Café eine Pause machen.
Isestr. 74, www.kaufrausch-hamburg.de, U 3 Eppendorfer Baum, Mo–Fr 11–19, Sa 11–18 Uhr; Café Mo–Fr 9–19, Sa 9–18 Uhr

Köstlicher Kaffee
5 Kaffeerösterei Burg: Der Duft von Kaffee ist allgegenwärtig. Die Kaffeerösterei Burg ist eine der letzten privaten Röstereien Hamburgs. Ein wunderschöner, traditionsreicher Laden. Hier kauft man Kaffee, Schokolade und alles, was dazugehört.

Eppendorfer Weg 252, www.kaffeeroesterei-hamburg.de, U 3 Eppendorfer Baum, Mo–Fr 8–19, Sa 8–18 Uhr

Bewegen

Am und auf dem Wasser
Der Blick ist berauschend, die Inneneinrichtung nicht. Das ist aber egal, weil man sich bei **Bobby Reich** ❶ nach draußen setzt und Kaffee oder Bier trinkt, bevor oder nachdem man gerudert oder gepaddelt hat. Die Alternative bietet der **Supper Club** ❷ am Isekai. Hier können Sie Kanus oder SUP-Boards ausleihen und einen SUP-Kurs belegen. Der Club ist auch eine coole Location zum Essen oder Trinken.

Bobby Reich: Fernsicht 2, www.bobbyreich.de, **Verleih** April–Sept. tgl. 9.30–ca. 20, **Gastronomie** 1.1.–23.12. tgl. ab 10 Uhr; **Supper Club:** Isekai 13, www.supperclub.de, U 1 Klosterstern, U 1, 3 Kellinghusenstr., Sommer bei gutem Wetter Mo–Fr ab 12, Sa/So ab 10 Uhr

Saunen und Schwimmen mit Stil
Das über 100 Jahre alte **Holthusenbad** ❸ beheimatete bis 1948 ein Standesamt und eine der ersten Bücherhallen. Nun können Sie sich im Wellenbad vergnügen, ein paar Runden im Freibad drehen oder in die schöne Sauna gehen. Im Jugendstilambiente schwimmt und entspannt es sich hervorragend. Eine Alternative ist Hamburgs ältestes Bad, das **Kaifu-Bad** ❹ mit großem Innenpool, 50-m-Freibad (mit 10-m-Sprunganlage) und ebenfalls einer Sauna.

www.baederland.de/bad; **Holthusenbad:** Goernestr. 21, Eppendorf, U 1, 3 Kellinghusenstr., tgl. 10–22, Wellenbad Mo–Fr ab 11, Sa/So ab 10, Freibad Mo–Fr ab 9 Uhr, Stunden- und Tageskarten (s. Website); **Kaifu-Bad:** Hohe Weide 15, U 2 Christuskirche, Mai–Sept. Mo–Fr 9–22, Sa/So 10–22 (Freibad

Zu Bobby Reich kommen sie alle, zumindest die Paddler und Segler und all die, die einfach auf die Außenalster gucken und entspannen möchten.

jeweils bis 20), Okt.–April bis 24 Uhr, Freibad geschlossen, Bad 6,30 €, unter 16 Jahren 3,10 €, inklusive Sauna 18/9,80 €

Ausgehen

Bei der Universität häufen sich unkomplizierte Bars mit Happy Hours nebst studentischem Publikum.

Studentenparty
Pony Bar: Café, Bar, Kulturangebote. Die Pony Bar im alten Pferdestall auf dem Campus ist super gemütlich mit alten Sofas und Sesseln eingerichtet. Angeregte Stimmung und super Getränkepreise.
Allende-Platz 1, www.ponybar.de, Metrobus 4, 5 Grindelhof, Mo–Fr ab 9, Sa/So ab 10 Uhr

Versteckt
The Gone Away Bar: »An American Cocktail Bar« ist der Untertitel der Kellerbar. Hier mixt der Amerikaner Max feinste Cocktails (ab 12 €). In der kunterbunten Bar werden alle Säfte und Sirupe selbst gemacht. Ob es die leckeren Tacos von Flo gibt, erfahren Sie spontan über Instagram.

UNTER EINHEIMISCHEN – ALSTERRUNDWEG **A**

Ein Muss bei einem Hamburgbesuch ist die Umrundung der Außenalster. Die 7,4 km können in 2–3 Stunden entspannt bewältigt werden. Also keine Müdigkeit vorschützen! Bei Erschöpfung findet sich immer ein Restaurant oder ein Café, oftmals wunderschön gelegen mit grandiosem Blick auf die Außenalster. Jogger, Radfahrer, Familien – hier trifft sich Hamburg. Also mischen Sie doch mit und genießen Sie die traumhaften Aussichten und Einblicke, die Sie dabei erhalten werden.

Milchstr. 25, www.goneawaybar.com, #goneawaybar, U 1 Hallerstr., Di 19–24, Mi–Sa 20–1 Uhr

Exkursion zum nächsten Drink
Botanic District: Cocktails und Highballs, dazu Burger und Bowls – in stylischer Atmosphäre kann man kaum lässiger in Eppendorf einen Drink zu sich nehmen.
Hegestr. 14, www.botanic-district.de, U 3 Eppendorfer Baum, Mo–Sa ab 17 Uhr

Stylish
The Boilerman Bar: In der kleinen Bar im Speakeasy-Stil werden immer kräftig die besten Highballs gemischt.
Eppendorfer Weg 211, www.boilermanbar.net, Metrobus 5 Eppendorfer Weg (Ost), Mo–Mi 18–1, Do–Sa 18–2 Uhr

Urig
Hamburger Kammerspiele: Traditionsreiches Sprechtheater im Univiertel.
Hartungstr. 9–11, www.hamburger-kammerspiele.de, U 1 Hallerstr., 18–54 €

Kultkino
Abaton-Kino: Das erste und älteste Programmkino Deutschlands zeigt Arthouse- und Dokumentarfilme in drei Sälen. Zurückgelehnt in den roten Plüschsesseln kann man bei den vielen Sonderveranstaltungen auch geladenen Gästen, den Machern hinter der Kamera, lauschen.
Allende-Platz 3, Ecke Grindelhof, www.abaton.de, Metrobus 4, 5 Grindelhof, 8,50 €, Mi (Kinotag) 6,50 €

Kino mit Flair
Holi Hamburg: Das Kino vom Beginn der 1950er-Jahre besitzt einen unter Denkmalschutz gestellten paillettenbesetzten und handbemalten Leinwandvorhang. Es ist das einzige Programmkino, das zum Großanbieter Cinemaxx gehört. Das tut dem Niveau aber keinen Abbruch.
Schlankreye 69, www.cinemaxx.de/kinoprogramm/hamburg-holi, U 3 Hoheluftbrücke

Zugabe
›Klein-Jerusalem‹

Hamburgs jüdisches Viertel

In keinem anderen Viertel stößt man auf so viele Stolpersteine wie im Grindel. 2000 dieser kleinen in den Boden eingelassenen Mahnmale machen aufmerksam auf Schicksale jüdischer Hamburger, die hier lebten. Bis 1933 war das Viertel das Herz des jüdischen Lebens in Hamburg. Kein Ghetto, sondern ein Miteinander von Juden und Nicht-Juden. Eine große Synagoge stand auf dem heutigen Joseph-Carlebach-Platz, 40 m hoch und mit einer riesigen Kuppel. Die Bornplatzsynagoge wurde in der Pogromnacht 1938 zerstört.

Joseph Carlebach war Hamburgs letzter Oberrabbiner. Er, seine Frau und seine Kinder wurden 1941 nach Riga deportiert und ein Jahr später getötet. Seit 2004 vergibt die Universität Hamburg alle zwei Jahre den Joseph-Carlebach-Preis für herausragende wissenschaftliche Beiträge zur jüdischen Geschichte und Kultur.

Am Joseph-Carlebach-Platz stehen Sie im früheren Zentrum des jüdischen ›Klein Jerusalem‹. Heute erfährt das jüdische Leben in Hamburg den Beginn einer kleinen Renaissance. Viele Supermärkte im Grindelviertel bieten koschere Produkte an. Zeugen für die zaghafte Renaissance sind auch die Joseph-Carlebach-Schule (s. S. 144) oder das Café Leonar (s. S. 158) mit seinem wunderbaren Kulturprogramm. Das Shalom (Grindelallee 44, www.shalom-schmuckdesign.de, Mo–Fr 11–18, Sa 11–16 Uhr) verkauft Schmuck und Glas aus Israel.

In den Hamburger Kammerspielen (s. S. 162) erinnern der Logensaal und das Café Jerusalem an die jüdische Vergangenheit des Hauses. 1836 wurde das Theater gegründet und 1906 vom jüdischen Verein gekauft. Mit der Machtergreifung der Nazis wurde es geschlossen und 1942 als Sammelstelle für Hamburger Juden missbraucht, die man von dort nach Auschwitz deportierte. Die jüdische Schauspielerin Ida Ehre eröffnete es nach dem Krieg erneut. Sie wollte ein »Theater der Menschlichkeit«, dort anknüpfen, wo Zensur und Feindschaft Bande zerrissen hatten, stets mit dem Ziel die ewigen Wahrheiten zu suchen. Legendär wurde die Uraufführung von Wolfgang Borcherts »Draußen vor der Tür« am 21. November 1947. Heute schätzt man, dass in Hamburg wieder circa 5000 Juden leben. ∎

»Theater der Menschlichkeit«

Als erste Frau erhielt Ida Ehre die Hamburger Ehrenbürgerwürde. Heute ruht sie, übrigens neben Gustav Gründgens, auf dem Friedhof Ohlsdorf.

St. Georg

Welten treffen aufeinander — Lebendige Schwulen- und Lesbenszene, schickes Alsterflair, die meisten Moscheen Hamburgs … und ein aktiver Straßenstrich, das alles wechselt sich auf der anderen Seite des Hamburger Hauptbahnhofs ab.

Seite 167
Zwischen Hbf und Außenalster
Großes deutsches Sprechtheater im Palastbau des Deutschen Schauspielhauses, Plattdeutsch im Ohnsorg-Theater, ein alter Dorfkern und ein mondänes Traditionshotel an der Außenalster.

Seite 170, 172
Außenalster
Wassersportler, Jogger, Kaffeetrinker. Alle zieht es an die Außenalster und auf einen Spaziergang am Ufer. Dort finden sich Cafés, z. B. im Literaturhaus, und Wiesen wie im Alsterpark, dazu herrliche Aussichten auf die Stadt.

Nicht nur Pinsel und Palette kommen in St. Georg zum Einsatz.

Eintauchen

Seite 172
Rund um die Lange Reihe
Auf der Langen Reihe bummelt es sich am schönsten und Zeit für einen Plausch ist hier meistens auch. Boutiquen, Schwulenbars, Künstlertreffs – und das zumeist in herrlich alten Häusern.

Seite 172
Steindamm
Auf dem Steindamm ist es alles andere als schick. Hier zeigt sich die raue Seite des Bahnhofsviertels mit Sexshops und Prostitution. Hier liegen aber auch das Kabarett Polittbüro und das Hansa Varieté Theater.

Seite 174
Museum für Kunst und Gewerbe

Kunsthandwerk, Kulturgeschichte, Fotografie und Design – rund einer halben Million Objekten aus 4000 Jahren verdankt das MKG seinen Stellenwert. Aktuelle Ausstellungen auch zu kritischen Themen.

Seite 178
WasserKunst Elbinsel Kaltehofe

In Rothenburgsort erleben Sie Wasser einmal anders. Wie funktioniert die Wasserversorgung einer Stadt wie Hamburg? Schauen Sie es sich selbst an. Auf der Elbinsel Kaltehofe spazieren sie dann zwischen Wasser und Grün durch ein wahres Paradies für Vögel – und erkunden dabei, die erste Wasserfiltrationsanlage der Stadt.

&

Seite 181
Multikulti am Steindamm

Der Steindamm und seine Umgebung sind mehr als Sex und Dönerbuden. Hier fühlt sich Hamburg großstädtisch an, wird der Melting Pot, der die City sein kann, deutlich.

Nicht nur während der Hamburg Pride ist St. Georg bunt.

ns Albers ist hier geboren, Monika eibtreu lebte um die Ecke. Kreativität fließt in den Adern St.Georgs wie s Wasser in der Elbe.

erleben

Die andere Seite des Bahnhofs

Auf der einen Seite des Hauptbahnhofs die Hamburger Neustadt mit den großen Einkaufsmeilen, auf der anderen Seite St. Georg, ein typisches Bahnhofsviertel. Typisch? Nein! Denn im Westen, Richtung Alster besticht St. Georg mit prächtigen Bauten. Da liegt die Kirchenallee mit dem Prachtbau des Deutschen Schauspielhauses. Am Ufer der Außenalster bildet das Traditionshotel Atlantic den Auftakt für eine Aneinanderreihung repräsentativer Altbaufassaden. Edle Penthouse-Wohnungen entstehen und im Herzen des alten Dorfes St. Georg, allen voran an seiner Flaniermeile Lange Reihe, werden Altbauten aufwendig restauriert. An der Langen Reihe ebenso wie rund um die Koppel finden sich längst Szenebars und Boutiquen für Mode und Geschenke, ebenso wie Ateliers für Kunst und Kunsthandwerk.

Ja! Denn hier gibt es sie, die Absteigen, Drogen und Prostitution. Im Ostteil des Stadtviertels steht dafür der Steindamm, irgendwie am Rand der Gesellschaft und baulich vernachlässigt, auch wenn u. a. Bürgerinitiativen versuchen, gegenzusteuern. Am und jenseits des Steindamms ist auch muslimisch-türkisches Leben präsent. Hier stehen Moscheen, hier gibt es orientalische Lebensmittelläden, Lokale und Dönerbuden.

Der Kontrast zwischen West- und Ostteil macht St. Georg so bunt und vielfältig. Unterschiedlichste Menschen und Kulturen treffen im Viertel aufeinander. Selbst die stark präsente Schwulen- und Lesbenszene lässt sich nicht einfach über einen Kamm scheren, ist vielmehr sehr heterogen. Kein Wunder also, dass sich in St. Georg auch Kneipen aller Couleur finden, ob hip und cool oder kuschelig wie ein zweites Wohnzimmer.

ORIENTIERUNG

Start: Das **Bahnhofsviertel St. Georg** erreicht man am besten vom Hauptbahnhof oder ZOB aus. Wer die **Lange Reihe** erforschen möchte, kann mit dem Bus 6 bis zum Asklepios Krankenhaus fahren und dann die Lange Reihe Richtung Bahnhof zurückbummeln.

Schwulen- und Lesbenviertel: St. Georg hat den Ruf ein Schwulenviertel zu sein. In keinem anderen Quartier wehen so viele Regenbogenfahnen wie hier.

Vorsicht: Bahnhofsviertel bringen auch Taschendiebe, Junkies und Prostituierte mit sich. Davor gefeit werden Sie in St. Georg nicht sein.

Zwischen Hbf und Außenalster

Theater, Theater

Kaum haben Sie den Hauptbahnhof nach Nordosten Richtung Kirchenallee verlassen, fällt sofort ein imposanter Bau ins Auge: Wie ein Palast sticht das **Deutsche Schauspielhaus** ❶ hervor, neobarock mit Säulen und Pilastern geschmückt, in strahlendem Weiß und von einer Kuppel bekrönt. Auch innen ist die Schönheit des Gebäudes bestechend: Stuckaturen, rote Teppiche, plüschige Sitze und eine riesige Bühne machen den **Hauptzuschauerraum** zu einem Erlebnis. Werfen Sie unbedingt auch einen Blick nach oben und bestaunen Sie die mit Malereien ausgestaltete Decke. In diesen Genuss kommen Sie meist nur beim Besuch einer Vorstellung, Führungen sind leider rar.

Das größte Sprechtheater Deutschlands (1200 Plätze) wurde von einer Gruppe vermögender Hanseaten finanziert und 1900 mit Goethes »Iphigenie auf Tauris« eröffnet. Es trotzte dem Aufkommen des Kinos, kam unbeschadet durch die Kriege und wurde zeitweise mit dem Thalia Theater zusammengelegt, bevor es zu dem modernen und tonangebenden Theater wurde, das es heute ist. Berühmte Intendanten machten es groß. Gustav Gründgens verhalf 1955–63 ›seinem‹ Theater mit Goethes »Faust«, in dem er selbst den Mephisto spielte, zu Ruhm. Ivan Nagel, Peter Zadek und später auch Frank Baumbauer sorgten als Intendanten ebenfalls für Wirbel und Besucherströme. Auch die jetzige Intendantin Karin Beier

Gut, dass hier so grandioses Theater geboten wird. Die Pracht des Hauptzuschauerraums im Deutschen Schauspielhaus könnte ablenken.

(seit 2013/14) hat sich dem zeitgenössischen Theater verschrieben. Ein besonderes Augenmerk von Theaterfans gilt dem **Jungen Schauspielhaus** im **Malersaal**.
Kirchenallee 39, **Karten:** T 040 24 87 13, www.schauspielhaus.de, Theaterkasse Mo–Sa 10–19 Uhr (außer in den Theaterferien) sowie jeweils 1 Std. vor Vorstellungsbeginn

Kult bei Plattsnackern

Schräg gegenüber dem Schauspielhaus steht neben dem Haupteingang des **Ohnsorg-Theaters** ❷ **Heidi Kabel** (1914–2010) als Bronzeskulptur. Ja, das ist die legendäre Volksschauspielerin und Hamburger Deern in Originalgröße, und abermals ja: Sie war nur 1,63 m groß. Das Ohnsorg-Theater war ihr ›Zuhause‹, damals allerdings noch in der Straße Große Bleichen. Seit 2011 hat die plattdeutsche Bühne im Bieberhaus ihre Spielstätte.
Heidi-Kabel-Platz 1, **Karten:** T 040 35 08 03 21, www.ohnsorg.de, Theaterkasse Mo–Sa 10–19.30, So 14–19.30 Uhr, Fei abweichend

Alter Dorfkern

Einen Blick wert sind drei kleine, windschiefe, rote Fachwerkhäuser in der St.

St. Georg

Ansehen
1. Deutsches Schauspielhaus
2. Ohnsorg-Theater/ Heidi-Kabel-Skulptur
3. St. Georgstr. 3–7/ Kattenhof
4. Hl. Dreieinigkeitskirche
5. Hotel Atlantic
6. Geburtshaus Hans Albers
7. St. Marien-Dom
8. Centrum-Moschee
9. Hansabrunnen
10. Museum für Kunst und Gewerbe

Essen
1. a.mora
2. Café Gitane
3. Neumann's
4. Café Gnosa
5. Gao Kitchen
6. Das Dorf
7. Il Buco
8. Kabul
9. L'Amira
10. Badshah
11. 100/200 Kitchen

Einkaufen
1. Koppel 66 / Café Koppel
2. Kaufhaus Hamburg
3. The Art of Hamburg / Geschenkbasar Everest
4. Lagerhaus/Sando & Ichi
5. Weinkauf St.Georg
6. Bio-Wochenmarkt

Ausgehen
1. Bar Hamburg
2. Bar DaCaio
3. M&V Bar
4. Polittbüro
5. Hansa Varieté Theater
6. Kino Savoy

Georgstraße 3–7 ❸. Hinter ihnen, leider nicht zugänglich, verbirgt sich ein nach dem großen Brand von 1842 bebauter Hinterhof – Wohnungen für einige der obdachlos Gewordenenen, der **Kattenhof**. Katten = Katzen bezieht sich übrigens nicht auf das Haustier, sondern auf Prostituierte, die nach dem Brand bevorzugt hier in St. Georg untergebracht wurden. Heute sind die Wohnungen im denkmalgeschützten und sanierten Kattenhof beliebt: ruhig, in Alster- und Bahnhofsnähe und im lebendigen Stadtteil St. Georg.

Am Rand des St. Georgs Kirchhof, dem alten Dorfkern von St. Georg (seit 1679 zu Hamburg gehörend) steht die evangelische **Hl. Dreieinigkeitskirche** ❹. Ab dem 12. Jh. standen hier ein Siechenhaus und, nachgewiesen ab 1220, die St.-Georgs-Kapelle. Im Siechenhaus wurden Leprakranke untergebracht, die man in der Stadt nicht haben wollte, später auch Pestkranke. Benannt wurde es nach dem hl. Georg. Anstelle der Kapelle, die später als Pfarrkirche diente und zu klein geworden war, wurde im 18. Jh. eine Kirche errichtet. Im Zweiten Weltkrieg zerstört, erfolgte Ende der 1950er-Jahre der Neubau als moderne Backsteinkirche. Nur der **Kirchturm** wurde nach den ursprünglichen Entwürfen wiederaufgebaut.

Wenn Sie vor dem Turm an der Straße stehen, senken Sie einmal den Blick. In das Pflaster ist ein **Kreuz aus Steinen** eingelassen, die zumeist Namen tragen. Namen von bekannten und weniger bekannten Menschen, die an AIDS verstarben. Mit der Installation des Künstlers Tom Fecht wird ihrer gedacht. Auf dem **Kirchhof** steht eine Skulptur von Gerhard Marcks: der hl. Georg, Drachentöter, Nothelfer und Namenspatron des Viertels.

St. Georgs Kirchhof, www.stgeorg-borgfelde.de, Sa 12–14 Uhr und zu Gottesdiensten und Konzerten

Biedermeier und Palasthotel
Ein kleiner Gang über den **Holzdamm** führt Sie an Biedermeiergebäuden vorbei zur Alster. Dort erhebt sich am Ende

TOUR
Schlendern bei bester Sicht auf die Stadt

Spaziergang an der Außenalster

Infos

Spaziergang,
1–2 Std.
Start:
Hamburg Hbf, 📍 Q 6
Rückweg:
Bus 6, 17 ab
Gertigstr. oder Mühlenkamp/Hofweg

Hamburger Lebensqualität: Chillen am Alsterufer

An einem sonnigen Tag gibt es für viele Hamburger nichts Schöneres, als an der Alster spazieren zu gehen. Der Blick schweift über Wasser und Hamburger Wahrzeichen in der Ferne. Hohe alte Bäume säumen die Uferwege, Gründerzeit- und Jugendstilhäuser die Straßen.

Am Hauptbahnhof nehmen Sie den Nordausgang und gehen dann am **Deutschen Schauspielhaus** ❶ (s. S. 167) und **Ohnsorg-Theater** ❷ (s. S. 168) vorbei via Holzdamm hinunter an die Außenalster, auf die Sie am Hotel Atlantic stoßen. Dort starten Sie Ihren Spaziergang über die Promenade.

Gleich zu Beginn könnten Sie schwach werden und sich direkt im **a.mora** ❶ (s. Lieblingsort S. 173) niederlassen, doch es lohnt sich erst einmal weiter zu spazieren und den Blick aufs Wasser auf der einen und die Häuser auf der anderen Seite zu genießen.

Im **Literaturhaus Hamburg** (Schwanenwik 38, www.literaturhaus-hamburg.de) haben Sie Gelegenheit, sich eines dieser denkmalgeschützten Häuser näher anzusehen. Im Saal ist auch das **Literaturhauscafé** (Di–So ab 9.30 Uhr, Frühstück, Lunch, Dinner) in dem

Autoren zu Lesungen auftreten. Auf der Uferseite steht das wohl beliebteste (ehemalige) Toilettenhäuschen der Stadt: die **Alsterperle** (www.alsterperle.com) ist mittlerweile *der* Treff, ob Sommer oder Winter, für das ein oder andere Käffchen. Wer keinen Sitzplatz bekommt, lässt die Beine an der Uferkante baumeln. Der Straßenname trifft des Pudels Kern: Schöne Aussicht. Der Weitblick über Alster und Stadt ist atemberaubend, ob auf herrschaftliche Villen, Wassersportler auf dem See oder auf das funkelnde Wasser mit Kirchtürmen und Fernsehturm dahinter.

Am **Gästehaus des Senats** (Schöne Aussicht 26) aus dem Jahr 1868 steht man gefühlt vor einer hanseatischen Variante des Weißen Hauses. Das muss sich auch Trump gedacht haben, als er beim G20-Gipfel hier unterkam. Ein eigener Anlegeponton direkt am malerischen Feenteich gehört mit dazu. Einige Schritte weiter (das hat ihm wahrscheinlich weniger gefallen), fällt die blau gekachelte **Imam-Ali-Moschee** auf, die seit 1961 das Hamburger Zentrum der Schiiten ist.

Im kleinen **Alsterpark** sollten Sie unbedingt eine Pause einlegen, um einmal mehr den fantastischen Ausblick zu genießen. Den begehbaren **Glaspavillon** in Form eines Davidsterns schuf der amerikanische Künstler Dan Graham 1989 (1999 erneuert). Graham nennt sein Objekt u. a. **Double Triangular Pavilion for Hamburg** oder »Star of David Hamburg«.

Die Langenzugbrücke führt über den Langen Zug hinüber zur Straße Bellevue. Am Rondeelkanal biegen Sie rechts ab in die Gellertstraße und folgen deren Verlauf via Poelchaukamp bis zur **Dorotheenstraße** und zum **Mühlenkamp**. In dieser Gegend können Sie in einem der vielen kleinen Cafés oder Bistros einkehren, bevor Sie in den Bus steigen und zurück zum Bahnhof fahren.

der Straße das **Hotel Atlantic** ❺. 1909 wurde es als Grandhotel für die Erster-Klasse-Passagiere der Hamburg-Amerika-Linie geschaffen. Seit 2010 steht das majestätisch anmutende Gebäude unter Denkmalschutz. Bei der nachts leuchtenden Weltkugel mit den Karyatiden auf dem Dach ist man Hollywood ganz nah – Pierce Brosnan schwang sich hier als James Bond hinauf. Von Michael Jackson bis Luciano Pavarotti ließen und lassen sich die Stars gerne im voll modernisierten Grandhotel mit Alsterblick einquartieren. Und es muss wirklich sehr schön sein, hier zu wohnen. Udo Lindenberg zieht schon seit einem Vierteljahrhundert nicht mehr aus.

An der Alster 72–79, www.kempinski.com/de/hamburg/hotel-atlantic

Ran ans Wasser

Die sechsspurige Straße, die Sie auf dem Weg zur **Außenalster** überqueren müssen, wirkt nicht sehr einladend, auch wenn wunderschöne, spätklassizistische Fassaden die Uferstraße An der Alster säumen. Doch haben Sie diese Hürde genommen, lässt sich auf der Uferpromenade der Straßenverkehr schnell vergessen: Der Blick schweift über die Außenalster, Cafés haben sich samt Bootsanleger entlang der Außenalster niedergelassen. Grünflächen und Parks sind optimale Plätze zum Picknicken und geben auch angehenden Fußballprofis ausreichend Raum.

Rund um die Lange Reihe 📍Q/R6

Design und buntes Treiben

St. Georg ist ein buntes Universum hipper lokaler Designer, Kunsthandwerker, origineller Boutiquen, angesagter Cafés und Bars. Schon 1981 wurde in einer ehemaligen Dreherei für Maschinenbau das Haus für Kunst & Handwerk, die **Koppel 66** ❶, eröffnet. In Ateliers, die sich über vier Etagen verteilen, arbeiten Künstler und Kunsthandwerker. Im integrierten **Café Koppel** können Sie überlegen, was Sie gern für Zuhause erwerben möchten.

Der Hinterhof der Koppel 66 führt in die Lange Reihe, die sich zu einer hippen Straße entwickelt hat. Lassen Sie sich einfach treiben. Jede Menge Cafés und Bars, Kunsthandwerk und eine intakte Nachbarschaft, dazu Restaurants und Boutiquen verschiedenster Preisklassen. Das so schlicht benamte **Kaufhaus Hamburg** ❷ (Nr. 70) etwa präsentiert lokale Designer. Gleich gegenüber in der **Langen Reihe 71**, einem Gründerzeitbau, wurde übrigens **Hans Albers** ❻ 1891 geboren.

(Mindestens) zweimal im Jahr wird die Lange Reihe zum Mekka aller Feiernden: Im Frühjahr, wenn die **Bunte Lange Reihe** (www.stadtfest-stgeorg.de) stattfindet, und im August, wenn der **Christopher Street Day** (www.hamburg-pride.de) zelebriert wird.

Ort der Ruhe

Wenn Sie im quirligen St. Georg für einen Moment Ruhe suchen, ist es vielleicht Zeit für den **St. Marien-Dom** ❼. Der neoromanische Backsteinbau (1890–93) ist seit 1995 die Kathedrale des römisch-katholischen Erzbistums Hamburg.

Am Mariendom, www.mariendomhamburg.de, Besichtigung tgl. 9–19 Uhr (außer während Gottesdiensten oder Veranstaltungen)

Steindamm und Hansaplatz 📍R6

Schrilles Kontrastprogramm

Nach der Entdeckung der Coolness in der Langen Reihe finden Sie auf dem

Lieblingsort

Der Name ist Programm – Erholung pur

Sommer in Hamburg, an der Außenalster, gegenüber vom Hotel Atlantic gibt es einen wunderbar entspannten Ort – nicht an, sondern in der Alster, genauer auf dem Atlantic-Steg: **a.mora** [1]. Hier können Sie sich zurückfallen lassen, vielleicht nehmen Sie noch kurz die Barkasse wahr, die über die Alster tuckert, und schließen dann für einen Moment die Augen. Die Sonne kitzelt an der Nase, der DJ spielt entspannte Ambientemusik. Sie gönnen sich einen Alster Spritz. *Mora* – Erholung, Pause (Atlantic-Steg, An der Alster 72, 040 28 05 67 35, www.a-mora.com, April–Okt. je nach Wetterlage tgl. ab 10, Frühstück bis 12, Sa/So Frühstück bis 13.30 Uhr, Sandwiches, Salate, Pasta 7,90–13,50 €, dazu Mittag- und Abendkarte).

Steindamm das Gegenprogramm schlechthin: schrill, laut, Sexshops, Imbisse, Handyläden, Dönerbuden, junge Prostituierte. Daneben liegen am Steindamm das Kabarett **Polittbüro** 4, das **Hansa Varieté Theater** 5 und das Kino **Savoy** 6 (s. S. 180).

Doch den Steindamm und seine Nebenstraßen prägt auch türkisch-muslimisches Leben. So bringt Sie ein kleiner Abstecher zur **Centrum-Moschee** 8 (Böckmannstr. 40). Die Moschee, in Teilen das frühere Hammonia-Bad, bietet schon von außen einen schönen Anblick: Zwei hohe Minarette ragen über ihr auf. Deren grün-weißes Wabenmuster ist Symbol dafür, dass alles miteinander verbunden ist, für die Einheit und Endlosigkeit Allahs. Das Wabenmuster stammt übrigens von Boran Burchhardt, der auch das ›Goldhaus‹ im Veddel (s. S. 237) gestaltete.

Saniert und schön, aber …

Lange als Junkieplatz missbraucht, stehen am **Hansaplatz** nun die Stühle von Cafés und Restaurants. Gerade im Sommer ein schöner, weiträumiger Ort, um zu entspannen. In der Mitte des Platzes steht, umgeben von alten Linden, der 17 m hohe **Hansabrunnen** 9 von 1878. Auf ihm erhebt sich die Figur der Hansa als Allegorie der Stärke und Macht der ehemaligen Hanse – und wohl nicht, wie es selbst auf www.hamburg.de heißt, Hamburgs Schutzpatronin Hammonia.

Auch wenn viel dafür getan wird, den Hansaplatz von zwielichtigen Gestalten sauberzuhalten, ist ein Besuch am Abend nur bedingt empfehlenswert. Hier ist es an einem sommerlichen Nachmittag am schönsten.

Museen

Super Sonderausstellungen

10 **Museum für Kunst und Gewerbe (MKG):** Das Hamburger MKG gehört zu den wichtigsten Museen für Kunst und Design in Europa. Beeindruckende Sammlungen von der Antike bis heute mit einer Spezialisierung auf den europäischen, islamischen und fernöstlichen Raum machen es aus. Aber vor allem sorgen die Sonderausstellungen regelmäßig für Besucherströme. Absolut erstklassig umgesetzte Ausstellungskonzepte greifen moderne Themen auf, die man in einem Museum so vielleicht nicht erwarten würde. Dazu zählten etwa Ausstellungen über Plastikmüll, Comics, Tattoos oder die Auseinandersetzung mit der Frage, was Medien in Revolutionen bewirken. 1877 eröffnete das Museum für Kunst und Gewerbe und beschäftigt sich seitdem eindrucksvoll mit dem Thema Kreativität.

Tolle Sonderausstellungen, auch schon mal zum Mitmachen, zeigt das Museum für Kunst und Gewerbe.

Steintorplatz, www.mkg-hamburg.de, Di–So 10–18, Do 10–21 Uhr, 12/8 € (Do ab 17 Uhr 8 €, unter 18 Jahren Eintritt frei

Essen

Der Name ist Programm
1 a.mora: s. Lieblingsort S. 173.

Total saisonal
2 Café Gitane: Morgens schlendert der Koch zum Markt und danach schreibt er auf die kleine, feine Karte, was es heute gibt. Cool.
Gurlittstr. 44, T 0172 524 07 47, www.cafe-gitane.com, Di–Sa 17–23 Uhr, Gerichte ca. 11,50–23 €

Rückzugsort
1 Café Koppel: Vegan-vegetarisches Frühstück, schmackhafte Gerichte auf der Tageskarte (7,20 €) und sehr leckerer Kuchen, das erwartet Sie im Café Koppel. Gemütliche Sitzecken, dazu Jazz und Klassik, im Sommer sitzt man gut draußen auf der Terrasse. Donnerstags ab 21 Uhr Livekonzerte (Eintritt frei).
Koppel 66, T 040 24 92 35, www.cafe-koppel.de, So–Mi 10–20, Do–Sa 10–22 Uhr, Sommergarten 10–19 Uhr

Macht süchtig
3 Neumann's: Ins Weinbistro strömen die Menschen für Riesengarnelen (26,50 €) oder Flammkuchen (ab 9,90 €) und darauf abgestimmte Weine. Das Interieur ist schlicht designt, das Servicepersonal liebt seinen Job und die Gäste lieben das Neumanns.
Lange Reihe 111, T 040 60 86 22 09, www.neumanns-bistro.de, tgl. ab 12, warme Küche tgl. bis 23 Uhr

Wohnzimmer
4 Café Gnosa: Im Gnosa wird leckerster Kuchen serviert. Aber nicht nur dafür wird das Gnosa heiß geliebt – es war auch das erste ›Schwulen- und Lesbencafé‹ Hamburgs.
Lange Reihe 93, T 040 24 30 34, auf Facebook, So–Do 10–23, Fr/Sa 10–24 Uhr

Superlecker vietnamesisch
5 Gao Kitchen: Seit zwei Jahren verwöhnen Huong und Khiem ihre Besucher mit den Lieblingsgerichten ihrer Heimat. Die Wände schmücken Bilder von ihren Vietnamreisen. Trotzdem gibt es hier neben leckerer Pho auch richtig gute Sushi.
Lange Reihe 81, T 040 30 72 80 29, www.facebook.com/gaokitchen, tgl. 11–23 Uhr

Institution im Viertel
6 Das Dorf: Deutsche Küche und Hamburger Klassiker wie Labskaus mal ohne zu viele (andere) Touristen um sich herum probieren? In den vielen kleinen Räumen in einem Souterrain sitzen Sie gemütlich in urig-lässigem Ambiente. Ob Schauspieler oder Anwohner – ins Dorf gehen sie alle.
Lange Reihe 39, T 040 24 56 14, www.restaurant-dorf.de, tgl. ab 18, Küche So–Do bis 22.30, Fr/Sa bis 23 Uhr, Hauptgerichte ab ca. 20 €

Mehr als Sushi
4 Sando & Ichi: Beim Japaner im Lagerhaus gibt es Sandoichi – ›Sandwiches‹ aus Reis und getrockneten Algenblättern. Diese werden je nach Wunsch mit Hähnchen, Lachs, Tofu oder Algen belegt, dazu gibt es leckere Saucen. Fantastische Alternative zum Burger!
Lagerhaus, Lange Reihe 27, T 0161 974 38 06, www.sandoichi.de, Mo–Fr 11.30–20 (Küche 12–19.30), Sa 11–19 (Küche 12–18.30) Uhr, Gerichte ab 6,90 €, Lunch (12–15 Uhr) ab 5 €

Amore!
7 Il Buco: Plätze beim Italiener am Hansaplatz sind bei Einheimischen und wiederkehrenden Touristen heiß begehrt. In schlicht-elegantem Ambiente, im Sommer mit Tischen draußen, wird guter Service und fantastische italienische Küche großgeschrieben. Neben frischer Pasta oder Lammfilet in Senfsauce sollten Sie unbedingt die sogenannten Nuttenspaghetti bestellen. Was das ist? Fragen Sie die Bedienung …

Zimmerpforte 5, T 040 24 73 10, auf Facebook, Di–Sa 18–24 Uhr, 10–25 €

Den Magen voll mit Leckereien

8 Kabul: Immer zur Mittagszeit wird das afghanische Restaurant auf dem Steindamm von Gästen angesteuert. Denn dann gibt es ein All-You-Can-Eat-Buffet orientalischer Art (super für Vegetarier!) für sage und schreibe 6,90 €.
Steindamm 53, www.kabul-restaurant.com, So–Do 11–22.30, Fr/Sa 11–23.30 Uhr

Ab zum Syrer

9 L'Amira: Dass St. Georg multikulti ist, beweist auch die Auswahl an Restaurants. Bei L'Amira – Arabisch für ›die Prinzessin‹ – können Sie bei bezauberndem Service in die Küche Syriens eintauchen. Vielleicht möchten Sie ja mit einem syrischen Frühstück in den Tag starten? Wenn nicht, dann gehen Sie tagsüber oder abends hin. Sonntags Brunch von 10 bis 13 Uhr.
Steindamm 58, www.falafel-lamira.de, T 040 37 02 79 26, tgl. 9–2 Uhr, Hauptgerichte ca. 12–20 €

Indien in Hamburg

10 Badshah: Wenn ein Lokal einigermaßen abgerockt, aber bis auf den letzten Platz mit glücklich schlemmenden Gästen belegt ist, dann gibt es meistens einen guten Grund. Indienreisende schwören, dass Atmosphäre und Speisen beim Badshah genauso sind wie in Indien. Hier ist nichts fancy oder cool. Das Essen wird in Form großer, unglaublich gut schmeckender Portionen auf simplen Metalltabletts über den Tresen gereicht.
Bremer Reihe 24, tgl. 10–22 Uhr, ab 5 €

Sterneküche mal anders

11 100/200 Kitchen: Im Ein-Stern-Restaurant von Thomas Imbusch zahlen Sie Ihr Überraschungsmenü im Voraus, nehmen dann Platz rund um die in der Mitte platzierte Küche und genießen den Blick auf den Sonnenuntergang über der Elbe – und das Essen. Zugegeben: 95–119 € pro Menü klingt zunächst nicht günstig. Aber das hervorragende Essen, der sympathische Umgang mit den Gästen und die Lage formen tatsächlich einen sehr besonderen Abend. Übrigens 100/200 steht für 100 °C, die Kochtemperatur, und 200 °C, die Backofentemperatur.
Brandshofer Deich 68, Rothenburgsort, www.100200.kitchen, U 4 Elbbrücken, dann 10 Min. zu Fuß, Di–Sa 18–24 (Küche bis 22) Uhr

Einkaufen

Für Kreativfans

1 Koppel 66 – Haus für Kunst & Handwerk: In der historischen Maschinenfabrik arbeiten und vertreiben Verkaufsateliers Kunst und Kunsthandwerk, von Grafik über Schuhe oder Schmuck bis zu Webarbeiten und Mode. Im Frühjahr und in der Adventszeit finden Kunsthandwerkmessen statt. Auch lohnt sich ein Blick in das Kunstforum **GEDOK** (www.gedok-hamburg.de) im Foyer, das regelmäßig wechselnde Kunstausstellungen zeigt. Und dann ist da ja noch das Café …
Koppel 66 / Lange Reihe 75, www.koppel66.de, die meisten Ateliers Sa 12–16, einige auch Mo–Fr ab 11 Uhr

Aus Hamburg und Umgebung

2 Kaufhaus Hamburg: Sie möchten etwas lokal Gefertigtes erwerben? Dann sind Sie hier richtig. Von Wohnaccessoires über Bücher, Mode, Schmuck und Papeterie bis zu kulinarischen Spezialitäten. Alles kommt aus Hamburg oder der näheren Umgebung.
Lange Reihe 70, www.kaufhaus-hamburg.de, Mo–Fr 11–19, Sa 20–19, Dez. Fr/Sa 20 Uhr

Hamburg meets Himalaja

In der Langen Reihe 48 gibt es gleich zwei interessante Läden. Bei **The Art of**

Hamburg finden Sie (nicht nur) Frank Bürmanns handgefertigte, bedruckte oder bemalte Textilien und Accessoires, die in der Hansestadt auf große Begeisterung stoßen. Besonders die Shirts, die aussehen wie frisch aus dem Maschinenraum, haben es den Hamburgern angetan. Direkt nebenan verkauft der **Geschenkbasar Everest** Kunsthandwerk aus Tibet, Nepal und Indien, dazu bietet er auch noch eine große Auswahl an Silberschmuck. Ob eine Buddhafigur für Zuhause oder einen Gong für das nächste Ritual – hier wird kein Ramsch verkauft!
Lange Reihe 48, www.the-art-of-hamburg.de, www.art-of-nepal.de, beide Mo–Sa 11–19 Uhr

Alles da
Lagerhaus: Wer hier nichts für sich findet, der hat schon alles! Das Shop-in-Shop-Konzept mit Geschenkartikeln, Wohnaccessoires oder auch Wein geht super auf. Essen, trinken, sich die Haare schneiden lassen – alles ist im Lagerhaus möglich.
Lange Reihe 27, www.lagerhaushamburg.de, Mo–Fr 10–20, Sa 10–19 Uhr

Für die Durstigen unter uns
Weinkauf St. Georg: Seit 1892 gehen hier Weine, Champagner, Öle, italienischer Kaffee und Schokolade über den Tresen. Hier gibt es auch Abfüllung direkt vom Fass.
Lange Reihe 73, www.weinkauf-st-georg.de, Mo–Fr 11–19.30, Sa 10–18 Uhr

Markt
Einmal pro Woche (Fr 14–18.30 Uhr) findet in St. Georg ein **Bio-Wochenmarkt** statt.
Carl-von-Ossietzky-Platz, www.bio-wochenmarkt-regionales.de

Die Hammaburg findet sich bei The Art of Hamburg auf Shirts, Kissen oder Taschen, aber auch auf Papierbötchen, die Sie sich allerdings selbst ›erfalten‹ müssen.

TOUR
Wasser des Lebens

Zur WasserKunst Elbinsel Kaltehofe in Rothenburgsort

Vom Hauptbahnhof ist es nicht weit bis zum **Billhorner Deich** im von Touristen schwach frequentierten Viertel **Rothenburgsort** – ein Teil Hamburgs, der noch auf seinen Hype wartet. Nicht die schöne, schicke, gediegene Hansestadt erwartet Sie hier, sondern eine kantige Mischung aus Kunst und Industrie nebst einem schwimmenden Café auf der Norderelbe.

Ein erster Stopp steht (sonntags) im **WasserForum** an. Im ehemaligen **Pumpenhaus** des ältesten Hamburger Wasserwerks werden überraschend spannend und unterhaltsam Hintergrundinformationen zum Thema Wasser präsentiert: Wasserver- und Abwasserentsorgung, Aufbereitung und Klärung, Modelle und Mitmachstationen. Auch wird hier zurück in die Geschichte geblickt: Der Job der Wasserträger wird vorgestellt, der Große Brand von 1842 und die Choleraepidemie 1892 werden thematisiert. Das Pumpenhaus gehört zur **Stadtwasserkunst Rothenburgsort** von 1848, die der britische Ingenieur William Lindley plante.

Das Hamburger Leitungswasser gilt übrigens als besonders gut. Obendrein ist es klimaschonender, Wasser aus dem Hahn zu trinken, statt abgefülltes und womöglich quer durchs Land transportiertes Mineralwasser.

Nächstes Ziel – oder falls Sie unter der Woche unterwegs sind, der entspannte Start in die Tour – könnte der **Elbpark Entenwerder** sein. Dort lässt es sich beim Bummel durch die Grünanlage relaxen. Außerdem lockt das **Café Entenwerder1** (Entenwerder 1, www.facebook.com/entenwerder1, Di–Do 10–20, Fr/Sa 10–21.30, So/Mo 10–19 Uhr). Dank des

Infos

ab S Rothenburgsort hin/zurück ca. 6 km, ohne WasserForum ca. 1,5 Std.

Start/Ziel:
S 2, 21 Rothenburgsort oder Metrobus 3, 130 Rothenburgsorter Marktplatz, Billhorner Deich, ♀ Karte 5, C 4

WasserForum:
Billhorner Deich 2, www.wasserkunst-hamburg.de, So 10–16 Uhr, 5,50/3,80 €, bis 12 Jahre Eintritt frei

WasserKunst:
Kaltehofe-Hauptdeich, www.wasserkunst-hamburg.de, Bus 530 ab S Rothenburgsort; **Außengelände,** April–Okt. Di–So 10–18, Nov.–März Sa/So 10–17 Uhr, Eintritt frei; kostenpflichtige Führungen, teils offen, teils n. V.

großen goldenen Kastens auf dem Ponton in der Norderelbe ist es nicht zu übersehen. Hier heißt es: Kaffee trinken, Beine hochlegen und aus erster Reihe das Treiben auf dem Fluss beobachten. Sonntags kann es hier allerdings voll sein, dann ist es mit der Ruhe nicht weit her. Vom Café aus sehen Sie schon die **Elbinsel Kaltehofe,** zumindest Brücke und Deich.

Über das Sperrwerk Billhorner Bucht betreten Sie auf dem Kaltehofer Hauptdeich die Insel. Immer dem Hauptdeich folgend, erreichen Sie eine alte Backsteinvilla hinter der ein moderner Bau liegt – der Eingang der **WasserKunst Elbinsel Kaltehofe** (Abb. oben). Dahinter erstreckt sich ein kleiner Park mit rechteckig angelegten Seen und verwunschenen kleinen Türmchen. Was zunächst wie ein Biotop für Vögel in einer grafisch strukturierten Seenlandschaft wirkt, ist die frühere Wasserfiltrationsanlage Hamburgs. Obwohl: Heute ist sie in der Tat ein Vogelparadies. Viele der ehemaligen Langsamfilterbecken sind noch vorhanden. Bei den ›Türmchen‹ handelt es sich um die Schieberhäuschen, von denen aus der Zu- und Ablauf der Becken gesteuert wurde. Ein Jahr nach der verheerenden Choleraepidemie von 1892 ging die Anlage in Betrieb – zu spät für die 8000 Menschen, die der Epidemie zum Opfer gefallen waren. Noch bis 1990 dienten die Becken der Wasserreinigung. Falls Sie die Gelegenheit haben, an einer Führung teilzunehmen, gewinnen Sie noch tiefere Einblicke in die WasserKunst, erfahren mehr über den Bau und die Unterhaltung der Filteranlage.

Danach geht es zurück zur Bus- oder S-Bahn-Station. Es sei denn, Ihnen steht der Sinn nach Sterneküche in lockerer Atmosphäre, Sie sind nicht im totalen Freizeitlook unterwegs – und haben einen Tisch in der gut 1,5 km entfernten **100/200 Kitchen** 11 (s. S. 176) vorbestellt. Dann erwartet Sie dort Sterneküche in entspannter Atmosphäre.

Ausgehen

Stilsicher
Bar Hamburg: Über zwei Etagen mit verschiedenen Räumlichkeiten wird eine große Auswahl an Whisk(e)ys und Cocktails geboten. Zigarren und Shisha stehen ebenfalls zur Wahl.
Rautenbergstr. 6–8, www.barhh.com, Mo–Do, So 16–1, Fr/Sa 16–3 Uhr

Ausblick meets Style
Bar DaCaio: Im stylischen Designhotel The George befindet sich neben einem tollem Spa auch diese wunderbare Bar mit Dachterrasse. Legendärer Afternoon Tea (15–18 Uhr, ab 23 €, vorab reservieren!).
Barcastr. 3, T 040 28 00 30 18 10, www.thegeorge-hotel.de, tgl. 10–1 Uhr

Mutti & Vati …
M&V Bar: … oder doch Mulzer & Voelkel, auch wenn es die Hamburger Destillerie und ihre Lokale nicht mehr gibt. M&V kann für vieles stehen. Freie Deutung erlaubt. In der legendären Schwulenbar, die offen für alle ist, werden sehr gute Cocktails serviert. Immer entspannte Stimmung.
Lange Reihe 22, www.mvbar.de, tgl. 17–2 Uhr

Bühnenkunst
❶ Deutsches Schauspielhaus: s. S. 167.

HANAMI

Der japanischen Gemeinde verdankt Hamburg die vielen Kirschbäume an der Außenalster. Ende Mai feiern die Japaner ihr traditionelles Kirschblütenfest (www.hamburg.de/kirschbluetenfest-hamburg.de). Höhepunkt ist das riesige Feuerwerk über der Außenalster am Freitagabend (22.30 Uhr) des Festwochenendes.

Kult bei Plattsnackern
❷ Ohnsorg-Theater: s. S. 168.

Kabarett
Polittbüro: Seit 2003 gibt es hier fast täglich um 20 Uhr Kabarett, Lesungen oder Konzerte. Die kleine Bühne hat sich vor allem mit »Herrchens Frauchen« alias Lisa Politt und Gunter Schmidt einen Namen gemacht.
Steindamm 45, www.polittbuero.de, **Karten:** nur T 040 28 05 54 67, an Vorverkaufsstellen oder vor Ort

Körper- und Wortverrenkungen
Hansa Varieté Theater: Hier begann die Karriere von Siegfried & Roy. Das traditionsreiche Hamburger Haus von 1894, erlebt seit seiner Wiederbelebung 2009 einen Besucheransturm. Bestes aus der Welt des Varietés. Unterschiedliche, aber stets bekannte Gesichter führen als Conférencier durch den Abend. Akrobatik, Kabarett, Unterhaltungskunst.
Steindamm 17, **Karten:** T 040 47 11 06 44, www.hansa-theater.de

Glamourös
Savoy-Kino: Im alten, renovierten Savoy-Theater sitzen Sie in dicken Ledersesseln, können sich die Rückenlehne passend einstellen und auf manchen Sitzen gemütliche Fußstützen nutzen. Allein das könnte schon ein Grund sein in das Glamourkino zu gehen. Aber das Savoy hat sich vor allem auch damit einen Namen gemacht, Blockbuster in englischer Originalfassung zu zeigen – als einziges Kino in Hamburg. Auf Matineen werden die Filme dann in der deutschen Synchronfassung gezeigt. Immer wieder flimmern auch Filmklassiker über die Leinwand. Darüber hinaus können Sie hier auch englische Theateraufzeichnungen vom Londoner West End sehen.
Steindamm 54, www.savoy-filmtheater.de

Zugabe
Multikulti am Steindamm

Hamburgs Babylon

Pornokino neben Sexshop, Büros neben Shisha-Café und Klamottenladen für die muslimische Frau, Spielhalle gegenüber dem Theater und dazu noch jede Menge orientalische Restaurants. Ein Wirrwarr aus verschiedensten Sprachen umgibt Sie hier: Persisch, Türkisch, Arabisch, Französisch, Englisch, Russisch. Frauen in Burka mit Kindern gehen über die Straße, während Touristen zum Bahnhof eilen. Der Steindamm ist alles andere als ein sauberes, gentrifiziertes mulitkulturelles Wohlfühlviertel. Prostituierte, Bettler und Drogenabhängige gehören zum Straßenbild genauso mit dazu wie der strahlende Dönerverkäufer oder das galante Theaterpublikum. ■

Ottensen und Altona-Altstadt

Altes Dorf und glitzernde Neubauten — Kunst und Kultur, Lokalpatriotismus und Kampfgeist, trotz Gentrifizierung.

Seite 185
Ottensen ⭐

Rund um Spritzenplatz, Ottenser Haupt- und Bahrenfelder Straße schlägt das Herz des Viertels. Nette Lokale, entspannte Atmosphäre und schmale Seitenstraßen mit schnuckligen Häusern.

Seite 188
Alternative Kultur

Wer in Ottensen lebt, mag Kultur, nicht die pompöse, Massen begeisternde, sondern die etwas andere. Die wird hier vor allem in umgenutzten Fabrikbauten gelebt, wie den Zeisehallen, der Fabrik etc. Begeben Sie sich doch auf Tour.

Schon toll, was sich in alten Fabriken alles abspielt.

Eintauchen

Seite 189
Fabrik

Schon seit den 1970er-Jahren ist die Ottenser Fabrik eine Institution im Hamburger Kulturleben.

Seite 192
Altonaer Rathaus

Fotogen ist der weiße Prachtbau des ehemaligen Altonaer Bahnhofs, das wissen auch Hochzeitspaare zu schätzen.

Seite 193
Altonaer Balkon

Eine herrliche Wiese über der Elbe mit bestem Panoramablick auf die Elbe.

Ottensen und Altona-Altstadt

Seite 194
Große Bergstraße
Rasant wurde die Große Bergstraße in Altona-Altstadt aufgemöbelt – zum Guten?

Seite 196
Jüdischer Friedhof
Ältester jüdischer Friedhof der Stadt, ältester Portugiesenfriedhof Nordeuropas und eines der bedeutendsten jüdischen Gräberfelder weltweit. Still und melancholisch.

Seite 198
Schnell mal zum Jenischpark
Von Ottensen aus sind Sie per Rad schnell im Jenischpark in Klein Flottbek. Schön ist schon die Tour, durch Hamburgs Villenviertel Othmarschen. Und auf dem Rückweg sind fantastische Blicke auf die Elbe garantiert.

Seite 201
Auf dem Weg zum Quartier Mitte Altona
Verwilderte Plätze, leere Hallen und erste Neubauten. Langsam könnte es was werden mit dem Quartier Mitte Altona, dem größten Bauprojekt nach der HafenCity.

Im Frühmittelalter für Christen, Muslime und Juden ein Talisman zur Abwehr von Feuer und Dämonen: der Davidstern.

»Ich komme aus meinem Kiez nicht weg – ich kleb daran wie Pattex. Ottensen hat eine gute Lebensqualität, ich wohne da schon immer.«
Fatih Akin

erleben

Dorf in der Metropole

Sitzen, Cappuccino trinken, herumschlendern, schnacken. Ottensen, das zum Hamburger Bezirk Altona gehört, ist ein pulsierender Stadtteil, der sich weltoffen und gemütlich, aber auch großbürgerlich und proletarisch zeigt. Die immer gegenwärtigen Gegensätze reichen von stattlichen Villen an der Elbchaussee bis zu kleinen türkischen Gemüseläden, Coffeeshops und zahlreichen Restaurants. Ottensen ist der schönere Teil Altonas. Doch lange verband man mit ihm alles mit A, das noch weiter westlich verpönt war: Arbeitslose, Alternative, Ausländer und Arbeiter. In Ottensen standen zahlreiche Fabriken, die heute oft umgenutzt sind und Raum für alternative Kulturprojekte, interessante Läden und szenige Lokale bieten. Heute ist es schick, in Ottensen zu wohnen; steigende Mieten und Immobilienpreise zeigen das. Dabei kann Ottensen seinen Ursprung als Dorf nicht verbergen. Die engen, krummen Straßen bereiten Autofahrern Kopfzerbrechen.

Auf der einen Seite des Bahnhofs Altona erstreckt sich die neue große Fußgängerzone, über die sich streiten lässt. Doch in Altona-Altstadt liegt auch die Grünanlage Platz der Republik, in der man sich gerne mal zum Boule trifft. Dahinter erstrahlt ganz in Weiß das Altonaer Rathaus. Von dort sind es dann nur ein paar Schritte hinüber zum Altonaer Balkon mit Blick über die Elbe. Last but not least liegt in Altona der Jüdische Friedhof, einer der bedeutendsten weltweit.

> **ORIENTIERUNG**
>
> **Start:** Ein guter Ausgangspunkt ist der Altonaer Bahnhof (S 1, 2, 3, 11, 31, Bus oder Zug). Von hier aus können Sie sich Ottensen und Altona in mehreren Teilabschnitten erschließen. Das Zentrum von Ottensen liegt westlich des Bahnhofs, die Altstadt von Altona südlich und östlich: Richtung Elbe erreichen Sie das Altonaer Rathaus und die Sehenswürdigkeiten in seiner Umgebung. Im Osten liegen die Große Bergstraße und der Jüdische Friedhof (Altona-Altstadt). Für eine ausführliche Besichtigung sollten Sie 3–4 Std. rechnen.
>
> **Verkehr:** Sie glauben, Sie finden einen Parkplatz in Ottensen? Ich glaube das eher nicht. Außerdem: Wer sich hier nicht auskennt, findet sich in den Einbahnstraßen des Viertels schwer zurecht! Tun Sie sich den Gefallen und kommen Sie mit öffentlichen Verkehrsmitteln (s. o.).

Ottensen

Störung der Totenruhe
Vom Bahnhof Altona führt die **Ottenser Hauptstraße** als Fußgängerzone direkt ins Zentrum von Ottensen. Rechterhand liegt das Einkaufszentrum **Mercado** ❶. Als die Bagger 1994 mit dem Bau beginnen wollten, protestierten orthodoxe Juden gegen die Störung der Totenruhe. Denn seit 1666 hatte sich an dieser Stelle ein jüdischer Friedhof befunden – bis die Nazis ans Ruder kamen. Sukzessive übernahm die Stadt ab 1937 das Areal, ließ den Friedhof zerstören und errichtete u. a. Bunker. Nach dem Krieg errichtete Hertie auf dem Areal ein erstes Warenhaus. 1988 verkaufte der Konzern das Gelände an einen Bauinvestor, der dort ein neues Einkaufszentrum bauen wollte. Bei den Aushubarbeiten traten Spuren des zerstörten Friedhofs zutage: darunter menschliche Knochenreste und Grabsteinfragmente. Dieser Fund rief die orthodoxe jüdische Gemeinde auf den Plan. Schließlich verzichteten die Investoren auf eine Tiefgarage und brachten im untersten Stockwerk des neuen Mercado Gedenktafeln zur Geschichte des Friedhofs und mit den Namen der auf ihm bestatteten Menschen an. Das Shoppingcenter vereint heute unter einem Dach die üblichen Läden vom Supermarkt über Modeshops, Lebensmitteleinzelhandel bis zu einem Food Court.
Ottenser Hauptstr. 10, www.mercado.hamburg, Mo–Mi, Sa 10–20, Do/Fr 10–21 Uhr

Munteres Markttreiben
Während der Isemarkt (s. S. 160) einer der größten Wochenmärkte

Manche Stadt würde sich über so viel Betrieb in ihrer Fußgängerzone freuen: Auf der Ottenser Hauptstraße ist immer was los.

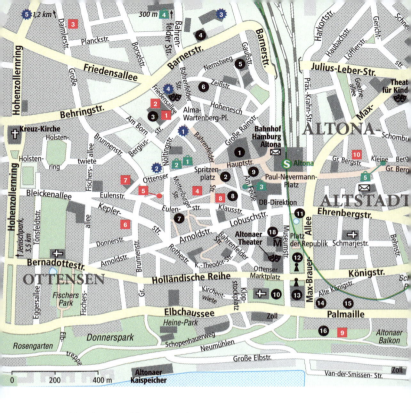

Deutschlands ist, zählt der **Markt** auf dem **Spritzenplatz** ❷ zu den kleinsten Hamburgs. Dienstags und freitags treffen hier arabische und türkische mit regionalen Ständen zusammen, mittwochs und samstags findet ein Biomarkt statt. Man sitzt draußen in Cafés und Restaurants, Punks hängen ab, Initiativen und Parteien platzieren sich gern mit ihren Infoständen am Ottenser Kreuz, wie der Spritzenplatz auch genannt wird. Hier im Herzen von Ottensen kreuzen sich Ottenser Haupt- und Bahrenfelder Straße und die Fußgängerzone endet. In der **Ottenser Hauptstraße jenseits des Platzes** wechseln sich angesagte Läden, Restaurants und Cafés ab.
Wochenmarkt: Di 8–14, Fr 8–18.30 Uhr;
Biomarkt: Mi 12–18.30, Sa 9.30–15 Uhr

Relaxen, schauen, feiern
Nach rechts führt die **Bahrenfelder Straße** zur Friedensallee. Dort sitzen am **Alma-Wartenberg-Platz** im Sommer Studenten und Co. gerne auf den Bordsteinen. Wenn Sie sich dazu gesellen möchten, reagieren Sie auf den Ausruf »Der Bus kommt!«, indem Sie Ihre Beine langsam zu sich heranziehen, dabei weiterreden und, nachdem der Bus sehr nah an Ihnen vorbeigefahren ist, ganz entspannt die Beine wieder ausstrecken. Oder Sie sparen sich das und gehen einfach in eine der Eckkneipen: ins **Aurel** ❶ (s. S. 200) oder ins **Familien-Eck** (tgl. ab 16 Uhr) gegenüber. Die **Friedensallee** ist insbesondere bei gutem Wetter und an schönen Abenden sehr belebt – hier gibt es eine ganze Reihe Kneipen und Bistros.

Ottensen und Altona-Altstadt

- ❸ Zeisehallen
- ❹ Fabrik
- ❺ Werkstatt 3 / Leche de Tigre
- ❻ Stadtteilarchiv Ottensen
- ❼ Stadtteilzentrum Motte
- ❽ Ottenser Nase
- ❾ Sahlhäuser Am Felde 136–140
- ❿ Christianskirche/ Klopstock-Grab
- ⓫ Stuhlmannbrunnen
- ⓬ Black Form – Dedicated to the Missing Jews
- ⓭ Altonaer Rathaus
- ⓮ Eckhaus Palmaille/ Max-Brauer-Allee
- ⓯ Palmaille 116–120
- ⓰ Altonaer Balkon
- ⓱ Jüdischer Friedhof
- ⓲ Altonaer Museum

Ansehen
- ❶ Mercado
- ❷ Spritzenplatz/Wochen- und Bio-Wochenmarkt

Essen
- 1 Filmhauskneipe
- 2 Eisenstein
- 3 Froindlichst
- 4 Von der Motte
- 5 Kleine Brunnen- straße 1
- 6 Karls Café & Weine
- 7 Eisliebe
- 8 Eaton Place Tearoom
- 9 Altonas Balkon
- 10 Klippkroog

Einkaufen
- 1 Druckwerkstatt
- 2 Vergissmeinnicht
- 3 Stückgut
- 4 Altonaer Spirituosen Manufaktur
- 5 Claus Kröger

Ausgehen
- 1 Aurel
- 2 Reh Bar
- 3 Monkeys Music Club
- 4 Monsun Theater
- 5 Lichthof Theater

Kultur in alten Fabrikgebäuden
Aber die Friedensallee hat noch mehr zu bieten. Die alten **Hallen** der ehemaligen Schiffsschraubenfabrik **Zeise** ❸ zeugen von fast 150 Jahren Industriegeschichte. Gegenüber liegt das **Monsun Theater** ✱. Zur nächsten (ehemaligen) Fabrik ist es in Ottensen nie weit. Nicht zu übersehen ist etwa das Kulturzentrum **Fabrik** ❹ (beide: s. Tour S. 189) an der Ecke Barner- / Bahrenfelder Straße.

›Kleinheringsdorf‹
Nernstweg, Zeißstraße, Abbestraße und Hohenesch – dieses Gassengeflecht prägen traditionelle Wohnstraßen, Kleingewerbe und einige typische Sahlhäuser aus der Mitte des 19. Jh. Buden und Sähle nannte man die Wohnungen der kleinen Leute, die um 1850 für Arbeiter und Handwerker entstanden. Sahlhäuser erkennen Sie an ihren jeweils drei Eingängen. Die beiden äußeren Türen führen in die Erdgeschosswohnungen,

TOUR
Alternative Kultur in alten Fabrikgebäuden

Kunst und Kultur, Läden und Lokale – der andere Ottensen-Rundgang

Im Sommer feiert Altona mit der **altonale** (www.altonale.de) seine Kreativität: auf der Straße, auf Bühnen, in Hinterhöfen und an ungewohnten Orten.

Räume schaffen für eine alternative Szene – das bedeutet viele Ideen und Themen, die eventuell nicht in der Tagespresse vertreten sind. Das Gegenteil von Mainstream also. Auch nach der Gentrifizierung fühlt man sich in Ottensen dem anderen, ungewohnten Blickwinkel durchaus nah, ist offen für Neues. So ist es kein Wunder, dass es vor allem in diesem Viertel die Möglichkeit gibt Vielfalt auf Bühne und Leinwand zu sehen – zumeist in umgenutzten ehemaligen Fabriken.

Veteran unter Europas Kulturzentren: die Fabrik in Ottensen

Über dem Eingang der **Zeisehallen** ❸ hängen wechselnde handgemalte Filmplakate, die darauf hinweisen, dass hier ein anspruchsvolles Programmkino untergebracht ist. Theodor Zeise ließ den Komplex 1869 erbauen. Übere 100 Jahre wurden hier Schiffsschrauben produziert. In den sanierten Hallen verbindet sich heute backsteinernes Industriehallenflair mit moderner Glas-Stahl-Architektur. Neben den beliebten **Zeise Kinos** finden Sie unter dem imposanten Dach eine Goldschmiede, die Galerie **Stilhaus+** und Restaurants – darunter das **Eisenstein** 2 (s. S. 197) mit der besten Pizza – und vor der Tür die vor allem im Sommer gemütliche **Filmhauskneipe** 1 (s. S. 197). Die Zeise Kinos legen mit Premieren, Reihen und besonderen Themen einen Schwerpunkt auf den europäischen und aktuellen deutschen Film, daneben gibt es Kurzfilme und Poetry Slams.

Gegenüber zeigt das älteste Hamburger Off-Theater, das **Monsun Theater** ❹, im ehemaligen Senflager der Firma Kühne seit 1980 freie Theaterproduktionen, Performances, Konzerte, Tanz und Bewegungstheater. 2005 wurden Foyer und Theatersaal (100 Sitzplätze) neu gestaltet.

Bereits seit 1971 besteht das Kulturzentrum **Fabrik** ❹. An der Ecke Barnerstraße ist das Gründerzeitgebäude nicht zu übersehen: Der Kran von Menck & Hambrock, der ehemals größten Maschinenfabrik Ottensens, prangt oben auf dem Dach. Legendäre In- & Outdoor-Flohmärkte, Konzerte und Lesungen locken Scharen an. Seit Beginn der 1970er-Jahre ist die Fabrik eine feste Institution im Hamburger Kulturleben und zu einem Treffpunkt der Rock-, Jazz- und Politszene geworden. 1977 brannte das Gebäude ab, es wurde jedoch originalgetreu wieder aufgebaut. Auf der Bühne in der alten Werkshalle standen schon viele international bekannte Jazzer. Livemusik in fast intimer Atmosphäre ist eine Spezialität des Kulturzentrums. Der hohe Raum mit Holzträgerkonstruktion und Galerien in zwei Etagen

Infos

Spaziergang, ca. 90 Min.

Start:
Zeisehallen ❸, 📍 L 6

Zeisehallen ❸: Friedensallee 7/9, **Stilhaus+**, www.stilhaus-magazin.de, Mi–Fr 15–20, Sa 12–20 Uhr; **Zeise Kinos**, www.zeise.de

Monsun Theater ✺**:** Hinterhof, Friedensallee 20, www.monsuntheater.de

Fabrik ❹**:** Barnerstr. 36, www.fabrik.de

Hebebühne: Barnerstr. 30, www.die-hebebuehne.com

The Box: Borselstr. 16f, www.thebox-hamburg.com, Laden Di–Fr 12–19, Sa 10–18 Uhr

Theater in der Marzipanfabrik: Friesenweg 4, www.theater-in-der-marzipanfabrik.de

Lichthof Theater ✺**:** Mendelssohnstr. 15b, www.lichthof-theater.de

Mathilde Bar: Kleine Rainstr. 11, www.mathilde-hh.de, Mo–Sa ab 17 Uhr

---

unter einem Glasdach ist tagsüber eine Anlaufstelle für Kinder und Jugendliche, um sich kreativ auszutoben.

Einen Steinwurf entfernt hat sich in einem Hinterhof der neueste Ort für Kunst und Kultur etabliert. Konzerte, Ausstellungen, Bar, Party, Theater, Fotoshootings – dabei wird die **Hebebühne** – zuvor eine heruntergekommene Autowerkstatt – zur perfekten kleinen Künstlerbühne. Vintagemöbel, Europaletten und Backsteinwände geben noch das nötige Fünkchen Style hinzu. In den oberen Stockwerken gibt es Proberäume und Werkstätten, überwiegend für Musiker.

Der Borselhof war früher das Areal verschiedener Fabriken. In einem der alten backsteinernen Industriebauten war zwischenzeitlich das Theater in der Basilika ansässig. Nun ist hier der Concept Store **The Box** entstanden – mit einer kleinen, aber feinen Bühne für Konzerte, Künstler und Lesungen zwischen Büchern und Vintagemöbeln.

Am Rand von Ottensen errichtete die Firma Oetker 1870 die weltgrößte Marzipanfabrik. Bevor hier heute Schauspielschüler und Off-Produktionen des **Theaters in der Marzipanfabrik** ihre Bühne fanden, diente der Industriebau 1898 bis Ende der 1960er-Jahre der Sternwoll-Spinnerei als Produktionsstätte, gefolgt von Metallverarbeitung (bis 2015). Erst 2015 wurden 600 m² renoviert – und zur Bühne.

Weniger groß, aber schon länger an Ort und Stelle ist das preisgekrönte **Lichthof Theater** ❺. Es versteckt sich in einem ehemaligen Bahrenfelder-Industriegebiet (Metallverarbeitung), das heute Dienstleistungs-, Medien- und Einzelhandelsstandort ist. Im 2. Stock eines Ziegelbaus gelangen Sie vorbei am Bikram-Yogastudio ins Foyer des experimentierfreudigen Theaters. Frische, zeitgenössische kleine Produktionen, die etwas zu erzählen haben.

Zum Abschluss der Tour könnten Sie in der **Mathilde Bar** vorbeischauen. Sie ist zwar nicht in einem alten Fabrikgebäude untergebracht, aber wunderbar, um bei einem Drink in netter Atmosphäre den Tag ausklingen zu lassen. Abends finden regelmäßig Poetry Slams, Lesungen oder kleine Musikevents statt.

die mittlere in ein Treppenhaus zu den oberen Wohnungen.

Warum die Gegend früher Kleinheringsdorf hieß? Hier gab es zahlreiche Fischräuchereien und Fischindustriebetriebe. Um 1913 waren in Altona und Ottensen an die 100 Fischkonservenfabriken ansässig. Bis 1945 kamen 40 % aller in Deutschland hergestellten Fischkonserven aus Altona und Ottensen.

Am Ende des Nernstwegs befand sich die ehemalige Dralle Haarwasserfabrik. Heute befindet sich hier die **Werkstatt 3** ❺ (Nernstweg 32–34, www.w3-hamburg.de), ein Zentrum für internationale Kultur und Politik. Die Werkstatt 3 ist eine vielfältige Bühne für Vorträge, Lesungen, Theateraufführungen und andere spannende Veranstaltungen. Im Erdgeschoss können Sie im renovierten und eleganten peruanischen Café und Restaurant **Leche de Tigre** trinken und speisen, im Sommer auch draußen.

In der Zeißstraße 28 bietet das **Stadtteilarchiv Ottensen** ❻ (www.stadtteilarchiv-ottensen.de) geführte Rundgänge (8/4 €). Das Archiv wurde 1980 als erste Hamburger Geschichtswerkstatt gegründet und übernahm die Räumlichkeiten der ehemaligen Drahtstiftefabrik Feldtmann, die 1985 ihren Betrieb einstellte.

Die Motten kriegen?

Auch südlich des Spritzenplatzes lohnt sich ein Bummel durch die von kleinen Geschäften, Cafés und Restaurants gesäumten Gassen. In der **Mottenburger Twiete** kann man im Sommer schön draußen vor den bunten Häusern sitzen, Kaffee trinken oder asiatisch essen.

Nur wenige Meter weiter und sie stehen wieder vor einer Fabrik, in der heute Kultur gemacht wird. Das **Stadtteilzentrum Motte** ❼ (Eulenstr. 43, www.diemotte.de) nutzt die 1885 für einen Zuckerwarenfabrikanten erbaute Fabrik und ist ein weiteres gelungenes Beispiel der Umnutzung. In der Motte finden Veranstaltungen und Kurse statt und es gibt – interessant für Kinder – einen Hühnerhof.

Ottenser Nasen

Spitz zulaufende Eckhäuser auf tortenähnlichen Grundstücken sind in Ottensen keine Seltenheit. Eines davon, die sogenannte **Ottenser Nase** ❽, steht hübsch verziert Ecke Klaus-/Lobuschstraße. Falls Sie von hier Richtung Bahnhof möchten, gehen Sie doch durch die kleine Straße **Am Felde.** Dort können Sie kurz vor der Ottenser Hauptstraße noch einen Blick auf **Sahlhäuser** ❾ (Am Felde 136–140) werfen.

Großes Geläut und Geleit

25 000 Menschen, darunter alle Hamburger Ratsherren und das diplomatische Corps, ziehen durch Hamburg zur **Chris-**

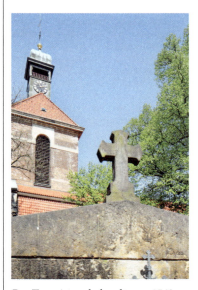

Der Turm ist noch der alte von 1548, die Christianskirche selbst wurde 1738 neu als Saalkirche errichtet.

tianskirche ❿ und dem angrenzenden Friedhof. Die Glocken aller Hamburger Hauptkirchen läuten. Was ist los? Wir schreiben das Jahr 1803 und der Dichter Friedrich Gottlieb Klopstock wird zu Grabe getragen. So etwas hatte Hamburg noch nie gesehen. 33 Jahre hatte der Dichter in Hamburg gelebt und sich das Grab »unter Bäumen weiter die Elbe hinauf« gewünscht. So fand er an der Südseite der 1735 erbauten Kirche gemeinsam mit seinen beiden Ehefrauen die letzte Ruhe. Berühmt geworden war der 1724 geborene Friedrich Gottlieb Klopstock vor allem durch seinen »Messias«, in dem er in 20 Gesängen die Leidensgeschichte Christi erzählt. 31 Jahre nach der pompösen Bestattung schrieb Heinrich Heine: »Die Ufergegenden der Elbe sind wunderlieblich. Besonders hinter Altona, bei Rainville. Unfern liegt Klopstock begraben. Ich kenne keine Gegend, wo ein toter Dichter so gut begraben liegen kann, wie dort. Als lebendiger Dichter dort zu leben, ist schon weit schwerer.« (»Aus den Memoiren des Herrn Schnabelewopski«, 1834)

Die nach dem dänischen König Christian IV. benannte Kirche und der inzwischen aufgelassene Friedhof mit seinem idyllischen kleinen Park markieren auch den Beginn der Elbchaussee, Hamburgs nobelster und teuerster Wohnstraße.

Ottenser Marktplatz 6, www.kirche-ottensen.de, meist tgl. 9–18 Uhr

Altona-Altstadt

📍 L/M 6/7

Kentauren und Gedenken

Parallel zur Museumsstraße zieht sich die kleine Grünanlage **Platz der Republik.** Im Norden der Anlage steht der im Jahr 1900 eingeweihte **Stuhlmannbrunnen** ⓫ mit seiner Skulpturengruppe: zwei gewaltige Kentauren im Kampf um einen im Netz zappelnden Fisch – ein Symbol des jahrhundertelangen Streits zwischen den Häfen Hamburg und Altona.

Am Südende der Anlage fällt direkt gegenüber dem Rathaus ein schwarzer Quader aus Gasbeton ins Auge. Der US-amerikanische Künstler Sol LeWitt hatte die **Black Form – Dedicated to the Missing Jews** ⓬ 1987 ursprünglich für eine Ausstellung in Münster entworfen. 1989 wurde die Arbeit gegenüber dem Rathaus Altona aufgestellt. Sol LeWit, ein Vertreter der Minimal Art, verzichtete auf jedwede Inschrift. Heute erläutern zwei Tafeln den historischen Hintergrund der Skulptur. Die jüdische Gemeinde Altonas war die älteste im Hamburger Raum. Ihre Geschichte reicht zurück bis ins 17. Jh. LeWitt spendete sein Honorar der Foundation for the History of German Jews.

Frühe Umnutzung

Weiß strahlt der Prachtbau des **Altonaer Rathauses** ⓭. Kaum zu glauben, dass er 1844 als Kopfbahnhof der Zuglinie Kiel–Altona eröffnet wurde. Doch schon 50 Jahre später war dieser der steigenden Zahl der Reisenden nicht mehr gewachsen, sodass 1898 ein neuer Bahnhof, etwa am Standort des heutigen, errichtet wurde. Was folgte waren Umbau und Umnutzung.

Die Nordfassade und die beiden Seitenflügel gestaltete man im Neorenaissancestil um. Im Dreiecksgiebel über den Säulen am Eingangsportal schufen die Bildhauer Ernst Barlach und Karl Garbers Fortuna, die steinerne Glücksgöttin, die das Schiff Altona durch die Wellen lenkt. Im selben Jahr wurde vor dem Rathauseingang feierlich ein Reiterdenkmal für Kaiser Wilhelm I. enthüllt. Heldenfiguren des siegreichen Preußens und symbolische Darstellungen

Lieblingsort

Herrliche Aussichten

›Balkon‹ ist mal wieder typisch Hamburger Understatement. Denn mit **Altonaer Balkon** ⓰ ist kein betonierter kleiner Ausguck gemeint, sondern eine Wiese mit Promenadenweg und herrlichem Blick auf die Elbe. Hinter Altonas weißem Rathaus, einst ein prachtvoller Bahnhof, versteckt sich der schönste Aussichtspunkt des Viertels. Tief unten erhebt sich das Dockland-Parallelogramm (vorne rechts am Bildrand; s. S. 107), das wie ein gläserner Luxusliner rund 40 m über das Wasser des alten Hamburger Fischereihafens ragt. Dahinter ein Wald von Kränen, am Horizont die geschwungene Köhlbrandbrücke, und gelegentlich fährt ein Riesenschiff in den Hafen.

TOUR
Aus Alt mach Neu

Unterwegs auf der Neuen und der alten Großen Bergstraße

Infos

Spaziergang 1 Std.

Start/Ziel:
Bahnhof Altona, 📍 L 6

Ikea:
Große Bergstr. 164, www.ikea.com/Hamburg_Altona, Mo–Sa 10–20 Uhr

Claus Kröger 5:
s. S. 200

True Rebel Store:
Große Bergstr. 193, www.true-rebel-store.com, Mo–Sa 10–20 Uhr

Kulturetage Altona:
Große Bergstr. 160, www.kulturetagealtona.de

Café Bergtags:
www.bergtags.de, Mo–Sa 10–18 Uhr

Die Fußgängerzone **Große Bergstraße** hat in den letzten Jahren einen großen Umbruch erlebt. Die Unterführung vom Bahnhof Altona wurde generalüberholt, die Fußgängerzone komplett saniert, sogar die Bodenplatten wurden ausgetauscht. Im Gegensatz zur Gegend rund um die Ottenser Hauptstraße auf der anderen Seite des Bahnhofs gibt es hier keine schmalen, kurvigen Straßen mit alten Häusern und gemütlichen Cafés, sondern eine breite Fußgängerzone mit einer geballten Ladung hässlicher Gebäude, Bausünden aus den 1960er-Jahren. Das jetzt alles neu ist und Marken, die man sonst von der Spitalerstraße in der Innenstadt kennt, eingezogen sind, lenkt aber ganz gut davon ab. Am meisten sticht aber der blau-gelbe **Ikea-Klotz** heraus. 2014 öffnete die erste Cityfiliale des schwedischen Riesen in Altona ihre Pforten. Das kam anfangs gar nicht gut an. Das verlassene Karstadt-Gebäude, das bis dato ein kleines Mekka für abgefahrene Konzerte und Künstler war, musste dem Neubau weichen. Kleine Läden bangten um ihre Kundschaft, Anwohner um die Luftqualität – mehr Kunden, mehr Autos, mehr Dreck.

Doch mit Ikea und dem Beginn der Aufhübschung des Areals um die Große Bergstraße zogen auch neue Restaurants und Cafés hierher. Manch eines mit skandinavischem Touch, wohl mit der Idee, dass Ikea-Besucher alle Schwedenfans wären und so am besten angelockt werden könnten. Viele Bäckereien breiten sich mittlerweile mit Tischen und Stühlen aus. Mittwochs und samstags findet von 8 bis 14 Uhr an der Neuen Großen Bergstraße ein großer **Wochenmarkt** statt und der Tee-und Kaffeeladen **Claus Kröger** 5 ist immer noch beliebt. Seit 1924 steht er hier. Neben dem Einheitsbrei an Geschäften gibt es also weiterhin kleine

Nicht wirklich schön und nicht unumstritten, der Ikea-Neubau. Aber die Bergstraße hat auch noch andere Seiten.

Sie möchten Ihren Blick über den Hafen bis zum Volksparkstadion schweifen lassen? Dann gehen Sie aufs Ikea-Parkdeck Nr. 4.

Perlen: Dazu gehören auch eine kleine Buchhandlung und ein paar Schritte weiter der **True Rebel Store**, u. a. mit Kleidung für Punks und Antifaschisten.

Hochgelobt wurde die erste Fußgängerzone in Hamburg, als sie in den 1960er-Jahren entstand. Eine Aufbruchstimmung war spürbar und das Hamburger Abendblatt schrieb 1965 zur Eröffnung: »Altonas Frauen haben allen Grund zur Freude. Männer bauten ihnen ein Paradies. Sie schufen die Fußgänger-Einkaufsstraße Neue Große Bergstraße.« Ganz so paradiesisch kann es nicht gewesen sein. Denn schon bevor das Mercado 1995 in der Ottenser Hauptstraße eröffnete und Käuferinnen und Käufer von der Bergstraße abzog, verkam das Areal. Von da an ging es allerdings richtig bergab. Kaufhof und Karstadt mussten ihre Filialen schließen. Ramschläden entstanden. Die Fassaden wirkten traurig und Geschäftsflächen verlassen. Glück im Unglück – zog das doch eine bunte Schar von Studenten, Künstlern und Zuwanderern an, die die Straße nicht unbedingt bevölkerten, die aber kreativ mit dem Leerstand umzugehen wussten.

In Sachen Kreativität hat sich die **Kulturetage Altona** noch in die Zukunft retten können. Ateliers für Künstler und Lesungen im **Café Bergtags** im selben Gebäude sowie andere Kulturveranstaltungen steuern gegen eine reine Konsumhaltung an in der Ikea-Fußgängerzone von Altona.

von Handel und Industrie umgeben den bronzenen Kaiser.

Heute beherbergt das Rathaus das Bezirksamt Altona, dessen Standesamt bei Hamburger Hochzeitspaaren besonders beliebt ist: Vor dem fotogenen Gebäude wird oft ein Schluck Champagner mit Blick auf die Elbe getrunken. Schon der Dichter Stendhal schwärmte von der Elbe bei Altona und meinte genau diesen Ausblick aus erhabener Position.

Spielen mit Ball und Schläger ...

... können Sie hier nicht mehr, wobei fraglich ist, ob das hier je in die Tat umgesetzt wurde. Die Rede ist von der **Palmaille,** die hinter dem Rathaus Richtung Fischmarkt und St.-Pauli-Landungsbrücken führt. Die stark befahrene Allee mit Schatten spendenden Linden im Mittelstreifen hat ihren Namen dem *Palla a maglio* (frz.: *palmaille*) zu verdanken, einem Spiel mit Holzball und Schläger aus dem 17. Jh. Mitten im Dreißigjährigen Krieg hatte Graf Otto V. von Schauenburg hier am Elbufer eine 647 m lange Spielbahn anlegen lassen, seitlich von Linden gerahmt und an ihren Enden mit je einem eisernen Bogen versehen – die Tore, durch die der Ball getrieben werden sollte. Ein **Relief am Eckhaus Palmaille/Max-Brauer-Allee** ⓮ erinnert an diese Entstehung der Straße.

Zu Beginn des 19. Jh. wurde die Palmaille nach Plänen des dänischen Architekten Christian Frederik Hansen mit klassizistischen Häusern im Stil des italienischen Baumeisters Palladio bebaut. Kaufleute, Adlige und königliche Beamte des dänischen Hofes zogen hier ein. Einige Bauten wurden im Zweiten Weltkrieg zerstört, aber die **Häuser 116–120** ⓯ bilden nach wie vor ein geschlossenes architektonisches Ensemble. Unterhalb der Palmaille liegt der nach dem Zweiten Weltkrieg angelegte **Altonaer Balkon** ⓰ (s. Lieblingsort S. 193).

Jüdische Totenruhe

In der Königstraße 10 liegt der Eingang zum **Jüdischen Friedhof** ⓱, der 1611 von sephardischen Juden angelegt wurde. In direkter Nachbarschaft entstand nur wenige Jahre später ein Friedhof der hochdeutschen jüdischen Gemeinde. Damit ist die Begräbnisstätte der älteste jüdische Friedhof Hamburgs, der sephardische oder Portugiesenfriedhof sogar die älteste in Nordeuropa. Beide Bereiche wuchsen im Lauf der Zeit zusammen, wurden aber in der zweiten Hälfte des 19. Jh. geschlossen (Die Stadtverwaltung ließ damals das Gros der innerstädtischen Friedhöfe schließen und an den Stadtrand verlegen). Wegen seiner Größe, seines Alters und der vielen erhaltenen Grabsteine (ca. 7600) gilt der Friedhof als eines der

Der Jüdische Friedhof ist immer noch ein Ort des Gedenkens, auch wenn keine Bestattungen mehr erfolgen.

bedeutendsten jüdischen Gräberfelder der Welt und steht seit 1960 unter Denkmalschutz. Seit 2007 ist das 1,9 ha große Gelände wieder öffentlich zugänglich: Ein herausragendes Geschichtszeugnis, ein stiller melancholischer Ort.
Königstr. 10, www.jüdischer-friedhof-altona. de, April–Sept. Di, Do 15–18, So 14–17, Okt.–März Di, Do, So 14–17 Uhr

Museen

Regionalmuseum
❶ Altonaer Museum: Das Gebäude wurde Ende des 19. Jh. im Stil der nordischen Renaissance errichtet. Das Museum widmet sich der norddeutschen Kulturgeschichte und speziell der kulturhistorischen Entwicklung der Elbregion rund um Altona. Das Spektrum reicht von alten Bauernstuben, Laterna-magica-Bildern und Dioramen über den Dufke-Laden (ein früherer Land- und Kolonialwarenladen) oder die Lauenburger Raths-Apotheke bis zu Schiffsmodellen, nautischen Instrumenten und einem reichen Schatz an Galionsfiguren. Pausieren können Sie im Schmidtchen im Museum, einem Ableger des Café Schmidt an der Elbe.
Museumsstr. 23, www.altonaermuseum.de, S 1, 3, 11, 31 Altona, Mo, Mi–Fr 10–17, Sa/So 10–18 Uhr, 8,50/5 €, unter 18 Jahren Eintritt frei

Essen

Cineastisch
❶ Filmhauskneipe: Im früheren Konferenzraum der Schraubenfabrik Zeise werden an großen Tischen saisonale Speisen aus frischen Produkten serviert. Im Sommer können Sie hier auch draußen auf der lauschigen Terrasse im Hof zum Kino Zeise sitzen.
Friedensallee 7, Ottensen, T 040 39 90 80 25, www.filmhauskneipe.de, S 1, 3, 11, 31 Altona, tgl. 12–ca. 1, Küche bis 23, Mo–Fr Mittagstisch 12–16 Uhr, Gerichte ab 8,50 €

Pizza für die Szene
❷ Eisenstein: Im beliebten Restaurant sind vor allem die Pizzen aus dem Holzofen legendär. Dazu noch der Industriecharme der alten Zeisehallen (s. Tour S. 188). Da schmeckt's gleich noch besser.
Friedensallee 9, Ottensen, T 040 390 46 06, www.restaurant-eisenstein.de, S 1, 3, 11, 31 Altona, Mittagskarte tgl. bis 16, Abendkarte Mo–Sa 18–23, So 17.30–22, So 10–15 Uhr Brunch 21 €, Pizza 9–15,50 €

Vegane Burger und mehr
❸ Froindlichst: Das Mobiliar aus Flohmarktfunden zusammengestellt, jede Wand anders, aber immer gemütlich, speziell und vor allem wahnsinnig lecker. Vegane Burger, Burritos, Salate … Ein bestens gewürztes Paradies!
Daimlerstr. 12, Ottensen, T 040 88 17 78 78, www.froindlichst.com, S 1, 3, 11, 31 Altona, Mo–Do 12–22, Fr/Sa 12–23, So 10–12, 12.30–14 (Brunch 17,90 €), 15–22 Uhr, Gerichte um 12 €

Speisen mit Tiger
❺ Leche de Tigre: In der Tigermilch-Bar gibt es Ceviche von Kabeljau oder Lachs, Quinoa Tabuleh, Katschete (Rinderbacke in Koriandersud und andere kleine, feine peruanische Spezialitäten. Dazu noch einen Pisco Sour, ein Glas Wein oder Bier – oder die hausgemachte Limettenlimonade. Wer hier speist, weiß danach: Peruanisches Essen ist großartig!
Erdgeschoss, Werkstatt 3, Nernstweg 32–34, T 0163 312 64 91, www.lechedetigre.de, Mo–Do 18–22, Fr/Sa 18–23, So 18–22 Uhr, kleine Gerichte ab 7,50 €

Von morgens bis abends
❹ Von der Motte: Suppen, Sandwiches und eine große Salatauswahl locken. Am Besten sitzt man zur Früh-

TOUR
Schnell mal zum Jenischpark

Fahrradtour von Ottensen zum Jenischpark in Klein Flottbek

Infos

ca. 8 km, ca. 2 Std. mit Besuch des Jenischparks

Start/Ziel:
StadtRad-Station Bleickenallee/Ecke Fischers Allee, ♀ K 6

Jenischpark:
s. S. 209

Rückfahrt via Elbufer:
s. auch Tour S. 104

Ein wenig vornehmes Hamburg können Sie auf dieser Tour schnuppern, führt sie doch durch Hamburgs Villenviertel Othmarschen ins ebenfalls vornehme Klein Flottbek, an dessen Rand der herrliche Jenischpark liegt. Auf dem Rückweg entlang des Elbufers sind dann fantastische Blicke auf den Fluss garantiert.

Von der **StadtRad-Station** radeln Sie die Fischers Allee hinunter und biegen dann nach rechts in die **Bernadottestraße** ein. Nun geht es erst einmal immer geradeaus Richtung Westen. Kurz vor dem Ende der Straße zweigt die **Droysenstraße** nach rechts ab. Auf ihr radeln Sie etwa 500 m bis sie den **Klein Flottbeker Weg** kreuzt. In diesen biegen Sie nach links ein. Er führt direkt auf die Nordostecke des **Jenischparks** zu. Die Straßen sind relativ ruhig und angenehm zu fahren.

Der **Jenischpark** ist wohl Hamburgs schönster Park: Wiesen, Feuchtgebiete, viele Bäume und sehenswerte als Museen genutzte Gebäude. Nach dem Besuch des Parks bietet es sich an Richtung Süden auf die Elbe zuzufahren und dann am Elbuferwanderweg – Hans-Leip-Ufer, Fischerort **Övelgönne** (hier müssen Sie ihr Rad schieben), Neumühlen – auf einer gut ausgebauten Fahrradspur wieder nach **Ottensen** zurückzuradeln.

stückszeit bei Sonnenschein draußen, denn trotz der engen Ottenser Gassen kommt die Sonne hier morgens hin!
Mottenburger Twiete 14, T 040 57 24 09 62, www.vondermotte.de, S 1, 3, 11, 31 Altona, Mo–Fr 9–20, Sa/So 10–20 Uhr, (fast) alles unter 10 €

Klein und frisch
5 Kleine Brunnenstraße 1: Das Restaurant ist in einer typischen Ottenser Nase und deswegen auch eher klein. Also unbedingt reservieren. Es hebt sich wohltuend von den zahlreichen Kneipen und Einerlei-Bistros um die Ecke ab. Die Küche bietet saisonale Produkte von Zander bis Kalbsrücken. Im Sommer gibt es auch einige Tische vor der Tür.
Kleine Brunnenstr. 1, T 040 39 90 77 72, www.kleine-brunnenstrasse.de, S 1, 3, 11, 31 Altona, tgl. ab 17, Küche ab 18 Uhr, Hauptgerichte ab 18,50 €, Drei-Gänge-Menü 42 €

Essen mit den Händen
6 Karls Café & Weine: In diesem kleinen, aber feinen Lokal gibt es äthiopisches Injera mit Saucen und Leckereien, dazu eine äthiopische Kaffeezeremonie. Die äthiopische Küche ist legendär und Neulinge wie auch Wiederholungstäter sind bei Alemayehu Karl immer herzlich willkommen. Da sein Restaurant sehr beliebt ist, sollten Sie unbedingt vorab reservieren.
Keplerstr. 17a, T 0171 124 74 97, www.karlscafeweine.de, S 1, 3, 11, 31 Altona, Di–Sa 17–22 Uhr, Menü mit Kaffeezeremonie 21 €

Kalt und lecker
7 Eisliebe: Manchmal ist die Schlange vor dem Eisladen so lang, dass sie bis zur Ottenser Hauptstraße reicht. Eistorten, Eispralinen, Eismarillenknödel oder einfach 2 Kugeln Eis in der Waffel auf die Hand. Und jetzt ab in die Sonne!
Bei der Reitbahn 2, www.facebook.com/EisliebeOttensen, S 1, 3, 11, 31 Altona, tgl. 12–21 Uhr

Zu Besuch bei der Queen
8 Eaton Place Tearoom & Café: Den Trip nach England kann man sich nun sparen. Jörg Schröder und Antonio da Silva Oliveira haben liebevoll den höchst britischen Tearoom eingerichtet, servieren 16 Teesorten und natürlich gibt es hier den klassischen Afternoon Tea mit Etagere samt Scones (35 €, vorab reservieren!).
Bahrenfelder Str. 80–82, T 040 55 64 18 92, www.eaton-place.de, S 1, 3, 11, 31 Altona Di–So 10–20 Uhr

Verwunschen
9 Altonas Balkon Café & Biergarten: Im Park unterhalb der Palmaille liegt Altonas Balkon, eine Mischung aus Biergarten und Café, unter hohen Bäumen. Hier bedienen Sie sich selbst und können dann der Parkruhe, das kühle Pils oder den guten Milchkaffee genießen.
Palmaille 41 (im Park), T 040 54 80 66 90, www.altonas-balkon.de, S 1, 3, 11, 31 Altona, April–Okt. Di–Fr 12–19, Sa/So 12–20 Uhr

Rustikal & hip
10 Klippkroog: Im Klippkroog stammen alle Lebensmittel von regionalen Lieferanten und Biohöfen. Der Name ist plattdeutsch und bedeutet ›einfache Gastwirtschaft‹. Neben einem umfangreichen Frühstücksangebot bekommen Sie hier einen Mittagstisch (unter 10 €), Kaffee und Kuchen und auch kleine Gerichte (Salat, Quiche, Aufschnittplatte etc.) als Abendbrot (um 12 €). Große Außenterrasse.
Große Bergstr. 255, T 040 57 24 43 68, www.klippkroog.de, S 1, 3, 11, 31 Altona, Mo–Sa 9–24 Uhr, So bis 18 Uhr

Einkaufen

Märkte
❷ Wochen- und Biomarkt Spritzenplatz: s. S. 186.

Viel Papier
1 Druckwerkstatt: Wunderschönes Papiersortiment und andere Accessoires rund ums Schreiben. Auch Visitenkarten und Briefpapier können Sie hier drucken lassen. Schon allein der Blick in das Schaufenster bereitet Vergnügen!
Laden: Ottenser Hauptstr. 46–48, www.druckwerkstatt-ottensen.de, S 1, 3, 11, 31 Altona, Mo–Fr 10–19, Sa 10–18 Uhr

Versteckt
2 Vergissmeinnicht: Im Hinterhof werden Baby- und Kinderkleidung in ganz besonderer Auswahl angeboten, gefertigt von kleinen Manufakturen. Dazu gibt es ausgewähltes Spielzeug, schöne Taschen und mehr.
Ottenser Hauptstr. 44 (Hinterhof), www.vergissmeinnicht-hamburg.de, S 1, 3, 11, 31 Altona, Mo–Do 10–18, Fr 10–19, Sa 11–16 Uhr

Kampf dem Müll
3 Stückgut: Da will man Bioware kaufen und dann ist die gute Gurke fest in Folie eingeschweißt. Wieso? Bei Stückgut ist das zum Glück anders! Hier gibt es unverpackte Bio-Lebensmittel zum selber abpacken.
Am Felde 91, www.stueckgut-hamburg.de, S 1, 3, 11, 31 Altona, Mo–Fr 10–19, Sa 11–17 Uhr

Ein Schluck Ottensen für daheim
4 Altonaer Spirituosen Manufaktur: Hier können Sie z. B. Gin Sul erstehen. Der Name ist zwar portugiesisch, aber das Gebräu echt Ottensen. Flasche 35 €.
Bahrenfelder Steindamm 2, www.gin-sul.de, S 1, 3, 11, 31 Altona, Mo–Fr 9–18 Uhr

Genüsse
5 Claus Kröger: Wenn man erst mal in dem Laden steht, will man aus der Tee- und Kaffeewelt gar nicht wieder raus, so viel gibt es zu gucken: handgemachte Pralinen, diverse Schokoladensorten, Tee und Kaffee vom Feinsten und dazwischen allerlei Schönes zum Verschenken: Tassen, Döschen, Teekannen, Gläser und vieles mehr. Mit Michael Kröger wird die Familientradition hier in vierter Generation fortgesetzt.
Große Bergstr. 241, www.claus-kroeger.de, S 1, 3, 11, 31 Altona, Mo–Fr 9–18.30, Sa 9–17 Uhr

Ausgehen

Entspannte Atmosphäre
1 Aurel: Ob Mojito oder das Bier Große Freiheit hier wird zu Latin angehauchtem Housesound viel getrunken. Meist vor der Tür, weil die kleine Bar schnell voll ist. Happy Hour tgl. bis 21 Uhr.
Bahrenfelder Str. 157, T 040 390 27 27, S 1, 3, 11, 31 Altona, So–Do 10–1, Fr/Sa 10–3 Uhr, wenn's voll ist, auch länger

Wie im Wald
2 Reh Bar: Braun und grün, man fühlt sich wie im Wald. Aber nicht altbacken rustikal, sondern ziemlich schick. Rehe oder Hirsche gibt's nur auf Fotos. Oder? Wem das zu viel ist, der kann sich am maritimen Gegenprogramm mit vier Seepferdchen im Aquarium erfreuen. Zwischen 18 und 21 Uhr günstige Cocktails.
Ottenser Hauptstr. 52, T 040 64 85 23 49, auf S 1, 3, 11, 31 Altona, tgl. ab 10 Uhr

Super Location
3 Monkeys Music Club: Clubkultur in Altona: Hier wird Livemusik mit Herz und Seele präsentiert. Eine Mischung aus Soul, Beat, Punk und Rock, aber auch Folk, Jazz und Indie stehen auf dem Programm.
Barnerstr. 16, www.monkeys-hamburg.de, S 1, 3, 11, 31 Altona

Kultur in alten Fabrikgebäuden
Zeise Kinos 3, Fabrik 4, Monsun Theater 4, Lichthof Theater 5: s. Tour S. 188.

Zugabe
Auf dem Weg zum Quartier Mitte Altona

Wohnen neben den Gleisen?

Sechs Minuten dauert es vom S-Bahnhof Holstenstraße bis zum Bahnhof Altona. Vorbei an der Holstenbrauerei und parallel zur Stresemannstraße, dann in einem großen Bogen um den einstigen Güterbahnhof. Leere, verwilderte Plätze und große Hallen – und das in einem Viertel, wo dringend Wohnungen gebraucht werden, Wohnungen, die man sich auch leisten kann. Inzwischen stehen hier die ersten mehrstöckigen Neubauten. Der alte Güterbahnhof wandelt sich zum Quartier Mitte Altona. Bis 2020 soll der erste Bauabschnitt mit 1600 neuen Wohnungen im »größten Hamburger Bauprojekt nach der HafenCity« fertiggestellt sein, im zweiten Bauabschnitt sollen weitere 1900 Wohnungen folgen.

Mehrere Architekten sind involviert, damit die neuen Gebäude nicht alle gleich aussehen und etwas Abwechslung bieten. In den bereits erstellten Wohnungen leben schon Familien, die sich wundern, warum der Bahnhof Altona immer noch nicht verlegt wurde. Denn das war die Idee. Wer möchte schon direkt neben den Gleisen leben?

Es wird eifrig gebaut in Altona. Aber so lange der Fernbahnhof nicht verlegt ist, rauschen hier die Züge vorbei.

Größtes Hamburger Bauprojekt nach der HafenCity

Aber ob der Fernverkehr tatsächlich zum S-Bahnhof Diebsteich ausgelagert werden kann, ist momentan fraglich.

Wirft die Stadt mit diesem Bauprojekt einfach Geld zum Fenster hinaus oder ist die neue Entwicklung auf dem Gelände eine unterstützenswerte Neuerung? Fotografen und Street-Artists liebten das alte Gelände, aber damit ist jetzt Schluss. Die neuen Wohnbauten mit ihren geraden Rasenflächen im Hinterhof wachsen immer mehr in den Bereich des alten Güterbahnhofs hinein. Immerhin wird im neuen Quartier auf eine gesunde Mischung der Bewohner geachtet. Das Prinzip ist ein Drittelmix: ein Drittel der Wohnung sind öffentlich geförderte Mietwohnungen, ein Drittel frei finanzierte Mietwohnungen sowie ein Drittel Eigentumswohnungen. ∎

Das Elbufer zwischen Altona und Blankenese

Grünes Hamburg — Elbe, Strand und Schiffe, Villen, alte Fischerhäuser und weitläufige Parks gleich Urlaubsfeeling pur.

Seite 206
Övelgönne ⭐

Traditionsschiffe im Museumshafen, ein ehemaliges Fischerdorf, dessen alte Häuschen nur zu Fuß zu erreichen sind und ein herrlicher Abschnitt des Elbstrands, auch das ist Hamburg.

Seite 208
Strandperle

Urlaubsfeeling pur. Nicht ohne Grund trifft sich halb Hamburg an der Strandperle. Die einen sitzen auf der Terrasse, die anderen direkt am Strand. Trinken, essen, chillen, klönen, Musik hören, Schiffe beobachten – mehr müssen Sie nicht tun, um einen schönen Tag zu haben.

Seefahrtsnostalgie in Övelgönne

Seite 209
Jenischpark

»Der Jenischpark!«, rufen die Hamburger, wenn man sie fragt, welcher Park der schönste in ihrer Stadt sei. Alte Eichen, herrlicher Elbblick, Museen und Instenhäuser. Den Park am Rand von Klein Flottbek lieben alle.

Seite 210
Römischer Garten

Ein Stück Italien mitten in Hamburg-Blankenese. Versteckte Wege führen in das Kleinod 30 m über der Elbe. Selbst viele Hamburger haben den Römischen Garten nie gesehen.

Eintauchen

Das Elbufer zwischen Altona und Blankenese

Seite 212
Nienstedten

Ein Traditionshotel mit dem berühmtem Jacobs Restaurant und herrlicher Lindenterrasse, ein Park mit Hirschen und Balletteleven …

Seite 212
Blankenese

Über 58 Treppen und 4864 Stufen verlaufen verwinkelte Gassen malerisch am Elbhang. Durch das Treppenviertel zu spazieren, tut nicht nur den Augen gut, sondern hält auch fit.

Seite 214
Altes Land

Zur Obstblüte wird es voll im Alten Land mit seinen prächtigen Bauerngehöften. Dann ist das Gebiet ein Blütenmeer in Weiß und Rosa. Ab Blankenese geht es hinüber nach Cranz und dann per Rad durch Borstel, Jork, Estebrügge im Rundkurs retour.

Seite 219
Radwegstreit am Elbstrand

Einfach nur am Strand sitzen oder am Strand entlangradeln – beides schön. Aber würde ein Radweg nicht der Hamburger Bauwut Tür und Tor öffnen?

Gesund und lecker und im Herbst im Alten Land in Massen zu haben.

schön, schöner, Elbeblick: Wer die Sehnsucht, die die Elbe auslösen kann, verstehen will, sollte sich dringend »Absolute Giganten« angucken. Ein Hamburger Kultfilm.

erleben &

Elbufer mit schönen Aussichten

Oberhalb des Elbufers geht der Altonaer Balkon zunächst in den Heine-Park und den Donnerspark und dann in den Rosengarten über. Dieser Grünzug erstreckt sich hinüber bis Neumühlen bzw. Övelgönne mit dem Museumshafen Oevelgönne. An der Elbe erstreckt sich das ehemalige Fischerdorf Övelgönne. Von dort führt einer der landschaftlich schönsten Spaziergänge Hamburgs immer am Fluss entlang bis nach Blankenese. Am Weg liegen großzügige Parks, idyllische Landhäuser, feudale Villen und viele schöne Restaurants. Der Blick auf die Elbe ist dabei gratis.

Der Strand von Övelgönne, an dem die berühmte Strandperle liegt, ist sozusagen der Hausstrand der Hamburger und eine der Lieblingsflaniermeilen der Einheimischen wie auch von Besuchern aus aller Welt. Sich in den Sand setzen, die Schiffe auf der Elbe beobachten, alleine oder mit Freunden am Grill – hier ist Auszeit angesagt.

Schon im Mittelalter galt das Fischerdorf Blankenese als wichtige Fährstation zwischen Hamburg und Bremen. Bis ins 19. Jh. lebten die Blankeneser vom Fischfang und der Seefahrt. Erst Ende des 19. Jh. wurde das idyllische Treppenviertel zum beliebten Ausflugsziel der Hamburger. Heute ist es ein begehrtes Wohnviertel mit Villen und reetgedeckten, restaurierten Fischerhäusern. Der Name stammt aus dem Plattdeutschen: *Blanke Ness* bedeutet ›Weiße Landzunge‹: Der Elbstrand ist in Blankenese am schönsten.

ORIENTIERUNG

Heine- und Donnerspark: S 1, 2, 3, 11, 31 Altona, dann 10 Min. zu Fuß
Övelgönne: S 1, 2, 3, 11, 31 Altona, dann Bus 112 Neumühlen/Övelgönne (Fähre), alternativ: HADAG-Fähre 62 ab Landungsbrücken (Brücke 3) oder Altona (Fischmarkt) bis Neumühlen/Övelgönne
Jenischpark: S 1, 11 Othmarschen, dann Bus 286 Hochrad oder S 1, 11 Klein Flottbek, dann Bus 286 Baron-Voght-Str. – oder jeweils zu Fuß
Nienstedten: S 1, 11 Klein Flottbek, dann Bus 286 Nienstedtener Marktplatz oder Sieberlingstraße.
Den **Hirschpark** erreichen Sie am besten ab S 1, 11 Blankenese zu Fuß (15 Min.) oder mit Bus 36 Mühlenberg. Bus 588 Gätgensweg verkehrt nur selten.
Blankenese: S 1, 11 Blankenese

Heine-Park und Donnerspark ♀K/L7

Viel Grün oberhalb der Elbe

Was heute der **Heine-Park** ❶ ist, war früher der Landsitz von Heinrich Heines Onkel Salomon. Der Kaufmann und Bankier hatte nicht nur die Stadt nach dem großen Brand von 1842 mit großzügigen Krediten unterstützt, sondern auch das Deutsch-Israelitische Krankenhaus auf St. Pauli gestiftet. Schon 1812 erwarb Salomon Heine den Landsitz an der Elbchaussee. 1932 ließ er auf dem Areal das **Gärtnerhaus** (Elbchaussee 31) errichten, in dem für kurze Zeit sein Neffe Heinrich wohnte. Heute ist es als **Heine-Haus** (www.heine-haus-hamburg.de, www.shmh.de/de/heine-haus) bekannt und wird für Ausstellungen und Veranstaltungen genutzt. Die Villa Salomon Heines ließ eine Erbin 1881 abreißen. Ein quadratischer Platz umreißt den früheren Standort. Erhalten blieb die **Villa Therese** (Therese-Halle-Villa, Elbchaussee 31a), die Salomon Heine um 1830 für seine Tochter hatte errichten lassen. Im Park steht auch die **Villa im Heine-Park** (Elbchaussee 43, www.villa-im-heine-park.de), die der Hamburger Industrielle Georg Plange 1913 für seinen Sohn baute. Später wurde sie Sitz der Hamburger Seefahrtschule und heute residiert hier der Business Club Hamburg. Nicht-Mitglieder können lediglich sonntags zum Frühstück vorbeischauen.

Nahtlos geht der Heine-Park in den **Donnerspark** ❷ über. Er ist aus dem

Georg Plange wusste, wo es schön ist, und auch der Business Club Hamburg weiß das Ambiente im Heine-Park zu schätzen.

Elbufer zwischen Altona und Blankenese

Ansehen
1. Heine-Park
2. Donnerspark
3. Museumshafen Oevelgönne
4. Beton-Pyramide
5. Övelgönne
6. Findling Alter Schwede
7. Jenischpark
8. Landhaus Baron Vogt
9. Hotel Louis C. Jacob / Jacobs Restaurant
10. Hirschpark
11. Landhaus der Familie Godeffroy

Anwesen des Kaufmanns Conrad Hinrich Donner hervorgegangen, dem das Areal seit 1820 gehörte. Das Anwesen reichte bis nach Neumühlen hinunter und war mit einem neugotischen Schloss bebaut, das im Zweiten Weltkrieg zerstört wurde.

Övelgönne

Alte Schiffe gucken …
Am Anleger Neumühlen, wo die Dampfer in Richtung Landungsbrücken und Finkenwerder abfahren, befindet sich der **Museumshafen Oevelgönne** ❸. Er wurde Ende der 1970er-Jahre von einer Privatinitiative gegründet. Neben dem Feuerschiff Elbe 3, einem Schwimmkran und einer ausgemusterten HADAG-Fähre, die heute ein Restaurant beherbergt, liegen hier zahlreiche historische Segelschiffe. Mitte des 18. Jh. löschten täglich rund 50 Großsegler ihre Ladung im Hafen. Die Schiffe hier sind ausnahmslos fahrtüchtig und liefern zum Hafengeburtstag einmal im Jahr eine wunderbare Parade. Wer einen Oldtimer chartern will, kann sich auf der Website informieren. Dort finden Sie auch Termine, an denen Touren/Mitfahrten möglich sind.

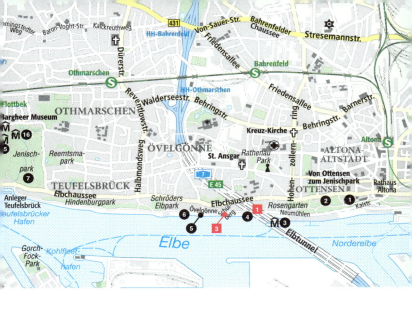

- ⑫ Baurs Park
- ⑬ Treppenviertel Blankenese
- ⑭ Römischer Garten
- ⑮ Jenisch Haus
- ⑯ Ernst Barlach Haus

Essen
- ① Café Elbterrassen
- ② Restaurant Engel
- ③ Strandperle
- ④ Witthüs
- ⑤ Süllberg: Seven Seas, Deck 7, Biergarten, HauserAlm
- ⑥ Kaffeegarten Schuldt

Ausgehen
- ① Linde

Anleger Neumühlen, www.museumshafen-oevelgoenne.de, Bus 112, keine festen Zeiten

… neue Schiffe gucken

Auf der Höhe des Museumshafens Oevelgönne bzw. von der benachbarten **Beton-Pyramide** ❹ aus können Sie auf der anderen Seite der Elbe Riesenfrachter, bis oben mit Containerstapeln beladen, beobachten. Dazwischen gleiten Barkassen, Segelboote und Fährschiffe über den Fluss. Besonders abends, unter dem orangegelben Kunstlicht der Hafenanlagen, ist die Szenerie des Containerterminals ein Erlebnis. Je nach Windrichtung hören Sie allerdings auch beträchtlichen Lärm – vom Containerhafen.

Landseits der Pyramide fällt ein klotziger Betonbau ins Auge: Es handelt sich um den **Lüftungsschacht** des 1975 fertiggestellten **Neuen Elbtunnels.** Der Tunnel führt die Autobahn A 7 auf über 3 km in vier Röhren unter der Elbe hindurch. Die ›Pyramide‹ bietet sich Spaziergängern als Rastplatz mit Blick auf die Elbe an.

Fischerdorfidyll

Das ›Dorf‹ **Övelgönne** ❺ liegt ein paar Schritte bergan. Es besteht aus einer einzigen, etwa 1 km langen romantischen Häuserreihe. Ursprünglich siedelten hier Fischer und später, als sich der Walfang im 17. Jh. entwickelte, auch Leimsieder

Lieblingsort

Mit dem Bier im Sand

An der Elbe sitzen und sie in Gedanken bis zum Meer begleiten. Fernweh. Rund um die Othmarscher **Strandperle** 3 mit ihrer Terrasse, treffen sich die Hamburger zu allen Jahreszeiten. Sie lassen sich drinnen oder auf der Terrasse nieder, um etwas zu trinken, zu essen, zu chillen, mit Freunden zu klönen und lassen die Seele baumeln. Drumherum wird gegrillt oder Musik gemacht – im Sommer ist die Stimmung an diesem Teil des Övelgönner Strands besonders schön. Abends ist es einfach so romantisch, die Zehen im Sand zu vergraben und die Schiffe vorbeiziehen zu sehen (Övelgönne 60, direkt unterhalb des Schulbergs, www.strandperle-hamburg.de, Mo–Fr 10–23, Sa/So 9–23 Uhr, Gerichte ca. 10,50–17 €).

und Trankocher. Seit dem 18. Jh. bewohnten vor allem Lotsen und Kapitäne die kleinen Häuschen. Das Restaurant **Zum alten Lotsenhaus** (Övelgönne Nr. 13, www.zum-alten-lotsenhaus.de) mit einer schönen Terrasse war der Treffpunkt der 1745 gegründeten Lotsenbrüderschaft.

Der Elbstrand ist hier ausgesprochen schön, insbesondere rund um die **Strandperle** 3 (s. Lieblingsort S. 208). Am Ende von Övelgönne können Sie ein paar Meter am Hans-Leip-Ufer weiterlaufen – und am Strand einen Blick auf den **Alten Schweden** 6 werfen, einen 217 t schweren Findling (s. Tour S. 104).

> **OBEN UND UNTEN**
>
> In Övelgönne führen der Schulberg und die Himmelslieter den Hang hinauf zur Elbchaussee. Die Wege verbanden – bzw. trennten – Welten. Welche Komplikationen die sozialen Unterschiede zwischen der Elbchaussee-Noblesse und dem tiefer gelegenen Övelgönne verursachten, schildert Hans Leip, der in St. Georg aufwuchs und das berühmte Lied »Lili Marleen« schrieb, 1934 in seinem Roman »Jan Himp und die Kleine Brise«: Ein Bootsjunge aus Övelgönne und eine Reederstochter von der Elbchaussee verlieben sich ineinander …

Jenischpark F/G6/7

Ein Baron als Reformer

Kurz vor dem Anleger Teufelsbrück senkt sich die Elbchaussee zur Elbe hinab. Jenseits der Straße breitet sich in Klein Flottbek der schönste Park Hamburgs aus, der **Jenischpark** 7 (s. auch Tour S. 198). Weitläufige Wiesen, Feuchtgebiete und ein großer Baumbestand vermitteln fast das Gefühl, hier verlorengehen zu können.

Um 1800 gehörte der Park zum Anwesen des sozialpolitisch engagierten Barons Caspar Voght, der u. a. das Armen- und Gefängniswesen in Hamburg reformierte. Sein Landsitz sollte nicht nur dem Vergnügen dienen, sondern auch nützlich sein. So entstand eine Parklandschaft, in die scheinbar zwanglos landwirtschaftliche Nutzflächen und Gebäude integriert waren. Das **Landhaus Baron Voghts** 8 steht noch in der Baron-Voght-Straße 63 an der Westseite des Jenischparks.

Bemerkenswert sind die **Instenhäuser** (am Eingang Baron-Voght-Str.), lang gezogene, reetgedeckte Häuser mit Gartenparzellen, die den Insten, den Landarbeitern des Gutes, gegen geringe Miete Wohnraum boten. Voght zahlte bei Krankheit seinen Leuten die Hälfte des Lohnes fort, gewährte eine kleine Altersrente, übernahm die Arztkosten seiner Angestellten und ließ sogar zwei Schulen bauen.

Im Alter von 76 Jahren aber war der Baron finanziell am Ende und musste sein Anwesen verkaufen. Senator Jenisch (Martin Johann Jenisch der Jüngere) erwarb das Gut. Am höchsten Punkt des Parks ließ er sich von Karl Friedrich Schinkel eine repräsentative Villa mit tollem Elbblick erbauen, das **Jenisch Haus** 15 (s. S. 213). Es dient heute als Museum. Im Park befinden sich zwei weitere Museen, das **Ernst Barlach Haus** 16 (s. S. 213) und das dem Hamburger Maler Eduard Bargheer gewidmete **Bargheer Museum** (www.bargheer-museum.de).

Parkeingänge: Hochrad, Baron-Voght-Str., Teufelsbrück, Kaisertor, Holztwiete, ständig frei zugänglich

TOUR
Ein bisschen Rom muss sein

Spaziergang durch den Römischen Garten

Infos

ca. 60 Min. ohne Anfahrt, frei zugänglich

Start:
Falkensteiner Ufer, 📍 außerhalb Karte 2, A5

Anfahrt:
S1, 11 Blankenese, dann Bus 488 Falkentaler Weg, am Falkensteiner Ufer elbabwärts bis sich ca. 130 m vor dem früheren Pumpwerk (Waterworks Falkenstein) das Falkensteiner Ufer teilt, ein paar Schritte nach rechts hoch und links führt eine steile Treppe Richtung Garten.

Ein Kleinod mit mediterranem Flair und ein immergrünes Naturparadies, das ist der **Römische Garten** ⑭ in Blankenese. Zypressen, Buchsbaum, Thuja, kalifornische Flusszeder und Eiben sorgen dafür, dass Sie dieses Naturparadies auch im Winter im grünen Kleid erleben.

Der direkteste Weg in den Römischen Garten führt vom **Falkensteiner Ufer** über eine Treppe den Hang hinauf in den kleinen Park. Sie kommen am Westrand an, sollten sich aber zunächst direkt nach rechts in die Mitte der Anlage begeben.

Sie passieren das **Naturtheater** und erreichen auf der Höhe der Girlandenhecke das Zentrum der Anlage, die **Römische Terrasse**, eine 2500 m² große Rasenfläche, die sich parallel zur Elbe erstreckt. Auf der Mittelachse des Römischen Gartens hat man hier ein 50 m² großes **Seerosenbecken** angelegt. Im Norden führen ein paar Stufen hinauf zu einer thronartigen **Rundbank**: Platz für einen Moment des Verweilens, des Schauens, des Verstehens der Anlage:

1875 erwarb der Kaufmann Anton Julius Richter den Geesthang vom Elbstrand hinauf bis zur Kösterbergstraße. Zwischen 1880 und 1890 ließ er dann, angeregt von seinen Italienreisen, seinen Garten neu gestalten. Die bereits zuvor aufgeschüttete Terrasse ließ er mit Zypressen bepflanzen und im Süden, als Begrenzung zur Elbe hin, die kunstvoll gestutzte **Girlandenhecke** aus Thujas anlegen. Ein paar Jahre später kaufte der Hamburger Bankier Moritz M. Warburg die Terrasse und integrierte den Park am

Umringt von Bäumen und Hecken: Passender könnte der Name »Naturtheater« nicht sein

Kösterberg in sein Grundstück. Zu Beginn des 20. Jh. entwarf die Gartengestalterin Else Hoffa für Moritz' Sohn Max Warburg einen formalen Architekturgarten mit vielen Zitaten der italienischen und deutschen Gartenkunst: **Rosengarten** und **Naturtheater** (Abb. links) ergänzten die Terrasse. Der Römische Garten war in den 1920er- und 1930er-Jahren der sommerliche Festsaal der Bankiersfamilie.

Im Jahr 1938 verließen die Warburgs und auch Else Hoffa das nationalsozialistische Deutschland. 1951 schenkte die Familie den Garten dann der Stadt Hamburg mit der Auflage, ihn zu restaurieren. Doch der Zustand des Gartens wurde bis in die 1980er-Jahre immer schlechter. Erst zu Beginn der 1990er-Jahre erwachte der Römische Garten aus seinem Dornröschenschlaf. Zuletzt ließ das Bezirksamt Altona 1994 das Gartentheater restaurieren. Der Blick von der Bank – 30 m über dem Fluss – schweift nun in die Ferne. Am anderen Elbufer ist das **Alte Land** (s. Tour S. 214) zu sehen. Mitten in der Elbe liegt die Insel **Neßsand**.

Die Treppen hinunter in westlicher Richtung gelangen Sie zum ehemaligen **Rosengarten**, der immer noch brachliegt. An seinem Ende findet sich erneut eine Rundbank, die einen herrlichen Blick gewährt. Etwa in der Mitte führt eine Treppe vom Rosengarten hinab wieder Richtung Fluss zum **Heckentheater** (Naturtheater). Es ist der Anlage im Würzburger Residenzgarten nachempfunden. Die Warburgs inszenierten mit den Familien Mönckeberg, Liebermann und anderen Freunden auf der grasbedeckten Bühne abendliche Theateraufführungen. Danach begab man sich auf die von Fackeln beleuchtete Römische Terrasse, um zu tanzen. Seit 2005 belebt das Theater N.N. die Freilichtbühne wieder neu: Dann gibt es im Sommer Picknicktheater.

Das Theater N.N. ist eine freie Theatergruppe, frei und frech, humanistisch und kritisch ist der Anspruch. 2019 stand Peter Turrinis »Die Wirtin« auf dem Spielplan, frei nach Carlo Goldonis »La Locandiera«.

Nienstedten ♥ C/D6

Luxus pur mit Aussicht
Vom Elbuferweg führt die **Jacobs Treppe** nach oben zum **Hotel Louis C. Jacob** ❾ – über 200-jährige Tradition mit Panoramablick an der Elbchaussee: Louis C. Jacob war 1791 in den Wirren der Französischen Revolution nach Hamburg gekommen und heiratete die Witwe Burmester. Er kaufte seiner Frau das bestehende Haus und das Land ab. Schon am 1. Juli 1791 wurde eine Herberge (mit Weinstube) eröffnet, die ab Ende des 19. Jh. als Hotel firmierte. Jacob war ursprünglich Landschaftsgärtner und ließ den Park und die berühmte Lindenterrasse anlegen. Der Maler Max Liebermann verewigte 1902 die Terrasse mit dem einmaligen Elbblick auf einem Gemälde, das in der Hamburger Kunsthalle zu sehen ist. Zarah Leander, Erich Kästner, Henry Miller und Maria Callas zählten zu den Gästen des Hauses, Robert Redford ließ sich hier trauen. Das mit zwei Michelin-Sternen ausgezeichnete **Jacobs Restaurant** (s. S. 217) ist auch bei Regen ein zwar teurer, aber angenehmer Ort. Hier speisten 1949 der Schriftsteller Arno Schmidt und seine Frau Alice auf Einladung des Verlegers Ledig-Rowohlt. Alice Schmidt notierte in ihrem Tagebuch: »Zu Jacob, ein ganz vornehmes Restaurant mit Garderobe und befrackten Kellnern, wurde Abendbrot essen gegangen. In die Glasveranda mit Ausblick auf die Elbe. Schön die Lichter am anderen Ufer!« Die Lichter am anderen Ufer gehören heutzutage zum Airbus-Werk.
Elbchaussee 401, www.hotel-jacob.de

Hirsche in der Stadt
Der Kaufmann und Reeder Johann Cäsar Godeffroy ließ Ende des 18. Jh. den **Hirschpark** ❿ im englischen Stil anlegen. Sein Enkel, ein leidenschaftlicher Jäger, holte Hirsche, Rehe, Enten und Rebhühner in die Anlage. Seit 1927 ist der Park, in dem sich auch heute noch ein Hirschgehege befindet, öffentlich zugänglich. Das klassizistische **Landhaus der Familie Godeffroy** ⓫ errichtete Christian Frederik Hansen. Hier ist heute Hamburgs legendäre Ballettschule Lola Rogge (Elbchaussee 499) untergebracht. Im reetgedeckten **Witthüs** ❹ (s. S. 218), dem ehemaligen Kavaliershaus des Anwesens, lebte der Dichter, Komponist, Orgelbauer und Musikverleger Hans Henny Jahnn ab 1950 bis zu seinem Tod im Jahr 1959. Ein Findling im Hirschpark erinnert an ihn. Im ›Weißen Haus‹ steht noch der Kachelofen, an dem sich Jahnn einst wärmte.

Blankenese ♥ Karte 2

Licht statt Böllerschüsse
Der Mühlenberg führt an der Westseite des Hirschparks zur Elbe hinunter. Zwischen Mühlenberg und Blankeneser Jollenhafen erstreckt sich **Baurs Park** ⓬, den der Kaufmann Georg Friedrich Baur zu Beginn des 19. Jh. als Landschaftsgarten mit Tempeln, Pagoden und einem gotischen Turm anlegen ließ. Davon ist jedoch nichts mehr erhalten. Vom 45 m hohen Kanonenberg begrüßte Baur die einlaufenden Schiffe mit Böllerschüssen. Heute steht hier mit dem **Blankeneser Oberfeuer** einer der beiden Leuchttürme des Stadtteils.

Trepp auf, Trepp ab
Vom Wasser oder von der anderen Elbseite aus wirkt das auf einem Hügel liegende Blankenese sehr malerisch. Mittendrin auf einer der zahllosen Treppen, scheint es wie ein Labyrinth aus schmalen Gassen mit angeblich 58 Treppen und 4864 Stufen – es trägt den passenden Namen **Treppenviertel** ⓭. Die höchste Erhebung ist mit

Ein wenig Kondition ist vonnöten, wollen Sie das Treppenviertel erkunden. Der Lohn: der Blick auf schöne Häuser und auf die Elbe

72 m der Süllberg. Schon 1837 eröffnete hier ein Milchausschank, der später zum Ausflugslokal Süllberg erweitert wurde.

Museen

Leben wie ein Großbürger

⓯ Jenisch Haus: Das strenge weiße Haus mit den filigran wirkenden, vergoldeten gusseisernen Geländern wurde 1831–34 nach Plänen von Karl Friedrich Schinkel erbaut. Als Museum zeigt es großbürgerliche Wohnkultur mit Möbeln, Gemälden und Kunsthandwerk aus der Entstehungszeit der Villa. Außerdem finden Wechselausstellungen und Konzerte statt. Baron-Voght-Str. 50, www.jenisch-haus.de, www.shmh.de/de/jenisch-haus, S 1, 11 Klein Flottbek, Mi–Mo 11–18, 7/5 €, unter 18 Jahren Eintritt frei

⓰ Ernst Barlach Haus: In einer Senke duckt sich das Ernst-Barlach-Haus. Der Hamburger Industrielle und Mäzen Hermann F. Reemtsma stiftete Anfang der 1970er-Jahre den hell geschlemmten Backsteinbau von Werner Kallmorgen. Die um einen Innenhof gruppierten Räume präsentieren Druckgrafiken und Skulpturen des norddeutschen Künstlers und Dichters Barlach (1870–1938), expressionistische Werke, die im Faschismus als entartet galten. Sie stammen aus der Kunstsammlung Reemtsmas und aus der Zeit persönlicher Begegnungen der beiden Männer (1930er-Jahre). 1996 kam ein Bau für Sonderausstellungen hinzu. Es gibt eine Bibliothek mit Literatur über Ernst Barlach. Jenischpark/Baron-Voght-Str. 50a, www.barlach-haus.de, S 1, 11 Klein Flottbek, Di–So 11–18 Uhr, 7/5 €, unter 18 Jahren Eintritt frei, So 11 Uhr Führungen (keine Extrakosten)

TOUR
Äpfel, Kirschen, Bauernhäuser

Radtour durchs Alte Land

Das Alte Land ist eine der traditionsreichsten Landschaften und die größte Obstanbauregion Norddeutschlands. Das Elbmarschengebiet liegt zwischen Finkenwerder und Stade an der Südseite der Elbe. Hier wachsen vor allem Apfel- und Kirschbäume. Zur Blütezeit im April/Mai, wenn die Bäume ihre weiß-rosa Blüten treiben, ist es dort am schönsten. Aber auch zu jeder anderen Jahreszeit lohnt sich der Abstecher: im Sommer, wenn die Bauern überall an den Straßen Kirschen zum Verkauf anbieten, oder im Herbst, wenn man sich hier mit köstlichen Äpfeln eindecken kann.

Am ersten Mai-Wochenende findet in Jork jedes Jahr das Altländer Blütenfest statt (www.jork.de).

Der Obstanbau im Alten Land wurde bereits im Jahr 1350 urkundlich erwähnt. Es waren Mönche aus Stade, die hier die ersten Obstbäume anpflanzten. Holländische Kolonisten hatten das Land im 12. und 13. Jh. besiedelt und Deiche und Entwässerungskanäle gezogen, die bis heute das Landschaftsbild prägen. Überhaupt mutet hier vieles holländisch an: Ortsnamen und Windmühlen, die Bilder einer kultivierten, wasserreichen Landschaft und lang gezogene Reihendörfer.

Fantastische Herrensitze und reetgedeckte Bauernhäuser, gepflegte Höfe mit Prunkpforten, den sogenannten Altländer Toren, oder prachtvoll geschnitztes weißes Fachwerk sind charakteristisch für die Region. Auf holländischen Vorbildern basierend, findet

Galerieholländer Aurora, Borstel

Infos

Tagesausflug, ca. 28 km per Rad

Start/Ziel:
Landungsbrücke Blankenese,
📍 Karte 2, B 6

Infos:
www.tourismus-altesland.de, www.kirche-altes-land.de

Museum Altes Land:
Westerjork 49, Jork, April–Okt. Di–So 11–17, sonst Mi, Sa/So 14–17 Uhr,

HADAG-Fähre:
www.hadag.de, Überfahrt 25 Min., ab Blankenese März–Okt. 6.30–20.30 Uhr stdl., ab Cranz 7–20 Uhr stdl., sonst: s. Website, Mo–Fr hin/zurück 6,60/2,60 €, Sa/So 8/4 €, Fahrrad 3 €

---

man neben den üblichen Pferdeköpfen oft auch gekreuzte Giebelschwäne an den Häusern. Der Schwan war vermutlich das Stammeszeichen der Siedler.

Mit der **Fähre** setzen Sie von **Blankenese** über nach **Cranz.** Dort radeln Sie auf dem Elbdeich in Richtung der über 750 Jahre alten Gemeinden Borstel und Jork. Am Ortseingang und damit zugleich am Beginn des Zentrums von **Borstel** steht kurz vor dem ebenfalls einen Blick werten **Alten Hafen** die **Holländerwindmühle Aurora** (heute Restaurant, www.diemuehlejork.de). 1984 wurde die Mühle restauriert und erhielt ihren heutigen Namen nach Maria Aurora von Königsmarck. Diese hatte auf dem benachbarten **Wehr'schen Hof** (Große Seite 8a) im 17. Jh. ihre Kindheit verbracht. Der Hof wurde im 13. Jh. erstmals urkundlich erwähnt. Der heutige Bau von 1632 gehörte im 17. Jh. den Grafen Königsmarck, die in schwedischen Diensten standen. Die prachtvolle barocke Wendeltreppe, Türsturzschnitzereien und Holzdarstellungen vom Gekreuzigten und Auferstandenen sind heute noch erhalten und einmalig im gesamten Alten Land. Leider ist das Herrenhaus innen nicht zu besichtigen (in Privatbesitz). Die vielseitig gebildete Maria Aurora war übrigens die erste offizielle Mätresse August des Starken (dem sie einen Sohn schenkte) und später Pröpstin des Damenstifts Quedlinburg. In Borstel können Sie noch einen Blick in die **St.-Nikolai-Kirche** (April–Okt. tgl. 10–17 Uhr) werfen. Sie entstand kurz vor 1400 und ist mit ihren geschnitzten Bänken und einem sehr alten Bronzetaufbecken sehenswert.

Von Borstel folgen Sie dem Fleet nach **Jork,** dem historischen Zentrum des Alten Landes. Jork war ursprünglich ein Verdener Zehnthof und ist vermutlich eine bischöfliche Gründung. Der Einfluss, den holländische Siedler auf die Gestaltung der Orte in der heutigen Gemeinde Jork hatten, ist in allen Ortsteilen (Jork selbst, Borstel, Estebrügge, Hove, Königreich, Ladekop und

Moorende) noch deutlich zu erkennen. In der ›Hauptstadt‹ des Alten Landes gibt es noch besonders viele alte Bauernhäuser.

Einen genaueren Blick lohnt in Jork selbst besonders das **Rathaus.** Der Gräfenhof war einst der Herrensitz des Grafen Matthäus von Haren. Schön ist das im Altländer Stil eingerichtete Trauzimmer. Aber: Auch wenn vor dem Rathaus eine Hochzeitsbank an das Jawort erinnert, das sich Gotthold Ephraim Lessing und die Hamburger Kaufmannswitwe Eva König am 8. Oktober 1779 in Jork gaben: Die beiden haben weder hier noch in der Kirche geheiratet, sondern im Sommersitz eines Hamburger Bekannten. Das Landhaus stand dort, wo sich heute die Altländer Sparkasse (Westerjork 10) befindet. Kaum mehr als einen Katzensprung entfernt steht in Rathausnähe die im 17. Jh. erneuerte **St.-Matthias-Kirche** (April–Okt. tgl. 10–17 Uhr). Sie beherbergt einen schönen Barockaltar und eine Orgel von Arp Schnitger.

Ein kleiner Abstecher vom Jorker Zentrum Richtung Stade führt ins **Museum Altes Land,** natürlich ebenfalls ein Altländer Fachwerkhaus. Hier erfahren Sie etwas über die Geschichte des Alten Landes. Außerdem sind alte Trachten, Filigranschmuck und Bauernmöbel ausgestellt. Nun radeln Sie nach Jork zurück. Wenn Sie eine wohlverdiente Pause machen möchten: Hinter der St.-Matthias-Kirche bietet sich dafür das **Ollaner Buurhus** des Hotels Altes Land an. Unter Reetdach speist es sich hier in gemütlicher Atmosphäre, im Sommer können Sie auch im Garten sitzen.

Von Jork geht es über die Straße Osterjork und auf dem Obstmarschenweg weiter nach **Königreich.** Vor der Estebrücke biegen Sie dann rechts ab und radeln auf dem Deich weiter bis in den Ortsteil **Estebrügge.** Hier ist die **St.-Martini-Kirche** (tgl. April–Okt. 10–18 Uhr) von 1640 eine Besichtigung wert. Ihr Turm ist mit 8000 Schindeln gedeckt. Altar, Kanzel und Taufbecken stammen vom Ende des 16. Jh. In Estebrügge überqueren Sie die Este und fahren dann nach links und immer an der Este entlang entweder auf oder hinter dem Deich. Über **Neuenfelde** geht es dann zurück nach **Cranz** zum Elbanleger.

Ollanner Buurhus: Hotel Altes Land, Schützenhofstr. 16, Jork, T 04162 914 60, www.hotel-altes-land.de, Küche April–Okt. tgl. 11.30–14.30 (Sa/So bis 15), 17.30–21.30 (So bis 21) Uhr, nachmittags Kaffee und Kuchen, sonst nur abends, Gerichte ca. 10–25 €

Essen

Museumshafenblick
1 Café Elbterrassen: Sand, ein toller Ausblick und ein 16 m langer Tresen, an dem über 150 Cocktails zur Auswahl stehen, lassen in den Elbterrassen blitzschnell Ferienstimmung aufkommen.
Övelgönne 1, T 040 390 34 43, www.cafe-elbterrassen.de, Bus 112 Neumühlen/Övelgönne, je nach Wetterlage April–Okt. tgl. 10–23 (Küche bis 22), Okt.–April Sa/So 12–18 Uhr, Hauptgerichte ab 10,90 €

Schiffe nah
2 Restaurant Engel: Hier sehen Sie die vorbeifahrenden Schiffe aus nächster Nähe und können dabei auf der Terrasse die ausgezeichnete Küche genießen. Leichte Gerichte, mediterran-norddeutscher Art. Nachmittags gibt es Kaffee und Kuchen!
Ponton des Anlegers Teufelsbrück, T 040 82 41 87, www.restaurant-engel.de, Bus 36 Teufelsbrück, Küche Mo–Sa ab 12, Küche 12–15, 18–22 Uhr, So Brunch 10–12, 12.15–14.30 Uhr, Hauptgerichte 22–38 €

Chillen am Strand
3 Strandperle: s. Lieblingsort S. 208.

Perfektion mit Charme
9 Jacobs Restaurant: Hanseatischer Prunk at its best. Schwere Orientteppiche, Kronleuchter, Parkett und viel Personal. Exzellente Zwei-Sterne-Küche von Thomas Martin zu entsprechenden Preisen (s. auch S. 212).
Hotel Louis C. Jacob, Elbchaussee 401–403, Nienstedten, T 040 82 25 50, www.jacobs-restaurant.de, S 1, 11 Hochkamp, dann 15 Min. zu Fuß, Bus 36 Sieberlingstr. (Blankenese), Mi–Fr 18.30–21.30, Sa/So 12.30–14, 18.30–21.30 Uhr, Vier-/Sechs-Gänge-Menü 102/148 €, Hauptgerichte ca. 30–60 €

200 Jahre hanseatische Tradition – Eleganz und Gelassenheit – wussten und wissen auch viele Promis zu schätzen. Heute lockt dazu die Zwei-Sterne-Küche von Thomas Martin die Gäste ins Hotel Louis C. Jacob.

Idyllisch

4 Witthüs: Idyllisch liegt das alte Bauernhaus unter Reet im Hirschpark. Hier gibt es nachmittags im Café nicht nur Qualle auf Sand (Sandkuchen mit Früchten und Sahne), sondern auch andere hausgebackene Kuchen und Torten. Ab 19 Uhr wird das Café zum Restaurant mit gehobener Küche. Im Sommer sitzt es sich angenehm unter alten Bäumen auf der Außenterrasse.
Elbchaussee 499a, Blankenese, T 040 86 01 73, www.witthues.de, Bus 36 Mühlenberg (Blankenese), Mo–Sa 14–23, So 10–23, Küche ab 19 Uhr, Drei-/Vier-Gänge-Menü 36/39 €, Hauptgerichte 24–32 € (vegetarisch um 17 €)

Überirdisch

5 Süllberg: Fünf- bis Acht-Gänge-Menüs (135–195 €) können Sie im **Seven Seas** bei Küchenchef Karlheinz Hauser (2 Sterne) verspeisen. Günstiger ist es in **Deck 7** (Vier-Gänge-Menü 34,50 €) und im **Biergarten.** Bei schönem Wetter öffnet dazu die **Seaside Lounge.** Wer nach dem guten Essen gar nicht mehr nach Hause möchte, kann in einem der elf Zimmer nächtigen. Von November bis März öffnet im Garten die **Hauser Alm,** die neben Hüttenschmankerln auch ein veganes Vier-Gänge-Menü für 49 € anbietet.
Süllbergsterrasse 12, Blankenese, www.suellberg-hamburg.de, S 1, 11 Blankenese, dann Bus 488 Krögers Treppe oder 20 Min. zu Fuß; **Seven Seas:** T 040 86 62 52 14, Mi–So 18.30–23 (Küche bis 22), So auch 11.30–15, **Deck 7:** T 040 86 62 52 77, tgl. 12–15, 18–22, **Biergarten:** T 040 86 62 52 77, April–Sept./Okt. bei gutem Wetter tgl. 12–22.30 (Küche bis 21.30), **Seaside Lounge:** T 040 86 62 52 77, bei schönem Wetter Mi–Fr 16–22, Sa/So 15–23 Uhr

Schiffe, Torten und die Elbe

6 Kaffeegarten Schuldt: Am besten genießen Sie die hausgemachten Torten, Kuchen und Waffeln auf der Terrasse mit Blick übers Treppenviertel. Familie Schuldt backt und serviert hier selbst, das sorgt auch bei Schietwetter für wohlig gute Laune. Wer sein eigenes Kaffeepulver mitbringt, bekommt es hier aufgebrüht und zahlt dann nur 1,50 € für die Tasse Kaffee.
Süllbergsterrasse 30, Blankenese, T 040 86 24 11, www.kaffeegarten-schuldt.de, S 1, 11 Blankenese, dann Bus 488 Krögers Treppe oder 20 Min. zu Fuß, Mai–Sept. Do–So 13–20, sonst Fr–So 13–18 Uhr

Ausgehen

Szenebar

1 Linde: In dem alten Fischerwirtshaus lassen heute u. a. Tapas und Cocktails die Herzen höher schlagen. Die Linde hat sich zum entspannten Szenetreff entwickelt.
Dockenhudener Str. 12, Blankenese, T 040 86 66 38 01, www.linde-blankenese.de, S 1, 11 Blankenese, Mo–Do 17–1, Fr/Sa bis 2, So bis 24 Uhr, gemischte Tapas ab 12,90 €

Oh wie schön ist Blankenese ... Auch auf dem Süllberg, wo nicht nur ein Biergarten auf Gäste wartet.

Zugabe
Radwegstreit am Elbstrand

Övelgönne – Streit um den Weg zum Himmel

Ungestörter Blick auf Elbe, Kräne und dicke Pötte. Das wird auch in Zukunft so bleiben.

Der Elbstrand ist das Naherholungsgebiet Nummer 1 der Hamburger. Sonnenanbeter und Radfahrer bei Sonnenschein, Spaziergänger mit intaktem Friesennerz bei Schietwetter – alle vereint dieselbe Einstellung: Was gibt es Schöneres, als entspannt am Strand zu sein und Schiffe zu beobachten? Allerdings wissen Radfahrer, dass die Strecke zwischen Övelgönne und Himmelsleiter spätestens an gut besuchten Wochenenden und warmen Tagen alles andere als fahrbar ist. Hier heißt es: Absteigen, bitte. Auf den engen Wegen, vorbei an schmucken Häuschen sind die Zweiräder zu schieben. Da lag die Idee nahe, einen Radweg am Strand anzulegen.

So gab es 2017 von Seiten der Stadt den Vorschlag einen 6 m breiten, direkt am Strand entlangführenden Radweg zu bauen. Vor der Nase aller, die am Strand sitzen. Wen wundert es, dass sich sofort eine Gegeninitiative formierte, um den Elbstrand vor Bebauung zu retten? 6 m schienen nun wirklich zu viel des Guten. Der geplante Radweg ging als »Fahrradautobahn« durch die Medien. Da vermochte auch der Vorschlag der Radwegbefürworter, man könne die Breite doch auf 3 m reduzie-

> Wer weiß, was dem Weg noch gefolgt wäre?

ren, nichts mehr dran ändern. Denn angesichts der Hamburger mit ihrer Bauwut oder -lust – wie man's nimmt: Wer weiß, was dem Weg noch gefolgt wäre? Die Abstimmung im Viertel wendete sich auf jeden Fall mit knapp 80 % gegen den 2 Mio. € teuren Radweg.

Nach wie vor müssen also alle ihr Fahrrad oberhalb des Sandstrands an den Fischerhäuschen von Övelgönne (s. Tour S. 104) entlangschieben. Das mag für Rennradfahrer umständlich sein, aber alle anderen sind ja nicht auf der Flucht. Das ist auch der Grund, warum Sie heute nach wie vor völlig entspannt am Elbstrand sitzen und dabei ungestört die vorbeiziehenden Schiffe beobachten können. ∎

Veddel, Wilhelmsburg und Harburg

Außenseiter — Das war einmal. Coole Viertel zwischen Hafenkränen, futuristischen Bauten und viel Grün.

Seite 223, 232
BallinStadt

5 Mio. Menschen wanderten via Hamburg aus. Auf 2500 m² werden ihre Wünsche und Träume im Auswanderermuseum auf der Veddel erlebbar.

Auf in ein hoffentlich besseres Leben.

Seite 226
Wilhelmsburg ⭒

Büros und Wohnungen in außergewöhnlichen, oft nachhaltig konzipierten Gebäuden, eingebettet in neue Grünanlagen: Für die Internationale Bauausstellung entstanden in Zusammenarbeit mit der Internationalen Gartenschau die Neue Mitte Wilhelmsburg und der Inselpark.

Eintauchen

Seite 227
Inselpark

Nachdem die Internationale Gartenschau ihren großen Auftritt in Wilhelmsburg hatte, blieb der Inselpark: aufwendige Gärten, Wasser, Hochseilgarten und tolle Spielplätze. Zeit für Action in der Natur.

Seite 228
Per Metrobus durch Wilhelmsburg

Schietwetter? Dann setzen Sie sich doch in die ›Wilde 13‹. Auf der Fahrt im Metrobus nach Kirchdorf-Süd erleben Sie die ganze Bandbreite von Hamburgs Süden – von urban über dörflich bis zu purer Natur.

Veddel, Wilhelmsburg und Harburg

Seite 230
Veringkanal
Wasser, Büsche, alte Fabriken. Kantig und engagiert zeigt sich der Veringkanal mit Platz für Kreative direkt am Wasser.

Seite 232
Kanalplatz
Events am Binnenhafen und in der umgewandelten Fischhalle Harburg.

Seite 231
Energieberg Georgswerder
Verwandlung einer Mülldeponie: Das Infozentrum klärt auf. Schöner Nebeneffekt: fantastischer Blick auf den Hafen vom 40 m hohen Hügel mit ›Skywalk‹.

Seite 232
Lämmertwiete
Kopfsteinpflaster, schiefe Fachwerkhäuser und gemütliche Lokale.

Seite 237
Veddel vergolden
Golden schimmert die Hausfassade, 2017 hat Boran Burchhardt auch auf der Veddel ein künstlerisches Zeichen gesetzt.

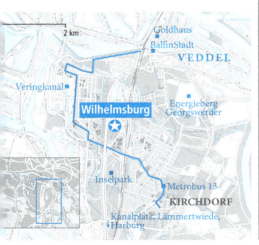

Energie statt Müll: 4000 Hamburger Haushalte versorgt der Energiepark Georgswerder inzwischen mit erneuerbarer Energie.

»Ich sag' im Süden von der Elbe, da sind die Menschen nicht dasselbe«, sangen die Beginner in ihrem Song »City Blues« (Blast Action Heroes, 2003). Ob das stimmt?

erleben &

Auf der anderen Seite

> **ORIENTIERUNG**
>
> **Infos:** www.hamburg.de/sehens
> wertes-veddel, www.mein-wil
> helmsburg.info, www.hamburg.de/
> harburg, www.iba-hamburg.de
> **Verkehr:** Die S-Bahn-Linien 3 und
> 31 fahren nach Veddel (BallinStadt),
> Wilhelmsburg, Harburg (Rathaus).
> Auch Regionalbahnen steuern diese
> Ziele an.

»Aufwertung der Viertel Wilhelmsburg, Veddel und Harburg«, »Bessere Anbindung an Hamburg« – davon wurde in Hamburg wirklich lange gesprochen. Jahrelang vergeblich, wie es schien. Die nördliche Elbseite verstand sich – und versteht sich auch immer noch – als das eigentliche Hamburg. Auf der anderen Seite der Elbe? Das geht doch schon in Richtung Süddeutschland. …? Obendrein wirkten die Quartiere südlich des Flusses nicht wie die Leckerbissen, die man unbedingt haben wollte: Veddel und Wilhelmsburg, die vernachlässigten Kinder der Stadt, die in der Sturmflut von 1962 fast untergingen, sich zu Recht vom Senat nicht gesehen fühlten, die Heimat von Türken, Griechen und deren Nachkommen. Harburg, der Ort, der erst 1937 Hamburg einverleibt wurde und sich gibt wie eine eigene Kleinstadt.

Tatsächlich scheinen erst horrende Mieten auf der nördlichen Seite der Elbe, die Entwicklung neuer Stadtteile und Parks dank der Internationalen Bauausstellung und der Internationalen Gartenschau auf der südlichen Seite die Hanseaten anzulocken. Orte, wie das Kulturzentrum Honigfabrik oder das Auswanderermuseum BallinStadt sowie die Sammlung Falckenberg waren lange Geheimtipps.

Dabei ist Wilhelmsburg immerhin die größte Flussinsel Deutschlands. Umschlungen von Norder- und Süderelbe wohnen ca. 55 000 Menschen in Klinkerblöcken, Neubauten und Gründerzeithäusern. Die Veddel ist eine weitere, viel kleinere Insel zwischen Hamburg und Wilhelmsburg. Und auch wenn Harburg keine Insel ist, so gibt es hier immerhin die Schlossinsel im Binnenhafen. Überall locken Kanäle und große Teiche. Ein paar Minuten in die eine oder andere Richtung und schon spazieren Sie im Wald oder sitzen unterm Hafenkran. Den ›Sprung über die Elbe‹ sollten Sie unbedingt einmal wagen.

Der Süden Hamburgs hat seine Ecken und Kanten – genau das, was Viertel interessant macht.

Veddel und Wilhelmsburg

Veddel ♀ Karte 5, C/D 4

An den Elbbrücken liegt die Veddel, mit knapp 5 km² Hamburgs kleinstes Stadtviertel. Vermutlich ist dies auch der Grund, warum sich die Bewohner hier eher fühlen, als würden sie in einem Dorf leben. Bahngleise, Autobahn und Wasser setzen einen klaren Rahmen für das vor allem aus Klinkerbauten bestehende Viertel. Es gliedert sich in Peute, Kleine Veddel und den nördlichsten Streifen der Elbinsel Wilhelmsburg. Auf der Peute wird nur gearbeitet – dort herrscht die Industrie.

Hinaus in die weite Welt

Von der Veddel legten von 1850 bis 1939 Millionen von Menschen mit der Hamburg-Amerika-Linie ab, in der Hoffnung auf ein besseres Leben in Übersee. Der Eigner der Hamburg-Amerika-Linie, Albert Ballin, baute auf der Wilhelmsburger Seite der Veddel im Jahr 1900 eine ›Stadt‹ für Auswanderer mit über 30 Gebäuden, mit Synagoge und Kirche. Nach dem Zweiten Weltkrieg blieben nur wenige Spuren übrig. Die Hallen des großartigen Auswanderermuseums **BallinStadt** ㉓ (s. S. 232), sind originalgetreue Nachbauten von dreien der Auswandererhallen.

Falls Sie von der Veddel zum **Energieberg Georgswerder** ⑱ (s. S. 231) in Wilhelmsburg möchten: Hinterm Museum über den Veddeler Bogen und dann links in die Fiskalische Straße und nach insgesamt 1,5 km stehen Sie davor.

Vorbei die Zeit als Auswandererhafen: Heute leben und arbeiten Menschen aus aller Herren Länder auf der Veddel.

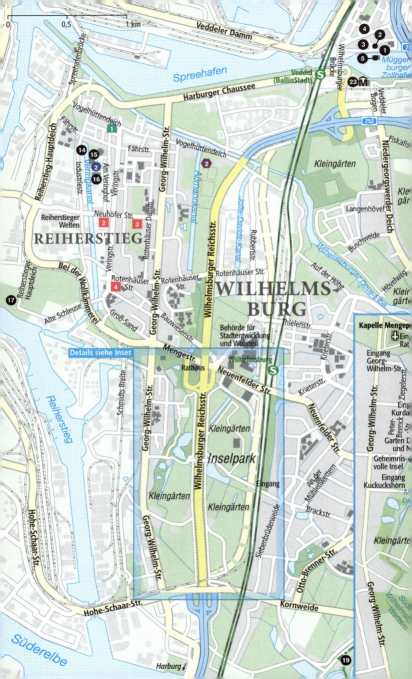

Veddel und Wilhelmsburg

Ansehen
1. Deichpromenade
2. Feuer- und Rettungswache
3. ehem. Polizeikaserne
4. Goldhaus
5. IBA-Dock
6. Sitz der Behörden für Stadtentwicklung und Wohnen / Umwelt und Energie (›Colorado-Haus‹)
7. InselAkademie
8. Holz 5 1/4
9. edel-optics.de Arena
10. WaterHouses
11. BIQ
12. Soft House
13. Inselpark
14. Honigfabrik/Café Pause
15. Atelierhaus23/ Café Kaffeeliebe
16. Wilhelmsburger Zinnwerke/FlohZinn
17. Reiherstiegknie
18. Energieberg Georgswerder
19. Naturschutzgebiet Heuckenlock
20. – 22. Cityplan S. 233
23. BallinStadt – Das Auswanderermuseum
24. s. Cityplan S. 233

Essen
1. Wilhelms im Wälderhaus
2. Vollmundig Cheese
3. Café Vju
4. Deichdiele
5. Mam's Bistro & Bar
6. – 7. s. Cityplan S. 233

Einkaufen
1. Wochenmarkt Stübenplatz

Bewegen
1. s. Cityplan S. 233
2. Zunderbüchse

Ausgehen
1. Bunthaus Schankraum
2. Turtur
3. s. Cityplan S. 233

Backstein, Wasser und Container

Auf der anderen Seite des Müggenburger Zollhafens verläuft auf der Veddel auf dem **Deich** eine hoch gelegene **Promenade 1**. Von dort können sich Sie einen guten Überblick über die Siedlung verschaffen. Der Deich wurde erst nach der Sturmflut von 1962 so hoch gebaut, um Veddel wirklich vor Überflutungen schützen zu können. Vom Deich aus fallen die **Feuer- und Rettungswache 2** und die daneben stehende ehemalige **Polizeikaserne 3**, in der heute Wohnungen sind, auf. Oberbaudirektor Fritz Schumacher ließ 1928 die Gebäude auf der Veddel in seinem bevorzugten Backsteinstil errichten. Hinter diesen Bauten erstreckt sich das **Wohnviertel** der Veddel. Falls Sie durch die Veddeler Brückenstraße gehen: Dort steht das umstrittene **Goldhaus 4** (Nr. 152). Der Künstler Boran Burchardt hat hier 300 m² Fassade komplett mit Blattgold verkleidet. 85 000 € dafür kamen aus dem Topf Kunst im öffentlichen Raum der Hamburger Kulturbehörde.

Wenn Sie von der Deichpromenade den Blick aufs Hafenbecken richten, fallen Ihnen vermutlich die farbigen gestapelten Container im Hafenbecken auf. Das **IBA-Dock 5**, ein schwimmendes Bürogebäude, ist ein echter Hingucker. 2013 war es das erste für die Internationale Bauausstellung realisierte Projekt.

Wilhelmsburg

📍 Karte 5, C/D 4/5

Neue Bauten braucht die Stadt …

Wenn Sie bei der Einfahrt zur S-Bahn-Haltestelle Wilhelmsburg rechts aus dem Fenster schauen, fällt an der Neuenfelder Straße ein geschwungener, mehrfarbiger, großer Bau ins Auge – u. a. Sitz der **Behörden für Stadtentwicklung und Wohnen sowie für Umwelt und Energie 6**. Dieser Bau ist eines der Landmark-Projekte der **Internationalen Bauausstellung (IBA) Hamburg** (2006–13) bzw. der **Neuen Mitte Wilhelmsburg.**

Eine Fußgängerbrücke führt hinüber zum Kurt-Emmerich-Platz, einem der Eingänge zum Inselpark (s. S. 227). Hier gruppieren sich mehrere Bauten um einen Innenhof. Sie beherbergen u. a. ein Ärztehaus, ein Seniorenzentrum, die mit blassgrünen Keramikfliesen verkleidete **InselAkademie 7** (Sport- und Schulungszentrum, Kurt-Emmerich-Platz 2) sowie mit den beiden Häusern **Holz 5 1/4 8** (Kurt-Emmerich-Platz 4, 6). zwei Wohnbauten. Bei ihrer Errichtung wurden Massivholzteile und Stahlbeton zu einer neuen Bauform verschmolzen.

Ebenfalls im Rahmen der IBA errichtet wurde die Inselparkhalle mit neuem Schwimmbad – heute heißt sie **edel-optics.de Arena 9** (Kurt-Emmerich-Platz 10–12). Spannend sind die **WaterHouses 10** (Am Inselpark 10–18). Die Wohnhäuser wurden auf Pfählen in ein Regenwasserauffangbecken gestellt.

Schräg gegenüber steht ein weiteres Highlight der IBA: **BIQ 11** (Am Insel-

---

ICH VERSTEH NUR TSCHECHISCH!

Falls es Sie auf der **Veddel** jenseits der Bahntrasse an den **Saale-** oder den **Moldauhafen** verschlägt, werden Sie auch auf tschechische Beschilderungen stoßen. Der Grund: Die Hafenbecken, die zum Kleinen Grasbrook gehören, wurden 1929 als Folge des Versailler Vertrags für 99 Jahre an die Tschechoslowakei verpachtet. Die Rechtsnachfolge hat die Tschechische Republik angetreten. Auch auf der Peute gibt es ein kleines Stück Tschechien in Hamburg.

Wald, Umwelt, Nachhaltigkeit: Das Wälderhaus (www.waelderhaus.de) beherbergt – neben Hotel und Restaurant – das Science Center Wald, eine interaktive Ausstellung mit Erlebnis- und Mikroskopierstationen.

park 17). Das Gebäude ist das erste weltweit mit einer sogenannten Bioreaktorfassade: Zur Energiegewinnung werden in den Glaselementen, die als zweite Fassade der Sonnenseite des Hauses vorgesetzt sind, Mikroalgen gezüchtet.

Links daneben fällt das **Soft House** ⓬ (Am Inselpark 5) ins Auge: Die Südseite ist mit einer flexiblen Textilmembranfassade versehen, in die Photovoltaikzellen integriert sind. Die Membran reagiert auf die Sonneneinstrahlung, richtet sich nach ihr aus, um so optimal deren Energie zu nutzen.

In Wilhelmsburg lassen sich noch viele überraschende und zukunftsweisende Bauten entdecken. Als Gruppe können Sie via willkommen@iba-hamburg.de einen Guide buchen.

Infos zur IBA und den Gebäuden: www.iba-hamburg.de

… und Grün braucht die Stadt

Ein neues Quartier braucht auch Grün und so bot es sich an, mit der **Internationale Gartenschau (IGS) 2013** zu kooperieren. Nach dem Ende der IGS wurde ein Großteil des Gartenschauareals zum **Inselpark** ⓭. In der 85 ha großen Oase könnte man Tage verbringen.

Der Park ist besonders für Familien zum Anziehungspunkt geworden, da er viele Sport- und Spielmöglichkeiten bietet. In Hamburgs jüngstem Volkspark gibt es vier verschiedene **Motto-Spielplätze**, einen **Skatepark**, einen **Basketballplatz**, einen **Hochseilgarten**, die **Nordwandhalle** (www.nordwandhalle.de, Mo–Fr 10–23, Sa/So 10–22 Uhr, klettern und bouldern), den **Kanuverleih Willi Villa** mit kleiner Gastronomie (www.willivilla.de, tgl. ab dem späteren Vormittag) etc. Ein Hingucker

TOUR
›Die Wilde 13‹

Einmal per Metrobus quer durch Wilhelmsburg

Hinter der ›Wilden 13‹ verbirgt sich der Metrobus Nummer 13. Ohne den geht in Wilhelmsburg gar nichts, fährt er doch den lieben langen Tag vom S-Bahnhof Veddel bis nach Kirchdorf-Süd – einmal quer durch den Stadtteil. Die perfekte Möglichkeit einen tieferen Einblick in das Viertel südlich der Elbe zu bekommen. Großstädtisch, ländlich, heruntergekommen – das ist, was man durch das Fenster sehen kann. Drinnen sprüht das Leben, man sieht, wie bunt das Viertel ist. Schichtarbeiter, Schulkinder, Marktbummler, Studenten aus vielen verschiedenen Nationen in diesem einen Bus.

Am **S-Bahnhof Veddel** startet der Metrobus 13 zu seiner Fahrt. Entlang der 1920er-Jahre Klinkerbausiedlung geht es über die Harburger Chaussee. Wer beim **Werkcentrum Elbinsel** aussteigt, kann auf den Deich gehen und von oben auf den **Spreehafen** schauen. Mal mehr mal weniger zurechtgemachte Hausboote liegen hier, dahinter fällt der Blick auf die Hamburger Skyline.

Zwei Stopps weiter und Sie sind am **Stübenplatz**. Mittwochs und samstags gleicht er mitunter einem wuseligen Basar: Es ist **Wochenmarkt** 1 (s. S. 235). Hier beginnt das **Reiherstiegviertel**. Gründerzeithäuser in verschiedenen Farben, viele neue stylische Cafés und jede

Infos

Bustour, einfache Strecke 8 km, 27 Min. reine Fahrtzeit

Start/Ziel:
Metrobus 13 Veddel (S 3, 31 Veddel),
📍 Karte 5, C 4

Metrobus 13:
ab S Veddel Richtung Kirchdorf (Süd), tgl. 6.30–20.40 Uhr alle 5 Min., vorher/nachher seltener, einfache Fahrt 2,30 €, hin/zurück 4,30 €

Menge Studenten machen es zum hippen Viertel von ›Willi Town‹.

Die **Veringstraße** ist der nächste interessante Halt. ›Die Wilde 13‹ stoppt hier am **Kiosk 13** (Veringstr. 91). Der Kiosk hat sich als alternatives Bushäuschen etabliert, da der HVV (Hamburger Verkehrsverbund) hier nichts aufgestellt hat. So sitzen alle vorm Kiosk, trinken Kaffee und schnacken. Einen kurzen Fußmarsch entfernt ist der **Energiebunker** mit dem **Café Vju** 3 (s. S. 235) und Dachterrasse mit fantastischer Aussicht auf den Hafen. Bevor Sie wieder in den Bus steigen: Außen am Bunker haben Street-Artists ein imposantes 3D-Gemälde hinterlassen. Schauen Sie sich das schnell mal an.

Weiter geht es mit der ›Wilden 13‹ vorbei am **Rathaus Wilhelmsburg** und dem Inselpark zum **S-Bahnhof Wilhelmsburg**. In der Neuen Mitte Wilhelmsburg (s. S. 226) haben IBA und IGS beeindruckende Bauten und einen großen Park hinterlassen. Im **Inselpark** ⓭ (s. S. 227) selbst ballen sich die Möglichkeiten aktiv zu sein. Hier können Sie klettern, schwimmen und vieles mehr. Das bunte, geschwungene Gebäude linker Hand, der Sitz der **Behörden für Stadtentwicklung und Wohnen, für Umwelt und Energie** ❻ (s. S. 226), das der Bus auf dem Weg zum S-Bahnhof Wilhelmsburg passiert, wird passenderweise auch Colorado-Haus genannt.

Danach wechselt das städtische zu einem ländlicheren Bild. Schafe knabbern am Gras der Deiche, aber so ganz kann und will eine Dorfidylle nicht entstehen. Mit seinen 13 Stockwerken hohen Bauten war **Kirchdorf-Süd** in den 1960er-Jahren aus der Sicht der Politiker eine tolle Idee. Heute leben hier 6000 Wilhelmsburger mit verschiedenen kulturellen Hintergründen in 2000 Wohnungen. Lange wirkte Kirchdorf wie eine Trabantenstadt, isoliert und ohne Anschluss an den Rest der Welt. Mittlerweile hat sich die Situation verbessert, auch die Häuser wurden aufgewertet, Spielplätze und ein eintrittfreier Kinderbauernhof sind entstanden, Deutschkurse werden angeboten.

In der ›Wilden 13‹ und entlang ihrer Strecke erleben Sie ein buntes, vielschichtiges Hamburg. Das Ganze mal zwei, denn zurück geht es mit derselben Linie.

Bundesweit erhielt ›Die Wilde 13‹ besonders viel Aufmerksamkeit als aus der Magisterarbeit der Kulturanthropologin Kerstin Schaefer ein Buch, ein Film und ein Theaterstück wurden. Das lässt die, die täglich mit dem Bus fahren, allerdings kalt.

ist der **Geysir,** Pärchen ziehen sich gerne in den romantischen **Garten Dunst und Nebel** oder an den **Kuckucksteich** zurück. Als inoffizielles Wahrzeichen gilt der seltsam geformte **Sansibar-Felsen,** den eine 4 m hohe Schwarzkiefer wie ein überdimensionierter Bonsai bekrönt.

Und verhungern muss hier auch niemand. Neben **Grillplätzen** und **Picknickwiesen** gibt es **Restaurants und Cafés.** Besonders schön ist das Restaurant **Wilhelms im Wälderhaus** 1 (s. S. 233).

Noch durchschneidet die **Wilhelmsburger Reichsstraße** den Park, eine barrierefreie Fußgängerbrücke verbindet die Parkteile. Doch die Straße wird verlegt werden. Zukünftig wird sie parallel zur S-Bahn-Trasse verlaufen.

www.inselpark.hamburg, 24 Std. geöffnet

Kunstkanal

Das **Reiherstiegviertel,** insbesondere die Gegend um Veringstraße und Veringhof, ist das inoffizielle Zentrum von Wilhelmsburg mit vielen Bars und Restaurants. In Gründerzeithäusern und Neubauten treffen sich die Anwohner, eine offene Mischung aus Migranten und Studenten, des ehemaligen Hafenarbeiterviertels.

Parallel zur Veringstraße zieht sich der **Veringkanal** dahin. Ein verwunschener Industriecharme umgibt ihn. Diese rau-schöne Atmosphäre hat vermutlich dazu beigetragen, dass hier eine spannende Kulturszene entstanden ist. Diese Gegend ist eine jener Ecken Hamburgs, die man im Blick behalten sollte. Kunstschaffende leiden nach wie vor unter dem Mangel an erschwinglichen Arbeitsräumen. Darum haben viele, insbesondere aus dem Umfeld des Veringkanals, ein Manifest für einen Kulturkanal (www.kulturkanal.jetzt) entwickelt, um den Kanal zukünftig noch spannender zu machen.

Am Nordwestende des Kanals verweist ein großer Schornstein auf die **Honigfabrik** ❶❹ (Industriestr. 125–131, www.jim.honigfabrik.de), die schon seit 40 Jahren ein Hotspot für Kunst und Kultur im Viertel ist. Im Hinterhof können Sie einen Blick in die Ateliers werfen.

Gegenüber haben Künstler im **Atelierhaus23** ❶❺ (Am Veringhof 23, www.atelierhaus23.de) ein Zuhause gefunden. In ihrer Galerie23 präsentieren sie eigene und Arbeiten anderer Künstler oder organisieren Veranstaltungen. Im **Café Kaffeeliebe** (s. S. 233) oder auf dessen Terrasse am Kanal können Sie in kreativer Atmosphäre entspannen. Hinter dem Haus zieht sich ein Steg am Kanal entlang.

In den **Wilhelmsburger Zinnwerken** ❶❻ (Am Veringhof 7, www.zinnwerke.de) ist in den ehemaligem Elektrolysehallen ein weiteres Kreativzentrum entstanden. Dieses Gelände war übrigens auch der Drehort von Fatih Akins »Soul Kitchen« Das Originalgebäude ist zwar noch zu sehen, aber wegen Einsturzgefahr geschlossen. Rund um die Zinnwerke herum findet jeden ersten Sonntag im Monat das beste **Stadtteilfest mit Flohmarkt** in Hamburg statt: **FlohZinn** (1. So/Monat 10–17 Uhr) nennt es sich. Jede Menge gute Laune ist dank Livemusik, Kulturflohmarkt und Foodstalls garantiert.

Und es ist doch Industriegebiet

Am **Reiherstiegknie** ❶❼ sitzt es sich auf Höhe der Alten Schleuse an einem lauen Sommerabend direkt an der Elbe sehr

---

GUTE IDEEN

Bei einem Spaziergang über den **Friedhof der guten Ideen** im Inselpark wandeln Sie an Grabsteinen vorbei, die mit begrabenen Ideen beschriftet sind, z. B. »Die Mona Lisa von hinten malen«. Ein Trampelpfad führt zu den teils windschiefen oder verwitterten Grabmalen für nie in die Tat umgesetzte gute Vorsätze und Ideen.

romantisch. Keine Naturidylle, sondern Gegensätze pur prallen am Uferpark und drum herum aufeinander: grasende Heidschnucken treffen auf rauchende Fabrikschornsteine.

Fataler Berg

40 m hoch und ein 900 m langer, umlaufender Steg – das ist der **Energieberg Georgswerder** ⓲. Energieberg ist ein Euphemismus, handelt es sich doch um einen der problematischsten Müllberge nicht nur Hamburgs, sondern des ganzen Landes. In der **Mülldeponie Georgswerder** wurde die Elbniederung nach dem Zweiten Weltkrieg mit giftigen Industrieabfällen und Trümmerschutt schwerst belastet. Austretendes Deponiegas führte in den 1970er-Jahren zur Schließung des stetig gewachsenen Müllbergs. Seltsamer Sightseeing-Stopp könnte man denken. Doch die IBA ließ sich 2013 hier etwas besonders Tolles einfallen: Sie machte den Müllberg zu einem Ausflugsziel mit einem **Horizontweg**, der die Bergkuppe umläuft. Vom 900 m langen Steg blicken Sie von den Harburger Bergen hinüber bis zur Hamburger Skyline. Und nein, es müffelt nicht ein bisschen, aber rauchen dürfen Sie hier trotzdem nicht. Im angeschlossenen **Infozentrum Energieberg** geht es nicht nur um den Ort, sondern auch um Recycling. Auch für Kinder spannend.

Fiskalische Str. 2, Georgswerder, www.stadtreinigung.hamburg/ueberuns/service/energieberg-georgswerder/index.html, Bus 154 ab S Harburg bis Fiskalische Str., April–Okt. Di–So 10–18 Uhr (bei Gewitter oder Gewitterwarnung wird der Horizontweg gesperrt), Eintritt frei

Natürliche Rarität

Wer Ruhe fernab urbaner Romantik sucht, begibt sich zum **Naturschutzgebiet Heuckenlock** ⓳ mit einem der letzten Tideauenwäldern Europas. Ein 1,5 km langer, verwunschener Wanderpfad führt durch den zugänglichen Teil des Areals, das im positiven Sinne sich selbst überlassen ist.

Noch bis in die 1950er-Jahre massenhaft zu finden, heute eine Rarität: Im Heuckenlock gibt es die Schachbrettblume noch.

Das Areal an der Süderelbe ist das artenreichste Naturschutzgebiet Hamburgs.
Bus 351 ab S Wilhelmsburg Richtung Moorwerder bis Heuckenlock

Harburg ♀ Karte 5, B/C 5/6

Leben und wohnen im Hafen

In rasanten Schritten verändert sich das Bild des **Harburger Binnenhafens,** der sich rund um die **Schlossinsel** und die südlich davon gelegenen Kanäle erstreckt. Fachwerk- und Gründerzeitbauten wechseln sich ab mit Lagerhallen und Silos. Dazwischen neue, moderne Wohnbauten wie die **Schlossinsel Marina** mit eigenem Bootssteg oder auf der

Südseite der Halbinsel ein **Wohnhaus mit Wassergaragen.** Dort können die Erdgeschossbewohner direkt per Boot unter ihre Bleibe fahren. Projekte, die im Zuge der IBA initiiert wurden.

An das ehemalige **Harburger Schloss** aus der Renaissancezeit erinnert nur noch der sogenannte **Mannschaftsturm** ❷⓪, ein Kasernenbau, der 1900 zu einem Wohnhaus für Hafenarbeiter umgebaut wurde. Zzt. wird es renoviert und soll später u. a. eine Ausstellung zur Entstehungsgeschichte Harburgs beherbergen. Rund herum entsteht ein sternförmiger **Park.**

Dass sich der Binnenhafen zu einem gemischten Arbeits- und Wohnquartier mit Lebensqualität entwickelt, zeigt sich auch mit dem **Kanalplatz** vor der Zitadellenbrücke. Auf dem Platz finden Events aller Art statt und die kleine **Fischhalle Harburg** ✱ (s. S. 236) ist nun ein Kulturzentrum und zugleich das schönste und geschmackvollste **Café-Bistro** (s. S. 235) Harburgs.

Bunter Mix in Fachwerkhäusern

Harburg ist ein multikultureller Stadtteil. Das werden Sie auch in der Altstadt feststellen, wenn Sie durch die urig-gemütliche, kopfsteingepflasterte **Lämmertwiete** ❷❶ schlendern. Die heutige Fußgängerzone ist vor allem für ihre Gastronomie bekannt. Im Sommer werden Bänke und Tische in die Gasse gestellt, im Winter macht man es sich in den gemütlichen Innenräumen zurecht. Besucher haben die Qual der Wahl: Grieche, Brasilianer, Irish Pub oder doch das vor allem bei Studenten beliebte **Caspari** [7]?

Was den besonderen Reiz ausmacht? Auf gerade mal 91 m Länge reiht sich hier ein Ensemble windschiefer **Fachwerkhäuser** aus dem 16. und 17. Jh. Allerdings sind von den ursprünglich zwölf Häusern nur vier im Original erhalten, vier wurden originalgetreu nachgebaut. Das **Haus Nr. 10** etwa stammt von 1536 und wurde im ersten Viertel des 17. Jh.

aufgestockt. Das **Haus Nr. 47** aus der Mitte des 17. Jh. fällt durch seinen vorkragenden Giebel und die sich über zwei Geschosse ziehende Utlucht auf.

Die grüne Lunge

Den **Harburger Stadtpark** ❷❷ sollten Sie nicht mit dem Stadtpark in Winterhude verwechseln. Doch auch in der Harburger Variante geht es abwechslungsreich zu. Auf 90 ha finden sich unterschiedliche Gartenareale mit Wiesenflächen, alten Erlen, einem Vogelschutzgebiet und einem Lehrgarten. Fast ein Drittel des Parks nimmt der **Außenmühlenteich** ein. Unterhalb des Restaurants Leuchtturm können Sie von Steintreppen aus den Blick über den riesigen See schweifen lassen. Im Sommer können Sie See und Park vom Tretboot aus erkunden – oder Sie genießen einfach auf den großzügigen Grünflächen des Parks die Sonne.

Museen

Hafen der Träume

❷❸ **BallinStadt – Das Auswanderermuseum:** Albert Ballin schuf vor 120 Jahren hier eine Auswandererstadt (s. S. 223). Warum er dies tat und was für ein Ort der »Hafen der Träume« war, erfahren Sie in Haus 1. Die Stationen, die die Auswanderer damals durchlaufen mussten, lernen Sie in der »Welt in Bewegung« (Haus 2) kennen. Im Haus 3 können Sie im **Familienforschungszentrum** versuchen, in Erfahrung zu bringen, ob auch eigene Familienmitglieder in der BallinStadt waren. Im selben Haus befindet sich das Restaurant Nach Amerika (leckerer Mittagstisch).
Veddeler Bogen 2, Veddel, www.ballinstadt. de, März–Okt. tgl. 10–18, Nov.–Febr. tgl. 10–16.30 Uhr, 13/11 €, 5–12 Jahre 7 €

Mitreißende Weltklassekunst
❷❹ **Sammlung Falckenberg:** s. Lieblingsort S. 234.

Harburg

Ansehen
- ❶ – ❾ s. Cityplan S. 225
- ⓴ Mannschaftsturm (Harburger Schloss)
- ㉑ Lämmertwiete
- ㉒ Harburger Stadtpark
- ㉓ s. Cityplan S. 225
- ㉔ Sammlung Falckenberg

Essen
- ❶ – ❺ s. Cityplan S. 225
- ❻ Schwerelos – Das Achterbahnrestaurant
- ❼ Restaurant & Bar Caspari

Einkaufen
- ❶ s. Cityplan S. 225

Bewegen
- ❶ Freizeitbad MidSommerland
- ❷ s. Cityplan S. 225

Ausgehen
- ❶ – ❷ s. Cityplan S. 225
- ❸ Fischhalle Harburg

Essen

Ich glaub, ich steh im Wald

❶ **Wilhelms im Wälderhaus:** Im Inselpark im hochmodernen Wälderhaus wird die Nähe zur Natur zelebriert. Alles, was auf den Tisch kommt, ist frisch und regional.

Am Inselpark 19, Wilhelmsburg, T 040 302 15 66 00, www.waelderhaus.de, Mo–Fr 6–23, Sa 7–23, So 7–18 Uhr, warme Küche Mo–Sa bis 21.30, (Gerichte ab 13 €) So bis 17.30 Uhr kleine Karte

⓮ **Café Pause:** Café mit Kulturangebot und Multikultitrubel in der Honigfabrik. Selbst gebackener Kuchen und leckerer Mittagstisch. Montags Schnitzel- und Mittwoch Burgertag, auch vegan.

Honigfabrik, Industriestr. 125, Wilhelmsburg, www.facebook.com/CafePauseHonigfabrik, Wilhelmsburg, Mo 9–23, Di 9–21, Mi, Fr–So 9–19, Do 9–24 Uhr, Veranstaltungen: https://jim.honigfabrik.de

Am Kanal

⓯ **Kaffeeliebe:** Im studentisch angehauchten Café am Wasser können Sie ein gutes Frühstück genießen und unter der Woche einen wechselnden Mittagstisch. Lecker sind auch die selbst gebackenen Kuchen und Torten. Im Sommer lockt die Terrasse am Veringkanal. Übrigens: Der Name verspricht nicht zu viel …

Lieblingsort

Mitreißende Weltklassekunst

Früher lag in den Phoenix Hallen der Geruch von Gummi in der Luft. Heute zeigt hier der Sammler Harald Falckenberg auf 6000 m², dass er ein Gespür für zeitgenössische Kunst hat. Seine Sammlung, die organisatorisch zu den Deichtorhallen gehört, wird zu den 200 besten der Welt gezählt. Unaufgeregt und auf die Kunstwerke fokussiert, breitet sich über vier Stockwerke ein Paradies für Kunstliebhaber aus. Begeisterte Kunsthistoriker führen durch die Sammlung, gehen auf Fragen ein und reißen einen komplett mit. Von großräumigen Installationen von Jonathan Meese bis zu überdimensionalen Gemälden von Daniel Richter – die **Sammlung Falckenberg** ㉔ umfasst über 2000 Werke; hier abgebildet eine Installation von Jon Kessler. Diese Privatsammlung holt auch den letzten Hamburger, der noch nie in Harburg war, auf die südliche Seite seiner Stadt. Ein absolutes Highlight! (Phoenix Fabrikhallen, Wilstorfer Straße 71, Tor 2, Harburg, www.sammlung-falckenberg.de, nur mit Führung, Termine/Preise ausstellungsabhängig, Vorabbuchung erforderlich)

Atelierhaus23, Am Veringhof 23a, T. 040 31 18 17 11, www.facebook.com/kaffeeliebe, Mo, Mi–Fr 9–18 (Mittagstisch 12–16), Sa/So 10–18 Uhr, Mittagstisch um 6 €

»Yes, we cheese«
2 Vollmundig Cheese: Käsekuchen im New York City Style oder doch lieber ein gegrilltes Sandwich?
Veringstr. 97, Wilhelmsburg, www.vollmundig-cheese.de, Wilhelmsburg, Mo 11–22, Di–Sa 9–22, So 10–22 Uhr, kleine Gerichte 5–15 €

Mit viel Energie aufs Dach
3 Café Vju: Auf dem Energiebunker – einem zum Großwärmespeicher umgebauten Flakbunker – hat sich in 30 m Höhe in einem der Flaktürme das Café eingerichtet. Vju = view (Aussicht) nennt es sich dank der 360-Grad-Terrasse zu Recht.
Neuhöfer Str. 7, Wilhelmsburg, T 0151 52 70 14 92, www.vju-hamburg.de, Fr 12–18, Sa/So 10–18 Uhr, 1 € (wird bei Verzehr verrechnet)

Chill mal
4 Deichdiele: Super gemütlich mit Sessel, Sofa und gutem Kuchen – wie es sich für eine ordentliche Diele gehört.
Veringstr. 156, Wilhelmsburg, T 040 65 86 45 14, auf Facebook, tgl. ab 10–maximal 2 Uhr

Jung und hip
5 Mam's Bistro & Bar: Typisch studentische Café-Bar mit einem Tresen aus Büchern. Auch Besucher ohne Studentenausweis sind in der coolen Bar im Studentenwohnheim Woody willkommen.
Dratelnstr. 32c, Wilhelmsburg, T 040 33 38 46 93, www.mamsbistrobar.com, Ende Juni–Mitte Aug. Mo–Fr 10–19, sonst So–Mi 10–19, Do/Fr 10–22, Sa 17–22 Uhr, Salate/Baguettes ca. 8 € (ab 15 Uhr), Do–Sa 19–21 Uhr Happy Hour (Longdrinks, Cocktails 5 €), Mo–Fr Mittagstisch

Relaxed
✱ Café-Bistro in der Fischhalle Harburg: Am Harburger Binnenhafen findet sich die Kulturperle Harburger Fischhalle mit dem Café-Bistro. Man nimmt im maritimen Innenraum oder bei sommerlichen Temperaturen draußen Platz. Quiche, Pasta, Eintöpfe ... oder einfach ein Kaffee. Am Wochenende gibt es nachmittags Kuchen, sonntags auch Frühstück; s. auch S. 236.
Harburger Binnenhafen, Kanalplatz 16, Harburg, www.fischhalle-harburg.de, Mi–Fr 12–20, Sa 15–22, So 10–18 Uhr, kleine Speisen (Flammkuchen) um 12 €

Erlebnisgastronomie
6 Schwerelos – Das Achterbahnrestaurant: Ein Rollercoastersystem für Speisen wurde in Harburg aufgebaut. Nach der Bestellung (per Touchscreen am Platz) sausen die Speisen über das Schienennetz heran. Das Essen ist in Ordnung, aber hier geht es vor allem ums Erlebnis.
Harburger Schloßstr. 22, Harburg, T 040 89 72 13 10, www.rollercoaster-hamburg.de, Di–Do 16–23, Fr–So 11.30–23 Uhr, Gerichte 10–20 €

Gemütlich meets historisch
7 Restaurant & Bar Caspari: Hinter der Lämmertwiete 6–10, unter schiefen Giebeln und starken Balken befindet sich das Restaurant Caspari. Unkompliziert geht es hier zu: mit zügigem und lockerem Personal, deftigen Speisen zu guten Preisen und buntem Publikum im urigen Interieur des jahrhundertealten Fachwerkkomplexes.
Lämmertwiete 6–10, Harburg, T 040 766 51 57, www.facebook.com/caspari.harburg, Mo–Do 11–24, Fr/Sa 11–2, So 10–24 Uhr, mittags 6,50–8 €, abends ab 9 €

Einkaufen

Flohmarkt
16 FlohZinn: s. S. 230.

Wochenmarkt
1 Wochenmarkt Stübenplatz: Basarstimmung herrscht auf diesem Wilhelmsburger Wochenmarkt, der den Multikulti-

Charakter des Stadtteils widerspiegelt. Neben dem (Bio-)Lebensmittelangebot gibt es auch Blumen, Haushaltswaren und Flohmarktartikel.
Stübenplatz, Wilhelmsburg, Mi, Sa 7–13 Uhr

Bewegen

Badespaß
❶ **Freizeitbad MidSommerland:** Am Außenmühlenteich liegt das Freizeitbad MidSommerland mit skandinavischem Touch. Highlights sind das ganzjährig beheizte Freibad und die Saunalandschaft mit riesigem Außenbereich direkt am See. Außerdem gibt es Thermen und Solewelten.
Gotthelfweg 4, www.baederland.de/bad/midsommerland.html, Harburg, tgl. 10–23 Uhr, alle Bereiche 3 Std. ab 17 €, Tageskarte ab 19 €, Kinderermäßigungen

Die etwas andere Sauna
❷ **Zunderbüchse:** Wie ein kleines, verwunschenes Hippie-Paradies steht der zur Sauna umgebaute Wohnwagen bis auf Weiteres am Aßmannkanal. Kleine, aber romantische Alternative für junge Pärchen oder Freunde, ohne Komfort, dafür liebevoll speziell. Wer die Zunderbüchse mal ausprobieren möchte, muss auf kurzfristig angegebene Öffnungszeiten achten, das Badetuch einpacken und eine kleine Spende parat halten.
Aßmannkanal, Vogelhüttendeich 120, www.facebook.com/pg/verschwitzt

Ausgehen

Made in Wilhelmsburg
❶ **Bunthaus Schankraum:** Lust mal ein echtes Wilhelmsburger Bier zu probieren? Die Bunthaus Brauerei braut selber und schenkt in der ehemaligen Maschinenhalle des Wilhelmsburger Wasserwerks aus. Kleinigkeiten zu essen gibt es auch.
Kurdamm 24, Wilhelmsburg, T 040 22 86 48 49, www.bunthaus.beer, Do/Fr 18–ca. 24 Uhr

Im Sommer Pizza, im Winter Club
 Turtur: »Herr Turtur« – das war der Scheinriese bei Jim Knopf, der von Weitem ganz groß war und von Nahem ganz klein. Von Mai bis Oktober ist das Turtur eine Pizzeria mit Bar und Biergarten am Veringkanal, im Winter bleibt die Küche zu und das Turtur wird zum coolen Club.
Am Veringhof 13, Wilhelmsburg, T 040 80 00 70 06, www.turtur-wilhelmsburg.com, Di–Do ab 16, Küche bis 22, Fr ab 16, Küche bis 23, So ab 13, Küche bis 22 Uhr, Nov.–April je nach Veranstaltung (s. Website)

Musik querbeet
❸ **Fischhalle Harburg:** Die kleine Fischhalle hat sich zum Treff im Harburger Binnenhafen gemausert. Abends finden hier Konzerte, ob Singer/Songwriter, Jazz, Blues und vieles mehr, oder Lesungen ihr Publikum. Tagsüber ist sie als Café-Bistro (s. S. 235) beliebt.
Kanalplatz 16, Harburger Binnenhafen, www.fischhalle-harburg.de

---

FESTE FEIERN F

48h Wilhelmsburg: Musik, Musik! Jede Bühne, Straßenkante, Location, die nie als Bühne gedacht war, wird bespielt. An zwei Tagen im Sommer dreht sich alles um Musik (www.musikvondenelbinseln.de/48h).
Dockville: Das angesagte Musik-, Kunst- und Slamfestival findet jeden Sommer auf der Elbinsel statt (Wilhelmsburg, msdockville.de).
Nacht der Lichter: Im September wird für eine Nacht der Harburger Binnenhafen malerisch beleuchtet. Dazu gibt es Livemusik und Lichterlauf (www.channel-hamburg.de, www.lichterlauf-hamburg.de).

Zugabe
Veddel vergolden

Kunst am Bau

Ist alles Gold, was glänzt? Seine Blattgoldgestaltung der Fassade hat Boran Burchhardt allemal wieder ins Gespräch gebracht.

Seit 2017 schimmert die Hausfassade in der Veddeler Brückenstraße 152 golden. Boran Burchhardt hatte seine Idee durchgesetzt – und kam damit erst mal gar nicht gut an. Und ernsthaft – wer braucht schon eine vergoldete Wand?

Wer ist Boran Burchhardt? »Darf ich mal Ihr Minarett anmalen?« Wer so freundlich fragt, darf das natürlich. Der Hamburger Künstler Boran Burchhardt hat sich einen Namen in Sachen Kunst im öffentlichen Raum gemacht. 2009 bemalte er z. B. die beiden 20 m hohen Türme der Centrum-Moschee Hamburg mit grün-weißen Sechsecken und erklärte sie dadurch zu Skulpturen. Die Alsterfontäne, sozusagen der Mittelpunkt der Hansestadt, verlegte er 2012 für zwei Wochen in den Außenmühlenteich in Hamburg-Harburg. Perspektivenwechsel, die zum Nachdenken anregen sollen. Und auch die vergoldete Hausfassade sorgt für Gesprächsstoff.

Warum hat Burchhardt die Hauswand auf der Veddel vergoldet? Um ins Gespräch zu kommen. 33 Tage benötigte der Künstler, um die Backsteine sorgfältig mit Blattgold zu verzieren. In dieser Zeit erlebte er Protestler, die von

»Das Nicht-Auffallen als Überlebensstrategie …«

rausgeworfenen Steuergeldern redeten, und Anwohner, die hin- und hergerissen waren, von der ihnen nun zuteilwerdenden Aufmerksamkeit. Die Bewohner der Veddeler Brückenstraße 152 fühlten sich zu sehr in den Mittelpunkt gerückt, sogar Angst vor steigenden Mietpreisen kam auf. »Das Nicht-Auffallen als Überlebensstrategie für diejenigen, die nicht selbstverständlich dazugehören. Sie verschmelzen am besten mit dem Hintergrund und werden zu Schatten«, so Burchhardt (Boran Burchhardt, »Veddel vergolden«, Hamburg 2018). Eine goldene Hauswand, um im sozialen Gefälle einer an und für sich reichen Stadt auf die Einwohner aufmerksam zu machen, die sonst keine bekommen? Vielleicht gar nicht so schlecht, diese goldene Wand auf der Veddel. ∎

Das Kleingedruckte

Hamburg ist Musicalstadt. Schon seit 2001 läuft hier der »König der Löwen«.

Anreise

... mit dem Flugzeug

Vom **Hamburg Airport Helmut Schmidt** in Fuhlsbüttel (Flughafenstr. 1–3) bestehen Flugverbindungen zu allen deutschen Großstädten außer Hannover, außerdem zahlreiche internationale Verbindungen, u. a. nach Wien, Zürich, Basel, Mailand, Moskau und Genf. **Flughafen-Information:** T 040 507 50, www.hamburg-airport.de.
Vom Flughafen in die Stadt: Die S 1 fährt in 25 Min. vom Airport zum Hauptbahnhof. Der S-Bahnhof Hamburg Airport liegt direkt vor den Terminals und ist über Aufzüge, Rolltreppen und Treppen bequem erreichbar. Ein Taxi in die Hamburger City kostet etwa 25–30 €. Mit dem Auto müssen Sie ca. 20–30 Min. Fahrtzeit rechnen.

... mit der Bahn

Züge aus dem Osten, Süden und Südwesten kommen am Hauptbahnhof (Kirchenallee, Stadtzentrum) an und fahren meist weiter zum Dammtor (Nähe Gänsemarkt, Rotherbaum) und auch nach Altona (Zentrum Altona, Nähe St. Pauli). **Züge aus dem Norden** fahren meist zuerst Altona oder Dammtor an. **DB-Auskunft:** T 0180 699 66 33 (Festnetz 20 ct/Min., mobil max. 60 ct/Min.), www.bahn.de.

Bequem ist die An- und Abreise mit dem **ÖBB Nightjet** ab Zürich oder München. Infos und Buchung: T 0180 699 66 33, www.nightjet.com, auch an Automaten und bei allen DB-Verkaufsstellen.
Von den Bahnhöfen in die Stadt: Hamburg Hbf und Dammtor liegen zentral und sind an das U-, S- und (Metro-)Bus-Netz angeschlossen, Altona ans S-Bahn-Netz.

... mit dem Bus

Der **Zentrale Omnibusbahnhof (ZOB)** liegt direkt am Hauptbahnhof. Die meisten Verbindungen gibt es nach Osten. Auf der Website finden Sie auch Links zu allen

STECKBRIEF

Lage: im Norden Deutschlands auf 53° 32' 56" nördlicher Breite und 9° 58' 42" östlicher Länge
Größe: 755 km², davon 60 km² Wasserfläche
Einwohner: ca. 1,8 Mio.
Politik und Verwaltung: Die Freie und Hansestadt Hamburg ist Stadtstaat, Bundesland und zugleich Hauptstadt des Bundeslandes Hamburg. Die Bürgerschaft (121 Abgeordnete) ist das Landesparlament und der Senat die Landesregierung. Es gibt sieben Bezirke: Altona, Eimsbüttel, Hamburg-Nord, Wandsbek, Hamburg-Mitte, Bergedorf und Harburg. Die Bezirksämter setzen die Politik des jeweiligen Senats um und verwalten 104 Stadtteile. Seit 2015 regiert in Hamburg die SPD zusammen mit den Grünen.
Städtepartnerschaften: Chicago, Dar es Salaam, Dresden, León, Marseille, Osaka, Prag, Shanghai, St. Petersburg,
Vorwahl: 040

Busunternehmen, die Verbindungen nach Hamburg anbieten.
Adenauerallee 78, T 040 24 75 76, www.zob-hamburg.de

... mit dem Auto

Die **A1** führt von Westdeutschland über Münster und Bremen nach Hamburg und weiter nach Lübeck, die **A7** von der dänischen Grenze über Flensburg nach Hamburg und über Hannover und Kassel weiter nach Süden, die **A24** von Berlin nach Hamburg. **Staugefahr** besteht vor dem Elbtunnel (A7), in geringerem Maße auch auf den Elbbrücken (A1). Informationen über Staus und Baustellen: www.hamburg.de/verkehr.

Bewegen und Entschleunigen

Die Hamburger lieben alles, was mit Wasser zu tun hat. Das Wichtigste in Hamburg ist dementsprechend der **Wassersport**. **Segeln** auf der Alster oder wenigstens eine **Kanufahrt** durch die Kanäle sind im Sommer wunderschön. Auch **Joggen** und **Radfahren** sind beliebt. Rund um die Außenalster läuft man eine Strecke von 7,5 km fast nur durch Grünanlagen und kaum an Straßen entlang. Entlang der Elbe macht das Radfahren besonders Spaß – nicht nur wegen der flachen Wege.

Wer es ruhiger mag, spielt **Golf**. In Deutschland ist Hamburg die Golfstadt Nummer eins! 23 Golfclubs gibt es in Hamburg. Der exklusivste ist der Hamburger Golf-Club e. V. (Falkensteiner Ufer, Falkenstein, In de Bargen 59, T 040 81 21 77, www.hamburgergolf-club.de). Wer es nicht ganz so exklusiv möchte, spielt auf dem 9-Loch-Platz Red Golf in Moorfleet (*just pay and play;* Vorlandring 12, T 040 788 77 20, www.redgolf.de).

Im Winter trifft man Familien beim **Schlittschuhlaufen** in der **Eisarena** (Holstenwall 30, www.eisarena-hamburg.de, U 3 St. Pauli, nur im Winter) oder auf der Alster – in den seltenen Fällen, wenn sie mal zugefroren ist.

Auch **Yoga** ist in Hamburg sehr beliebt, gleicht fast einem Volkssport. Und gerade im Sommer gibt es besonders schöne Angebote wie Yoga auf dem Steg an der Alster oder Meditations-Workshops auf dem Alsterschiff, während man durch die Kanäle schippert (Stegyoga: barca, An der Alster 67a, 12 €, Workshops: www.achtsamkeit-auf-der-alster.de, 49 €).

Ohne Fahrrad in Hamburg? Kein Problem. An vielen Stellen finden Sie in der Stadt Radverleihstationen.

Feiertage

1. Jan.: Neujahr
8. März: Internationaler Frauentag
März/April: Karfreitag, Ostermontag
1. Mai: Tag der Arbeit
Mai/Juni: Christi Himmelfahrt
Mai/Juni: Pfingstmontag
3. Okt.: Tag der Deutschen Einheit
31. Okt.: Reformationstag
25./26. Dez.: Weihnachten

Informationsquellen

Touristeninformation
Hamburg Tourismus GmbH: Wexstr. 7, für Buchungen, touristische Auskünfte: T 040 30 05 17 01 (Mo–Sa 9–19 Uhr), www.hamburg-travel.com. Auch auf Twitter und Facebook (›Mein Hamburg‹).
Hauptbahnhof: Ausgang Kirchenallee, Mo–Sa 9–19, So, Fei 10–18 Uhr
Flughafen: Airport Plaza zwischen Terminal 1 und 2, tgl. 6.30–23 Uhr
Touristik-Kontor bei den Landungsbrücken: zwischen Brücke 4 und 5, T 040 33 44 22 11, So–Mi 9–18, Do–Sa 9–19 Uhr

... im Internet
www.hamburg.de: offizielle Website der Stadt mit Infos, u. a. Hotelübersicht mit Buchungsmöglichkeit, Infos zu Theaterkarten, Busverbindungen, Alster- und Elbrund- und Fleetfahrten, Ausflüge ins Umland und kulturelle Highlights.
www.hamburg-magazin.de: Sehr gut strukturiertes Internetportal, das vom Verkehr (Blitzampeln und Parkhäuser in der City) über Parks und Grünanlagen bis zu Hamburger Persönlichkeiten alles bietet. Alle Museen mit Öffnungszeiten und Wegbeschreibung. Und das HanseWiki erklärt typisch hamburgische Begriffe.
https://hamburg.mitvergnuegen.com: aktuelle Trends und Tipps der jungen Szene fürs Wochenende, Ausflüge, Cafés, Mode, Lesungen etc. sowie unterschiedliche thematische Serien zu Hamburg
www.hamburg-web.de: mit vielen Links zu Stadtführern, Nightlife, Veranstaltungen und einer Bildergalerie zur Hansestadt; außerdem ausführliche Infos über die Stadtteile
www.hamburg-panorama.de: virtueller Rundgang durch die Hamburger Innenstadt sowie Infos zum Wetter und ein Kleinanzeigenteil
www.hafen-hamburg.de und **www.hamburg-hafenrand.de:** Wie der Name schon verrät, liegt der Fokus auf dem Hamburger Hafen. Infos von Wasserstandsvorhersagen über Hafenrundfahrten, Statistiken, News bis hin zu einer Webcam vom Museumsschiff Cap San Diego aus. Schöne Bilder aus dem ganzen Hafen.
www.hamburg-messe.de: alles über die im Herzen der Stadt liegende Neue Messe Hamburg. Hier finden Kongresse, Tagungen und Ausstellungen statt: von der berühmten Bootsmesse bis zum Europe-Africa Business Summit.

Apps
Findling–lokaler Shopping Guide: Individuelle, coole Shops entdecken, egal, wo in Hamburg Sie grade unterwegs sind.
HVV: Wie komme ich von meinem Standort zum Operettenhaus auf der Reeperbahn? Die App der öffentlichen Verkehrsmittel in Hamburg hilft.
AINO HAMBURG – Event & Tipps: Was geht ab in meiner Nähe? Die Redaktion von »Heute in Hamburg« gibt täglich neue Tipps und Empfehlungen, schickt Sie in die angesagte neue Bar, zum Pop-up-Shop um die Ecke oder zum Foodtruck-Event.

Internetzugang

Viele **Cafés und Hotels** in Hamburg bieten ihren Gästen inzwischen freies WLAN an. Abgesehen davon können Sie in der ganzen Stadt an von unterschiedlichen Anbietern eingerichteten **Hotspots** auf zeitlich begrenztes kostenloses WLAN (30–60 Min.) zugreifen, für die man sich jedoch registrieren und einloggen muss. Auch fast alle **Bücherhallen** bieten Besuchern Internetzugang (www.buecherhallen.de). Hilfreich bei der lokalen Suche nach Internetgelegenheiten (und auch sonst) ist das Online-Magazin **Stadtus** (www.hamburg.stadtus.de). An den **U-Bahn-Haltestellen** und in den **Bussen des HVV** wählen Sie sich ins kostenlosen WLAN »mobyklick« ein.

Kinder

Hamburg ist eine kinderfreundliche Stadt (www.hamburg.de/kinder) – zahlreiche fantasievolle Spielplätze bezeugen es. Dazu kommen moderne und fantasievolle Wasserspiellandschaften in den Schwimmhallen, weitläufige Parks, der Tierpark Hagenbeck (s. S. 154) – oder die Kinderaktionshalle Tollhafen (Sporthalle Veddel), wo Türme und Höhlen gebaut werden. Der DOM (s. S. 138) auf dem Heiligengeistfeld bietet am Familientag (Mi) vergünstigte Fahrten. Auch Schiff- oder Kanufahrten machen Laune, bei schlechtem Wetter warten Attraktionen wie das Miniatur Wunderland (s. S. 83) oder das Tropenaquarium im Tierpark Hagenbeck auf große Kinderaugen.

Klima und Reisezeit

Das Wetter scheint im Norden unberechenbar. Gegen Wind und Regen, also ›Schietwetter‹, wie der Hamburger sagt, sollten Sie sich wappnen. Weil es Wasser von oben gibt – das kennt man –, aber irgendwie auch von unten. Das Wasser ist ein beherrschendes Element in der Stadt. Aufgrund der maritimen Einflüsse ist es in Hamburg milder als z. B. in Berlin. Wärmster Monat ist der Juli mit 17,4 °C, der kälteste der Januar mit 1,3 °C im Durchschnitt. Temperaturen um die 28 °C sind im Hochsommer keine Seltenheit. Doch auch Temperaturen jenseits der 35-Grad-Marke wurden erreicht. Besonders schön, das meinen jedenfalls viele Hamburger, ist der Mai.

Allerdings ist es nun einmal ganzjährig eher feucht. Jährlich fallen durchschnittlich 774 mm Niederschlag, an 52 von 365 Tagen senken sich Nebelbänke über die Stadt. Im Winter kann es sehr stürmisch werden. Trotzdem scheint in der Hansestadt bundesweit gesehen überdurchschnittlich oft die Sonne, auch wenn das nicht gleich Bikiniwetter bedeutet.

Los ist in Hamburg im Grunde in jeder Jahreszeit etwas. Es hängt ganz vom eigenen Gusto ab, wann Sie die Hansestadt besuchen.

J	F	M	A	M	J	J	A	S	O	N	D
3	4	7	12	18	21	22	22	18	14	8	4

Mittlere Tagestemperaturen in °C

| -1 | -1 | 2 | 4 | 9 | 12 | 14 | 14 | 11 | 8 | 4 | 0 |

Mittlere Nachttemperaturen in °C

| 1 | 2 | 4 | 9 | 15 | 18 | 20 | 19 | 16 | 11 | 5 | 2 |

Mittlere Wassertemperaturen in °C

| 1 | 2 | 3 | 5 | 7 | 7 | 6 | 6 | 5 | 3 | 2 | 1 |

Sonnenstunden/Tag

| 12 | 9 | 11 | 10 | 10 | 11 | 12 | 11 | 11 | 10 | 12 | 12 |

Regentage/Monat

So ist das Wetter in Hamburg.

Lesetipps

Die Bertinis, Ralph Giordano: die Familiensaga einer jüdisch-italienischen Familie in Hamburg während der Nazi-Herrschaft.
St. Pauli Nacht, Frank Göhre: eine Nacht auf St. Pauli wie jede andere: Zufälle und Schicksale, Gewalt und Tod – ein Krimi!
Glücksorte in Hamburg: Fahr hin und werd glücklich, Cornelius Hartz: rein subjektive Lieblingsorte, manche überraschend neu, andere altbekannte aus ungewohnter Perspektiv
Eine berührbare Frau – das atemlose Leben der Künstlerin Eva Hesse, Michael Jürgs: Porträt der jüdischen Künstlerin Eva Hesse, deren Leben in Hamburg begann.
Aquariumtrinker, Mischa Kopmann: ein verwirrter Anti-Held, der sein Glück im Be-

verly Hills Hamburgs versucht: Blankenese.
Teufelsbrück, Brigitte Kronauer: neoromantischer Liebesroman mit Schauplätzen in Hamburg.
Der Mann im Strom, Siegfried Lenz: das Leben eines alternden Tauchers im Hamburger Hafen. In **Leute von Hamburg** porträtiert Lenz in zwei Erzählungen Hamburger mit ihren kleinen Schwächen und Eigenarten.
Tabu I, Tagebücher 1989–1991, Peter Rühmkorf: Tagebücher des Hamburger Dichters.
Große Freiheit, Rocko Schamoni: Der alte Kiez der 1960er-Jahre, von dem immer mal wieder sehnsuchtsvoll geschwärmt wird, und von der Möglichkeit aus dem Nichts ein Jemand zu werden.
Der goldene Handschuh, Heinz Strunk: Vorlage für Fatih Akins Geschichte über den Frauenmörder Honka, der auf St. Pauli im Goldenen Handschuh stets sein nächstes Opfer fand.
Die Entdeckung der Currywurst, Uwe Timm: Auf der Suche nach der Entdeckung der Currywurst erzählt Uwe Timm ein Hamburger Frauenleben vom Zweiten Weltkrieg bis heute.

Reisen mit Handicap

www.hamburg.de/hamburg-barrierefrei,
www.hamburg-tourism.de/barrierefrei

Reiseplanung

Stippvisite – Hamburg zum Kennenlernen

Ein guter Ausgangspunkt, um die Stadt kennenzulernen, ist der **Jungfernstieg.** Von hier blicken Sie auf die **Binnenalster** mit ihrer prächtigen Bebauung und hier lässt sich deutlich spüren, welche Bedeutung das Wasser in Hamburg auch jenseits der Elbe und der lebhaften Hafenaktivitäten hat: Die Alster ist ein riesiger, luftiger ›See‹, eigentlich ein Doppelsee, mitten in der Stadt. **Flanier- und Shoppingmeilen** sowie prachtvolle weiße Villen und grüne Parkanlagen umschließen ihn. Ein Spaziergang rund um die Binnenalster oder entlang der Westseite der **Außenalster** mit ihren historischen Kaufmannsvillen vermittelt ein erstes Gefühl für das Wesen der Stadt. Nur einen Katzensprung vom Jungfernstieg entfernt liegt das Hamburger **Rathaus,** das Sie entlang der **Alsterarkaden** erreichen. Von dort gelangen Sie durch den Großen Burstah und über den Rödingsmarkt zum Hafen. So verbinden Sie auf einem relativ kurzen Gang Alster und Elbe.

Für diejenigen, die Hamburg das erste Mal besuchen, ist der Hafen einfach ein Muss! Von den **Landungsbrücken in St. Pauli** elbabwärts zum nahen **Fischmarkt** oder in entgegengesetzter Richtung zur **Speicherstadt** und der neuen **HafenCity:** Hier ist nicht zu übersehen, was die Stadt am Laufen hält. Der **Fischmarkt** am Sonntagmorgen ist bei Frühaufstehern wie bei Nachtschwärmern beliebt, doch er ist schon lange nicht mehr die einzige Attraktion am Fluss: Die neue Architektur entlang der Elbe macht ihm mächtig Konkurrenz. Der hypermoderne Stadtteil **HafenCity** steht im Kontrast zur angrenzenden neugotischen Speicherstadt und bei jedem Besuch lässt sich etwas Neues entdecken, denn kein Stadtviertel entwickelt sich so rasant wie die HafenCity. Dieser neue Erlebnisraum wird abends wunderbar illuminiert.

Mit Alt- und Neustadt, Speicherstadt und HafenCity sowie Binnen- und Außenalster haben Sie bereits locker einen Tag gefüllt – und vermutlich noch keine **Hafen- oder Alsterrundfahrt** (s. Kasten S. 40, 249) gemacht, noch keines der spannenden Stadtviertel, keines der interessanten Museen besucht.

Spätestens abends bietet es sich an, **St. Pauli** oder das **Schanzen-** bzw. **Karolinenviertel** zu erkunden. Beide lohnen aber auch bei Tag.

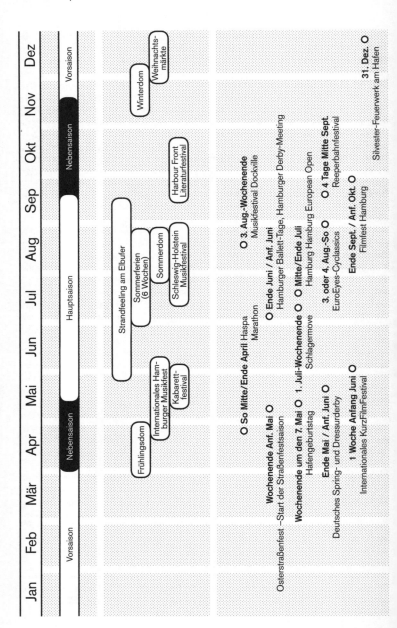

St. Pauli ist das Amüsierviertel der Stadt mit Musikclubs, Theatern und Bars. Hamburgs weltberühmtes Vergnügungsviertel ist längst dem Image der Schmuddelecke entwachsen. Der Kiez hat sich verwandelt und zieht Nacht für Nacht mehr als 40 000 Besucher an – auch Hamburger. Erotikbars und Sexshops stehen dabei nicht unbedingt im Vordergrund, sondern die Theater- und Kulturszene hat sich hier etabliert, und Partyveranstalter sowie junge Clubbesitzer locken mit ihren innovativen Ideen die Besucher. St. Pauli ist mehr als die **Reeperbahn,** über die man einmal schlendern sollte.

Die **Schanze** – wie das Viertel zwischen St. Pauli und Eimsbüttel genannt wird – ist zusammen mit dem **Karolinenviertel** wohl der lebendigste Stadtteil von Hamburg. Zahlreiche Szenecafés, Modeshops, junges Design und am Samstag ein großer Flohmarkt sind Anziehungspunkte für Hamburger und Touristen.

Länger in Hamburg oder nicht zum ersten Mal?

»Komm in die Gänge«, lautete das Motto einer Gruppe von jungen Künstlern, die 2009 ein Gebäudeensemble im **Gängeviertel** (www.das-gaengeviertel.info) in der Innenstadt besetzten. Nach langen Diskussionen entschied sich die Stadt für den Erhalt und die Sanierung des Viertels. Heute vibriert es: Hier leben und arbeiten Tanz-, Theater- und Filmgruppen, in mehreren Häusern stellen in Galerien junge Künstler aus. Im Gängeviertel können Sie heute auf eine Entdeckungsreise durch die Geschichte und Gegenwart Hamburgs gehen.

Das noble **Blankenese,** das gefühlt weitab von der City liegt, bietet dazu ein Kontrastprogramm. Es ist das ehemalige Fischer- und Lotsendorf in Hamburgs Westen: Treppen, Terrassen, Serpentinen und dazwischen kleine und große Häuser mit atemberaubenden Ausblicken auf den großen Strom. Hier erlauben sich selbst Hamburger romantische Gefühle.

HAMBURG VON OBEN

Hamburgs Hauptkirchen in der City bieten gute Aussichten, ob der **Michel** (St.-Michaelis-Kirche), die **St.-Nikolai-** (Mahnmal St. Nikolai) oder die **St.-Petri-Kirche.** Einen schönen Blick auf die Elbe bietet sich vom **Altonaer Balkon.** Aus himmlischer Höhe blicken Sie von der **Skyline Bar 20up** auf den Hafen oder von der **Plaza der Elbphilharmonie.**

An heißen Sommertagen verwandelt sich das **Elbufer** gerade im Bereich Altona-Ottensen in den Badestrand der Stadt. Einfach sitzen bleiben am Strand und Schiffe gucken, vielleicht von der Strandperle aus!

Es gibt viel zu sehen in Hamburg, wobei es natürlich vor allem auf Ihre **persönlichen Interessen** ankommt.

Spannende Museen

Hamburg ist reich an **Museen.** In großer Konzentration finden sie sich an der **Kunstmeile** (www.kunstmeile-hamburg.de) um den Hauptbahnhof. Von der **Galerie der Gegenwart** und der **Kunsthalle** direkt am Bahnhof geht es südlich des Hauptbahnhofs weiter mit dem **Museum für Kunst und Gewerbe,** dem **Kunstverein** in einer ehemaligen Markthalle und schließlich den **Deichtorhallen,** die das Haus der Photographie und die Halle für aktuelle Kunst beherbergen. Wer sich für Seefahrt und Seefahrtsgeschichte interessiert, sollte in der Speicherstadt das **Internationale Maritime Museum** besuchen oder mit der Fähre zur **BallinStadt** in der Veddel hinüberfahren, in der die Zeit der Auswanderung nach Amerika dokumentiert ist.

Schöne Parks

Da Hamburg eine Wasserstadt ist, ist der **Alsterpark** am westlichen Ufer der Alster natürlich ein Highlight: Hier können Sie joggen, spazieren gehen, radeln, auf der Wiese liegen oder in tiefen weißen Holzsesseln versinken – alles ist möglich. Ein grünes Kleinod ist der **Jenischpark** im Hamburger Westen oberhalb der Elbe. Und etwas ganz Besonderes und selbst vielen Hamburgern nicht bekannt ist der **Römische Garten** in Blankenese. Der riesige **Stadtpark** zwischen Winterhude und Barmbek, mit seinen 150 ha fast so groß wie das Fürstentum Monaco, ist die grüne Lunge der Stadt. Und dann sind da noch der **Ohlsdorfer Friedhof** oder der weitläufige **Tierpark Hagenbeck**.

Stadtteile südlich der Elbe

Auch südlich der Elbe tut sich etwas. Auf der **Veddel** liegt der Zollhafen und die BallinStadt präsentiert sich als spannendes Museum der Auswandererzeit. Daran schließt sich **Wilhelmsburg** an, das im Rahmen der Internationalen Bauausstellung und der Internationalen Gartenschau eine spannende Neue Mitte mit innovativen, nachhaltigen Bauten und einem großen Park erhalten hat, deren Gestaltung noch nicht abgeschlossen ist. Der Stadtteil ist aber auch ein bunter Mix aus Multikulti, alteingessenen Bewohnern, Studenten und einer jungen Kunst- und Designszene. Und wenn Sie schon da sind: Warum nicht den **Harburger Binnenhafen**, die entstehende zweite HafenCity, und die **Harburger Altstadt** besuchen.

Shopping in Hamburg

Hamburg hat seinen Ruf weg – als teure Stadt mit Luxusshops. Das stimmt, zumindest in der Neustadt-Nord im Bereich **Neuer Wall** und **Große Bleichen**. Dort trifft Traditionelles auf Designermode – alles edel und entsprechend hochpreisig. Im **Passagenviertel**, dass sich ebenfalls in diesem Bereich erstreckt, finden sich aber auch Läden für jeden Geldbeutel.

Auf der ›Altstadt‹-Seite dominieren gängige Kaufhäuser und Handelsketten die **Mönckebergstraße**.

HAMBURG CARD UND HAMBURG CITY PASS

Für alle, die viel in Hamburg unterwegs sein möchten, ist die **Hamburg CARD** (www.hamburg-tourism.de, Button ›Buchen‹, ›Hamburg CARD‹) eine praktische Sache. Es gibt sie für **ein bis fünf Tage** (10,50–42,50 €). Mit ihr können Sie in Hamburg (Region AB) das U-, S- und Busnetz sowie die Hafenfähren kostenlos nutzen. Eine Einzelkarte gilt für einen Erwachsenen mit bis zu drei Kindern (6–14 Jahre). Darüber hinaus erhalten Sie bei über 150 touristischen Angeboten bis zu 50 % Rabatt, etwa in vielen Museen oder bei Rundfahrten. Auch diverse Lokale und Läden gewähren Preisnachlässe. **Buchung/Kauf:** online (Print- oder Handyticket), App-Ticket, vor Ort bei der Touristeninformation, an allen HVV-Fahrkartenautomaten, vielen Hotels und Ticketkassen.

Die zweite Möglichkeit ist der **Hamburg City Pass** (www.turbopass.de/hamburg-city-pass), den es für **ein bis sieben Tage** sowie **mit oder ohne Nahverkehr** gibt. Mit dem City Pass ist der Eintritt in viele Museen bereits beglichen, auch Stadtrundfahrten etc. sind inkludiert. Dazu kommen weitere Ermäßigungen. Allerdings ist er deutlich teurer als die Hamburg CARD (z. B. ohne/mit Nahverkehr 1 Tag 38,90/44,90 €, 5 Tage 85,90/109,90 €, 7 Tage 99,90/129,90 €). Hier sollten Sie vorher schauen, ob es sich für das, was Sie in Hamburg unternehmen möchten, lohnt den Pass zu erwerben. **Buchung/Kauf:** online.

The Art Flatrate (Kunstmeilen-Pass): s. Kasten S. 23.

Spannender sind da das **Schanzen-** und das **Karolinenviertel.** Fashionvictims, die an jungem Design und Ausgefallenem interessiert sind, finden hier eine große Auswahl an kleinen Shops.

Der schönste Wochenmarkt ist übrigens der **Isemarkt** in Harvestehude, der unter einem Hochbahnviadukt stattfindet. Neben Kulinarischem finden Sie dort auch Pflanzen, Kleidung und Accessoires.

Ausflug ins Alte Land
Das **Alte Land** südlich der Elbe ist vor allem während der Obstbaumblüte im Frühling ein Muss. Am besten ist es, mit dem Fahrrad die Fähre zur anderen Elbseite zu nehmen und dann von Dorf zu Dorf zu radeln. Im Elbmarschengebiet fahren Sie über Deiche und Obstplantagen an prachtvollen Fachwerkhöfen und alten Herrensitzen vorbei.

Sicherheit und Notfälle

Im Grunde können Sie sich in Hamburg überall ungefährdet bewegen. Grundsätzlich gilt: Achtung Taschendiebe! Wenig ratsam sind im Dunkeln Orte wie Hansa- oder Sternschanzenpark, an denen Drogenabhängige und Dealer sich treffen. Hier kommt es immer wieder zu Gewaltdelikten, die aber zumeist im Milieu passieren.

Notruf
Feuerwehr, Rettungsdienst: 112
Polizei: 110
Ärztlicher Bereitschaftsdienst: 116 117
Bank-/Kreditkarten-/Handy-Sperrung: 116 116
Pannenhilfe: ADAC T 01802 22 22 22
Österreichisches Honorarkonsulat: T 040 308 01-2 05, www.austria-hamburg.de
Honorarkonsulat der Schweizerischen Eidgenossenschaft: T 040 50 75 29 30, T 040 303 90 40 00 (konsularische Dienstleistungen), www.eda.admin.ch

Der Umwelt zuliebe – nachhaltig reisen

Hamburg liebt es grün und nachhaltig. Das sieht man z. B. in den S-Bahnhöfen, auf denen Mülltonnen mit Mülltrennung bereitstehen. Der Versuch erst gar keinen Müll, vor allem Plastik, zu produzieren, wird in vielen Stadtteilen ernsthaft verfolgt. In kleinen Läden und Restaurants mit vegetarisch-veganem Ansatz kann man verpackungsfrei geshoppt oder geschlemmt werden.

Mit Angeboten wie **Green Kayak** (www.greenkayak.org, kostenlos paddeln und dafür Müll sammeln) wollen die Hamburger dafür sorgen, dass ihre Stadt so schön bleibt, wie sie ist.

Faire Kleidung und **Secondhand** sind große Themen, Kleidertausch-Events beliebt. In Nähkursen lernt man wieder, wie man repariert, statt wegwirft, Inneneinrichtungsgegenstände werden auf Flohmärkten zusammengesucht.

In **urbanen Gärten** schaffen Anwohner Mini-Oasen zwischen Beton. Selbstversorger versuchen ihr Glück mitten in der Stadt.

Das Einzige, was überhaupt nicht in das Stadtbild der umweltbewussten Hansestadt passen soll, sind die regelmäßig einlaufenden **Kreuzfahrtschiffe:** Die Luftverschmutzung ist gigantisch.

www.ecowoman.de/hamburg: Infos rund um biologisch-ökologisches und nachhaltiges Shoppen und Wohnen in Hamburg.
www.hamburg.de/oeko: Auch die Website der Stadt hat eine Rubrik mit Infos zu nachhaltigen, ökologischen und fair produzierten Angeboten in Hamburg.

Verkehrsmittel

S-Bahn, U-Bahn, Busse und Fähren
Das dichte Netz der Busse und Bahnen des **Hamburger Verkehrsverbunds**

(HVV) verbindet alle wichtigen Sehenswürdigkeiten und Verkehrsknotenpunkte. Es gibt sechs **S-Bahn-**, vier **U-Bahn-Linien** und fünf **Regionalbahnen**, an die 200 **Buslinien**, dazu **Schnellbusse, Metrobusse** (Direktverbindung in die City 1–14, Querverbindungen 20–27), **Hafenlinien, Nachtbuslinien** sowie **Fährdienste** auf Alster und Elbe. Die Bahnen, aber auch viele Metrobus- und Stadtbus-Linien, sind in den Nächten auf Samstag, Sonntag und vor Feiertagen ohne Pause rund um die Uhr unterwegs. Das Gros der Hamburger Fähren gehört zum HVV, ausgenommen ist die Linie Blankenese–Cranz, auf der der Niederelbe-Tarif gilt. Dies ist aber nur an manchen Tagen für die Fahrradmitnahme relevant.
HVV: T 040 194 49 (Fahrplanauskunft, Informationen zu Aufzügen), www.hvv.de

Fahrkarten: Die Fahrkarten werden in den S- und U-Bahnhöfen an Automaten bzw. beim Busfahrer gekauft und gestempelt, oder als mobil-Ticket über die App (m.hvv. de) gebucht. Tickets für Theater, Konzerte etc. mit HVV-Aufdruck gelten auch als Hin- und Rückfahrkarte (Kombiticket).
Tarife für U-Bahn, S-Bahn, HVV-Busse: Kurzstrecke ab 1,70 €, Einzelkarte ab 3,30 €, Tageskarte ab 7,60 €, 9-Uhr-Tageskarte ab 6,50 €. Die Tarife gelten teils auch für die Fähren. Bei Eingabe des Fahrziels wird automatisch der korrekte Tarif ausgewiesen.
Fahrradmitnahme: Fahrräder können, so der Platz es zulässt, kostenlos in den Bahn-, Fähr- und einigen Buslinien des HVV mitgenommen werden. Eine Mitnahme ist Mo–Fr 6–9, 17–18 Uhr außer auf Fähren allerdings nicht möglich. Während der Hamburger Sommerferien gelten diese Sperrzeiten außer in Bussen nicht.

Taxi
Taxiruf: T 040 211 211, 040 410 11 und 040 666 666 (auch für klappbare Rollstühle).

Fahrrad
Dank der flachen Landschaft Hamburgs ist das Fahrrad ein beliebtes Fortbewegungsmittel. Mit StadtRAD ist Radfahren für jeden erschwinglich, vielerorts verfügbar und auch für Gäste problemlos möglich.
StadtRAD Hamburg: http://stadtrad.hamburg.de. 2600 knallrote Räder stehen an ca. 220 Stationen im gesamten Stadtgebiet bereit (meist nahe U-/S-Bahnhöfen). Die Flotte soll in den kommenden Jahren auf 4500 Räder an ca. 350 Stationen erweitert werden. **Preise:** Die ersten 30 Min. sind kostenlos, dann 0,10 €/Min., 1 Tag 15 €. Die 5 € Anmeldegebühr werden als Fahrtguthaben verrechnet. Die App, über die Sie feststellen können, wo Fahrräder stehen und Räder buchen können, ist auf der Website kostenlos downloadbar.

Stadtrundfahrten per Bus
Sie möchten sich erst einmal einen Überblick verschaffen? Rundfahrten zum Thema **Hamburger Hafen** beginnen meist an den St.-Pauli-Landungsbrücken. Startpunkt der ›normalen‹ **Stadtrundfahrten** ist der Hauptbahnhof, Ausgang Kirchenallee. Das gilt auch für die witzigen, kompetenten Stadtrundfahrten in den **gelben Doppeldeckerbussen** (www.stadtrundfahrthamburg. de, ab 18,50/16/10 €). Die Karten sind Tagestickets und bieten die Möglichkeit von Hop-on Hop-off. Eine reizvolle Alternative sind die **Roten Doppeldecker** (www.die-roten-doppeldecker.de, Preise wie oben), die von den Landungsbrücken über 27 Stationen bis zum Fischmarkt durch die Stadt fahren und ebenfalls die Hop-on-Hop-off-Möglichkeit bieten.

Hafenrundfahrten
Die meisten **Hafenrundfahrten** starten an den Landungsbrücken. Es gibt eine gute Auswahl an organisierten Touren mit unterschiedlichen Themenschwerpunkten und für unterschiedliche Interessen. Wer preiswerter, dann allerdings ohne fachkundige Erläuterungen, in die Welt der Container-

schiffe, Kreuzfahrtschiffe und der kleinen, wendigen Barkassen eintauchen möchte, kann auch schlichtweg die **Fährlinien** nutzen, die eine Verbindung zwischen den wassernahen Stadtteilen herstellen.
Barkassen-Zentrale Ehlers: Vorsetzen/Ponton, www.barkassen-centrale.de, Hafenrundfahrten (ab 18/9 €), auch Fleetfahrten (24/12 €).
Barkassen-Meyer: www.barkassen-meyer.de, Hafenrundfahrt 18/9 €, ab St. Pauli Landungsbrücken, Brücke 2 oder 6, Hafenrundfahrt XXL 18 € (unter 14 Jahren 14 €, unter 4 Jahren frei), ab Überseebrücke, Treffpunkt Ticketshop ShipShop von Barkassen-Meyer und der Cap San Diego am Eingang Überseebrücke.
HADAG: www.hadag.de. Auch der Betreiber der Fährlinien bietet eine Hafenrundfahrt an. Ab St. Pauli Landungsbrücken, Brücke 2, 18 €, 4–15 Jahre 9 €.
Maritime Circle Line: www.maritime-circle-line.de Die Reederei Gregors bietet die Möglichkeit den Hamburger Hafen nach dem Hop-on-Hop-off-Prinzip zu erkunden. Tickets 18/14 €, Kinder (7–15 Jahre) 9 €. Zustieg ist bei jeder Station möglich (Landungsbrücke 10, Elbinsel Wilhelmsburg, BallinStadt, Hafenmuseum Hamburg, Speicherstadt/Wunderland/Dungeon, Cap San Diego), Tickets online, an Bord oder im Tickethaus Landungsbrücken 10.
Weitere Anbieter: z. B. **Elbe- und Hafentouristik H. Glitscher** (www.glitscher-hamburg.de) oder **Elbreederei Rainer Abicht** (www.abicht.de). Mit Barkassen schippert die Reederei **Kapitän Prüsse** (www.kapitaen-pruesse.de) durch den Hamburger Hafen oder die Speicherstadt. Fast alle Reedereien bieten auch andere Touren und Eventtörns an. Mit den **Elbe Erlebnistörn** (www.elbe-erlebnistoerns.de) können Sie sogar ein Seefahrergelage à la Klaus Störtebeker erleben.

Alster- und Fleetfahrten

Die Alsterdampfer der **Alster-Touristik** (ATG, www.alstertouristik.de) starten am

Neue Eindrücke und schöne Ausblicke auf Hamburg gewinnen Sie vom Wasser aus.

Jungfernstieg zu **Rund-** oder **Kreuzfahrten** über die Binnen- und die Außenalster, zu Kanal- oder Fleetfahrten und mehr. Auf diesen Touren sehen Sie Hamburg von seiner schönsten Seite! **Alsterrundfahrten** kosten 16/8 €, **Kanalfahrten** 20/10 €, **Fleetfahrten** 22/11 €. Die Fahrten finden von Anfang April bis Ende Oktober statt (Termine s. Website).

Auf einer **Alster-Kreuzfahrt** (Anf. April–Anf. Okt.) können Sie ein- und aussteigen und sogar ein Fahrrad mitnehmen, wenn genügend Platz vorhanden ist. **Folgende Haltestellen** werden angelaufen: Jungfernstieg, Hotel Atlantic, Rabenstraße, Uhlenhorster Fährhaus, Fährdamm, Mühlenkamp, Krugkoppelbrücke, Winterhuder Fährhaus, Streekbrücke. Je nach Strecke kosten die Tickets für Erwachsene 5, 10 oder 16 €, Kinder unter 16 Jahren zahlen die Hälfte. **Abfahrtszeiten:** s. Website.

Das

Magazin

Hamburger Schietwetter? Gibt's nicht, wenn Sie vorgesorgt haben. Und sowieso: Hamburgs Wetter ist viel besser als sein Ruf.

Von Zimbabwe auf Hamburgs Bühnen

Tash Manzungu — Die 28-jährige Schauspielerin und Sängerin kam vor neun Jahren nach Deutschland. Zimbabwe wird immer ihre Heimat bleiben, doch in Hamburg fand Tash ein neues Zuhause und fühlt sich pudelwohl.

Tash, wie bist du nach Deutschland gekommen?

Das war Zufall. Nach der Schule wollte ich weg aus Zimbabwe. Meine Mutter hatte nach meinem Abitur ganz konkrete Vorstellungen von meiner Zukunft.

Was solltest du werden?

Kinderpsychologin. Das fand ich zwar ganz interessant, aber ich wollte Kunst machen. Für meine Mutter klang das in etwa so, als würde ich sagen, ich strebe eine Karriere als Drogendealerin an. Sie meinte, dass Schauspielern und Singen als Hobby ja völlig in Ordnung wären – aber das sei halt nichts Richtiges. Schon als Teenie in Zimbabwe hatte ich Auftritte geplant, die meine Mutter aber hinter meinem Rücken absagte.

Wie hast du darauf reagiert?

In Zimbabwe gab es für Schauspieler und Sänger keine Zukunft. Deshalb wollte ich weg, um mal Luft zu holen. 2010 war das. Und da bin ich in Buxtehude als Au-pair gelandet. Ich hatte keine Ahnung, wo das liegt. Ich bin einfach hergekommen, traf die Familie und kümmerte mich um die damals siebenmonatigen Zwillinge und den dreijährigen Sohn. Die Familie war ein echter Glücksfall. Ich bin heute noch mit ihnen befreundet. Ich war das erste Mal außerhalb Afrikas und hatte gleich diese tolle Erfahrung.

Obwohl in Buxtehude nicht viel los ist.

… weshalb ich jedes Wochenende in Hamburg war. In Zimbabwe durfte ich nie einfach so das Haus verlassen. Jetzt ging das plötzlich und ich fühlte mich so frei. Ich war zusammen mit der Familie und anderen Au-pairs in Hamburg un-

Aus Zimbabwe in ein Grimmsches Märchen: Tash Manzungu als wählerische Prinzessin in »König Drosselbart«, Ernst Deutsch Theater (2017)

terwegs. Am Strand, auf der Reeperbahn, Sightseeing. Nach einer Weile wurde ich selbstbewusster und schaute mir Hamburg auch alleine an. Alles war so neu und spannend. Ich hab mir einfach ein Tagesticket besorgt, bin in irgendeinen Bus gehüpft und bis zur Endstation gefahren. Dabei merkte ich, wie sehr mir Hamburg gefällt.

Und hast dann beschlossen nach Hamburg zu ziehen?

Nachdem ich zwei Monate lang als Au-pair in Buxtehude war, bekam ich eine schlimme Nachricht: Meine Mutter war verstorben. Das wühlte mich sehr auf und ich wusste nicht, was ich tun sollte. Zurückfliegen, wo meine Mutter nun nicht mehr da war oder in Deutschland bleiben und versuchen, etwas aus meinem Leben zu machen. Ich dachte an ein soziales Jahr im Anschluss, weil ich immer noch nicht wusste, wo es mit mir hingehen sollte. Nach der Au-pair-Zeit habe ich also ein soziales Jahr in einem Hamburger Kindergarten gemacht. Ich wollte dieser ganzen Kinderpsychologieidee meiner Mutter eine Chance geben und mich damit mehr beschäftigen. Ich nahm ihren Wunsch, keine dealende Schauspielerin zu werden, sehr ernst.

Aber statt zur Kinderpsychologie zog es dich dann doch zur Bühne.

Ich dachte, vielleicht reicht es mir ja, etwas zu erlernen, was nur nah an Künstlern dran ist, wo ich nicht selbst auf der

> »Ich nahm ihren Wunsch, keine dealende Schauspielerin zu werden, sehr ernst.«

Bühne stehe. Also wollte ich eine Ausbildung machen für Theater-Make-up und Special Effects. So würde ich dann Schauspieler bemalen, aber selber nicht die Schauspielerin sein – und damit auch niemals Drogendealerin werden. Das war so sehr in meinem Kopf.

Ging das denn so einfach mit deinem Visum?

Ich bekam eine Liste mit Ausbildungsorten und Studienrichtungen, die möglich waren. Mathematik, Medizin, Jura, … Ganz am Ende standen dann drei Musik- und Schauspielschulen. Die rief ich als Erstes an. Bei der ersten Schule hatte ich die Deadline verpasst, für die zweite nicht die richtige musikalische Grundausbildung. Die letzte Schule auf der Liste war eine Schauspielschule. Ich sagte ihr, wenn das jetzt nicht klappt, dann war es das. Dann hat Mama gewonnen und ich studiere etwas ›Sinnvolles‹. Ich traf mich mit dem Schulleiter und legte meine Karten direkt offen auf den Tisch. Alles. Dass ich ein neues Visum brauche, kein Geld habe, aus meiner WG raus muss, etwas lernen will, eine Schule brauche, damit ich bleiben kann und wenn es nur für ein Jahr ist. Dass seine Schule auf einer Liste steht, die für mein Visum relevant sei und dass ich mich deshalb bei ihm gemeldet habe. Und er

---

LIVE UND IN FARBE **L**

Wer Tash live auf der Bühne erleben will, geht am besten ins Ernst Deutsch Theater (www.ernst-deutsch-theater.de) oder kommt zu einem der Live-Auftritte von Port Joanna (www.portjoanna.com).

kam genauso direkt auf mich zu: Bist du denn an Schauspielerei interessiert? Ich sagte: »Vielleicht. Ich bin mir nicht sicher.« Er wiederum: »Was hält dich davon ab?« Meine instinktive Antwort: »Ich will später nicht mit Drogen dealen.«

Was meinte er dazu?
Dass die Schauspielklasse schon begonnen habe und ich zu spät sei. Ich dachte, super, was für eine Zeitverschwendung. Er lud mich aber ein, zu seiner Schauspielklasse dazuzukommen und zuzuschauen. Eigentlich wollte ich dann gar nicht hingehen, aber ich war zu neugierig. Also saß ich dort und dachte die ganze Zeit: Das könnte ich doch eigentlich auch machen. Der Schauspiellehrer schien das gesehen zu haben und forderte mich plötzlich auf vorzusprechen. Ich war wie vor den Kopf gestoßen und das Einzige, was mir einfiel, war ein Gedicht von Maya Angelou »And still I rise«. Ich hatte so eine Angst. Aber als ich begann und er mir Mut machte, mir Tipps gab, da war ich ganz woanders und bemerkte, wie sehr ich es liebte. Danach meinte er: »Ich hoffe, du hast Zeit am Montag, dann fängst du nämlich an hier zu studieren.« Und das habe ich dann drei Jahre lang getan.

Neben der Schauspielerei bist du auch die Frontsängerin von Port Joanna – wie kam es dazu?
Als ich noch zur Schauspielschule ging, lernte ich die Musiker durch eine Kommilitonin kennen. Es funkte sofort und seitdem spielen wir Covers und eigene Songs. Wir machen Soul, Funk und Rock, treten auf Festivals und kleinen Bühnen auf.

Was ist wichtiger für dich? Schauspielern oder singen?
Für mich ist es, als hätte ich zwei Kinder und ich darf keinen Liebling haben. Aber manchmal enttäuscht einen das eine Kind mehr als das andere. Nichtsdestotrotz bleiben sie meine Kinder und ich sollte beide lieben. So geht es mir mit der Schauspielerei und dem Gesang.

Wie oft gehst du zurück nach Zimbabwe?
Tatsächlich war ich seit sieben Jahren nicht mehr zu Hause.

Warum?
Ich konnte es mir zum einen einfach nicht leisten. Und zum andern bin ich noch nicht so weit, mich persönlich sicher genug zu fühlen, um nach Hause zu gehen. Meine Familie und ich hatten eine Menge Streitereien, nachdem meine Mama gestorben ist, wegen meiner Sexualität. In Zimbabwe ist es illegal, eine andere Sexualität zu haben als die Heterosexualität. Klar, keiner muss wissen, was ich so treibe, und ich weiß auch, dass niemand mit dem Finger auf mich zeigen und rufen würde: »Oh, die da ist nicht heterosexuell.« Ich weiß, das würde nicht passieren, aber ich fühle mich dabei nicht wohl. Außerdem vertrete ich meine Ansichten und meine sexuelle Ausrichtung klar auf meinen sozialen Plattformen. Da reicht ein Klick auf Twitter und es wird klar, dass ich nicht heterosexuell bin. Trotzdem vermisse ich meine Heimat sehr.

Konnte Hamburg denn trotzdem für dich eine zweite Heimat werden in den letzten Jahren?
Ich hab mich hier eingerichtet und ich liebe es auf der Veddel, wo ich wohne, einfach spazieren zu gehen. Wir haben ein starkes Community-Gefühl im Viertel, was ich einfach auch brauche. Wenn ich hier weg müsste, würde ich vieles vermissen, z. B. liebe ich dieses kleine Katzen-Restaurant am Schlump. Es ist so niedlich. Man frühstückt und währenddessen laufen Katzen herum. Das gibt's auch anderswo, aber ich fühle mich dort einfach wie Alice im Wunderland. ∎

Elegant, ohne zu protzen

Hanseaten sind anders — das ›geheimnisvolle‹ Hanseatentum ist mit der Vorstellung von einer geschlossenen Gesellschaft verbunden. Aber so schlimm, wie es scheint, ist es gar nicht.

Das Herz liegt bei den Hanseaten nicht auf der Zunge, wie man das gern von Rheinländern behauptet, aber das hat auch Vorteile. Der Berliner lebt nach dem Motto: »Mir kann keener!« Die Devise des Hamburgers lautet hingegen: »Mi köhnt se all'.« Mich können sie alle mal.

Understatement

Eine gewisse Selbstgewissheit – andere mögen es auch Stolz oder Arroganz nennen – ist den Hamburgern eigen. Ein prunkloser Stolz, denn Protz finden Hanseaten geradezu degoutant. Prätention lehnen sie ab, deswegen sollte man als Zugezogener erst gar nicht versuchen, nicht einmal nach zwanzig oder mehr Jahren, sich gegenüber einem Hamburger als in solcher auszugeben.

Auch mag man es in der Hansestadt nicht, wenn sich jemand besonders in Szene setzt, die Reaktion lautet kurz und knapp: »Pedd di man nich op'n Slipps!«, was bedeutet: Spiel dich mal nicht so auf. Entsprechend ist auch der Kleidungsstil: Understatement, unaufdringlich, aber elegant. Dem Hamburger gefällt alles, was britisch ist: Barbour-Jacken, Burberrys, Dufflecoats und edle Clubs, in denen man unter sich bleibt.

Man kauft bevorzugt da, wo man schon immer gekauft hat. Offensichtlich teure Autos fährt man nicht, aber Qualität lässt man sich was kosten. Man speist immer in denselben Restaurants und goutiert es, begrüßt zu werden, aber bitteschön diskret. Angeberei gilt als obszön: Wenn man ein teures Auto fährt, wird es nicht direkt vor der Clubtür geparkt, und geschminkt geht man weder segeln noch joggen. Als eines der Wahrzeichen der geschlossenen

QUIDDJE

›Quiddje‹ ist kein Plundergebäck, sondern die Bezeichnung für einen Zugezogenen. Ein ›Quiddje‹ kann unabhängig von den Dekaden, die er oder sie in Hamburg verbracht hat, niemals ein gebürtiger oder geborener Hamburger sein. Denn der gebürtige Hamburger ist in Hamburg geboren. Beim geborenen Hamburger sind bereits die Eltern schon gebürtige Hamburger. Scheinbar unnützes Wissen, das ihnen aber, dezent eingebracht, die Herzen der ›echten‹ Hamburger öffnen wird.

100 % HANSEAT

Helmut Schmidt lehnte als echter Hanseat das Bundesverdienstkreuz ab, denn seinen Lohn bekommt der Hanseat durch die Erfüllung seiner Pflicht – und nicht durch Auszeichnungen oder Orden.

Gesellschaft galten jahrzehntelang die erlesenen Sportklubs. Denn hier ging es nicht nur um den Sport. Hier lernte man fürs Leben, hanseatisch zu denken. Und es ist nicht gerade hanseatisch, einen Hamburger, den man kaum kennt, zu duzen. In Hamburg duzt man sich per Sie. Man spricht jemanden mit Vornamen und Sie an. Manchmal jahrelang. Manchmal ein ganzes Leben.

Hamburg geht ›stiften‹

Man hat seinen Arzt, seinen Anwalt und seine Beziehungen. Im Herzen sind die Hamburger konservativ-liberal, selbst wenn sie SPD wählen. Man setzt auf Toleranz und Verhandlung. Leben und leben lassen, das ist die Devise! Hamburg hat die größte Millionärsdichte Deutschlands und mit mehr als 1400 Stiftungen fast ein Drittel mehr als Berlin oder München. Es ist die Stadt der Stifter. Wohlstand verbunden mit viel Gemeinsinn hat eine blühende Stiftungslandschaft geschaffen, auf die die Hamburger stolz sind.

Aus alt wird neu

Auch das Stadtbild verrät den Charakter. Es offenbart vor allem, dass Hamburg eine lange Tradition hat, sich von Altem zu trennen. Mag man auch beklagen, dass seine Bürger jede Chance zum Abriss nutzten, so zeigt sich dabei auch eine gewisse Unsentimentalität. Wenn es aus ökonomischen Gründen notwendig ist, muss halt was Neues her. Eine Stadtschloss-Wiederaufbau-Diskussion wie in Berlin ist hier kaum denkbar. Ein profitables Baugrundstück? Man wäre erleichtert, dass der alte Kasten weg ist. Wenn gebaut wird, darf es nicht das menschliche Maß überfordern, es gibt kaum Hochhäuser in der City. Alles ist überschaubar: Freie Sicht für freie Bürger! Selbst im Umgang mit den Toten behält man immer eine gewisse Diesseitigkeit. Der Ohlsdorfer Friedhof zum Beispiel ist vor allem ein Park für die Lebenden.

Was im Süden Deutschlands der Adel ist, sind hier die großen Reeder- und Kaufmannsfamilien. So wird noch immer gern nach Vermögen und Einfluss geheiratet. Und wenn man sich trennt, dann möglichst gütlich. ■

Ob das Quiddje sind? Oder doch gebürtige Hamburger? Oder sogar geborene Hamburger? Allein per Inaugenscheinnahme lässt sich das nicht klären …

Kaufmannsvillen und Backsteinviertel

Weiß und Rot — die Schöne im Norden feilt an ihren Fassaden und will noch attraktiver werden. Was die Gründerzeit- und Backsteinarchitektur angeht, besitzt Hamburg das architektonisch reichste Stadtbild aller deutschen Metropolen.

Eine Insel in der Norderelbe: Die Speicherstadt ist neben dem Kontorhausviertel das Paradebeispiel für Hamburger Backsteinarchitektur.

Den neobarocken und prächtigen Rahmen für Theateraufführungen erster Güte schafft das Gebäude des Deutschen Schauspielhauses, das im Jahr 1900 eröffnet wurde.

Alfred Lichtwark, der Direktor der Kunsthalle schrieb 1912: »Wohl keine Kulturstadt der Welt hat eine solche Selbstzerstörungslust entwickelt wie Hamburg. Hamburg hätte die Stadt der Renaissance sein können, des Barock und des Rokoko – doch all diese Schätze wurden stets begeistert dem Kommerz geopfert. An die Stelle barocker Wohnhäuser wurden neubarocke Kontorblocks getürmt, und noch immer ist jeder Neubau ein Schlag ins Gesicht der Stadt.«

Hamburg ging und geht mit der eigenen Geschichte relativ unsentimental um. Zum Bau der Speicherstadt am Ende des 19. Jh. siedelte man 20 000 Menschen um. Zwar entstand mit der Speicherstadt ein einzigartiges Baudenkmal, doch auch über dessen Verkauf hat der Senat nachgedacht. Das alte Gängeviertel wurde in den 1930er-Jahren beinah ganz plattgemacht, den Altonaer Bahnhof hat man Anfang der 1970er-Jahre abgerissen. Zur selben Zeit wurde der ganze Stadtteil Altenwerder für den Containerhafen zerstört. Um auf Lichtwark zurückzukommen: Es sind kaum Gebäude aus dem 18. Jh. erhalten, und das liegt nicht nur am Brand von 1842 oder den beiden Weltkriegen, sondern ist auch der gewinnorientierten Sanierungswut der Hanseaten zu verdanken.

Prachtvillen und roter Backstein

Eines jedoch hat die Stadt in großer Vielfalt vorzuweisen: die weißen Prachtbauten der Gründerzeit, der Wende zum 20. Jh. Nach der Aufhebung der Torsperre 1860/61 – abends und nachts wurden bis dahin die Stadttore nur gegen Gebühr geöffnet – wurden Harvestehude und Eppendorf erschlossen. Die Viertel waren bis dahin noch ländliche Vororte, die einst auf dem Gebiet eines Zisterzienserklosters lagen. Straßen wurden angelegt, Wohnhäuser gebaut und auf

Gewerbe- und Industrieanlagen wurde konsequent verzichtet. Die Äcker verwandelten sich in Hamburgs feine Stube. Das schönste Jugendstilensemble bilden die Häuser in der Isestraße ab Nummer 109. Geräumige Wohnungen verstecken sich hinter den schneeweißen Fassaden mit ihren gepflegten Vorgärten, schmiedeeisernem Zierrat, Erkern und Balkonen. Vergleichbares gilt für die Häuser in der Hochallee 117–123 und die Bauten in der Oderfelder Straße 3–15. Dort spiegelt Hamburgs Architektur den kaufmännischen Bürgergeist in besonderer Weise wider. In Hamburg steht jedes Bauwerk für sich und trägt doch zum Ganzen bei, seien es die ruhigen Villenstraßen Harvestehudes oder die Kaufmannspaläste an der Außenalster. Die Krönung der weißen Pracht: das Schauspielhaus, 1900 von Fellner & Helmer erbaut, und das Hotel Atlantic, das seit 1909 wie ein zu Stein gewordener Ozeandampfer am Ufer der Außenalster thront.

Eine andere Prägung erfuhr Hamburg durch die roten Backsteinbauten mit grünen Kupferdächern. Noch bis in die 1980er-Jahre hieß es bei hiesigen Baumeistern: »Stein auf Stein, Klinker muss es sein.« Entscheidenden Anteil daran hatte von 1909 bis 1933 Fritz Schumacher, der damalige Oberbaudirektor. Er prägte vor allem das Kontorhausviertel.

Als Architekt entwarf Schumacher die Finanzverwaltung am Gänsemarkt, die Davidwache auf der Reeperbahn, das Johanneum in Winterhude und viele andere Rotklinkergebäude in der Stadt. Eines der bedeutendsten Baudenkmäler schuf Architekt Fritz Höger mit dem Chilehaus 1922–24. Er hatte den ›Geist des Ortes‹ durch den typischen norddeutschen Klinker auf besondere Weise herausgearbeitet. Die an einen Schiffsbug erinnernde Ostseite des vielgeschossigen Chilehauses wurde für Höger und Hamburg ein höchst wirkungsvolles Markenzeichen. Ein weiteres eindrucksvolles Rotklinkerensemble ist das Damenstift St. Johannis in der Heilwigstraße, ein 1914 fertiggestellter Bau im englischen Landhausstil.

Baudenkmal Jarrestadt

Backstein war schon immer der Baustoff des Nordens, wie die alten Speicher zeigen. Und er prägt auch die Jarrestadt, ein Beispiel der Arbeiterarchitektur der Weimarer Republik: »Die Jarrestadt ist eine Angelegenheit der Nützlichkeit, eine Aktion gegen die Wohnungsnot gewesen und trotzdem ein Baudenkmal geworden.« Schon 1931 wurde das Backsteinensemble in Winterhude unter Denkmalschutz gestellt. Der Städteplaner Schumacher hatte die Jarrestadt zur Chefsache gemacht. ∎

Eppendorf, 19. Jh.: Die Äcker verwandelten sich in Hamburgs feine Stube.

Das zählt

Zahlen sind schnell überlesen — aber sie können die Augen öffnen. Nehmen Sie sich Zeit für ein paar überraschende Einblicke. Und lesen Sie, was in Hamburg zählt.

17

Kilometer umfasst das Straßennetz des größten Parkfriedhofs der Welt, des Ohlsdorfer Friedhofs in Hamburg. Sogar über 20 Bushaltestellen gehören dazu. Besser man weiß, wo Omi liegt.

18.000

Tonnen Stahl wurde in der Elbphilharmonie verbaut. Zum Vergleich: Im Eiffelturm stecken 7300 Tonnen Stahl.

5.300.000

Menschen leben und arbeiten in der Metropolregion Hamburg. Das sind so viele wie in ganz Norwegen.

2.500

Brücken überspannen die Hamburger Flüsse und Kanäle. Mehr als alle Brücken von Amsterdam und Venedig zusammen.

131

Regentage hat Hamburg laut Deutschen Wetterdienst im Jahr. Gar nicht so schlecht! München hat genauso viele – und da fällt sogar in Millilitern mehr Regen.

9

Milliardäre residieren in Hamburg (2018). Dem gegenüber stehen rund 10 % Hartz-IV-Empfänger.

42,3

Jahre alt ist der durchschnittliche Hamburger (2015). Das macht die Hansestadt zur jüngsten im Land.

82

Meter lang ist die geschwungene Rolltreppe in der Elbphilharmonie – die längste Rolltreppe in Westeuropa.

381

Kilokalorien (1595 Kilojoule) enthält ein Backfischbrötchen im Durchschnitt. Wer weniger Kalorien zu sich nehmen will, nimmt das Räucherlachsbrötchen mit 291 Kilokalorien.

8

Prozent der Fläche der Stadt Hamburg bestehen aus Wasser. Flüsse, Seen und Kanäle sind einem hier immer nah.

3618

Meter lang ist der gesamte Brückenzug der Köhlbrandbrücke. Sie überspannt den 325 m breiten Köhlbrand, einen Arm der Süderelbe. Damit ist sie die zweitlängste Brücke in Deutschland.

41

Prozent der Hamburger Fahrschüler fallen durch die praktische Prüfung (2017). Trotzdem haben sie damit ein ›Siegertreppchen‹ erklommen: Nirgendwo sonst in der Bundesrepublik ist die Zahl so hoch.

3.

Platz für den Hamburger Hafen! Noch größer im europäischem Vergleich des Containerumschlags sind Rotterdam und Antwerpen.

60.000

Fahrgäste werden an Werktagen im Drei- bis Vierminutentakt mit der Metrobuslinie 5 zwischen Hauptbahnhof und Nedderfeld transportiert, im Zehnminutentakt geht es bis Burgwedel. Damit ist sie die meistgenutzte Buslinie in einer europäischen Stadt.

14,5

Millionen Übernachtungen meldet Hamburg Tourismus für 2018.

116,2

Meter hoch ist der Hasselbrack an der Grenze zu Niedersachsen – die höchste natürliche Erhebung in Hamburg.

1.830.000

Einwohner hat die Hansestadt Hamburg und ist damit nach Berlin die zweitgrößte Metropole Deutschlands.

8

Meter umfasst der Durchmesser der Turmuhr des Michel. Damit ist sie die größte Uhr Deutschlands.

4000

Präparate umfasst die Wurmsammlung des Centrums für Naturkunde an der Universität Hamburg.

13

Einkaufspassagen stehen in der Hamburger Innenstadt, Tendenz steigend. Damit ist die Hansestadt im nationalen Vergleich Spitzenreiter.

Die Neue in der Stadt

›Elphi‹ — Die Elbphilharmonie ist ein weiterer Stern am Sightseeing-Himmel der Hansestadt, und ein teurer noch dazu. Hält die schillernde Außenfassade, was sie verspricht?

Neues Wahrzeichen

Von der Wasserseite her riesig und auch von der Landseite nicht minder beeindruckend bauscht sich die 2017 eröffnete Elbphilharmonie direkt an der Elbe zu luftigen Höhen auf. Ein Dach wie Wellen mit geschwungenen, reflektierenden Glasfronten, platziert auf dem alten Kaispeicher, die schönste Aussichtsplattform Hamburgs auf 37 m Höhe und der zurzeit – laut Eigenwerbung – klarste Klang eines Konzertsaals in der Welt. Wer es sich leisten kann, nächtigt im integrierten Luxushotel The Westin Hamburg. Um eines der Luxusappartements im Komplex zu erstehen, sind Sie leider zu spät dran – das letzte wurde kürzlich verkauft. Ein prunkvolles, funkelndes und beeindruckendes Gebäude ist die Elbphilharmonie geworden, ein Mekka für die Musik, ein neuer Stern am Himmel der Hamburger Sightseeing-Touren. Aber so recht will sich bis heute nicht jeder Hamburger über den neuen Palast an der Elbe freuen und scheint spätestens seit Jonas Kaufmanns Liederabend die Mär um den klarsten Klang enttarnt.

Ist der Glanz schon ab?

Journalisten tauften sie noch vor ihrer Fertigstellung ›Elphi‹, die Touristen übernahmen es, während man manchen Hanseaten sagen hörte: »Es heißt Elbphilharmonie. So viel Zeit muss sein – bei den Kosten.« Verspottet und verhöhnt wurde das Gebäude über die Bauphase hinweg. Pflanzte man es doch auch noch ausgerechnet auf den schönen alten Kaispeicher, der bis dahin das Wahrzeichen der Speicherstadt war. Bis es ein Konzertsaal von Weltklasse und schließlich als das neue Wahrzeichen der Hansestadt gehandelt wurde (und wird), war es nun mal ein langer Weg. Auf Facebook gab es über Jahre hinweg eine ironische Veranstaltungsankündigung für April 2028 – die feierliche Eröffnung der Elbphilharmonie – nachdem die seit 2011 mehrfach angepeilten Eröffnungsdaten nie eingehalten wurden. Ein bisschen fies schauten die Hamburger auf das größenwahnsinnig angelegte 866 Mio. teure Mammutprojekt herab. Es hieß, während schon gebaut wurde, hätten die Architekten überhaupt erst die Entwurfszeichnungen gefertigt. Es wurde geplant, verplant, umgeplant und verzweifelt nach neuen Stiftern und Mäzenen gesucht. Zur gleichen Zeit fragten sich die Kulturschaffenden Hamburgs, ob man lieber gleich woandershin umsiedeln solle, da der Geldhahn in Sachen Kultur wohl nur für die eine Sache aufgedreht werde.

Obendrein dann die Diskussion um die großspurig angepriesene fantastische Akustik – mittlerweile rudern die Betreiber zurück. Beim Liederabend von Jonas Kaufmann kam es zu einem kurzen Schlagabtausch zwischen Zuschauer und Sänger, die die schlechte Akustik lautstark bemängelten. Dem folgte die Einsicht seitens der Elbphilharmonie: Der Klang sei weiterhin einzigartig, aber nicht für jeden Abend geeignet. Soll heißen – wer im Rücken des Sängers sitzt, wird ein schlechteres Hörerlebnis haben als die, die vor ihm sitzen. Hätte das denn keiner vorher ahnen können? Die Laeiszhalle erfreut sich daraufhin wieder bei Konzerten, die auch von leisen Tönen leben, größter Beliebtheit.

Nun, da klar ist, dass die Elbphilharmonie besonders ist, aber auch kein Alleskönner, scheinen sich auch die Anwohner ein wenig mit ihr angefreundet zu haben. Keiner mag Streber, vor allem, wenn sie auch noch so gut aussehen.

Man muss die Hanseaten eben überzeugen – einfach so bricht im Norden niemand in Begeisterung aus. Und auch wenn Hamburger immer schon gerne hatten, dass die ganze Welt weiß, wie sie sind und wo ihre Perle auf der Weltkarte verortet wird – erst jetzt mit der Elbphilharmonie wissen es wirklich alle. ■

Das Beste im Norden – Hamburg Ballett

John Neumeier — ein Mann, der Ballettgeschichte geschrieben hat. Sein Hamburg Ballett gehört zu den berühmtesten Tanzcompagnien der Welt. Viele Touristen kommen nur nach Hamburg, um seine Truppe auf der Bühne zu bewundern.

Als der Amerikaner John Neumeier 1973 begann, war die halbe Stadt gegen ihn: die Zuschauer, das Ensemble und die Presse. Heute ist es praktisch unmöglich, Karten für seine Ballettaufführungen zu bekommen, der Vorlauf für manche Vorstellungen beträgt ein paar Monate. Und die Stadt liebt ihn!

Ballettwunder

Geboren in Milwaukee am Lake Michigan, in einer Familie mit deutschen und polnischen Vorfahren, war er vom Stepptanz über die Akrobatik zum klassischen Tanz gekommen und hatte seine Ausbildung bei Stone-Camryn in Chicago und bei Sybil Shearer, einer der amerikanischen Einzelgängerinnen des Modern Dance, absolviert. Nach Stationen in Stuttgart und Frankfurt am Main wurde er mit Herz und Seele Hamburger.

2013 feierte John Neumeier sein 40-jähriges Jubiläum als Ballettdirektor und Chefchoreograf des Hamburg Balletts: »In erster Linie bin ich Choreograf. Um meine Visionen zu verwirklichen, brauche ich Tänzer, eine Compagnie, die mit mir arbeitet und mit der ich Choreografien entwickeln kann ... Als Choreograf wollte ich eine Compagnie aufbauen, die ein unverwechselbares Gesicht hat.« Neumeier hat in über 40 Jahren ein Ballettwunder vollbracht: Er baute ein Ensemble auf, das zu den besten der Welt gehört, gründete eine Ballettschule, um die ihn die Konkurrenz in aller Welt beneidet, und er erzog in seinen immer ausverkauften Ballett-Werkstätten die Hamburger zu begeisterten Tanzfans.

Mit einem Team aus Ballettmeistern und Tänzern entwickelt er seine Stücke. Neumeier ging es immer um eine zeitgenössische Form des Tanzes, die ihre theatralische Legitimität aus ihrer dramatischen Motivation bezieht. Ihm ging es immer um Inhalte, um Kommunikation, um Poesie – um eine Literarisierung jenseits der wörtlichen Fixation, um das Tanzen des nicht mehr mit Worten Ausdrückbaren.

Tradition und Seitenpfade

Mehr als 130 Choreografien schuf John Neumeier bisher. Dabei ziehen sich ganz konkrete Leitlinien durch sein Œuvre: die Tschaikowsky-Klassiker, die Ballette nach Werken von Bach, Mozart, Mahler, Shakespeare, die nordischen Ballette ... Doch weit davon entfernt, sich sklavisch diesen Leitlinien auszuliefern, gönnt er sich immer mal wieder Abstecher auf Seitenpfade.

Als Choreograf gilt sein Hauptinteresse der großen Form: Er interpretiert klassische Ballette wie »Der Nussknacker« oder »Dornröschen« neu und sucht in seinen Schöpfungen eigene Erzählstrukturen – so auch in den zahlreichen Shakespeare-Balletten, in »Die Kameliendame« oder in »Nijinsky«. Schon 1975, in seiner zweiten Spielzeit, rief John Neumeier als Höhepunkt und Abschluss der Saison die Hamburger Ballett-Tage ins Leben, die alljährlich mit der Nijinsky-Gala enden.

Talentschmiede

John Neumeier ist ein Arbeitstier. Meist zehn Stunden am Tag verbringt er im Ballettzentrum, das er 1989 gründete. In einem Bau von Fritz Schumacher, vormals ein Gymnasium, sind nun seine Ballettschule und ein angeschlossenes Internat untergebracht. Auch die Compagnie probt hier. Hier werden Jugendliche aus aller Welt im Alter von 10 bis 18 Jahren für den Bühnentanz ausgebildet, die Schüler arbeiten in insgesamt neun Ballettsälen. Er bezeichnet sich selbst als Idealisten. Die Hamburger Kulturszene liebt ihn, die Kritiker hat er begeistert. Seine Darbietungen werden als »hinreißend«, »verblüffend frisch« oder »anrührend« gelobt.

Auch sein großer Traum hat sich in Hamburg erfüllt: Die Gründung einer Stiftung (www.johnneumeier.org), in die Neumeier seine einzigartige Sammlung die weltweit größte – zu den Themen Tanz und Ballett eingebracht hat.

Er machte Hamburg zur Ballettmetropole. Und das ist einmalig in Deutschland. ∎

John Neumeier widmet sich immer wieder großen Musikwerken. So brachte er bereits 1975 Gustav Mahlers »Dritte Sinfonie« als Ballett auf die Bühne der Hamburgischen Staatsoper (hier eine Probenszene).

Von Georgien nach Hamburg

Eine Schriftstellerin in ihrer Wahlheimat — Die 1983 in Tiflis, Georgien, geborene Nino Haratischwili ist Hamburgs bekannteste Schriftstellerin, der mit »Das achte Leben (Für Brilka)« endgültig der Literaturhimmel sicher ist.

Ab nach Hamburg

Der Anfang in Deutschland war praktisch ausgerichtet und eher holprig. Nach ihrem Studium der Filmregie in Tiflis bewarb sich Nino in verschiedenen Städten für ein Studium der Theaterregie – und die Theaterakademie Hamburg nahm sie an. »Hamburg war wie ein Sprung ins kalte Wasser. Ich hatte nur wenig Ahnung von der Stadt.« Daran sollte sich auch erst einmal nicht viel ändern. Trennungsschmerz von Heimat und Freund, dazu ein intensives Studium, machten es zunächst schwer, mehr von Hamburg zu erleben, als das, was sich in und um die Hochschule für Musik und Theater herum abspielte. Die war damals noch in den Zeisehallen in Ottensen – ein bei Studenten beliebtes Viertel mit einer kleinen Off-Szene und schönen Ausgehmöglichkeiten zum Brainstormen. Nino hatte zuvor schon geschrieben und inszeniert, in Georgien eine deutsch-georgische Theatergruppe gegründet.

Schreiben auf Deutsch

Das Schreiben trieb sie auch in Hamburg weiter an und sie schrieb nur noch auf Deutsch. »Es ist schön, dass ich mich in dieser Sprache auch ausprobieren kann.« Das sahen die meisten allerdings nicht so. Nach dem Motto »Schuster bleib bei deinem Leisten« kam es zunächst gar nicht gut an, dass eine angehende Regisseurin auch schreiben will. »Aber ich kam über das Schreiben ans Theater und nicht als Regisseurin zum projektmäßigen Schreiben.« Zum Glück ließ sich Nino von dieser Kritik nicht unterkriegen, biss die Zähne zusammen und setzte sich durch. Sie gewann den Autorenpreis des Heidelberger Stückemarkts, ihre Theaterstücke wurden noch während ihres Studiums zunächst vom Verlag Felix-Bloch-Erben, ab 2007 dann beim Verlag der Autoren publiziert. Nach vier Jahren voller Absagen fand Nino auch endlich einen Verlag für ihren Debütroman »Juja« – der 2010 prompt u. a. auf die Longlist des Deutschen Buchpreises gelangte. Es folgten drei weitere Romane, unter ihnen »Das achte Leben (Für Brilka)«, mit dem Nino Haratischwili endgültig zum Star wurde. Zwei ihrer Bücher sind mittlerweile im Thalia Theater auf die Bühne gekommen, wahre Zuschauermagneten, Preise ließen nicht auf sich warten. Man fragt sich, wie sehr sich wohl die Verlage, die ihr Absagen schrieben, heute über die vertane Chance ärgern.

Unterwegs in der Off-Szene

Ihre eigenen Stücke inszenierte sie während ihres Studiums und tobte sich dann in der freien Szene noch die nächsten sieben Jahre danach aus. Mareen Stucken holte sie an das Lichthof Theater, in das sie zu ihrer Zeit viele junge Talente holte, die später Karriere machten. Mareen war mit ganzem Herzen dabei und Nino fand für eine Zeit eine Bühne zum Ausprobieren. Bis 2014 war die Georgierin in der Off-Szene unterwegs, die sie als spannend bezeichnet, aber der sie auch durchaus kritisch gegenübersteht: »Gemessen an Größe und Reichtum der Stadt ginge mehr.« Auf Kulturgänger mag das anders wirken und auch Nino findet ihren Platz im Zuschauerraum gerne im Thalia Theater oder im Malersaal (Junges Schauspielhaus) des Deutschen Schauspielhauses. »Das Monsun Theater macht spannende

VOM BUCH INS THEATER

»Das achte Leben (Für Brilka)« und »Die Katze und der General« (beide unter der Regie von Jette Steckel) laufen im Thalia Theater (www.thalia-theater.de).

Sachen und auf Kampnagel gibt es geile Festivals.«

Ihren Platz als Regisseurin hat sie in Hamburg zwar nicht gefunden, sehr wohl wird sie hier aber als Schriftstellerin gefeiert.

Zeit für ein wenig Hamburg

Nino Haratischwili ist nicht der Typ Autorin, die gerne im Café sitzt oder im Literaturhauscafé vor sich hinschreibt. »Es ist wunderschön dort, aber ich fühle mich dann wie eine Klischee-Schriftstellerin.« Also schreibt sie zu Hause an ihrem Schreibtisch in der Sternschanze, wo sie ungestört ihre ganz eigene Welt entfalten kann. In Cafés geht sie dann aber auch. Wie z. B. ins Café Unter den Linden, in dem sie einfach gerne die ganzen Tageszeitungen durchliest.

Inspiration holt sich die Schreiberin beim Schlendern mit ihrer in Hamburg geborenen Tochter durch den Jenischpark oder eben dort, von wo man die Elbe sieht. St. Pauli bereitet ihr gute Laune. »Da fühle ich mich frei.« Die vielen kleinen Seitenstraßen, durch die man bummeln und in das entspannte Multikultiviertel eintauchen kann, haben es Nino angetan. Park Fiction, Hein-Köllisch-Platz oder auch der Altonaer Balkon – die Nähe zum Wasser ist mittlerweile das, was Nino am meisten an Hamburg zu schätzen weiß.

Das Hamburger Gemüt

»Ich liebe die Leute in Hamburg, es gibt hier nette, entspannte Leute. Hamburg ist nicht so hektisch, nicht so sehr Großstadt wie Berlin.« Nicht zu *posh* und nicht zu viel Druck – diese entspannte Haltung macht es der temperamentvollen Georgierin aber durchaus schwer, denn auch das hat seine Kehrseite. »Hamburger sind so praktisch veranlagt, der Nutzen steht zu oft im Vordergrund. Es gibt diese gewisse Kühle und es dauert lange, bis man mit jemandem warm werden kann.« Das merkt sie auch bei Lesungen: In Hamburg ist das Publikum anders. Einen Ticken zu cool, zu viel Understatement. Kein Wunder, dass Nino auf die Frage, was denn Hanseaten von einer Georgierin lernen könnten, antwortet: »Emotionen kann man auch mal rauslassen. Seid doch mal ein wenig expressiver!« ∎

LUST AUF LITERATUR LIVE?

Poetry-Slams: In Hamburg ist Poetry-Slam angesagt. Am stärksten wird das beim Kampf der Künste (www.kampf-der-kuenste.de) deutlich. Auf verschiedenen Theaterbühnen zeigen die Dichter, was sie drauf haben. Vor allem in den Kulturzentren der Stadtviertel wird man als Fan von Poetry-Slam fündig und auch in vielen Bars im Univiertel und in Ottensen. Immer dabei: lockere Atmosphäre und viele Lacher.

Autoren in Hamburg: Das Literaturhauscafé ist und bleibt die erste Adresse für Autorenlesungen in Hamburg. Auch zum Harbour Front Literaturfestival (www.harbourfront-hamburg.de) kommen sie aus aller Welt und lesen dann an originellen Orten. Im Hamburger VorleseVergnügen (www.hamburger-vorlese-vergnuegen.de) kommen Kinder voll auf ihre Kosten. Daneben bringt das Thalia Theater regelmäßig große Schriftsteller zum Gespräch auf die Bühne und laden Buchhandlungen gerne regionale Autoren ein.

Wie steht es um die Elbe?

Heiß geliebter Fluss — Alle zieht es an die Elbe. Doch welche Auswirkungen haben Container- & Kreuzfahrtschiffe, warum wurde um 1 m Vertiefung so lange und heftig diskutiert?

Die Elbe als pulsierende Ader Hamburgs ist wirtschaftlicher Hotspot und Urlaubsort zugleich. Besucher der Strandperle lieben die Hafenromantik: am Strand sitzen und dicke Pötte gucken. Tausende Passagiere besteigen riesige Kreuzfahrtschiffe am Terminal in Altona, die Cruise Days ziehen scharenweise Menschen an, die Einlaufparade zum Hafengeburtstag ist stets ein Highlight.

Entlang der Elbe entfalten sich Flora und Fauna, entspannen sich die Hamburger, scheint die Welt in Ordnung zu sein. Dabei wird über die Zukunft der Elbe kontrovers diskutiert. Hanseaten entscheiden sich zwar im Ernstfall immer lieber für die Wirtschaft, aber zerstören wollen sie ihre Perle auch nicht. Oder?

16 Jahre Diskussion für einen Meter Elbe
Es ist nicht das erste Mal, dass die Elbe ausgebaggert werden soll. Insgesamt achtmal geschah dies in den letzten 200 Jahren. Unwahrscheinlich aber, dass zuvor jeweils 16 Jahre lang um eine Elbvertiefung von 1 m gestritten wurde. 2019 erhielt der Hamburger Hafen nun endgültig das Okay, die Unterelbe zu vertiefen und zu verbreitern, die Umweltschützer hatten ihren Kampf verloren.

Was soll eigentlich passieren?
Zwischen Hamburg und Cuxhaven soll die Fahrrinne vertieft werden. 24 Mio. m³ werden ausgebaggert, damit Frachtschiffe tideunabhängig in den Hamburger Hafen einlaufen können. Bis zu elf Stunden mussten Schiffe bisher darauf warten, um mit eintretender Flut in den Hafen einlaufen zu können.

20 m breiter wird die Elbe zwischen Glückstadt und Hamburg. Auf 270 m wird die Elbe vor Hamburg erweitert. Zwischen Wedel und Wittenbergen entsteht eine sogenannte Begegnungsbox von 385 m Breite und 8 km Länge, in der Schiffe uneingeschränkt einander passieren können.

Pro Elbvertiefung
Während Sie das hier lesen, sind die Baggerarbeiten schon in vollem Gange. Die Fahrrinne wird ausgebaut, der Hamburger Hafen für größere Schiffe attraktiv gemacht. Bis Ende 2021 soll die

ca. 600–800 Mio. € teure Elbvertiefung realisiert worden sein. 60 % des Fahrwassers werden im Zuge dessen bearbeitet.

Das Ziel ist es, 28 000 Schiffe statt 14 000 Schiffe jährlich im Hamburger Hafen abfertigen zu können. 3 Mio. TEU (TEU = Twenty Foot Equivalent Unit / 20-Fuß-Standardcontainer) mehr pro Jahr erhofft sich die Hafenwirtschaft von der Vertiefung und Verbreiterung. Tideunabhängig sollen dann Schiffe mit einem Tiefgang von 13,50 m in den Hamburger Hafen schippern, Schiffe mit einem Tiefgang bis 14,50 m könnten mit der Flutwelle hinein. Statt nur von einem großen Containerschiff zur Zeit wird die Elbe dann mehrspurig befahrbar. Bot der Hamburger Hafen bisher schon 156 000 Menschen in der Metropolregion Hamburg einen Arbeitsplatz, sollen es mit der Elbvertiefung noch mehr werden. Ohne die Elbvertiefung wären die Reeder wohl über kurz oder lang nach Antwerpen und Rotterdam abgewandert – eine Katastrophe für die Arbeitssituation im Hamburger Hafen.

Kontra Elbvertiefung
Das Besondere an der Hamburger Unterelbe ist, dass salziges Meer- auf süßes Flusswasser trifft. Dadurch entsteht eine seltene Flora und Fauna. Nur hier findet sich der geschützte Schierlings-Wasserfenchel. Der soll nun auf einer Ausweichfläche angesiedelt werden, um den Weg freizumachen für den Wirtschaftsstandort Hamburger Hafen. Ausweichfläche gut und schön, meint der NABU, aber die Elbvertiefung zerstört für Wasservögel und Fische wichtige Laich- und Flachwasserbereiche. Man nimmt an, dass durch die Vertiefung mehr Salzwasser nach Hamburg strömen wird. Besondere Lebensräume wie die Tideauwälder werden schrumpfen.

Der Eingriff in die Natur ist also erheblich, was mit der Wasserrahmenrichtlinie der Europäischen Union kollidiert, die vorgibt, dass der Zustand

Die Proteste (oben) haben nichts genützt. Im Juli 2019 wurde mit dem Ausbau der Fahrrinnen begonnen. Die umstrittene Elbvertiefung wird Realität. Für die Kreuzfahrtschiffe wäre die Buddelei nicht nötig, aber umstritten sind auch sie …

der Gewässer nicht schlechter werden darf. Dazu kommen die Ängste der Elbmarsch-Anwohner, die befürchten, dass das Wasser schneller strömen wird, und die nicht zuletzt deshalb um die Sicherheit ihrer Deiche fürchten. Die Gegner der Elbvertiefung, die sich zur Aktionsgemeinschaft Lebendige Tideelbe (WWF, BUND, NABU) zusammengeschlossen haben, sehen hier eine egoistische Entscheidung des Hamburger Hafens. Denn natürlich geht es darum, den Hafen konkurrenzfähig zu halten – auch wenn die Elbe dadurch in Gefahr gerät. Während Hamburg nämlich von mehr Geld dank mehr Schiffen träumt, ist der für große Containerschiffe bestens geeignete Tiefwasserhafen in Wilhelmsburg – der Jade-Weser-Port – bei Weitem noch nicht ausgelastet.

Selig schippern, Luft verpesten

AIDA Cruises, TUI Cruises, Hapag-Lloyd Cruises und wie sie alle heißen. Strahlend weiß und die Morgen- und Abendsonne verdeckend liegen sie im Hamburger Hafen und erwarten ihre aufgeregten Gäste. 2018 waren es 915 000 Reisende bei 220 Schiffsanläufen. Während sich die Kreuzfahrtbranche und ihre Passagiere freuen, sind Hamburger Anwohner weniger begeistert. Kreuzfahrtschiffe nutzen Schweröl als Treibstoff, das hochgiftig ist und eine immense Luftschadstoffbelastung hinterlässt. Die Weltgesundheitsorganisation stufte die Rußpartikel mit Schweröl fahrender Schiffe schon 2012 als krebserregend ein. Wenn ein Kreuzfahrtschiff einen Tag lang seine Motoren laufen lässt, ist es für die Hamburger so, als würden 84 000 Autos mit laufendem Motor in einem Stau stehen und sie selbst stünden mittendrin. Sowas würde man an Land nie tun, aber auf dem Schiff wähnt man sich in einem Traumurlaub?

In Hamburg stammen 38 % der Stickoxidbelastung von der Schifffahrt. Das kommt zum Glück auch im Hamburger Hafen nicht gut an. Landstromanschlüsse wie seit 2016 am Kreuzfahrtterminal Altona werden immer attraktiver. Leider sind gerade die großen Schiffe oft noch nicht auf Landstrom umgerüstet – und lassen weiterhin die Schiffsmotoren laufen, verpesten die Hamburger Luft. Mit der Landstromanlage für Kreuzfahrtschiffe schrieb Hamburg Europageschichte. Immerhin haben schon Hapag-Lloyd und TUI Cruises auf Landstrom umgerüstet und AIDA Cruises hat ein erstes mit LNG (Erdflüssiggas) und herkömmlichem Diesel betriebenes Schiff in Dienst gestellt.

Malte Siegert, Leiter der Umweltpolitik beim NABU in Hamburg meint dazu: »Die Reeder hatten ausreichend Zeit, sich zu entscheiden, ob sie wirkungsvolle Abgastechnik an Bord installieren, sauberen Kraftstoff verbrennen oder sich extern mit Landstrom versorgen lassen. Es mangelt nicht an Möglichkeiten, sondern am Willen der politischen Entscheider, der Kreuzfahrtbranche etwas abzufordern.« ∎

> **KLEINER SIEG FÜR DEN NATURSCHUTZ**
>
> Immerhin: Der Schierlings-Wasserfenchel wird auf der Billwerder Insel an einem ehemaligen Wasserwerk angesiedelt werden, Kostenpunkt: 10 Mio. €. Die bedrohte Pflanzenart soll so bewahrt werden.

> **LUFTVERSCHMUTZUNG**
>
> Nicht nur Kreuzfahrtschiffe sind schlecht für die Lunge: Bei der Einlaufparade der Schiffe zum jährlichen Hafengeburtstag liegt der Wert bei 250 000–400 000 Partikeln (Quelle: NABU). Dabei gelten lediglich 2500 Partikel/cm³ Luft noch als akzeptabel.

Die Hamburger Hafenwirtschaft blickt positiv in die Zukunft. Nach der Schifffahrtskrise 2007 hat sich der Warenumschlag wieder deutlich erhöht.

Nerv und Herz der Metropole

Hamburg ohne Hafen — Das ist so wenig vorstellbar wie Berlin ohne das Brandenburger Tor. Seine Keimzelle ist so alt wie die Hansestadt selbst. Doch die Zukunft des Hafens hat längst begonnen.

Hamburgs Hafen nimmt fast ein Zehntel des gesamten Stadtgebiets ein, die Kräne am Containerterminal ragen höher in den Himmel als der Michel. Und die Signale stehen deutlich auf Wachstum. In den 1980er-Jahren war der Hafen auf Rang fünf der wichtigsten europäischen Häfen abgerutscht, doch dank der Entscheidung des Jahres 1967, den Hafen zum Containerhafen auszubauen, boomt Hamburgs Waterkant heute wieder.

Für dieses Großprojekt musste die Elbe vertieft werden und ein komplettes Dorf, Altenwerder, weichen. Nur die Kirche blieb stehen und erinnert an die Umsiedlungsaktion. Danach konnte der eigentliche Hafen weiter nach Westen verlegt werden.

Heute nimmt der Hamburger Hafen weltweit einen der vorderen Plätze auf der Rangliste der größten Häfen ein: International steht er auf Platz neun, in Europa nach Rotterdam und Antwerpen auf Platz drei. Der Boom der Asienimporte im Zuge einer globalisierten Wirtschaft hat diese Entwicklung beflügelt.

Das Container-Zeitalter

Einst war es eine Revolution, als Hafenarbeiter den ersten Container von Bord eines Schiffes wuchteten. Damals waren fünf Leute einen Tag damit beschäftigt. Inzwischen sind Container zur wichtigsten ›Verpackung‹ im weltweiten Güterverkehr geworden, denn sie können für den Weitertransport vom Schiff direkt auf Lkw und Bahn umgeladen werden. Der weltweite Güterhandel veränderte sich dadurch von Grund auf. Heute braucht ein Kranführer drei Minuten, um einen Container vom Schiff an Land

DIE WICHTIGSTEN PARTNER

Der Top-Handelspartner für den Hamburger Hafen (seeseitig) ist unangefochten China. Dem folgen Singapur, Russland und Skandinavien.

> **SCHIFF AHOI!**
>
> In Wedel errichtete schon 1952 der Wirt des Schulauer Fährhauses die Schiffsbegrüßungsanlage Willkomm Höft. D. h. konkret, dass den Hamburger Hafen anfahrende oder verlassende Schiffe begrüßt bzw. verabschiedet werden. Die Hamburger Flagge wird dafür gesenkt, das internationale Flaggensignal für Gute Reise gehisst (›U‹ und ›W‹), sowie zwischen 8 Uhr und Sonnenuntergang die Nationalhymne des jeweiligen Heimathafens angespielt (Parnaßstr. 29, Wedel, www.schulauer-faehrhaus.de, 8 Uhr bis Sonnenuntergang).

zu hieven. 2002 ging am Containerterminal Altenwerder die modernste Containeranlage der Welt in Betrieb. Tag und Nacht landen neue Containerschiffe an den vier großen Terminals Waltershof, Burchardkai, Tollerort und Altenwerder.

In den Terminals werden die Container auf 26 lang gestreckten Parkflächen in zehn Reihen nebeneinander- und fünf Lagen übereinander gestapelt. Darüber spannen sich – wie überdimensionale Türrahmen – je zwei Portalkräne. Durchschnittlich bleibt ein Container vier Tage im Lager, bevor er zurückgeht auf die Weltmeere.

Wirtschaftsfaktor Hafen

Über 20 000 Schiffe laufen pro Jahr den Hafen über die 104 km lange Verbindung vom offenen Meer nach Hamburg an. Der Hafen ist Versorgungs- und Distributionszentrale für den Warenbedarf eines großen Teils von Europa. Gesteuert wird der Wirrwarr von Computern. Für die Övelgönner und Ottenser ist es lauter geworden, denn der eigentliche Hafen ist nach Westen gezogen. Wird das Ziel erreicht, jährlich 28 000 Schiffe im Hafen abzufertigen, wird es wohl kaum ruhiger.

Hunderte Firmen existieren durch und für den Hamburger Hafen. Er ist *das* deutsche Außenhandelszentrum mit einer Bruttowertschöpfung von 21,8 Mrd. € (2017). Von 2000 bis 2007 wuchs der Containerumschlag im Hamburger Hafen stark, nach einem deutlichen Rückgang im Zuge der Schifffahrtskrise 2007 hat sich die Umschlagsrate wieder erhöht und pendelt um einen Wert von 8,7–8,8 Mrd. € – mit leicht steigender Tendenz im ersten Halbjahr 2019. Damit liegt Hamburg über den Zahlen der Häfen Rotterdam (2018: ca. 14,5 Mrd. €) und Antwerpen (1. Halbjahr 2019: ca. 5,8 Mrd. €). Ähnliches gilt für den Seegüterumschlag (Stück- und Massengut) insgesamt, der sich seit 2015 trotz leicht fallender Tendenz wieder stabilisiert hat. 2018 betrug der Gesamtumschlag im Hamburger Hafen ca. 135 Mio t.

Internationale Drehscheibe

2007 wurde in Hamburg Europas modernster Seehafenbahnhof, die Alte Süderelbe, neu eröffnet. Mit Investitionen von 28 Mio. € erweiterte man die Anlagen umfassend – ein weiterer Schritt beim Ausbau des Hafens zum führenden europäischen Logistikzentrum. »Hamburg boomt, weil wir die Drehscheibe der internationalen Warenströme zwischen Asien, den blühenden Märkten des Ostseeraumes und ganz Mitteleuropas sind«, sagte der damalige Bürgermeister Ole von Beust.

Die asiatischen Länder sind die wichtigsten Handelspartner Hamburgs, allen voran China, Singapur, Japan und Südkorea. Mehr als 400 chinesische Firmen haben einen Sitz in Hamburg, ihrem Einfallstor nach Europa. ∎

Oben: Der Burchardkai ist der größte Hamburger Containerterminal. 1968 wurden hier die ersten Container abgefertigt.
Unten: Das Verladen der Container erfordert höchste Konzentration und Präzision.

Von Oper zu Off

Ein Kulturereignis erster Güte — ist die Hamburgische Staatsoper. Dafür sorgen John Neumeiers Ballett ebenso wie Kent Nagano als Generalmusikdirektor und Georges Delnon als Opernintendant.

Große Dirigenten begleiteten die Geschichte der Staatsoper. Georg Friedrich Händel gehörte eine Zeit lang zum Ensemble, Franz Liszt und Richard Wagner dirigierten hier, Gustav Mahler oblag sogar sechs Jahre lang die musikalische Leitung des von Schinkel 1827 erbauten Hauses, das im Zweiten Weltkrieg vollkommen zerstört wurde. 1955 bezog man dann den von Gerhard Weber entworfenen, für den damaligen Blick avantgardistischen Neubau. Der Moderne, dem Zeitgenössischen zugewandt zeigten sich auch die nachfolgenden musikalischen Leiter in ihrer Spielplangestaltung. Kompositionsaufträge und viele Uraufführungen prägten die Ära Rolf Liebermann. Bis 2004/05 sorgte Generalmusikdirektor Ingo Metzmacher mit seinem Hausregisseur Peter Konwitschny für ein hohes künstlerisches Niveau – und immer mal wieder für heftige Debatten.

Eine Frau setzt sich durch

2005 hat zum ersten Mal in der deutschen Geschichte eine Frau – die Dirigentin Simone Young – die künstlerische Leitung einer staatlichen Oper übernommen und dies mit großem Erfolg. Für ihre erste Spielzeit wurde Simone Young von der Zeitschrift »Opernwelt« zur ›Dirigentin des Jahres‹ gewählt. Bevor die Australierin nach Hamburg kam, hatte sie als erste Frau den erzkonservativen Herrenclub der Wiener Philharmoniker dirigiert, der bis Anfang der 1990er-Jahre überhaupt keine weiblichen Mitglieder in seinen Reihen duldete.

Youngs Nachfolge traten 2015 der Japaner Kent Nagano (Abb. links) als Generalmusikdirektor und Georges Delnon als Opernintendant an. Seit der Spielzeit 2017/18 gibt es ein neues Format im Spielplan: italienische Opernwochen.

Off
Junge Musiker und Theatermacher haben sich abseits der großen Oper ein eigenes Terrain aufgebaut. Im Bunker an der Feldstraße musiziert das Streichensemble Ensemble Resonanz im coolen Beton-Aufführungsraum. Zeitgenössische Musik verbunden mit einer Neuinterpretation klassischer Werke – hier ist der Übergang zur Off-Szene, Aufführungen jenseits vom Mainstream sanft. Auf Kampnagel, einer zu mehreren Aufführungsräumen umgebauten Fabrik, finden Festivals und außergewöhnliche Darbietungen einen Raum. Allen voran der Klub Katarakt mit seinem Festival for Experimental Music. Kleine Festivals an ungewohnten Orten präsentieren überraschende aufstrebende zeitgenössische Komponisten. Experimentelles und zeitgenössische Musik nahe dran an Elektrosounds – wer genauer hinschaut und hinhört, wird davon viel finden in Hamburg.

Die Theaterszene bringt verschiedene künstlerische Disziplinen zusammen, so wie das Monsun Theater im Hinterhof in Ottensen. Da tanzen z. B. ein Mann und eine Frau gleichzeitig. Allerdings ist ein Tänzer dabei live in Burkino Faso, die Tänzerin in Hamburg. Verbunden über Skype zu neu komponierter zeitgenössischer Musik verzaubern sie ein Publikum im kleinen Saal. Mit wenig Geld trotzdem etwas schaffen, das ist nicht einfach, bedeutet, dass es den Machern ernsthaft um etwas geht und nicht nur Brotjob ist. In Off-Spielstätten wie z. B. dem Lichthof oder dem Theater in der Marzipanfabrik geht es vor allem darum, nicht etabliert zu sein. Innovative Ideen knallen einem bei Festivals um die Ohren. Da kippt ein Theaterabend auch mal in eine offene Diskussionsrunde um, gehen die Lichter an und der Zuschauer kann sich nicht ins Dunkel seines Platzes zurückziehen. In diversen kleinen Spielstätten kommen multikulturelle Themen nicht seit gestern auf die Bühne und in zahlreichen Kulturzentren wird Newcomern eine Chance gegeben. ∎

NICHT VERPASSEN!

– Bei **Moin Mozart!** wird seit einigen Jahren im Spätsommer die Eröffnungsproduktion der jeweiligen Spielzeit an der Hamburgischen Staatsoper – immer eine Mozartoper – auf großer Leinwand gezeigt. Am Jungfernstieg sowie auf dem Harburger Rathausplatz findet die Open-Air-Liveübertragung statt. Vorab wird noch ein Mozart-Medley geträllert.
– Das Festival **Hauptsache Frei** (www.hauptsachefrei.de) gibt Hamburger Theatermachern eine Plattform. Freie Produktionen, drinnen und draußen, auffällig anders, gut gelaunt – immer im Frühsommer/späten Frühling.
– In der **Opera Stabile** (www.staatsoper-hamburg.de) der Staatsoper, zeigt der Regienachwuchs, was er kann, und das kann sich sehen lassen.

Auf dem Ölmühlenplatz mitten im Karoviertel zeigt Die Keimzelle, dass auch im innerstädtischen Raum Urban Gardening funktioniert.

Zurück zur Natur

Von Urban Gardening und Selbstversorgern — die Hamburger gärtnern, was das Zeug hält, an seltsamsten Orten und mit großer Begeisterung. Das Grün in die Stadt bringen, über Stadtpolitik und Umwelt reflektieren und vor allem: Spaß haben.

Aus dem Trend zur Jahrhundertwende ist eine echte Bewegung entstanden. Eine, die es sich in Hamburg zur Aufgabe gemacht hat, Menschen zusammenzuführen, die als Gemeinschaft gärtnern, die Herkunft von Lebensmitteln reflektieren und Konsum hinterfragen. Das Urban Gardening geht vermutlich zurück auf Guerillagärtner in den 1970er-Jahren in New York. Als Reaktion auf die vielen hässlichen ungenutzten Flächen mitten in der Stadt, schmissen sie kurzerhand Saat mit Ton und Erde darauf, bis alles grünte. Daraufhin entwickelten sich Gemeinschaftsgärten.

Diese Gemeinschaftsgärten sind nicht mit Schrebergärten zu verwechseln, zu denen sie vielmehr im Gegensatz stehen. Denn bei Schrebergärten geht es um einen privaten Rückzugsort. Urban Gardening dagegen will verstärkt brachliegende Flächen im Stadtteil, in dem man lebt, in kollektiv genutzte Gärten umwandeln. Dabei können es interkulturelle Gärten sein, Nachbarschaftsgärten, Stadtbauernhöfe oder es kann sich um Guerilla Gardening handeln.

Wie sieht das aus?
Parkdächer, Verkehrsinseln, verlassene Flächen, ungenutzte Hallen, vereinsamte Parks – die Lust, die Tristesse aus den Gassen der Stadt zu treiben, ist groß. Mit viel Kreativität bringt dabei jeder mit ein, was ihm/ihr möglich ist. Alle lernen gemeinsam und voneinander. Paletten werden zu Möbeln umgestaltet, alte Dosen zu Blumentöpfen, Getränkekisten zu Regalen. Manchmal sieht ein Urban Garden aus wie ein kleines wildes Piratennest, mal wie ein alternativ angehauchtes großes Gewächshaus. Hochbeete im Park, Salatbäume hinterm Bagger, seltene Tomatenarten am Wasser – alles ist möglich. Das Gemeinschaftsgefühl und der Wille, sein Viertel zu verschönern und sich dadurch mehr Lebensqualität zu verschaffen, ist nicht zu bestreiten. Mittlerweile geht das Angebot bei vielen Gruppen über das wöchentliche Gärtnern hinaus. Es gibt Workshops für Do-it-yourself-Kurse, Kinoabende, gemeinsames Kochen, Tischlern, Yoga und mehr. Der Garten bringt die Menschen zusammen und darauf liegt auch bei den Hamburger Projekten das Augenmerk.

Urban-Gardening-Projekte
Von Wandsbek bis St. Pauli wird gegärtnert und herumexperimentiert. Der Beet-Club entstand aus einem friedlichen Protest gegen die Schließung des Suttnerparks in Altona. Kurzerhand legten die

Angst, sich die Hände schmutzig zu machen, sollte man nicht haben.

Mitglieder Hochbeete auf der Grünfläche an. Der Park durfte bleiben und so wird weiter gegärtnert. Am Ölmühlenplatz im Karoviertel fällt Die Keimzelle, ein kleiner bunter Garten, schnell ins Auge. Minitopia in Wilhelmsburg möchte eine Community-Stadtfarm werden. Stück für Stück verwandeln die Aktiven die verlassene Lkw-Werkstatt in ein lebendiges Experiment für ein unabhängiges Leben. Fachleute geben Workshops zum Kompostieren oder zur Windkraft. Im Interkulturellen Garten Hamburg wird für mehr Völkerverständigung gepflanzt. Im Fuhlsgarden in Barmbek baut eine bunte Truppe gemeinsam an.

Bei keinem der Projekte müssen die, die mitmachen, unbedingt einen grünen Daumen haben, und bei keinem steht die Selbstversorgung über die Gärten im Vordergrund. Vielmehr geht es den urbanen Gärtnern und Gärtnerinnen darum, daran zu erinnern, dass gute Lebensmittel nicht selbstverständlich sind und man als Gemeinschaft eine Auswirkung auf das Bild seines Viertels haben kann.

Lust mitzumachen?

Neben dem Gärtnern haben viele Projekte mittlerweile auch andere Angebote aufgebaut. Abende am Lagerfeuer, Festivals, Yoga und Kinoabende sind nicht selten. Am Wochenende findet am meisten statt, gibt es Möglichkeiten mitzugärtnern oder an Workshops teilzunehmen. ■

WAS IST WAS?

Nachbarschaftsgärten findet man zwischen und vor Häusern. Sie werden von einer Gemeinschaft aus Anwohnern betrieben.

Community Gardens/Gemeinschaftsgärten sind zumeist öffentliche Gärten, die sich auf brachliegenden Flächen befinden und von einer offenen Gruppe betreut werden.

Interkulturelle Gärten sind ein Refugium für Menschen verschiedener Herkunft, die beim gemeinsamen Anbauen in Gemeinschaftsgärten zusammenrücken und den internationalen Austausch fördern wollen.

Guerilla Gardening ist heimliches Gärtnern. Die Klassiker sind Samenbomben und Milchmoos. Erstere bestehen aus Samen, Ton und Erde und werden ohne viel Aufsehen zu erregen auf graue Orte in der Stadt geworfen. An grauen Wänden kommt die Mischung aus Moos und Buttermilch zum Einsatz: Damit können Bilder und Wörter an die Wand gemalt werden. Erst wenn das Moos beginnt zu wachsen, wird erkennbar, was gemalt oder geschrieben wurde.

Von alten Bäumen und schönen Häusern

Ahorn, Linden, Eichen — falls Sie sich gerade gefragt haben, was das für Bäume in der Straße sind, durch die Sie gehen. Diese drei Baumarten werden am häufigsten in Hamburg gepflanzt. Aber es gibt es noch viel mehr zu entdecken …

Besuchern der Hansestadt fallen schnell zwei Dinge auf: dass Hamburg wahnsinnig grün wirkt und dass dahinter eine Mixtur aus stolzen Jugendstilhäusern und modernsten Gebäuden steht. Gerade aus dem Flugzeug sieht man die Stadt vor lauter Bäumen nicht. Auch wenn andere Citys zahlenmäßig mehr Bäume haben, so verteilen sie sich wahrscheinlich nur in Hamburg so hübsch und ansehnlich in alten Straßen und Parks.

Viele Jahre auf dem Buckel

Eine Vielzahl großer alter Eichen finden sich in Parks wie dem Jenischpark, u. a. stehen dort ca. 400 Jahre alte Exemplare. Im Hirschpark macht sich vermutlich einer der vom Umfang her größten Bäume Hamburgs breit: ein riesengroßer Bergahorn mit 6 m Umfang.

Der älteste Baum Hamburgs ist jedoch eine Eibe. Auf einem Privatgrundstück am Neuländer Elbdeich steht die schätzungsweise 600–800 Jahre alte Dame. Entsprechend ihrem Alter trägt sie schon ›Korsett‹. Die Eibe ist von innen hohl, daher wird sie seit den 1970er-Jahren von Eisenringen zusammengehalten. Da scheint Hamburgs ältester Baum so stoisch zu sein wie die Bewohner der Stadt – denn er blüht weiterhin.

Der Herr der Bäume

Wer genauso gerne mit dem Rad unterwegs ist wie Harald Vieth, der wird aber noch ganz andere Bäume finden. Der 82-jährige NABU-Aktivist hat dank seiner Fahrradtouren schon so manche Schönheiten entdeckt und in seinen Baumbüchern verewigt. »Ich fragte mich, was das für Bäume sind und wie alt sie wohl sind.« Also stürzte sich der ehemalige Lehrer in die Recherche. Damals gab es kein Baumkataster (s. Kasten S. 285). Lediglich über Bäume, die als Zeitzeugen gepflanzt wurden, konnte man schnell mehr erfahren. Aber Vieth blieb dran und hat seit den 1990er-Jahren mittlerweile fünf Bücher über Bäume herausgegeben, die Hintergrundinfos nebst Rundführungen enthalten. Mit dazu gehört für ihn natürlich auch das Engagement für den Erhalt der Bäume, denn »für einen 100 Jahre alten Baum

müsste man schon 1000 neue pflanzen, um den gleichen Effekt zu haben.«

Seltene Exemplare

Wer ein wenig genauer hinsieht, entdeckt auch sehr seltene Bäume. So steht gegenüber der U-Bahn-Station St. Pauli im Alten Elbpark die einzige Algerische Eiche der Stadt (ca. 25 m südlich des Millerntordamms). Die Eiche gabelt sich in drei Stämme und hat unterhalb der Gabelung einen Durchmesser von 4,70 m. Ihre Heimat ist eigentlich nicht Norddeutschland, sondern Nordafrika, der Süden Spaniens und Portugals. »Wie kam die Algerische Eiche nach Hamburg?«, fragte sich der Umweltaktivist und recherchierte, dass sie wohl 1869 im Rahmen der allerersten Internationalen Gartenschau gepflanzt wurde.

Und wer schon mal auf St. Pauli unterwegs ist: Rechts neben dem Ausgang Reeperbahn der U-Bahn-Station St. Pauli wächst eine 5 m große Stein-Eiche. Da sie immergrün ist, auch Grün-Eiche genannt.

Wer einmal anfängt, mit offenen Augen durch die Stadt zu ziehen, wird immer wieder besondere Bäume finden. Auf den Großen Wallanlagen, mitten auf der Rasenfläche, gibt es eine Rundblättrige Buche, deren Äste fast den Boden berühren. Eine seltene Baumart.

Wissenswert bis skurril

In der Nottkestraße in Bahrenfeld stehen ganze 100 kleinere bis mittelgroße Walnussbäume. 1914–26 wurde die benachbarte Gartenstadtsiedlung Steenkamp für 2500 Menschen mit geringem Einkommen erbaut. Jeder Arbeiter durfte in den 1920er-Jahren einen Walnussbaum beernten. Die meisten Walnussbäume, die heute dort stehen, stammen allerdings aus den 1950/60er-Jahren.

Im wunderschönen Jenischpark windet sich ein 200 Jahre alter Ginkgo

oben: Harald Vieth liebt Bäume, vor allem alte. Hier steht er an einer 430 Jahre alten Eiche.
unten: Vielerorts machen Bäume Hamburgs Wohnstraßen wohnlich – und verbessern das Stadtklima.

mit 3,50 m Stammumfang in die Höhe. Daneben stehen Urwelt-Mammutbaum, Sumpfzypresse und Stechpalme.

Auf Harald Vieths Rundgängen oder mithilfe seiner Bücher lernen Sie aber auch Bäume mit so toll klingenden Namen wie Taschentuchbaum kennen. Oder Sie erfahren, dass eine Großblatt-Pappel daran zu erkennen ist, dass ihre Blätter verglichen mit der Zierlichkeit des Baumes selbst sehr groß sind. Das angestammte Verbreitungsgebiet dieser Pappel ist Mittel- und Westchina, wo sie ein wichtiger Holzlieferant ist.

So vielfältig wie die Stadt sind auch die Bäume und ihre Geschichten.

Mehr Geld, mehr Bäume

Zunächst sah Harald Vieth vor lauter Bäumen den Wald nicht, wie man sagen könnte. Denn die prächtigsten Straßenbäume befinden sich in alten Gründerzeitvierteln, wie z. B. Rotherbaum. Die Pflanzung von Straßenbäumen war einst ein Privileg und den großbürgerlich Besserverdienenden vorbehalten. Nur konsequent, dass den Senior daraufhin die Neugierde packte, was da eigentlich für tolle verschnörkelte Häuser stehen. Die Gründerzeithäuser aus der vorletzten Jahrhundertwende sind aber auch echte Augenweiden.

»Sprossenfenster, bunte Ornamente an der Fassade, die leichte Form und florale Elemente – daran sind Jugendzeithäuser gut erkennbar«, erklärt Vieth. Eine Vielzahl der Häuser wurde zwischen 1871 und 1905 erbaut. Fische, Schwäne und Weinblätter verzieren die Wände. Mittlerweile hat Harald Vieth auch darüber ein Buch geschrieben und es passenderweise »Hamburger Schmuckstücke« genannt. Solche kann man sich besonders schön im Generalsviertel und im Eppendorfer Weg anschauen, aber natürlich auch am Innocentiapark. Wunderschöne Häuser nebst alten Bäumen.

Übrigens: Harald Vieth vertreibt seine Bücher im Eigenverlag (www.viethverlag.de). Sein neuestes Werk »Hamburger Schmuckstücke – aus Gründer- und Jugendstil-Zeit. Dekorative Bäume« und sein letztes Baumbuch »Hamburger Grün« sind besonders empfehlenswert. Gerne begibt er sich auch auf einen Rundgang mit Ihnen. ∎

GAR NICHT SO UNNÜTZES WISSEN

– In besonders grünen Hamburger Stadtteilen ist es 3 °C kühler als in baumlosen Vierteln. Man mag denken, dass so etwas in Hamburg gar nicht erstrebenswert wäre, aber es sagt dann doch auch etwas über die Sauberkeit der Luft aus.
– Bäume als Zeitzeugen der Stadtteilgeschichte finden sich überall in Hamburg. Auf dem Tibarg in Niendorf steht z. B. seit 1898 eine sogenannte Friedenseiche, als Erinnerung an die 50 Jahre währende, erfolglose Rebellion der Schleswig-Holsteiner gegen die dänische Herrschaft. Die Doppeleiche präsentiert dabei Schleswig und Holstein.
– Die meisten Bäume stehen in Wandsbek: Knapp 60 000 sollen es dort sein. Hamburg-Mitte hat 38 500 Bäume.
– Das bundesweit wegweisende Hamburger **Online-Straßenbaumkataster**, in dem über 90 % der insgesamt 250 000 Hamburger Straßenbäume erfasst sind, spiegelt das rege Interesse der Hamburger an ihren Bäumen wider (www.hamburg.de/strassenbaeume-online-karte).

Um 1870 säumten noch Fachwerkhäuser das Wandrahmsfleet, sie mussten der Backsteinarchitektur der Speicherstadt weichen. St. Katharinen aber steht immer noch, wenn auch nach dem Zweiten Weltkrieg weitgehend rekonstruiert.

Reise durch Zeit & Raum

Von Pest bis Piraten — Bevor Hamburg die stolze, reiche Hansestadt wurde, wie wir sie heute kennen, musste sie so einiges erleiden.

Vor Hamburg war Hammaburg
9.–12. Jh.

Im 9. Jh. lebten in der Hammaburg, einer Grenzfeste des fränkischen Reiches zwischen Elbe und Alster, etwa 50 Menschen. Ludwig der Fromme machte daraus 831 das Bistum Hamburg und ernannte den Mönch Ansgar zum Bischof. Der 832 von Papst Gregor IV. zum Erzbischof erhobene Ansgar wurde der Begründer und erste ›Herrscher‹ der Stadt. Mehrfach wurde die Festung von Wikingern und Slawen geplündert und in Flammen gesetzt. Als sich dann Lübeck zu einer Großmacht in der Region entfaltete, begann auch Hamburg zu gedeihen. Mit der Nähe zur Elbmündung entwickelte sich sein Hafen zu einem wichtigen Handelsposten. Der Aufstieg Hamburgs zu einer bedeutenden Wirtschaftsmacht begann. Im 12. Jh. gründete Adolf III. von Schauenburg eine neue Hafen- und Kaufmannsstadt mit eigenem Markt. Dieser Neustadt verlieh Friedrich I. Barbarossa Handelsprivilegien und garantierte freie Schifffahrt auf der Elbe. Der 7. Mai – an diesem Tag soll dies stattgefunden haben – gilt als Geburtstag des Hafens. ›Nebenbei‹ wurde 1190 die Alster zum Alstersee gestaut.

Zum Anschauen:
Skulpturen von Erzbischof Ansgar und Adolf III. von Schauenburg, Trostbrücke, S. 57

Von Herrschern und Piraten
13.–15. Jh.

Verschiedene Herrscher versuchten sich an den Hamburgern. 1201–25 standen sowohl Holstein als auch Hamburg unter dänischer Kontrolle. Ab 1228 übernahmen die Schauenburger die Macht über die Stadt.

Nachdem Hamburg bereits zuvor ein Bündnis mit Lübeck geschlossen hatte, um die Verkehrswege zwischen Nord- und Ostsee zu sichern, entstand Mitte des 13. Jh. der Handelsbund der Hanse, dem u. a. die Städte Hamburg, Lübeck, Rostock und Wismar angehörten. Hamburg wurde in ein vernetztes Wirtschaftssystem eingebunden.

Während der Handel expandierte, kamen 1350 bei einer Pestepidemie ein Drittel bis die Hälfte (die Angaben variieren) der Bewohner Hamburgs ums Leben. Damit nicht genug, machten Piraten Hamburg unsicher. Einer der Führer der sogenannten Vitalienbrüder soll der heute als sehr charismatisch geltende, aber vermutlich als reale Person nie existente Klaus Störtebeker gewesen sein. Der legendäre Freibeuter soll 1401 auf dem Hamburger Grasbrook enthauptet worden sein.

Zum Anschauen:
Klaus-Störtebeker-Denkmal, Osakaallee, S. 69

Vom aufstrebenden zum untergehenden Stern
1510–1814

Im Jahr 1510 wurde Hamburg in den Rang einer reichsfreien Stadt erhoben, 1558 die Hamburger Börse gegründet. Hamburg zählte schon bald an die 36 000 Einwohner, wobei die Nachbarstadt Altona der Hansestadt ernsthafte Konkurrenz auch im Wirtschaftsumsatz machte.

1618 begann der Bau eines Festungsrings, der während des Dreißigjährigen Krieges unter Belagerern widerstehen konnte. Allerdings gerieten Altona und die Dörfer westlich davon unter dänische Herrschaft. Hamburg gedieh. Innerhalb von 60 Jahren verdoppelte sich seine Einwohnerzahl. 1664 verlieh der dänische König Altona die Stadtrechte, das damit in direkte Konkurrenz zu Hamburg trat. Die Nachbarstadt entwickelte sich neben Kopenhagen zur zweitgrößten Stadt des dänischen Königreichs. 1712 einigten sich Rat und Bürgerschaft Hamburgs auf eine neue Verfassung, die beiden gemeinsam die Macht in die Hand gab.

Als Wahrzeichen Hamburgs wurde 1762 die neue Kirche von St. Michaelis nach ihrem Wiederaufbau eingeweiht.

Im Jahr 1800 zählte die Stadt schon ca. 130 000 Einwohner. Nachdem Franz II. die deutsche Kaiserkrone niedergelegt hatte, war Hamburg 1806–14 kurzzeitig souverän. Dann besetzten Napoleons Truppen die Stadt und die von ihm verhängte Kontinentalsperre zur Unterbindung der Einfuhr englischer Waren trieb den Hamburger Handel in den Ruin.

Zum Anschauen:
Museum für Hamburgische Geschichte, S. 59

Unaufhaltbare Hanse
19. Jh.

Im Jahr 1815 trat Hamburg dem Deutschen Bund, 1867 dem Norddeutschen Bund bei. Bereits seit 1819 darf sich die Stadt Freie und Hansestadt Hamburg nennen. Es schien sich alles gut zu entwickeln, als am 5. Mai 1842 ein verheerendes Feuer ausbrach. Drei Tage lang wütete der Große Brand, machte 20 000 Menschen obdachlos und zerstörte weite Teile der Altstadt. Unter dem britischen Ingenieur William Lindley begann anschließend der planvolle Wiederaufbau. Lindley war schon 1838 beauftragt worden, die Hamburg-Bergedorfer Eisenbahn zu konzipieren. Nun kamen die Wasserversorgung mit Elbwasser und ein Gaswerk hinzu.

Mit der Industriellen Revolution und der Bevölkerungsexplosion verwandelte sich die mittelalterlich verwinkelte Wohn- und Kaufmannsstadt in wenigen Jahrzehnten in die größte Hafenstadt des Reiches. Die 1847 gegründete Hamburg-Amerikanische Packetfahrt-Actien-Gesellschaft (HAPAG) stieg zur größten Reederei der Welt auf, Hamburg gewann Weltanschluss. Mit dem Ende der Torsperre 1860/61 wurden Dörfer und Vororte in die Stadt integriert. Drei Jahre später verlor Dänemark im Deutsch-Dänischen Krieg die Herzogtümer Schleswig und Holstein an Preußen, damit auch Altona und Ottensen. 1869 wurde die mit privaten Geldern erbaute Kunsthalle eröffnet.

Im Zuge des Zollanschlusses ans Deutsche Reich 1888 erhielt Hamburg ein zollfreies Gebiet, den Freihafen. Ca. 20 000 Menschen mussten für den Bau der Speicherstadt umgesiedelt, Renaissance- und Barockhäuser abgerissen werden. Doch in der Folge wuchs der Warenumschlag rasant. Selbst die Choleraepidemie 1892, die 8605 Todesopfer forderte, sollte die positive wirtschaftliche Entwicklung nicht nachhaltig stören. Dabei half auch die Einweihung des Nord-Ostsee-Kanals. Ein Zeichen des Reichtums wurde das 1897 vollendete prunkvolle Rathaus.

Zum Anschauen:
WasserForum (Stadtwasserkunst Rothenburgsort), S. 178; Ballinhaus (Hapag-Llyod), S. 52; Rathaus, Hygieia-Brunnen, Börse, S. 50

Der Weg in die Moderne
20. Jh.

Die Hansestadt zeigte, was sie konnte, und weihte 1911 den Alten Elbtunnel ein – eine technische Glanzleistung der Zeit. 1912 wurden der Luftschiffhafen in Fuhlsbüttel und die erste U-Bahn-Linie eröffnet. Die Einwohnerzahl überstieg erstmals die Millionengrenze. Ein unangenehmer Nebeneffekt der steigenden Bevölkerungszahl waren die hygienischen Verhältnisse. 1930 erfolgte daher der Abriss des Gängeviertels in der Neustadt.

Unter den Nationalsozialisten, die Hamburg seit 1933 regierten, erfuhr die Stadt eine große Veränderung: Das Groß-Hamburg-Gesetz wurde verabschiedet und Altona, Harburg sowie Wandsbek eingemeindet. Zehn Jahre später, im Juli 1943, legten britische Bomber Hamburg in Schutt und Asche, mehr als 30 000 Menschen starben. Zwei Jahre später nahmen britische Truppen die Stadt ein.

1946 begann unter Altonas ehemaligem Bürgermeister Max Brauer – nun Hamburgs Bürgermeister – der Wiederaufbau. Der Bunker auf dem Heiligengeistfeld wurde umgenutzt: 1952 ging dort das erste Fernsehprogramm Deutschlands auf Sendung.

Zehn Jahre später brach in der Nacht vom 16. auf den 17. Februar 1962 eine gewaltige Sturmflut über die Stadt herein. Ein Sechstel des Stadtgebiets wurde überflutet, 315 Menschen fanden den Tod.

Zum Anschauen:
Alter Elbtunnel, S. 102

Expansion und Größenwahn
21. Jh.

Für die SPD in Hamburg begann das neue Jahrtausend nicht rosig. Nach Jahrzehnten an der Regierung wurde sie 2001 von einer Koalition aus CDU, Schill-Partei und FDP abgelöst. Unter einer alleinigen CDU-Regierung wurde 2007 der Grundstein für die Elbphilharmonie in der HafenCity gelegt. 2008 erhielten die Sternschanze und die neu entstehende HafenCity Stadtteilstatus. Nach einem triumphalen Wahlsieg im März 2011 regierte die SPD allein mit Olaf Scholz als Bürgermeister.

Trotz schwieriger Finanzlage der Stadt und einer Kostenexplosion beim Bau der Elbphilharmonie konnte das spektakuläre Konzerthaus 2017 eröffnet werden. Die IBA und die Internationale Gartenschau Hamburg führten 2013 zu einer Aufwertung des Stadtteils Wilhelmsburg. Seit der letzten Bürgerschaftswahl 2015 sitzt auch die AfD im Hamburger Parlament. Eine Koalition aus SPD und Bündnis 90/Die Grünen regiert die Stadt. Peter Tschentscher (SPD) ist seit März 2018 als Nachfolger von Olaf Scholz Erster Bürgermeister. Die nächste Bürgerschaftswahl findet voraussichtlich am 23. Februar 2020 statt.

Zum Anschauen:
Elbphilharmonie, S. 87; Neue Mitte Wilhelmsburg, S. 226; Inselpark, S. 227

Auch in der modernen HafenCity ist noch Platz für Boote mit Tradition. Im Winter liegt die Schaarhörn (Baujahr 1908) im Sandtorhafen.

Street-Art in Hamburg

Mehr als nur Graffiti — eine Ameise aus Draht, eine Krake auf Fliesen, Gasmaskenträger, hohe Wellen und bunte Schriftzüge. Street-Art ist in Hamburg allgegenwärtig.

Vor allem in der Sternschanze, auf St. Pauli und im Karolinenviertel finden sich ganze Straßenzüge, die mit Paste-ups, Styrocuts, Graffiti und mehr übersät sind. Mittendrin findet sich die Street Art School St. Pauli (www.street-art-school.de), die als Street-Artist-Kollektiv nicht nur selbst produziert, sondern es sich auch zur Aufgabe gemacht hat, den Menschen Street-Art näherzubringen, zu erklären und die Leute auch mal selber machen zu lassen. LeLoup (www.felouphamburg.wordpress.com) ist einer der Künstler, die hier arbeiten.

Street-Art für alle
»Wir treffen uns auf dem Parkdeck vor der bunten Wand. Die kannst du nicht übersehen.« Recht hat er. Als sich die Fahrstuhltür auf dem Parkdeck in der Rindermarkthalle öffnet, breitet sich eine 60 m lange Wand vor mir aus. Große Graffiti, Aufkleber, Paste-ups zahlreicher Künstler – da bekommt man direkt einen Eindruck von der Vielfalt der Hamburger Street-Art-Szene. Sebastian Wolf, alias LeLoup, kommt entspannt mit seiner Kaffeetasse angeschlendert. Von ihm stammen vor allem die Paste-ups mit Gasmaskenmotiven. Er ist eines der Mitglieder der Street Art School St. Pauli, die sich in der Rindermarkthalle eingerichtet haben. Ein Stockwerk höher liegt ihr 35 m² großer Atelierraum für 25 Künstler. »Es sind aber nie alle gleichzeitig hier, keiner tritt sich auf die Füße.« Zunächst gehen wir aber durch einen langen weißen Flur, der so gar nicht danach aussieht, dass hier Künstler arbeiten, die es lieben, graue Wände in bunte zu verwandeln. An der Tür zum Atelier klebt ein buntes Poster von einem ihrer Events von vor zwei Jahren. Dahinter: Sprühdosen sortiert in angesprayten Mate- und Colakisten, ein hoher Kühlschrank zugebombt mit Stickern, ein großer Tisch umgeben von kreativem Chaos. Mittendrin bemalt Holger alias T.O.E. (Through Other Eyes) gerade Leinwände mit einer Malerrolle und lässt sie trocknen (Abb. links). Später wird er mit Schablonen verschiedene Motive darauf sprühen. »Helmut Schmidt geht gerade sehr durch die Decke.« Damit meint er seine limitierten Leinwände, auf denen der rauchende Helmut Schmidt im Street-Art-Style verewigt ist.

Jeden ersten und dritten Samstag im Monat ist hier offenes Atelier, wo jeder mal reinschauen und verschiedene Techniken der Street-Art ausprobieren kann. Die Künstler bieten generell Workshops und Rundgänge an, wollen aufklären über und aufmerksam machen auf das Thema Street-Art – ein Konzept, das in Deutschland bisher einzigartig ist.

Mehr als nur Graffiti
»Street-Art ist im Prinzip alles, was an Kunst auf der Straße stattfindet. Dazu gehören Graffiti, andere Wandmalereien, Paste-ups, Sticker, Styro-Installationen, alles, was an Kunst im öffentlichen Raum da ist. Dann gibt es noch Urban Art. Das ist Street-Art, die in Galerien ausgestellt wird.« Eine Entwicklung, die unglaublich ist: von Schmierereien, Vandalismus, Bußgeld- und Haftstrafen zu etablierter, hochpreisiger Kunst in Galerien und Auftragsarbeiten an Häuserwänden. Ein öffentliches Kunstwerk, initiiert von einer Kölner Street-Art-Crew, schmückt die Wand der Parkdeckausfahrt. Wie eine größer werdende Welle schwingen sich die runden Paste-ups mit unterschiedlichen Motiven über die Mauer. Allen gemein ist der Schriftzug am Rand: »Streetart against hate«. »Es gab eine Vorlage im Internet, wo jeder Künstler sein Motiv hochladen konnte. Dann wurde es alles ausgedruckt und hier geklebt.« Links vom ca. 15 m großen Kunstwerk hängt eine Erläuterung auf Deutsch und Englisch. Das geht schon weit weg von der Idee, die nach wie vor viele Menschen von Street-Art haben. Hier geht es um Kunst mit politischer Haltung, die sich ernst nimmt und verstanden werden will. In solchen Fällen wurde die Nutzung der Wand vorab geklärt, die Crew konnte in Ruhe an ihrer Collage arbeiten.

Sebastian geht mit mir ins Karoviertel und zeigt mir an der Ecke Glashüttenstraße ein Graffito, das von den Eigentümern angefragt wurde. Ein stürmisches Meer mitsamt Schiff und allem Drum und Dran wirft sich über zwei Wände. In der Glashüttenstraße stehen sich Auftragsarbeit und Old-School-Wände gegenüber. Wände, auf die über Jahre gemalt wurde, von denen sich die Paste-ups allmählich lösen, genau wie der Putz der Mauer. Auch hier: politische Haltungen, wie »Weiße Wände = hohe Mieten« – gegen die hohen Mieten in Hamburg.

Am Ende der Glashüttenstraße macht mich Sebastian auf Marambolage aufmerksam. »Die Street-Art-Szene ist ziemlich männerdominiert, aber hier in Hamburg gibt es einige coole Frauen.« Wie eben Marambolage. An einer Wand brachte sie ein Paste-up eines gelb-bunten Monsters mit nur einem Auge an. Kurz darauf erschienen von anderen Künstlern zwei weitere Figuren daneben, woraufhin Marambolage Paste-ups mit Drinks für jeden an die Wand klebte, einige Tage später kamen Konfetti, dann die Buchstaben P-A-R-T-Y dazu. »So entstehen Unterhaltungen unter Street-Artists. Man reagiert auf das, was man sieht, und addet ein *piece,* sodass ein Gesamtkunstwerk entsteht.«

Kein Wunder, dass sich 2017 ausgerechnet hier Michael Habel und Stephan Krüll mit ihrer Galerie popstreet.shop (Glashüttenstr. 105, http://popstreet.shop/de, Di–Fr 12–19, Sa 12–18 Uhr) niedergelassen haben. Ein paar Stufen hinunter ins Souterrain und schon ist man umgeben von Urban Art. Street-Art zum Kaufen, das kommt an. Dabei ist das Publikum genauso bunt gemischt wie die Kunst selbst. Die Galeristen erklären, wer zu ihren Vernissagen kommt: »Das ist der Punk, der um die Ecke wohnt, ebenso wie der gesettelte Familienvater oder die Dame in der Gucci-Ausstattung. Banker und FC-St. Pauli-Fans stehen beim Bier zusammen und werden durch die Kunst geeint. Urban Art ist einfach angesagt.« ■

Paste-ups, die genauso abblättern wie der Putz der Mauern. Manche verspielt, andere politisch oder provozierend.

Wo die Wände besonders häufig gestrichen werden, ist kein Platz für Kunst, Kritik und normale Mieten – bedeutet dieses Graffiti von superfatcat.

»Ein stürmisches Meer mitsamt Schiff (…) wirft sich über zwei Wände.«

294 Register

25hours Hotel HafenCity 30
48h Wilhelmsburg 236
100/200 Kitchen 18, 176, 179
3001 Kino 26, 125, 138

A
Abaton-Kino 26, 143, 162
Achidi-John-Platz 123
Admiralitätstraße 59
Affenfaust Galerie 97
Alma-Wartenberg-Platz 186
almud Tora Schule s. Joseph-Carlebach-Schule
Alster 12, 243
Alsterarkaden 34, 40, 243
Alsterfahrten 37, 40, 249
Alsterhaus 37
Alsterpark 147, 171, 245
Alsterperle 171
Alsterrundweg 162
Alte Oberpostdirektion 46
Alte Post 40
Alter Botanischer Garten 46
Alter Elbpark 102
Alter Elbtunnel 102
Alte Rinderschlachthalle 127
Alter Schwede 105, 209
Altes Land 203, 214, 247
Altona-Altstadt 183, 192
Altonaer Balkon 182, 193, 196, 204, 245
Altonaer Elbufer 103
Altonaer Museum 197
Altonaer Rathaus 182, 192
Altonaer Spirituosen Manufaktur 21, 200
altonale 188
Altstadt 12
Altstadt-Nord 34, 50
Altstadt-Süd 76
Amandastraße 125
a.mora 170, 173
Amsinck-Palais 46
Anreise 239
Arnoldstraße 106
Art Flatrate 23
Astra Stube 25, 137
Atelierhaus23 230
Au Quai 18, 108
Ausgehen 24
Außenalster 140, 142, 149, 164, 166, 243, 261
Außenalster-Spaziergang 170

B
Baakenhafen 75
Baakenpark 75
Backsteinarchitektur 258
Bahnhof Dammtor 47
Bahrenfelder Straße 25, 182, 186
Ballett 26
Ballin, Albert 52, 223
Ballindamm 51
Ballinhaus (HAPAG, Hapag-Lloyd) 52
BallinStadt – Das Auswanderermuseum 23, 220, 223, 232, 245
Bambule 130
Bargheer Museum 209
Bartelsstraße 129
Bäume 283
Baumwall 68, 76
Baurs Park 212
Beatles 96
Beatles-Tour 100
Beckstraße 125
Behinderte 243
Bewegen und Entschleunigen 240
Binnenalster 37, 43, 243
Bio-Wochenmärkte 21, 177, 186
BIQ 226
Bischofsturm 55
Bismarck-Statue 102
Black Form – Dedicated to the Missing Jews 192
Blankenese 13, 17, 203, 204, 212, 245
Bonhoeffer-Denkmal 55
Borchert, Wolfgang 151, 154
Bornplatzsynagoge 143
Börse 35, 50
Brahms-Kontor 43
Brahms-Museum 60
Brechtmanns Bistro 18, 159
Brücken 262
Bucerius Kunst Forum 59
Bullerei 18, 126, 133
Burchhardt, Boran 237
Busse 247

C
Café Koppel 19, 175
Café Paris 19, 61
Café Vju 18, 229
Caledonis- oder Hammonia-Haus 54
Cap San Diego 77, 80
Carl Philipp Emanuel Bach Museum 60
Central Park 128, 137
Centrum-Moschee 174, 237
Chilehaus 35, 56
Christianskirche 192
Christopher Street Day 172
City 12, 34
Colonnaden 46
Cruise Center HafenCity 74

D
Damenstift Kloster St. Johannis 154
Das kleine Schwarze 29
Davidstraße 96
Davidwache 96
Deichstraße 76
Deichtorhallen 22, 69, 89, 245
Deutsches Schauspielhaus 26, 164, 167, 170, 261
Deutsches Zollmuseum 79
Dialog im Dunkeln 81
Discovery Dock 82
Ditmar-Koel-Straße 80
D. José 19, 85
Dockland 107, 193
Dockville 236
Domplatz 56
Donnerspark 204, 205
Double Triangular Pavilion for Hamburg 171

E
Eaton Place Tearoom & Café 19, 199
Ehrenmal der Gefallenen (76er-Kriegerdenkmal) 47
Einkaufen 20, 243, 246
Eisarena 240
Eisliebe 19
Elbchaussee 205
Elbe 13, 271
Elbpark Entenwerder 178
Elbphilharmonie 12, 68, 70, 71, 245, 262, 265
Elbufer 24, 202, 204, 245
Empire Riverside 28
Energieberg Georgswerder 221, 223, 231
Eppendorf 12, 17, 20, 141, 142, 150, 260
Eppendorfer Landstraße 141, 151
Eppendorfer Landstraßenfest 151
Eppendorfer Marktplatz 151
Eppendorfer Moor 155
Ernst Barlach Haus 209, 213
Esplanade 46
Essen 14
Esso-Häuser 91, 115
Europa Passage 51

F

Fabrik (Ottensen) 26, 182, 187, 189
Fabrique 44
Fähren 247
Fahrrad s. Radfahren
Falkenried 147
Fanny & Felix Mendelssohn Museum 60
Feiertage 240
Feldstraßen-Bunker 117, 131
Feuerschiff 30
Finanzdeputation 41
Fischauktionshalle 103, 104
Fischers Park 106
Fischhalle Harburg 26, 232, 235, 236
Fischmarkt 21, 91, 103, 243
Fleetfahrten 249
Fleethof 59
Fleetinsel 58
Flohmärkte 20, 75, 85
Flohschanze 20, 127, 136
FlohZinn 20, 230
Florapark 122
Food Markets 85, 127, 133
Friedensallee 25, 186
Friedhof der guten Ideen 230
Friedhof Ohlsdorf 156, 262
Fritzhotel 30
Fundbureau 26, 137

G

Galerien für zeitgenössische Kunst 59
Galerie popstreet.shop 292
Galleria 40
Gängeviertel 12, 34, 41, 42, 43, 44, 245
Gänsemarkt 41
Gänsemarkt Passage 41
Gästehaus des Senats 171
Gastwerk Hotel Hamburg 29
Geburtshaus Wolfgang Borchert 154
Gedenkstätte Ernst Thälmann 154, 157
Gegendenkmal 47
Generalkonsulat der USA 144
Georgstraße 169
Geschichte 287
Globushof 58
Goldbekkanal 140, 149
Golden Pudel Club 26, 114
Goldhaus 226, 237
Golf 240
Graffiti s. Street-Art
Grindelallee 143

Grindelhochhäuser 147
Grindelhof 142, 143
Grindelviertel 12, 140, 141, 143, 163
Große Bergstraße 183, 194
Große Bleichen 34, 40, 246
Große Freiheit 90, 100
Großer Brand 288
Großneumarkt 34, 43
Gundlach, F. C. 69, 88
Gustav-Adolf-Kirche 80
Gustav Mahler Museum 60

H

HafenCity 12, 17, 24, 70, 71, 243
HafenCity InfoCenter im Kesselhaus 82
HafenCity View Point 75
Hafen Hamburg 6, 30, 275
Hafenklang 25
Hafenpromenade 68
Hafenrundfahrten 248
Hafenstraße 102
Hamburg Airport Helmut Schmidt 239
Hamburg Ballett 266
Hamburg CARD 23, 246
Hamburg City Pass 23, 246
Hamburg Dungeon 83
Hamburger DOM 138
Hamburger Hof 37
Hamburger Kunsthalle und Galerie der Gegenwart 22, 54, 59, 245
Hamburgische Staatsoper 27, 46, 65, 278
Hamburg Tourismus GmbH 241
Hammaburg 287
Hansabrunnen 174
Hans-Albers-Geburtshaus 172
Hansaplatz 174
Hanse 288
Hanseaten 256
Hansestin 31
Hanseatische Materialverwaltung 75, 87
Hanse-Viertel 40
Haratischwili, Nino 268
Harburg 13, 220, 222, 231, 246
Harburger Binnenhafen 231, 246
Harburger Schloss 232
Harburger Stadtpark 232
Harry's Hamburger Hafenbasar 83
Harvestehude 12, 140, 142, 147, 260
Hasselbrack 263
Hauptbahnhof 54

Hauptsache Frei 279
Haus der Photographie 81, 89, 245
Hayns Park 142, 151
Haynstraße 151
Heidi-Kabel-Skulptur 168
Heine-Haus (Elbchaussee) 205
Heine-Haus (Jungfernstieg) 40
Heine, Heinrich 40, 192
Heine-Park 204, 205
Hein-Hoyer-Straße 98
Henri 29
Herbertstraße 100
Herr Max 19, 132
Hip Cats 21, 98, 110
Hirschpark 212
Hl. Dreieinigkeitskirche 169
Hobenköök 18, 75, 84
Hochschule für Musik und Theater 142, 146
Hoheluft-Ost 147
Holthusenbad 141, 151, 161
Holz 5 1/4 226
Holzdamm 169
Honigfabrik 26, 230
Hopfensack 56
Hotel Atlantic 28, 172, 261
Hotel Louis C. Jacob 212
Hotel Vier Jahreszeiten 43
Hotel Village 31
Hulbe-Haus 55
HVV 248
Hygieia-Brunnen 50

I

IBA-Dock 226
Imam-Ali-Moschee 171
Informationsquellen 241
In guter Gesellschaft 18, 134
Innocentiapark 140, 147
InselAkademie 226
Inselpark 220, 227, 229
Internationale Bauausstellung (IBA) 222
Internationale Gartenschau (IGS) 222, 227
Internationalen Bauausstellung (IBA) 226
Internationales Maritimes Museum 245
Internetzugang 241
Isebekkanal 140, 148
Isemarkt 21, 160, 247
Israelitischer Tempel 43

J

Jacobs Restaurant 18, 212, 217
Jarrestadt 261

Jenisch Haus 209, 213
Jenischpark 13, 183, 198, 202, 209, 246
Joggen 240
Johann Adolf Hasse Museum 60
Johannes-Brahms-Platz 43
Joseph-Carlebach-Platz 143
Joseph-Carlebach-Schule 144
Jüdischer Friedhof 183, 196
jüdisches Hamburg 141, 143, 163
Jungfernstieg 12, 34, 37, 243

K
Kaffeemuseum Burg 79, 83
Kaffee Stark 98, 109
Kaisergalerie 40
Kanäle 6
Kanalplatz 221, 232
Kanufahrten 240
Kanu-, SUP-Board-Verleih 161
Kanutour 140, 148
Karls Café & Weine 19, 199
Karolinenviertel 7, 12, 17, 20, 24, 116, 130, 243, 247
Karoviertel s. Karolinenviertel
Kattenhof 169
Kaufmannsvillen 258
Kehrwieder 79
Kellinghusenpark 142, 151
Kieztouren 111
Kilimanschanzo 122
Kinder 242
Kinos 26, 66, 87, 114, 126, 138, 180
Kirchdorf-Süd 229
Kirschblütenfest 180
Kleine Reichenstraße 56
Kleines Phi 25, 138
Klein Flottbek 183
Kleinheringsdorf 187
Klein-Jerusalem 141, 163
Klima 242
Klöpperhaus 54
Klopstock, Friedrich Gottlieb 192
Klubhaus St. Pauli 96
Knust 25, 127, 138
Knust Acoustics 137
Köhlbrandbrücke 263
KomponistenQuartier 60
Kontorhausviertel 35, 56
Koppel 66 – Haus für Kunst & Handwerk 20, 21, 172, 176
Krameramtswohnungen 80
kulinarische Spezialitäten 17
Kulturhaus 73 26, 116, 119, 136
Kulturzentrum MOTTE 106

Kunst Kiosk 21, 98, 111
Kunstmeile 245
Kunstmeile Hamburg 23
Kunstmeilen-Passt s. The Art Flatrate

L
Labskaus 15
Laeisz, Ferdinand 58
Laeiszhalle 43, 66
Laeiszhof 58
Lagerhaus 21, 177
Lämmertwiete 221, 232
Landhaus der Familie Godeffroy 212
Landungsbrücken 90, 101, 243
Lange Reihe 20, 164, 166, 172
Leip, Hans 56
Lesbenszene 24, 166
Lesetipps 242
Lessing-Denkmal 41
Levantehaus 41
Lichthof Theater 27, 190
Lohsepark 75
Loving Hut 19, 60
Luftschutzbunker Tarpenbekstraße 154

M
Magellan-Terrassen 74
Maharaja 107
Mahnmal St. Nikolai 58, 245
Manzungu, Tash 252
MARKK s. Museum am Rothenbaum – Kulturen und Künste der Welt (MARKK)
Marktstraße 117, 130
Mellin Passage 41
Mercado 185
Merijula 21, 111
Meßberg 56
Metrobus 13 (›Die Wilde 13‹) 220, 228
Michaelisspeicher 59
Michel (St.-Michaelis-Kirche) 69, 80, 87, 245, 263
Millerntor 112
Millerntor Gallery 112
Millerntorplatz 49
Miniatur Wunderland Hamburg 23, 79, 83
Mohlenhof 56
Moin Mozart! 279
Mojo Club 25, 112
Moldauhafen 226
Molotow 25, 112
Mönckebergstraße 12, 20, 54, 246

Montanhof 56
Mottenburger Twiete 191
MS Hedi 26, 114
MS Stubnitz 69, 86
Museen 22, 59, 78, 80, 107, 157, 197, 213, 232, 245
Museum am Rothenbaum – Kulturen und Künste der Welt (MARKK) 22, 141, 157
Museum der Illusionen 23, 60
Museum für Hamburgische Geschichte – Hamburg Museum 59
Museum für Kunst und Gewerbe (MKG) 22, 165, 174
Museumshafen Oevelgönne 105, 204, 206
Musicals 27

N
Nacht der Lichter 236
Nachtleben s. Ausgehen
Naturschutzgebiet Heuckenlock 231
Neidlingerhaus 59
Neue Mitte Wilhelmsburg 220, 226
Neuer Elbtunnel 207
Neuer Wall 20, 40, 246
Neumeier, John 266
Neumühlen 204
Neustadt 12
Neustadt-Nord 34, 37
Neustadt-Süd 70, 76
Nienstedten 203, 212
Nikolaifleet 57, 76
Notfälle 247
Notruf 247

O
Oberhafen-Kantine 19, 75, 84
Oberhafenquartier 68, 75, 85
Off-Szene 278
Ohlsdorfer Friedhof s. Friedhof Ohlsdorf
Ohnsorg-Theater 164, 168, 170
Old Commercial Room 19, 85
Oper 26, 278
Opera Stabile 279
Osterbekkanal 140, 149
Othmarschen 183
Ottensen 7, 17, 182, 185
Ottenser Hauptstraße 182, 185
Ottenser Nase 191
Övelgönne 7, 13, 24, 104, 202, 204, 206

P
Palmaille 196
Panik City 96
Panoptikum 96, 107
Park Fiction 101
Parks 245
Passagen 37, 40, 41, 51, 246, 263
Patriotische Gesellschaft 57
Paul-Roosen-Straße 25, 97
Piazza 12, 119
Planten un Blomen 35, 46, 48
Platz der Republik 192
Poetry-Slams 270
Polittbüro 27, 174, 180
Portugiesenfriedhof 183, 196
Portugiesenviertel 68, 77
Pöseldorf 12, 147
Pyramide Övelgönne 105, 207

Q
Quartier Mitte Altona 183, 201
Quiddje 256

R
Radfahren 240, 248
Radtouren 104, 198, 214
Radverleih 248
Rambachstraße 77
Raphael Hotel Wälderhaus 31
Rappolthaus 54
Rathaus 35, 40, 50, 243
Rathausmarkt 50
Reeperbahn 12, 24, 25, 90, 92, 93, 245
Reeperbahnfestival 111
Reiherstiegknie 230
Reiherstiegviertel 230
Reiseplanung 243
Reisezeit 242
Richter, Anton Julius 210
Rickmer Rickmers 77, 80
Rindermarkthalle 21, 126, 291
ROK – Rock Our Kitchen 18, 158
Römischer Garten 202, 210, 246
Rondeelteich 149
Rosengarten 204
Rosenhofstraße 128
Rote Flora 118, 119, 123
Rothenburgsort 165, 178
Rotherbaum 140, 142

S
Saalehafen 226
Sahlhäuser 187, 191
Salt & Silver Zentrale 18, 108
Sammlung Falckenberg 23, 234
Sandtorhafen 74

Savoy-Kino 26, 180
S-Bahn 247
Schanzenfest 117, 139
Schanzenhof 124
Schanzen-Höfe 126
Schanzenpark
  s. Sternschanzenpark
Schanzenstraße 124
Schanzenviertel 7, 12, 17, 20, 24, 25, 116, 118, 119, 243, 245, 247
Schaufenstermeilen 20
Schiller-Denkmal 47
Schlachthofgelände 126
Schlagermove 112
Schlittschuhlaufen 240
Schmidt, Arno und Alice 212
Schulterblatt 116, 119
Schumacher-Brunnen 54
Schwulenszene 24, 166
Secondella 21, 63
Seemannskirchen 80
Segeln 240
Sicherheit 247
Side 28
Simbiosa 19, 107
Skyline Bar 20up 25, 113, 245
Slomanburg 146
Slomanhaus 76
Soft House 227
SomeDimSum 19, 133
Sommerfestival 149
Speicherstadt 70, 76, 78, 243, 260
Speicherstadtmuseum 79, 82
Speicherstadtrathaus 78
Spicy's 79, 83
Spielbudenplatz 90, 96
Spitalerstraße 20, 54
Spreehafen 228
Sprinkenhof 56
Spritzenplatz 182, 186
Stadtfest St. Georg (Bunte Lange Reihe) 172
Stadthöfe 35, 67
Stadtpark 141, 152, 246
Stadtparksee 140, 149
StadtRAD Hamburg 248
Stadtrundfahrten 198
Stadtteilarchiv Ottensen 191
Stadtteilzentrum Motte 191
Stadtwasserkunst Rothenburgsort 178
Star of David Hamburg 171
Steckbrief 239
Steigenberger Hotel 59
Steindamm 164, 165, 166, 174, 181

Steinwerder 102
Sternbrücke 137
Sterneküche 18
Sternschanze s. Schanzenviertel
Sternschanzenpark 126
Sternstraße 126
St. Georg 7, 12, 20, 24, 164
Stintfang 101
St. Johannis (Kirche) 151
St.-Joseph-Kirche 100
St. Marien-Dom 172
St.-Michaelis-Kirche s. Michel (St.-Michaelis-Kirche)
Störtebeker, Klaus 69, 287
St. Pauli 7, 12, 17, 20, 24, 46, 90, 243, 245
St. Pauli Kreativnacht 112
St. Pauli Theater 96, 114
St.-Petri-Kirche 55
Strand 7, 13, 204
Strandhotel Blankenese 30
Strandkaiquartier 74
Strandperle 105, 202, 204, 208
Street-Art 45, 98, 117, 128, 290
Stuhlmannbrunnen 192
Süllberg 213
SUP-Board-Tour 140, 148
Superbude 31
Susannenstraße 124, 129

T
Tanzen 26
Tarpenbekstraße 154
Tassajara 19, 159
Taxi 248
Telemann-Museum 60
Teufelsbrück 104
Thalia Theater 26, 66
Thälmann, Ernst 154
The Art Flatrate 23
The Art of Hamburg 21
Theater 26
Theaterszene 278
The Fontenay 146
The George Hotel 30
Tiefbunker Steintorwall 54
Tierpark Hagenbeck 154
Torsperre 260
Tortue 29
Touristeninformation 241
Trattoria Cuneo 19, 108
Treppenviertel 212
Trostbrücke 57

U
U-Bahn 247
Übernachten 28
Uebel & Gefährlich 26, 131

U HafenCity Universität 74
Umwelt 247, 271
Universität Hamburg 12, 142, 143
Universitätsklinikum Eppendorf 151
Urban Art 292
Urban Gardening 281
U Überseequartier 74

V
Valentinskamp 44
Veddel 13, 220, 222, 223, 237, 246
Verein Hamburger Unterwelten 54
Veringkanal 221, 230
Veringstraße 229
Verkehrsmittel 247
Verlagsgebäude von Gruner+Jahr (Baumwall) 77
Villa im Heine-Park 205
Villa Therese 205
Vintage & Rags 21, 64
Voght, Baron Caspar 209
Vöran – urban eso 21, 63

W
Waagenbau 26, 137
Wallanlagen 49
Warburg, Moritz M. 210
WasserForum 178
WasserKunst Elbinsel Kaltehofe 165, 178
Wasserschlösschen 79
Wassersport 240
WaterHouses 226
Wedina 28
Werkstatt 3 191
Westwerk 59
Wilhelmsburg 13, 220, 222, 226, 246
Wilhelmsburger Zinnwerke 230
Wilhelms im Wälderhaus 230, 233
Winterhude 152
Wochenmarkt 186, 194, 235
Wochenmarkt Stübenplatz 228, 235
Wohlwillstraße 25

Y
Yoga 240
YoHo 31
York 30
Young, Simone 278

Z
Zeisehallen 187, 189
Zeise Kinos 26, 189
Zum Goldenen Handschuh 26, 112
Zum Silbersack 26, 101, 112
Zürichhaus 57
Zur Ritze 26, 112

DAS KLIMA IM BLICK

Reisen bereichert und verbindet Menschen und Kulturen. Wer reist, erzeugt auch CO_2. Der Flugverkehr trägt mit einem Anteil von bis zu 10 % zur globalen Erwärmung bei. Wer das Klima schützen will, sollte sich für eine schonendere Reiseform (z. B. die Bahn) entscheiden – oder die Projekte von atmosfair unterstützen. Atmosfair ist eine gemeinnützige Klimaschutzorganisation. Die Idee: Flugpassagiere spenden einen kilometerabhängigen Beitrag für die von ihnen verursachten Emissionen und finanzieren damit Projekte in Entwicklungsländern, die dort den Ausstoß von Klimagasen verringern helfen. Dazu berechnet man mit dem Emissionsrechner auf www.atmosfair.de, wie viel CO_2 der Flug produziert und was es kostet, eine vergleichbare Menge Klimagase einzusparen (z. B. Berlin – London – Berlin 13 €). Atmosfair garantiert die sorgfältige Verwendung Ihres Beitrags.

Noch mehr aktuelle Reisetipps von Rayka Kobiella und News zum Reiseziel finden Sie auf www.dumontreise.de/hamburg.

Autorin & Impressum

Rayka Kobiella kam von hoch aus dem Norden nach Hamburg, um zu studieren. Das Wasser, der Wind und die Liebe sorgten dafür, dass sie nach ihrem Ethnologie- und Germanistikstudium blieb. Heute teilt sie ihr Leben zwischen Hamburg und Uganda auf. Im DuMont Reiseverlag ist von ihr außerdem der DuMont Direkt-Reiseführer Sylt erschienen.

Abbildungsnachweis

DuMont Bildarchiv, Ostfildern: S. 21 M., 24, 27, 32/33, 34 li., 34 re., 35 M., 41, 57, 68 re., 90 li., 90 re., 93, 164 re., 164 li., 167, 183 M., 203 M., 240, 249, 260, 267, 274, 277 u. (Frank Siemers); 182 re. (Mike Schröder) **G2 Baraniak**, Hamburg: S. 268 **Getty Images**, München: Titelbild (piola666) **iStock.com**, Calgary (CA): S. 141 u. re. (barol16); 261 (Canetti); 150 (Christian Horz); 183 u. re. (cl2004lhy); 221 u. re. (elxeneize); 81 (georgeclerk); 35 u. re. (ginton); 26 (Juergen Sack); 7 u. li. (Ljupco); 91 u. re. (lleerogers); 30 (Meinzahn); 282 (monkeybusinessimages); 203 u. re. (Roman Samokhin); 213 (tupungato); 220 li., 231 (typo-graphics) **Jonas Gerberding**, Hamburg: S. 109 **Kaffeemuseum Burg**, Hamburg: S. 82 (Michael Björnson) **laif**, Köln: S. 117 o. re., 139 (Andreas Herzau); 63, 173, 195 (Bernd Jonkmanns); 14, 19 li., 69 M., 86, 146, 179, 202 li., 208, 218 (Christian Kerber); 138 (Christian O. Bruch); 7 re., 8, 91 li., 116 li., 116 re., 119, 202 re., 211 (Dagmar Schwelle); 25 (Daniel Pilar); 132, 136 (Evelyn Rois & Bruno Stubenrauch); 20, 141 li., 215 (Frank Siemers); 143 (Frieder Blickle); 49, 101, 105 (Gregor Lengler); 18, 127 (Gunnar Knechtel); 42, 99 (Henning Bode); 69 o. re., 89, 135, 165 o. re., 177, 181 (Johannes Arlt); 45, 68 li., 71, 75, 77, 113, 117 li., 129, 170, 193, 203 o. re., 219, 264, 272 u. (Jörg Modrow); 7 o. li. (Le Figaro Magazine/Eric Martin); 110 (Maria Feck); 227 (Marion Beckhäuser); 2/3, 35 o. re., 67, 69 u. re. (Ralf Brunner); 6 (robertharding/Yadid Levy); 11, 15, 22, 28, 223, 234, 250/251, 257 (Stefan Volk); 258/259 (Thies Rätzke) **Marc-H. Sämann**, Hamburg: S. 161 **Martin Langer**, Hamburg: S. 19 re., 140 re. **Mauritius Images**, Mittenwald: S. 217 (Alamy/Alltravel); 55 (Alamy/Andrey Khrobostov); 23 (Alamy/Bildagentur-online/Christian Ohde); 47, 284 u. (Alamy/Bildagentur-online/Joko); 122 (Alamy/David Kilpatrick); 280 (Alamy/Peter Mross); 91 o. re., 115 (Alamy/Ralf Falbe); 51 (Christian Ohde); 221 o. re., 237 (Chromorange); 140 li. (Edith Laue); 16 u. (foodcollection/Bernd Euler); 85 (Hans-Peter Merten); 58 (imagebroker/Alexander Schnurer); 65 (imagebroker/Thomas Robbin); 277 o., 289 (Ingo Boelter); 182 li., 185, 189 (Rainer Waldkirch); 125, 191, 205 (Torsten Krüger); 131 (travel collection/Christina Körte) **picture-alliance**, Frankfurt a. M.: S. 158 (Bildagentur-online/Joko); 141 o. re., 163 (dpa-Bildarchiv/DB Gus); 284 o. (dpa-Bildarchiv/Ulrich Perrey); 183 o. re., 201 (dpa-Zentralbild/euroluftbild.de/Robert Grahn); 196, 272 o. (dpa/Axel Heimken); 165 li., 174, 278 (dpa/Christian Charisius); 61 (dpa/Daniel Reinhardt); 16 o. (dpa/Georg Wendt); 155 (dpa/Hinrich Bäsemann); 286 (dpa/Stefan Sauer); 238 (Jazz Archiv/Uli Glockmann); 220 re., 253 (rtn - radio tele nord/Jürgen Kreye) **Rayka Kobiella**, Hamburg: S. 290/291, 293 o. li., 293 re., 293 u. li., 299 **Secondella**, Hamburg: S. 21 re. **Shutterstock.com**, Amsterdam (NL): S. 157 (Aul Zitzke); 165 u. re., 221 M. (Gerckens-Photo-Hamburg); 117 u. re. (LightField Studios) **Thalia Theater**, Hamburg: S. 66 (Armin Smailovic), **TORTUE HAMBURG:** S. 29

Umschlagfoto
Titelbild: Frau schaut auf Schiff im Hamburger Hafen

Kartografie
DuMont Reisekartografie, Fürstenfeldbruck
© DuMont Reiseverlag, Ostfildern

Autorin: Rayka Kobiella **Redaktion/Lektorat:** Britta Rath **Bildredaktion:** Melanie Wolfmeier, Titelbild: Carmen Brunner **Grafisches Konzept und Umschlaggestaltung:** zmyk, Oliver Griep und Jan Spading, Hamburg

Hinweis: Autorin und Verlag haben alle Informationen mit größtmöglicher Sorgfalt geprüft. Gleichwohl erfolgen alle Angaben ohne Gewähr. Bitte schreiben Sie uns! Über Ihre Rückmeldung und Ihre Verbesserungsvorschläge freuen wir uns: DuMont Reiseverlag, Postfach 3151, 73751 Ostfildern, info@dumontreise.de, www.dumontreise.de

1. Auflage 2020
© DuMont Reiseverlag, Ostfildern
Alle Rechte vorbehalten
Printed in Poland

Offene Fragen*

Wer fängt den frühen Fisch?
Seite 103

Wo ist eigentlich das Tor zur Welt, von dem alle immer sprechen?

Wie teuer war die Elbphilharmonie?
Seite 265

Wo shoppt es sich in Hamburg am exklusivsten?
Seite 40

Wie viele Musicals hat Hamburg?

Wie geil ist die Reeperbahn-Meile?

Gibt es in der Sternschanze eine Sprungschanze?

Von wo ist der Blick auf die Elbe am schönsten?

Mit kleinem oder großem Regenschirm nach Hamburg?

Verschnörkeltes Jugendstilhaus oder lieber das Glas-Stahl-Gebäude?

Ist die Alster ein See oder ein Fluss?
Seite 37

In welcher Liga spielt noch mal der HSV?

Was ist das rosa Zeugs auf meinem Teller?
Seite 15

Wer oder was ist Quiddje?
Seite 256

Stinkt Ihnen das Kreuzfahrtschiff auch so sehr?

* Fragen über Fragen – aber Ihre ist nicht dabei? Dann schreiben Sie an info@dumontreise.de. Über Anregungen für die nächste Ausgabe freuen wir uns.